當代港澳研究

STUDIES ON
HONG KONG AND MACAO

何俊志　黎熙元 ／主編

研究

中華書局

2019年 第3－4輯

目 錄
CONTENTS

香港社會研究專題

澳門回歸 20 周年專題

程序優化與結果落差：回歸後澳門立法會直接選舉制度的發展模式

林丹陽　霍偉東　何俊志*

摘　要：回歸後，澳門特別行政區立法會的直接選舉制度以保障選舉公平、公正和公開為主線，經歷了循序漸進的發展過程，在參選人資格、選舉宣傳、打擊賄選以及競選經費管理等選舉制度的程序優化方面取得了顯著的進步，積累了豐富的經驗，也得到了現有研究的肯定。但是，澳門立法會直選制度在實踐過程中也出現了一些新的問題和挑戰，現有研究雖然揭示了這些問題，但缺少從選舉制度設計原理層面進行反思，沒有看到制度目標與制度結果之間出現的落差，使得比例代表制在實際運行中產生了社團「擬政黨化」、策略性拆分名單與「配票」常態化等與一般性的制度設計原理不相符合的獨特現象。選舉制度在追求公平原則的同時，也導致了一些影響選舉質量

---

*　林丹陽，中山大學港澳珠江三角洲研究中心（中山大學粵港澳發展研究院）副教授；霍偉東，中山大學粵港澳發展研究院（中山大學港澳珠江三角洲研究中心）博士後研究員；何俊志，中山大學政治與公共事務管理學院教授。

的「意外」結果。此外，仍然存在的影響選舉公平的現象也是選舉制度需要解決的問題。本文按照程序優化與結果落差兩條線索，從時間維度以及制度原理層面梳理出回歸後澳門立法會直選制度的發展模式。

關鍵詞：澳門立法會　直接選舉制度　比例代表制　選舉公平

　　從 2001 年第二屆立法會選舉至今，澳門特別行政區的立法會選舉實踐已經走過了將近 20 個年頭，順利產生了五屆立法會議員。在「一國兩制」方針與《澳門特別行政區基本法》的規範下，澳門立法會選舉制度順利地完成了回歸前後的調適與銜接，在回歸後經歷了循序漸進的制度發展過程，為特區立法機關的產生及有效運作提供了有力的制度保障，成為了全面準確貫徹落實「一國兩制」、澳人治澳、高度自治的典範。其中，作為澳門立法會選舉中民主程度最高以及競爭性最強的部分，立法會直接選舉同樣經歷了回歸前後的過渡與調適，直接選舉制度（以下簡稱「直選制度」）在回歸後也通過選舉法的歷次修訂，循序漸進地變化與發展。

　　一方面，回歸後澳門立法會直接選舉最顯著、最直觀的變化是直選議席數目以及直選議席所佔比例不斷增加（表 1）。到 2017 年第六屆立法會選舉時，直選議席已達 14 席，佔總議席數的 42.4%，比回歸前有了較大幅度的增加。直選議席數目的增加，有利於擴大立法會的規模，增加立法會的民主色彩，增強立法會議員的代表性和認受性。

表 1　澳門立法機構議席構成與數目變化

單位：席，%

年份	1976	1984	1988	1992	1996	2001	2005	2009	2013	2017
直接選舉	6	6	6	8	8	10	12	12	14	14
間接選舉	6	6	6	8	8	10	10	10	12	12
委任	5	7	5	7	7	7	7	7	7	7
直選議席比例（%）	35.3	31.6	35.3	34.8	34.8	37.0	41.4	41.4	42.4	42.4
總數	17	19	17	23	23	27	29	29	33	33

資料來源：澳門立法會網站。

另一方面，根據基本法及其附件所確立的基本原則，澳門特別行政區在 2001 年通過了第 3/2001 號法律，制定了《澳門特別行政區立法會選舉制度》，使得回歸後的澳門立法會選舉具有了法律依據。此後，澳門立法會選舉制度在 2008 年、2012 年、2016 年進行了三次修訂，其中 2008 年和 2016 年的兩次修訂均對原有條文進行了較大幅度的修改。在每次選舉之前，立法會選舉管理委員會（2008 年以前為立法會選舉委員會）也會發佈若干選舉指引，進一步明確選舉制度中的相關規定。由此，澳門立法會直選制度在回歸以後按照循序漸進的原則，得到了充分的發展和完善。

一、澳門立法會直選制度：文獻回顧與研究問題

關於澳門立法會選舉制度尤其是直選制度的漸進發展這一主題，較多研究對其有所涉及。其中，研究者集中關注的問題之一是歷次《澳門特別行政區立法會選舉法》（下文簡稱《立法會選舉法》）的修改及其成效，這方面的研究總體上肯定了立法會選舉制度在打擊賄選、保

障選舉公正廉潔方面的進步。在 2001 年和 2005 年立法會選舉中，選舉違規現象尤其是賄選現象比回歸前有所增加。[①] 通過 2008 年第一次對選舉法進行的較大幅度修改，在 2009 年第四屆立法會選舉以及 2013 年第五屆立法會選舉中，賄選現象在一定程度上得到了有效遏制。[②] 而在 2016 年《立法會選舉法》第二次較大幅度修改後舉行的 2017 年第六屆立法會選舉中，賄選以及其他一些選舉違規現象得到了進一步的遏制，澳門不斷趨於良性的選舉文化也得到了絕大多數研究者的肯定。[③] 但是，也有部分研究者指出，《立法會選舉法》的歷次修改大多都只是小修小補，對於打擊賄選以及其他不規則的行為幫助不大，需要配合其他一些法律的修改才能使打擊選舉違規行為的規定取得實效。[④] 此外，即使《立法會選舉法》針對諸多選舉違規現象進行了較為細緻的規定和限制，但在歷次立法會直接選舉中仍然有其他選舉違規現象或疑似違規現象，這一點也受到了澳門民主派社團的批評。[⑤]

另一些研究則重點關注澳門立法會直接選舉中的一些獨特的現

[①] 趙向陽：《澳門選舉制度》，北京：社會科學文獻出版社，2013 年，第 247 頁；澳門特別行政區廉政公署：《有關完善立法會選舉制度的分析研究》，2006 年，第 24 頁；澳門特別行政區廉政公署：《2005 澳門廉政公署年報》，2005 年，第 33 頁。

[②] 婁勝華：《2008 年立法會選舉制度修訂與 2009 年立法會選舉實踐》，《澳門研究》（澳門）2010 年第 2 期，第 65－74 頁；陳麗君：《第四屆立法會選舉後的澳門政治生態分析》，《當代港澳研究》2010 年第 1 輯，第 136－145 頁；莊真真：《2013 澳門立法會選舉的反思與建議》，《當代港澳研究》2014 年第 1 輯，第 145－162 頁；陳麗君：《澳門第五屆立法會選舉述評》，《江漢大學學報（社會科學版）》2015 年第 2 期，第 5－13 頁。

[③] 婁勝華：《2016 年修訂的立法會選制與第六屆立法會選舉實踐分析》，《澳門研究》（澳門）2017 年第 4 期，第 13－24 頁；婁勝華：《競爭激烈、新老交替與力量均衡——澳門特區第六屆立法會直接選舉活動及其結果分析》，《港澳研究》2017 年第 4 期，第 24－32 頁。

[④] 《修訂選舉法小修小補 余永逸：無助改變選舉困局》，論盡傳媒（澳門），2016 年 05 月 19 日，https://aamacau.com/2016/05/19/。

[⑤] 《新澳門學社批評立法會選舉總結報告內容偏頗》，澳門電台，2016 年 1 月 4 日，http://gb.tdm.com.mo/c_news/radio_news.php?id=280006。

象，強調選舉制度導致的這些結果容易引發爭議，研究者對此的評價也更多是負面和批判性的。一些研究者發現，在現行的選舉制度下，澳門的政治力量在立法會直選中呈現出「選團板塊化」的特徵，[①] 其中工商界人士在立法會直選中獲得的席位比重明顯大於其在全體選民中的比重，出現了「錯位代表性」問題，[②] 不利於促進社會多元群體的選舉參與。另一方面，澳門獨具特色的社團在立法會直選中發揮了重要作用，[③] 甚至在一定程度上取代了政黨成為了立法會直選中的核心角色，社團逐漸出現「擬政黨化」的趨勢。[④] 此外，澳門的傳統鄉族勢力在立法會直選中的作用也不容忽視，它們在選舉中採用基於文化親和力的庇護主義（clientelism），通過向作為被庇護者的選民提供物質利益和服務，以爭取選票，這種正式制度之外的非正式關係與選舉中的某些違規行為存在着微妙的聯繫。[⑤]

　　縱觀現有的對澳門立法會直接選舉制度的研究可以發現，現有研究對澳門立法會直選制度的評價並未達成一致，既有肯定性評價也有批判性、否定性評價。問題在於，這些研究雖然指出了回歸後澳門立

---

① 王禹、沈然：《澳門特別行政區立法會產生辦法研究》，北京：社會科學文獻出版社，2017 年，第 97 頁。

② 裴勝華：《錯位代表性及其根源分析——以澳門特區第五屆立法會選舉為中心》，《當代港澳研究》2013 年第 3 輯，第 110-118 頁。

③ 黎熙元：《從回歸後第一屆立法會選舉看澳門參政社團的發展方向》，《當代港澳》2001 年第 2 期，第 36-38 頁。

④ 裴勝華：《澳門社團「擬政黨化」現象分析——以回歸後選舉參與為中心》，《澳門研究》（澳門）2014 年第 1 期，第 31-40 頁。

⑤ Eric King-man Chong, "Clientelism and Political Participation：Case Study of the Chinese *tongxianghui* in Macao SAR Elections", *Journal of Chinese Political Science*, Vol. 21, No. 3, 2016, pp. 371-392; Sonny Shiu-Hing Lo and Eric King-Man Chong, "Casino Interests, Fujian *tongxianghui* and Electoral Politics in Macao", *Journal of Contemporary Asia*, Vol. 46, No. 2, 2016, pp. 286-303.

法會直選制度的進步，發現了一些有爭議的現象，但是沒有進行充分的解釋，也沒有揭示出制度發展的基本模式。這是因為，持肯定性觀點的研究更多地強調澳門立法會直選制度在打擊賄選、保障選舉公平方面的程序優化，而持批判性、否定性觀點的研究雖然從描述性層面指出了直選制度中涉及選舉制度原理的一些特殊現象和問題，但是沒有深入制度原理層面進行分析和解釋，沒有真正認識到現行選舉制度的一些深層次的、根本性的矛盾之處，也沒有揭示出矛盾與問題背後的制度機理。

因此，本文的研究假設是，現有的對澳門立法會直選制度的肯定性研究更多關注程序優化層面，而批判性、否定性研究雖然涉及制度原理層面的問題，但更多只是停留在對現象的描述而非深入到制度原理層面進行解釋，這就使得澳門立法會直選制度在現實中形成了一種程序上逐步優化，但在制度原理層面上存在制度目標與制度結果之間有落差的發展模式。基於此，本文將遵循程序層面上的制度優化與原理層面的結果落差這兩條線索展開分析。

二、直選制度的成功經驗：
程序優化與公平、公正、公開性保障

公平、公正、公開是民主選舉的基本原則，也是衡量選舉制度優劣的重要標準。回歸初期，選舉的這些基本原則在澳門立法會選舉中曾經遭遇極大的挑戰。尤其在回歸後前兩屆立法會選舉中，澳門廉政公署接到的賄選舉報大幅增加，廉政公署在 2006 年的一份報告中更

是指出了在選舉中發現的 14 種舞弊以及其他妨礙公平選舉的行為。[①]
因此，澳門立法會直接選舉制度在修改完善時最主要的方向在於不斷
優化選舉程序，促進選舉的公平、公正與公開。2008 年和 2016 年對選
舉法所進行的兩次較大幅度的修改，都以打擊賄選以及其他妨礙公平
選舉的行為為重點。2016 年特區政府在對選舉法進行修訂時，明確將
「全面體現『公平、公正、公開和廉潔』的基本原則」[②] 作為立法目的之
一，新修訂的法律中增加和調整幅度最大的都是與此相關的內容。在
現行的《立法會選舉法》中，有超過三分之一的條文與賄選、選舉違
規行為及其刑罰相關，這也是澳門立法會選舉制度中的一大特色。事
實上，通過比較研究可以發現，在參選人資格、選舉宣傳、打擊賄選
以及競選經費管理等方面，澳門立法會選舉制度在回歸以來不斷進行
程序上的優化，取得了顯著的進步，在一些方面甚至已經走在了世界
前列，為立法機關的選舉制度改革提供了積極有益的借鑒。

（一）參選人資格

選舉權和被選舉權是公民的基本權利，受到憲法和法律的保護。
回歸初期，澳門立法會直接選舉參選人的年齡被限定為年滿 21 周歲，
而 2008 年修改後的《立法會選舉法》將限定年齡降低為年滿 18 周歲，
因此 18～20 歲的澳門永久性居民首次擁有了參選權。與同為「一國兩
制」下特別行政區的香港相比，澳門的這一改革無疑走在了前列，有利

---

① 澳門特別行政區廉政公署：《有關完善立法會選舉制度的分析研究》，2006 年，第 27–36 頁。

② 澳門特別行政區政府：《理由陳述：修改第 3/2001 號法律》，澳門特別行政區政府行政法務司司長陳海帆在立法會會議上作出的陳述，2016 年 8 月 9 日。

於吸引年輕人關注政治，參與政治，實現了選舉權和被選舉權的一致。

在 2016 年的《立法會選舉法》修改中，因應社會中反響強烈的「雙重效忠」問題以及香港立法會選舉中出現的「港獨」爭議，新修訂的《立法會選舉法》明確規定立法會參選人不得出任其他國家和地區的公職，同時必須聲明擁護《中華人民共和國澳門特別行政區基本法》和效忠中華人民共和國澳門特別行政區。這一修改避免了立法會議員同時兼任外國公職的現象，同時確保了參選人對基本法以及澳門特區的忠誠，明確將愛國愛澳作為參選立法會議員的基本政治標準。

（二）選舉宣傳

對選舉宣傳的規範是澳門立法會選舉制度的一大特色，也是與其他國家和地區的選舉制度相比較為超前的部分。

回歸後，2001 年的第一部《立法會選舉法》就明確規定：「競選活動期是由選舉日前第十五日開始至選舉日前第二日午夜十二時結束。」[1]2005 年立法會選舉前選舉委員會作出的指引中明確規定，在競選活動期之外尤其是之前，以任何形式進行選舉宣傳活動均與選舉法相牴觸。[2] 也就是說，在選舉前一日以及選舉日當天，澳門街頭不會出現像香港立法會選舉日前各政黨及其候選人頻頻「告急」「配票」「退保」等可能影響甚至干擾選民投票決定的現象，選民能夠在一個相對平靜的環境下冷靜、理性地思考和決定自己最終的投票意向，這一點在澳

---

① 澳門特別行政區第 3/2001 號法律：《澳門特別行政區立法會選舉制度》，第七十五條「競選活動的開始與結束」，2001 年。

② 《立法會選舉委員會第 2/CEAL/2005 號指引》，2005 年。

門這樣的地域範圍較小、人口密集、容易受突發事件以及其他非正常因素影響的地區尤其重要。在 2013 年立法會選舉前，選舉管理委員會在選舉指引中明確將選舉前禁止宣傳的這段時間稱作「冷靜期」，[①] 在此期間除了傳統的宣傳活動之外，候選人以及參選團體也不能利用互聯網和移動通訊網絡進行競選宣傳活動。2016 年修訂的《立法會選舉法》，則進一步對「競選宣傳」進行了明確界定：「『競選宣傳』是指以任何方式舉行活動以發佈兼備下列要件的信息：第一，引起公眾注意某一或某些候選人；第二，以明示或暗示方式，建議選民投票或不投票予此一或此等候選人。」[②]

　　事實上，在選舉投票日前設置冷靜期的做法，即使在西方發達資本主義民主國家之中，也是不多見的，比如英國和美國均沒有類似的制度設計。表 2 比較了澳門特區與其他採用選舉冷靜期的四個國家，可見無論是冷靜期的長度還是冷靜期內被禁止的行為方面，澳門的規定在全球範圍內都是相對超前的。

表 2　澳門特區設立選舉冷靜期的部分國家比較

	澳門	澳洲	加拿大	紐西蘭	新加坡
冷靜期長度	投票日前一天以及投票日當天	投票日前兩天至投票日投票結束為止	在投票日選區內的所有投票站關閉之前	在投票日投票結束之前	在投票日和投票日前一天的任何時間
冷靜期內被禁止的行為	任何形式的競選宣傳活動	所有電視及電台的政治廣告	向任何選區的市民傳達選舉廣告	任何促進候選人或政黨當選的活動（包括廣告）	發佈或展示任何選舉廣告；拉票、探訪選民居所及辦公地點；舉辦選舉集會

資料來源：根據相關國家和地區的選舉法令整理而成。

---

① 　《立法會選舉管理委員會第 10/CAEAL/2013 號指引》，2013 年。
② 　澳門特別行政區第 3/2001 號法律（經第 11/2008 號法律、第 12/2012 號法律及第 9/2016 號法律修改）:《澳門特別行政區立法會選舉制度》，第七十五–A 條「競選宣傳」，2017 年。

　　與選舉宣傳相輔相成的是澳門立法會選舉制度對選舉日及其前後的管理，尤其是對於選舉日前後進行競選宣傳的處罰力度，在回歸後選舉法的修改中不斷加大，這對選舉日的違法違規行為起到了一定程度的震懾作用。尤其是選舉日在投票站或其 100 米範圍內進行宣傳，有可能面臨嚴厲的有期徒刑刑罰。

表 3　選舉日及選舉日前一天競選宣傳的處罰

	選舉日宣傳	選舉日前一日宣傳
2001 年《立法會選舉法》	以任何方式競選宣傳：最高 120 日罰金；在投票站或其 100 米範圍內宣傳：最高六個月徒刑。	以任何方式作出宣傳：1000～5000 澳門元罰款。
2008 年修改後的《立法會選舉法》	以任何方式競選宣傳：最高一年徒刑，或最高 240 日罰金；在投票站或其 100 米範圍內宣傳：最高兩年徒刑。	以任何方式作出宣傳：2000～1 萬澳門元罰款。
2016 年修改後的《立法會選舉法》	同上	同上

資料來源：2001 年、2008 年、2016 年的《立法會選舉法》。

　　除了法律規定之外，立法會選舉管理委員會還會因應選舉中出現的新情況和新變化，通過選管會指引，明確界定選舉日宣傳行為的內容，其中包括：展示競選標誌、符號、識別物或貼紙；透過與選民交談、呼喊口號、向選民打手勢或以信號示意等方式拉票；等等。[①] 2013 年的選管會指引進一步明確了選舉日的服裝要求，將選舉日在票站及其附近穿着與競選宣傳相關的特定服飾界定為選舉日競選宣傳行為。[②] 而在網絡競選活動日趨常態化的背景下，2017 年的選管會指引也增加了對網絡宣傳的相關規定，將網絡宣傳也納入競選宣傳活動的規範和

---

① 《立法會選舉管理委員會第 9/CAEAL/2009 號指引》，2009 年。
② 《立法會選舉管理委員會第 11/CAEAL/2013 號指引》，2013 年。

管理之中。[①]

由此可見，澳門立法會選舉制度中對選舉宣傳的規定極為細緻、嚴格，而選舉宣傳在競爭性相對更強的直接選舉中非常重要，因此這樣的規定有利於為立法會直接選舉營造一個公平的環境，選舉冷靜期的設立則減少了選舉日之前的各種非正常因素對選民投票產生的影響，是一項與國際接軌的先進制度設計。

（三）防止與打擊賄選

無論是回歸前還是回歸後，澳門立法會選舉中的賄選問題一直是立法會選舉制度在發展和完善過程中所面臨的一個嚴峻挑戰，因而防止與打擊賄選是歷次《立法會選舉法》修訂中最為重要的目標之一。

回歸後，雖然 2001 年的《立法會選舉法》已經對賄選作出了定義，也規定了最高五年徒刑的刑罰，但是 2005 年第三屆立法會選舉中的賄選現象反而更加猖獗。在整個選舉期，廉政公署接獲賄選舉報 423 宗，涉案嫌疑人超過 700 人，與上屆選舉相比大幅上升。[②] 日益增多的賄選現象嚴重損害了立法會選舉尤其是直接選舉的公信力，社會各界人士以及澳門普通市民都要求嚴厲打擊賄選，保障選舉的廉潔與公平，這也正是 2008 年《立法會選舉法》進行大幅修訂的主要目標。新的選舉法細化了對賄選的界定，同時將賄選的最高刑罰從五年徒刑提高到八年，重點打擊以金錢、物品、職位以及其他利益換取選票的賄

---

① 《立法會選舉管理委員會第 2/CAEAL/2017 號指引》，2017 年。
② 澳門特別行政區廉政公署：《有關完善立法會選舉制度的分析研究》，2006 年，第 24 頁；澳門特別行政區廉政公署：《2005 澳門廉政公署年報》，2005 年，第 33 頁。

選行為。與此同時，更名重組後的立法會選舉管理委員會不僅擴大了規模，也擁有了更大的職權。尤其是選管會指引的約束力大大增強，為選舉法提供了積極有益的補充，使得選舉法的各項規定得以具體化、細緻化、可操作化。2016 年修訂的《立法會選舉法》再次對選管會的組成時間和組成人員進行修改，將其成立時間提前到選舉年的前一年，同時吸納檢察院的代表加入選管會，進一步增強了選管會的專業性。

在澳門立法會選舉中，候選人請客吃飯、在選舉日為選民提供交通接送在很長一段時期都成為了法律規定之外的「灰色地帶」，而選舉管理委員會也注意到了這些現象，在歷次選舉前的選管會指引中明確了相關規定。在 2009 年立法會選舉前，選管會指引在允許團體為選民提供選舉日交通工具的同時，也明確規定了非強迫性、不提供餐飲膳食、不拉票、不承諾利益回報等必須符合的條件；[①]2013 年的選管會指引進一步將違反上述條件的行為明確界定為賄選行為，可依據《立法會選舉法》予以刑事處罰。[②]而對於團體向民眾提供餐飲、旅行、娛樂、津貼、禮物等行為，2016 年新修訂的《立法會選舉法》則新增了申報義務，即使上述行為屬於非競選活動，候選人也需要向選管會申報，否則同樣可能構成賄選罪。[③]2017 年立法會選舉期間廉政公署對社團福利活動（包括酒樓餐飲、旅遊活動、派發津貼等）的突擊檢查結果表明，《立法會選舉法》的修改是有效的，選舉過程中基本上沒有發

---

① 《立法會選舉管理委員會第 10/CAEAL/2009 號指引》，2009 年。
② 《立法會選舉管理委員會第 11/CAEAL/2013 號指引》，2013 年。
③ 澳門特別行政區第 3/2001 號法律（經第 11/2008 號法律、第 12/2012 號法律及第 9/2016 號法律修改）：《澳門特別行政區立法會選舉制度》，第七十五－C 條「法人的申報義務」、第七十五－D 條「候選人的申報義務」，2017 年。

現違反上述規定的賄選行為，選舉的情況總體上看是良好的。[①]

此外，回歸後立法會選舉制度中打擊賄選的規定還包括取消選民證、引入「污點證人」制度、引入法人刑事責任制度、加強選舉財政收支監管等等，防止和打擊賄選的規定也隨着選舉法的歷次修改而不斷完善，為立法會選舉的廉潔公正提供了強有力的制度和法律支撐。

（四）競選經費管理

與打擊賄選密切相關的是競選經費的管理問題，在這一方面澳門立法會選舉制度同樣積累了較為成功的經驗。

在競選經費收入方面，2001 年的選舉法只是簡單地規定了候選人、候選名單、政治社團及提名委員會可以接受來自澳門永久性居民的競選捐獻，而 2008 年修改後的選舉法明確規定只可接受澳門永久性居民提供的競選捐獻，同時限制了匿名的選舉捐獻，特別是等於或超過 1000 澳門元的選舉捐獻，必須簽發載有捐獻人的姓名、身份證號碼以及聯繫方式的收據。[②]

在競選經費支出方面，選舉法的規定在修訂過程中也呈現出日趨精細化、科學化、可操作化的特徵。比較表 4 中歷次《立法會選舉法》對競選經費支出的規定可以發現，競選經費支出從最初的只限定「競選活動」開支，到後來規定各候選名單在競選期內的所有開支都要受到最高限額的約束，這就有助於防止候選人以及政治團體利用所謂的

---

① 婁勝華：《2016 年修訂的立法會選制與第六屆立法會選舉實踐分析》，《澳門研究》（澳門）2017 年第 4 期，第 13–24 頁。

② 澳門特別行政區第 3/2001 號法律（經第 11/2008 號法律修改）：《澳門特別行政區立法會選舉制度》，第九十三條「具金錢價值的捐獻和開支限額」，2009 年。

「非競選活動開支」之「名」行競選活動之「實」的行為。

表 4　《立法會選舉法》對競選經費支出的規定

年份	具體規定
2001 年《立法會選舉法》	各候選名單的競選活動開支，不得超過行政長官以批示規定的開支限額；具體限額將以該年澳門特別行政區總預算中總收入的 0.02% 為基準。
2008 年修改後的《立法會選舉法》	各候選名單的開支不得超過行政長官以批示規定的開支限額，具體限額須低於該年澳門特別行政區總預算中總收入的 0.02%。
2016 年修改後的《立法會選舉法》	各候選名單的開支限額以行政長官批示規定，限額以最接近批示日期公佈的澳門特別行政區人口估計、選民登記冊所登載的人數及經濟發展狀況等數據為基礎，具體限額須低於澳門特別行政區近十年的總預算中總收入平均數的 0.004%。

資料來源：2001 年、2008 年、2016 年的《立法會選舉法》。

此外，《立法會選舉法》規定，各候選名單必須在選舉後的規定期限內公開選舉賬目摘要，同時向選舉管理委員會提交選舉賬目的明細，而 2016 年新修訂的《立法會選舉法》還要求附上由註冊會計核算師發出的賬目法定證明，[①] 進一步完善了競選經費申報制度。

綜上所述，澳門《立法會選舉法》對於選舉公平、公正、公開性的保障是十分細緻、完整、全面的，這也是澳門立法會選舉制度中最大的亮點之一。事實上，儘管這些規定同時適用於立法會直接選舉和間接選舉，但是因為直接選舉的競爭性相對較大，受關注程度相對較高，出現賄選和其他不規則選舉現象的概率也相對較大，所以實際上選舉法的規定更多是對直接選舉產生重要影響。澳門立法會直選制度在程序優化以及保障選舉公平、公正、公開方面的諸多經驗，值得其

---

① 澳門特別行政區第 3/2001 號法律（經第 11/2008 號法律、第 12/2012 號法律及第 9/2016 號法律修改）：《澳門特別行政區立法會選舉制度》，第九十四條「審核帳目」，2017 年。

他國家和地區借鑒。同時，應該看到的是，在利用「直通車」方案[①]順利實現了回歸前後制度銜接與調適的基礎之上，回歸後澳門立法會直選制度在公平、公正、公開性方面的發展與變革是漸進的，對於違規行為的打擊力度是逐步提升的，這樣既確保了選舉制度的穩定性，避免因制度動盪或制度突變給社會帶來劇烈衝擊，又能夠及時回應社會訴求，不斷對制度中的不足之處進行改善與優化。

三、直選制度的反思：制度目標與制度結果的落差

雖然澳門立法會直選制度在打擊賄選，提高選舉的廉潔公正方面積累了豐富的成功經驗，取得了顯著的效果，但現行的直選制度仍然存在諸多挑戰，在選舉實踐中仍然出現了一些容易引發爭議的現象。具體來說，回歸以來澳門立法會選舉制度的修訂與完善更多只是從具體的技術性和操作性層面入手，其根本性、核心性的內容並沒有重大變動，諸如全澳門作為一個選區、封閉式比例代表名單制、「改良漢狄法」計票規則這些與選舉實踐及其結果更加直接相關的制度和規則仍然與回歸前保持一致。另外，無論是研究者還是立法者雖然都關注到了現行選舉制度之下出現的一些獨特的現象和問題，但是卻很少深入到選舉制度原理的層面進行思考，也較少考慮選舉制度設計與選舉制度實踐結果之間的關係。因此，就導致了現實中制度目標與制度結果之間的落差，甚至出現了「社團擬政黨化」、策略性選舉工程等「意外」的制度結果。

[①] 註：1993 年 3 月 31 日全國人大通過相關決定，規定回歸前澳門最後一屆立法會的組成如符合相關規定和條件，經澳門特區籌委會確認，即可成為澳門特區第一屆立法會議員，這就是被俗稱為「直通車」的方案。

（一）封閉式比例代表名單制的迷思

澳門立法會直接選舉從葡萄牙殖民統治時期開始就一直採用單選區下的封閉式比例代表名單制（簡稱「比例代表制」），在 1991 年以後也一直採用「改良漢狄法」作為計算各名單得票的規則。根據選舉制度的基本原理及其在世界各國的實踐結果，比例代表制一般被認為會鼓勵多黨制政黨政治的出現，同時削弱大黨的力量，防止形成一黨獨大乃至出現單一執政黨的情形；同時，鼓勵那些在意識形態、政策綱領上相似的候選人組成同一個政黨，以爭取更多的議席。[①] 但是，澳門立法會直選所採用的比例代表制，在實踐中卻產生了一些與一般性的制度結果不盡相同的現象，與制度設計的原意也存在着一定的落差。

1. 去政黨化與社團的「擬政黨化」

比例代表制作為一種以承認政黨存在為前提的選舉制度，在實踐中出現的結果必然是政黨政治的確立與鞏固，產生多黨制政黨體系。因此，在一個國家和地區採用比例代表制，通常也是以承認政黨的地位作為制度設計前提，以鼓勵和強化政黨的發展作為制度設計目的。但是，無論是香港還是澳門，卻出現了制度目標和制度選擇相互矛盾的情況，因而導致了與制度目標不相符合的制度結果。

回歸前，香港和澳門都不存在法律意義上的政黨，在設計回歸後港澳的政治體制時，其中一個重要的目標也正是在於去政黨化，限制和弱化政黨政治的發展，尤其是要降低大黨在政治體制中的影響力。基於這樣的考慮，香港和澳門特區的行政長官都不被允許擁有政黨身

---

① 〔美〕安德魯·雷諾茲等：《選舉制度設計手冊》，魯閩譯，香港：商務印書館（香港），2013 年，第 80−81 頁。

份，[1] 因此無法取得執政權的政治組織從嚴格意義上都不屬於政黨。[2] 但是，回歸後香港和澳門在立法會直選中卻又採用了承認政黨、鼓勵政黨發展的比例代表制，制度設計的目標和實際的制度選擇之間並不契合。由此，回歸後港澳政治並沒有按照弱化政黨政治的邏輯演進，其中港式比例代表制在立法會直選中的運作以及各政治組織在選舉中的競爭，使得香港出現了事實上的多黨制政黨政治，政黨的發展反而得到了強化。[3]

而同樣採用比例代表制的澳門雖然在回歸後沒有出現以政黨自稱的政治組織，也沒有出現多黨制，但是實際上澳門的社團政治成為了一種「沒有政黨的政黨政治」。在獨特的歷史背景下產生的社團取代了政黨，在選舉中發揮着重要的作用，由此形成的社團政治與多黨制政黨政治存在着諸多相似之處。在立法會直接選舉中，候選人的提名、候選名單的組成、競選工程的開展，都是依託政治社團來完成的，選民在選舉中也是給政治社團提出的參選名單而非候選人個人投票。因此，制度設計上的去政黨化，在實踐中反而形成了獨特的社團「擬政黨化」[4]「社團治理社會」[5] 的政治模式。

這種社團代替政黨功能引發的最大爭議在於，澳門的社團絕大多數都是依靠庇護主義組織起來的，社團的領袖與社團的成員之間形成的是一種庇護者與被庇護者的關係。尤其是傳統的鄉族社團往往與同

---

① 參見香港《行政長官選舉條例》第三十一條和澳門《行政長官選舉法》第三十六條。

② 余永逸：《香港的政黨政治與澳門的社團政治》，余振等編：《雙城記 III：港澳政治、經濟及社會發展的回顧與前瞻》，澳門：澳門社會科學學會，2009 年，第 71–89 頁。

③ 馬岳、蔡子強：《選舉制度的政治效果：港式比例代表制的經驗》，香港：香港城市大學出版社，2003 年，第 210–211 頁。

④ 婁勝華：《澳門社團「擬政黨化」現象分析——以回歸後選舉參與為中心》，《澳門研究》（澳門）2014 年第 1 期，第 31–40 頁。

⑤ 姚秀蘭、肖禮山：《澳門社團參與立法會選舉之實證分析》，《當代港澳研究》2012 年第 3 期，第 52–65 頁。

鄉會等一些基於地域、親緣而建立起來的組織具有密切聯繫，通過互惠性的利益交換建立起龐大的庇護主義網絡。一種常見的方式是社團領袖通過商業經營，開設便民超市，而加入社團的會員（被庇護者）能夠以會員價在超市內買到價格相對低廉的商品，從而在社團與會員之間建立起長期的庇護主義關係。[①] 在選舉來臨之時，這些庇護主義網絡就能夠作為候選人與選民之間的橋樑，成為有效的動員工具，使得社團成員穩定、持續地向本社團參與選舉的候選人提供自己的選票，而這種選舉庇護主義（electoral clientelism）在現行的制度下往往很難被界定為賄選，成為了選舉法之外的「灰色地帶」。

實際上，澳門這些「擬政黨化」的社團與廣泛存在於新興民主國家和地區之中的庇護主義政黨（clientelistic parties）[②] 存在着一定的相似之處。尤其是在菲律賓、泰國等東南亞國家，政黨不是基於意識形態或是政策綱領的一致性，而是基於不同的庇護主義網絡而建立，成為了政治精英動員選民、爭取選票、獲取政治利益的工具，在一定程度上對民主政治產生了消極的影響。[③] 澳門與其他新興民主國家和地區的最大區別可能只是澳門的社團雖無庇護主義政黨之「名」，卻行庇護主義政黨之「實」。

---

① Eric King-man Chong, "Clientelism and Political Participation: Case Study of the Chinese *tongxianghui* in Macao SAR Elections", *Journal of Chinese Political Science*, Vol. 21, No. 3, 2016, pp. 371－392.

② 林丹陽：《變化的現象，發展的議題：恩庇侍從關係研究綜述》，《甘肅行政學院學報》2018 年第 4 期，第 110－118 頁。

③ Dirk Tomsa and Andreas Ufen eds., *Party Politics in Southeast Asia: Clientelism and Electoral Competition in Indonesia, Thailand and the Philippines*, Routledge, 2013; Paul D. Hutchcroft and Joel Rocamora, "Patronage-Based Parties and the Democratic Deficit in the Philippines: Origins, Evolution, and the Imperatives of Reform", Richard Robison ed., *Routledge Handbook of Southeast Asian Politics*, New York: Routledge, 2012, pp. 97－119.

2.「改良漢狄法」對大黨的削弱作用開始下降

比例代表制的另一個重要問題在於計算選票的規則。一般認為香港立法會直選中採用的「最大餘數法」以及澳門立法會直選在 1992 年後採用的「改良漢狄法」不利於大黨，而澳門立法會直選在 1992 年以前採用的「漢狄法」則不利於小黨。事實上，澳門立法會直選從 1992 年起沿用至今的「改良漢狄法」在很長一段時間內的確起到了削弱大黨、防止大黨超額獲得席位的功能。從 1992 年到 2009 年的歷次立法會直選中，沒有一張參選名單能夠獲得三個或以上的議席。

但是，這種情況在 2013 年的第五屆立法會選舉中發生了變化。在這一屆立法會直選中，民聯協進會通過同一張參選名單拿下 3 個議席，打破了自採用「改良漢狄法」計票後沒有一張名單能夠贏得第三席的紀錄（見表 5）。

表 5　2013 年立法會直接選舉結果

候選名單	得票	除以一	除以二	除以四	除以八	議席數
澳發新連盟	13093	**13093**	6546.5	3273.25	1636.625	1
自由	3227	3227	1613.5	806.75	403.375	
民主啟動	923	923	461.5	230.75	115.375	
公民權益	848	848	424	212	106	
民主新	8827	**8827**	4413.5	2206.75	1103.375	1
同心	11960	**11960**	5980	2990	1495	1
公民	5225	5225	2612.5	1306.25	653.125	
澳粵同盟	16251	**16251**	**8125.5**	4062.75	2031.375	2
新希望	13130	**13130**	**6565**	3282.5	1641.25	2
澳門夢	1006	1006	503	251.5	125.75	
親民	2306	2306	1153	576.5	288.25	

（續表）

候選名單	得票	除以一	除以二	除以四	除以八	議席數
革新盟	8755	**8755**	4377.5	2188.75	1094.375	1
民聯	26426	**26426**	**13213**	**6606.5**	3303.25	3
群力	15815	**15815**	**7907.5**	3953.75	1976.875	2
工人運動	227	227	113.5	56.75	28.375	
基層監督	368	368	184	92	46	
社民陣	179	179	89.5	44.75	22.375	
超越行動	1642	1642	821	410.5	205.25	
民主昌	10987	**10987**	5493.5	2746.75	1373.375	1
關愛澳門	5323	5323	2661.5	1330.75	665.375	

資料來源：《2013 年澳門立法會選舉活動綜合報告》。

即使將 2013 年立法會直接選舉結果按照港式比例代表制中同樣不利於大黨超額爭取議席的「最大餘數法」進行計算，民聯協進會的參選名單同樣能夠獲得三個議席（見表 6）。

表 6　利用「最大餘數法」計算的 2013 年立法會直接選舉結果

候選名單	得票	比例	符合基數所獲議席	餘票	餘額議席	總議席數
澳發新連盟	13093	**8.94%**	1	1.80%		1
自由	3227	2.20%		2.20%		
民主啟動	923	0.63%		0.63%		
公民權益	848	0.58%		0.58%		
民主新	8827	6.02%		**6.02%**	1	1
同心	11960	**8.16%**	1	1.02%		1
公民	5225	3.57%		3.57%		
澳粵同盟	16251	**11.09%**	1	3.95%	1	2
新希望	13130	**8.96%**	1	1.82%		1

（續表）

候選名單	得票	比例	符合基數所獲議席	餘票	餘額議席	總議席數
澳門夢	1006	0.69%		0.69%		
親民	2306	1.57%		1.57%		
革新盟	8755	5.98%		**5.98%**	1	1
民聯	26426	**18.04%**	2	**3.76%**	1	3
群力	15815	**10.79%**	1	**3.65%**	1	2
工人運動	227	0.15%		0.15%		
基層監督	368	0.25%		0.25%		
社民陣	179	0.12%		0.12%		
超越行動	1642	1.12%		1.12%		
民主昌	10987	**7.50%**	1	0.36%		1
關愛澳門	5323	3.63%		3.63%	1	1

資料來源：根據《2013 年澳門立法會選舉活動綜合報告》自製

由此可見，「改良漢狄法」對於較大規模政治團體的削弱作用，在 2013 年立法會直選中下降了。除了與選舉相關的其他影響因素以外，2013 年立法會直選議席由 12 席增加到 14 席，可能是「改良漢狄法」對大黨制約作用開始減弱的一個重要原因。由於澳門立法會直選制度將全澳門作為一個選區，當選區議席數目不斷增加時，大黨所能爭取多於兩席的可能性也逐漸增加，民聯協進會在 2013 年選舉中獲得的第三席正是來自於新增的兩席之一（名單第三順位的候選人得票排名第 13 位）。因此，如果希望繼續保持「改良漢狄法」對於大黨的制約作用，拆分選區是改革直選制度的一個可能的方向。

3. 策略性拆分名單與「配票」常態化

為了應對比例代表制下各種不利於大黨的計票方式，政治團體常常採用一些特定的選舉策略來使自己能夠獲得的議席數量最大化，最

常見的方式就是拆分參選名單，同時在不同名單之間進行「配票」，使各參選名單同時當選。香港的主流政黨尤其是建制派的最大政黨民建聯對這一策略早已習以為常，以 2016 年立法會選舉為例：民建聯在新界西和新界東兩個範圍較大、議席較多的直選選區分別派出兩張名單參與競選，最終順利收穫四個議席；而在功能組別的區議會（第二）選舉中，民建聯同樣派出兩張名單參選，同時公開號召選民按照自己所居住的區域將選票投給相應的參選名單，最終兩張名單均順利當選。

澳門《立法會選舉法》明確規定，任何政治社團或提名委員會都不得提出一份以上的候選人名單，[①] 從表面上看可以避免香港那樣的同一政黨在同一選區提名多張競選名單的情況。但是，政治社團可以通過組織兩個名稱、標誌完全不同的提名委員會，輕易地規避選舉法的這一限制。

澳門民主派陣營的「新澳門學社」是最早在立法會直選中採用拆分名單策略的政治社團。「新澳門學社」根據 2005 年立法會選舉結果的經驗，在 2009 年立法會直選中一分為二，同時推出「民主昌澳門」和「民主新澳門」兩張競選名單參選，雖然沒有如預期那樣成功實現「一加一等於四」，但是也成功獲得三席，比 2005 年增加一席。[②] 此後，「新澳門學社」在 2013 和 2017 年的選舉中繼續沿用了拆分名單的策略。

在 2017 年立法會直選中，傳統社團和工商鄉族社團也開始採用拆

---

① 澳門特別行政區第 3/2001 號法律（經第 11/2008 號法律、第 12/2012 號法律及第 9/2016 號法律修改）：《澳門特別行政區立法會選舉制度》，第二十七條「提名權」，2017 年。

② 陳麗君：《第四屆立法會選舉後的澳門政治生態分析》，《當代港澳研究》2010 年第 1 輯，第 136－145 頁。

分名單的競選策略，其中「群力促進會」和「民聯協進會」分別推出兩張名單參與競選，結果兩張名單的第一位候選人都順利當選（表 7），而兩張名單中的第一位候選人在 2013 年立法會直選中在同一張名單上，也同屬於一個社團。由此可見，隨着直選議席數目的逐步增加，在未來的立法會直選中各政治社團拆分名單的選舉策略將會常態化、普遍化，而現有的選舉法並無法有效地限制這種拆分名單的行為，制度設計的實際效果將大打折扣。這種制度設計和制度規範在實際運行中失效的結果，將會給整個立法會選舉制度的合法性和認受性帶來消極作用，這是澳門立法會直選制度在未來發展中需要關注的問題。

表 7　立法會拆分組別變化情況（2013 ～ 2017 年）

	2013 年立法會選舉		2017 年立法會選舉	
拆分組別	民聯協進會	陳明金、施家倫、宋碧琪	民聯協進會	施家倫、曾志龍
			民眾協進會	宋碧琪、呂子安
	群力促進會	何潤生、黃潔貞	群力促進會	何潤生、邢榮發
			美好家園	黃潔貞、呂綺穎

資料來源：婁勝華：《競爭激烈、新老交替與力量均衡——澳門特區第六屆立法會直接選舉活動及其結果分析》，《港澳研究》2017 年第 4 期，第 24–32 頁。

（二）保障選舉公平的「意外」結果

從制度設計尤其是保障選舉公平、公正、公開的角度上看，澳門立法會選舉制度無疑是值得肯定的，選舉法在歷次修訂中不斷完善，有助於為整個選舉營造一種風清氣正的氛圍。但是，立法會選舉制度中有一些保障選舉公平的內容也是值得商榷的，保障選舉公平的法律規定過於嚴苛，也會給選舉制度實踐的其他方面帶來一些不利影響，甚至產生一些「意外」的結果。

1. 限制選舉民調與保障選民知情權的矛盾

在香港立法會選舉日前，各政黨及其候選人常常使用「告急」「配票」等策略，而這些策略的主要依據正是選前公佈的各種民意調查結果。但是在澳門，選舉法對於民意調查有着相當嚴苛的規定：「由競選活動開始至選舉日翌日為止，有關選民對候選人態度的民意測驗或調查的結果，一律禁止公佈。」[①] 也就是說，在選舉中常見的各種選前民調、出口民調、選後民調，在澳門立法會選舉的競選期內都不會出現，即使是僅用於學術研究的民調結果也只能在選舉完全結束之後才能發佈。

澳門選舉法的這一規定有其合理之處，禁止發佈民調能夠避免民調對於選舉結果的影響，也能夠防止政治社團及其候選人利用民調結果進行策略性選舉活動。但另一方面，很多選民實際上由於工作繁忙或是本身政治冷感等原因，未必能夠及時關注選情，也難以直接接觸到政治社團和候選人，而由權威機構公佈的民調結果可能是他們唯一能夠了解選舉、決定投票意向的途徑。尤其是在選前兩天的「冷靜期」內，政治社團以及候選人已經完全停止了他們的競選活動，因此選民就更加需要藉助民調結果獲取更多的信息，以幫助自己作出最終的選擇。此外，選民也擁有全面、完整地獲取選舉信息的權利，而民調結果則是選舉信息的重要組成部分，因此完全禁止公佈民調結果雖然是選舉公平原則的體現，但是也有可能對選民的知情權造成損害。當選舉原則與其他一些原則或是公民基本權利產生衝突的時候，需要制度

---

① 澳門特別行政區第 3/2001 號法律（經第 11/2008 號法律、第 12/2012 號法律及第 9/2016 號法律修改）：《澳門特別行政區立法會選舉制度》，第七十五條「民意測驗結果的公佈」，2017 年。

設計者在制定具體的程序與規則時進行調適與平衡。

2. 劣質化選舉競爭對選舉質量的影響

為了保證選舉中各候選名單的平等權利，澳門《立法會選舉法》強調候選名單以及候選人在電視、廣播等大眾媒體宣傳時間、宣傳空間的均等化，每張候選名單在傳媒報道時必須被平等對待。與此同時，競選活動中各候選名單使用報刊、廣播電視、公共場所、表演場地的費用須遵循劃一標準，每張候選名單均獲得公平對待。選舉法的上述規定是對公平原則的體現，但是在追求公平原則的同時，也可能在實際中使得競選活動的質量和水平參差不齊，甚至在一定程度上出現了劣質化選舉競爭的現象，這些都是選舉制度設計所產生「意外」結果。

最典型的例子出現在立法會選舉期間各大電視台舉辦的選舉論壇之中。由於參選名單眾多（見表8），而根據選舉法的規定，每張名單獲得的發言時間均等，這就使得選舉論壇持續的時間相對冗長。另外，各候選人的素質參差不齊，在有限的時間內很難將自己的政綱和理念陳述清楚，很多候選人為了吸引眼球，將重點放在對其他候選人或是特區政府的批評和攻擊上，而較少向觀眾和選民闡釋自己政綱中的實質內容，使得選舉論壇的辯論和討論質量與選民所期待的相去甚遠。有看過電視辯論後的觀眾感慨道：「看電視辯論，候選人的質素真是一般，無論答什麼問題，都是三樣內容：讀政綱，喊口號，罵政府，完全聽不到實際內容。」①

---

① 陳麗君：《澳門第五屆立法會選舉述評》，《江漢大學學報（社會科學版）》2015年第2期，第5–13頁。

表 8　回歸後立法會直接選舉參選名單數量

屆別	直選議席	參選名單數量	候選人數量
2001 年第二屆	10	15	96
2005 年第三屆	12	18	125
2009 年第四屆	12	16	122
2013 年第五屆	14	20	145
2017 年第六屆	14	24	186

資料來源：婁勝華：《競爭激烈、新老交替與力量均衡——澳門特區第六屆立法會直接選舉活動及其結果分析》，《港澳研究》2017 年第 4 期，第 24－32 頁。

衡量選舉質量時，除了考慮選舉是否遵循公平、公正、公開原則之外，還應當考察各候選人是否在選舉中真正關注、討論和回應那些受到全社會關注的議題，在充分展示政綱的基礎之上為選民提供多元化的選擇。而澳門立法會選舉制度對公平原則的追求以及相對嚴苛的規定，在一定程度上反而「意外」地影響了選舉競爭的質量。因此，選舉制度在未來發展的過程中，需要更加充分地考慮和平衡保障選舉公平以及保持選舉競爭質量之間的關係。

（三）影響選舉公平的現象仍然存在

回歸以來，儘管澳門立法會選舉制度的發展方向主要是以打擊賄選、保障選舉的公平、公正、公開為主，也確實使得立法會選舉與回歸前以及回歸初期相比更加廉潔、公正，但是在具體實踐中，影響選舉公平的行為仍然時有發生，也仍然存在諸多法律之外的「灰色地帶」。有研究者發現，回歸後澳門立法會選舉文化呈現出「一屆好，一屆差」的波動性特徵，[1] 仍然沒有形成穩定、良性的選舉文化。尤其

---

[1]　婁勝華：《競爭激烈、新老交替與力量均衡——澳門特區第六屆立法會直接選舉活動及其結果分析》，《港澳研究》2017 年第 4 期，第 24－32 頁。

是在 2013 年立法會選舉中，不正當選舉行為出現了較大規模的「回潮」，選舉期間廉政公署共接獲 434 宗投訴和舉報，其中 213 宗與選舉有關，主要涉及不正當收集提名、偷步宣傳、提供利益或脅迫以影響選民投票意向、選舉日提供免費交通接送及免費餐飲等等。[①] 雖然在新修訂的《立法會選舉法》的規範之下，2017 年立法會選舉中不正當選舉行為有所減少，但仍然出現了引發社會爭議的「電子紅包事件」以及「老人早餐事件」，疑似影響選舉公平的現象並未杜絕。具體來說，除了上文提到的疑似賄選行為之外，近年來受到廣泛關注的兩種可能影響選舉公平的現象包括「偷步宣傳」以及抹黑攻擊。

1.「偷步宣傳」

對於政治社團及其候選人「偷步宣傳」的界定與討論，主要集中在以下三個與選舉相關的重要時間：宣佈具體選舉日期的時間、宣佈被接納的候選人名單的日期以及選舉前兩周競選宣傳期開始之日。當前的爭議在於，現行的選舉法只規定了後兩個日期之間「偷步宣傳」的限制及處罰，但是沒有禁止政治社團以及候選人在宣佈選舉日期之日到宣佈候選人名單之日期間進行宣傳，這就給了很多擬參選名單「偷步宣傳」的空間。立法會選舉管理委員會發現：「在 2017 年選舉中，有部分擬參選名單自行政長官公佈選舉日起便開始進行『宣傳』，此舉無疑是對其他守法的候選名單不公平，但礙於法律的限制，選管會無法對公佈確定接納候選名單前偷步宣傳的人士作出處罰。上述違規或偷步宣傳的情況不但妨礙選舉公平，同時亦對市民造成滋擾，部分市民還誤以為已踏入選舉的宣傳期。」[②]

---

① 《2013 澳門廉政公署工作報告》，2013 年，第 15 頁。
② 立法會選舉管理委員會：《2017 立法會選舉活動總結報告》，2017 年，第 48 頁。

事實上，假如競選名單及其候選人已經提交了參選申請，即使名單尚未被正式接納，但相關參選人已經清晰地表明了參選意願，因此從提交參選申請之時便不應提前展開競選活動，待競選宣傳期開始時方可開始宣傳活動，這樣才是對選舉公平性原則的尊重與遵守。在未來的選舉法修訂中，應當考慮對「偷步宣傳」作出更為完整、全面的限制。

2. 抹黑攻擊

對競爭對手的負面宣傳乃至抹黑攻擊是澳門立法會選舉尤其是直接選舉中的常態，然而現行的選舉法律並沒有對這類可能影響選舉公平的行為作出限制。特別是在 2013 年立法會選舉中，惡意抹黑攻擊的現象極為普遍選舉，幾乎參加選舉的所有名單都曾遭到競爭對手的攻擊和抹黑。在這屆選舉中，網絡留言和各種「爆料」在選舉日臨近時此起彼伏，無從辨別真假，而傳統社團尤其深受其害。直接選舉中的「群力促進會」遭受持續性的圍攻謾罵，候選人受到威脅抹黑和人身攻擊；同為傳統社團的「同心協進會」也遭到前所未有的惡意攻擊，負面宣傳被認為是該社團在選舉中遭遇失利的重要原因之一。[1]

與選舉論壇辯論質量下降類似，選舉中過多的惡意造謠和抹黑攻擊，同樣會使得立法會選舉尤其是直接選舉的質量嚴重下降，也不利於形成良性的選舉文化，這個問題是澳門立法會選舉制度未來發展中不能迴避的。

---

[1] 陳麗君：《澳門第五屆立法會選舉述評》，《江漢大學學報（社會科學版）》2015 年第 2 期，第 5–13 頁。

四、結論

　　本文的分析基本驗證了文章開頭提出的研究假設，在現有研究爭論的基礎上，從程序優化與結果落差兩條線索總結出回歸後澳門立法會直接選舉制度的發展模式。回歸以來，澳門立法會直選制度經過將近 20 年的發展，已經日趨成熟完備，尤其是經過 2008 年和 2016 年兩次較大幅度的修改，為選舉的公平、公正、公開提供了堅實的制度保障，也是澳門特區成功實踐「一國兩制」、澳人治澳、高度自治的典範。在競選宣傳規範、打擊賄選等方面，澳門立法會直選制度甚至在某些方面已經與國際接軌，走在了世界各個國家和地區的前列。在具體的選舉實踐中，回歸前以及回歸初期那種賄選現象頻發的日子不復存在，立法會選舉尤其是直接選舉隨着選舉制度循序漸進的發展也逐漸走向公正、規範，健康、良性的選舉文化也開始形成並不斷鞏固。2017 年是立法會直接選舉有史以來參選名單最多、候選人數量最多、競爭也相對激烈的一次，但是從廉政公署以及選舉管理委員會的選後反饋來看，疑似賄選以及其他一些不規則選舉行為已經大幅減少，選舉違法情況相較往屆有了顯著改善，社會各界的廉潔選舉意識正在不斷增強。

　　澳門立法會選舉制度之所以能夠取得這樣的進步，其中一個重要的原因在於澳門在「直通車」方案的保障之下，順利實現了回歸前後的制度銜接與調適，使得回歸後能夠在制度的基本框架和基本內容保持穩定的前提下，循序漸進地進行程序優化，避免了選舉制度本身頻繁更迭帶來的制度動盪。但是從另一個角度看，也正是澳門立法會直選制度在史上形成並延續至今的穩定性造成了一定程度的制度黏性和路徑依賴，使得回歸後制度變遷的趨勢只是停留在具體的程序優化層

面，缺乏制度原理層面的思考，未能對制度目標與制度結果之間的落差進行深入反思，因此難以進行重大的制度突破與創新，也在選舉實踐中出現了一些特殊的、有爭議的現象和矛盾。

選舉程序的優化完善與選舉制度的結果落差是本文的兩大基本發現，也是回歸後澳門立法會直接選舉制度發展的基本模式。在新時期，澳門立法會選舉制度尤其是直接選舉制度同樣應當遵循上述兩條線索持續發展完善。其一，繼續鞏固並發展現有的保障選舉公平、公正、公開的制度，對於一些新出現的疑似不規則選舉現象加以規範，進一步推進選舉制度下的程序優化。其二，從選舉制度的基本原理出發，反思和總結選舉制度的政治後果，尤其是要正視比例代表制與去政黨化之間的矛盾。假如繼續堅持比例代表制，應當承認政黨的存在，並引導和鼓勵社團逐步發展為正規的受到法律規範和保障的政黨；假如繼續堅持弱化政黨乃至去政黨化的目標和方向，則需要考慮其他類型的選舉制度，避免制度目標與制度結果的落差不斷擴大。

The Gap between Procedural Optimization and Its Results: Model of the Direct Election System's Development in Macao Legislative Assembly after 1999

Lin Danyang, Huo Weidong and He Junzhi

Abstract: Since 1999, the direct election system in Macao Legislative Assembly has been focusing on ensuring the fairness, justice and openness of the elections. It has experienced a gradual development process, making significant progress on the perspective of procedural optimization, such as candidate qualification, election propaganda, anti-bribery and campaign funding management. At the same time, lots of useful experience has been accumulated, which has been affirmed by existing research. However, there are some emerging problems and challenges during the developing process of the direct election system in Macao Legislative Assembly. Although some existing research reveals a few of them, it has not review them in respect of the principles of electoral system design. Also, it does not see the gap between the goals and the results of the institutions. Therefore, the proportional representation system in Macao Legislative Assembly's direct election has produced some unique phenomena such as the quasi-party function of the society, strategic list-splitting and vote allocation, which are inconsistent with the general principles of institutional design. While pursuing the principle of fairness, the electoral system has also led to some "accidental" results which reduce the quality of elections. In addition, the phenomenon that still affects the fairness of elections is also a problem that the electoral system needs to solve. This article will focus on the gap between procedural optimization and its results, and try to find the model of direct election system's development in Macao Legislative Assembly after 1999.

Key words: Macao Legislative Assembly; Direct election systems; Proportional Representation; Electoral fairness

澳門基本法實施二十年來的
回顧與述評

王禹*

摘　要：本文力圖在回顧澳門基本法實施二十年歷程的基礎上，從法學的角度探討澳門基本法實施的特點、規律以及其中存在的問題。文章探討了基本法實施與法律實施、憲法實施的共性與不同點，對澳門基本法二十年實施的成就和原則進行了總結，分析了澳門基本法解釋體制以及澳門法院的司法審查權問題。文章提出了完善基本法實施的監督機制、發揮憲法在基本法解釋體系中的地位和作用，以及構建相對獨立的基本法學學科。

關鍵詞：「一國兩制」　澳門基本法　法律實施

* 　王禹，澳門大學法學院教授。

導 語

澳門實踐「一國兩制」與實施基本法既參考了香港經驗，自身又具有顯著特點。探討澳門「一國兩制」實踐的模式特點並進行相關經驗總結，一直是學界研究熱點。[①] 這些研究成果大都從政治和社會的角度入手，將澳門「一國兩制」成功實踐歸結為「一國兩制」本身的生命力和制度優勢、澳門回歸後的經濟發展成就、澳門社團文化、澳門本身的國家認同基礎、澳門基本法的成功宣傳推廣，以及中央和澳門特別行政區關係的良性互動、政治體制有效運作等。

本文力圖在回顧澳門基本法實施二十年歷程的基礎上，從法學的角度探討澳門基本法實施的特點、規律以及其中存在的問題。從法律的角度研究澳門基本法實施問題，是對法律本身的回歸。「法律需要邏輯，否則法律的陳述將會錯亂，演繹的結果將難以預測，法律的穩定性也會跟着動搖。」[②] 研究澳門基本法實施問題，同樣需要遵循法律邏輯本身。尤其是澳門回歸二十年來，隨着「一國兩制」實踐的深入發展，澳門社會在取得成就的同時，也積累了不少問題和爭議。面對這些爭議和不同社會階層的訴求，必須運用法治思維、法治手段和法治措施才能使其獲得妥善、合理和令人信服地解決，而這首先必須回到

---

① 楊允中：《論「一國兩制」澳門實踐模式》，澳門理工學院一國兩制研究中心 2009 年，及莊金鋒：《「一國兩制」澳門模式與博彩業依法管治》，中國民主法制出版社，2011 年，榮開明、劉寶三：《鄧小平「一國兩制」理論新探》，澳門理工學院一國兩制研究中心，2011 年，王禹等：《「一國兩制」理論與實踐研究》，澳門理工學院一國兩制研究中心，2013 年，楊允中等：《「一國兩制」成功實踐的基本啟示》，澳門學者同盟，2014 年，齊鵬飛：《「一國兩制」在香港、澳門的成功實踐及其歷史經驗研究》，人民出版社，2016 年，等等。

② 姜濤：《法律概念、法律規範與法學學說——法律實施面向的關係建構》，載《人大法律評論》，2016 年第 1 輯。

澳門基本法文本本身。

　　進一步從法律角度研究澳門基本法實施問題，對於建立獨立的港澳基本法學學科具有十分重要且不可替代的作用。長期以來，我國學界將基本法視為憲法學的一個組成部分。然而，香港、澳門基本法的制定與實施提出了諸多超越憲法學範疇的新課題，有必要進一步探討建立相對獨立的基本法學。鄧小平對香港基本法曾說過這樣的話：「世界上還沒有這樣一個法，這是一個新的事物」。[①] 港澳基本法是我國一種「非常嶄新」「非常複雜而奇特」的法律現象，在我國法律體系裏具有「首創性革新」的價值和意義。[②] 港澳基本法學以我國兩部特殊的憲制性法律香港基本法和澳門基本法為主要研究內容和研究對象。2019 年是澳門回歸二十周年，從法律視角研究澳門基本法實施二十年來的成功經驗、未來挑戰及其中的各種問題，進一步建立獨立的港澳基本法學科，有助於推進我國法學體系建設及推動澳門「一國兩制」實踐的深入發展。[③]

一、澳門基本法實施的概念、內涵和監督機制

（一）法律實施、基本法實施和憲法實施

　　法律實施，有時亦被稱為法的實施，是指法律在社會生活中被人們實際施行的活動與過程。法律實施的目的可以理解為將法律規範表

---

①　鄧小平：《會見香港特別行政區基本法起草委員會委員時的講話》（1987 年 4 月 16 日），載《鄧小平文選》（第三卷），人民出版社，1993 年，第 215–222 頁。

②　莊金鋒：《十論香港基本法在實施中》，中國評論學術出版社，2015 年，第 83–85 頁。

③　較早探討建立獨立的特別行政區基本法學學科的作品有駱偉建：《澳門特別行政區基本法概論》，澳門基金會，2000 年，第 12–24 頁。

達的抽象要求轉化為現實的社會生活規範，將法律規則體現的國家意志轉化為現實的法律關係，將法律規範要求的權利義務轉化為現實的具體行為。[①]

憲法實施是法律實施中的其中一種。然而，憲法與普通法律的區別在於，憲法不僅是普通法律的立法根據，「法律的法律」，而且憲法是一部「政治法」，是「各種政治力量對比關係的集中表現」。[②] 憲法的因子裏本身就有法律性，又有政治性。因此，憲法實施與普通法律實施相比，既帶有一定的共性，帶有自身的特殊性。我國近代以來將「制定憲法」和「實施憲法」視為變法維新和探索中國前途的必要舉措。《中華人民共和國憲法》是在以革命和戰爭的手段推翻舊政權、建立新政權的基礎上制定的。憲法對革命成果的確認性非常明顯。在這種背景下，憲法「只是更宏大的政治系統運作的一個環節，實施憲法是實現政治目標的一種手段」。[③] 西方憲法學學科裏則較少有憲法實施的概念，而我國憲法不僅在第 62 條和第 67 條中規定全國人大和全國人大常委會監督憲法實施，而且還在序言裏將維護憲法實施作為公民的一項根本義務加以明確規定。

澳門基本法既是我國的一部全國性法律，又是澳門特別行政區的憲制性法律。澳門基本法實施介於法律實施與憲法實施之間，帶有一定的自身獨特性。澳門基本法的解釋體制是按照我國憲法對普通法律的解釋規定進行設計的，而澳門基本法的修改提案權卻不是完全按照我國對普通法律的修改進行設計的。修改提案權被僅限於三個主體：

---

① 可參看沈宗靈（主編）：《法理學》（第四版），北京大學出版社，2014 年，第 301 頁。

② 許崇德主編：《中國憲法》，中國人民大學出版社，1989 年，第 24–26 頁。

③ 翟國強：《中國語境下的「憲法實施」：一項概念史的考察》，載《中國法學》2016 年第 2 期。

全國人大常委會、國務院和澳門特別行政區，其中澳門特別行政區的修改議案，體現出非常「剛性」特點：須經澳門特別行政區的全國人大代表三分之二多數、立法會全體議員三分之二多數和行政長官同意後，才能由澳門特別行政區出席全國人民代表大會的代表團向全國人民代表大會提出。因此，這種獨特性在於它既是一般意義上的法律實施，又不是一般意義上的法律實施：在全國範圍內它是一部一般意義上的法律實施，而在特區，它又是日常立法的依據和基礎，帶有憲法實施的某些形式特徵和功能作用。

（二）澳門基本法的遵守、執行和適用

澳門基本法的遵守，可以從法律遵守的概念裏引申出來。法律遵守通常是指公民對法律規定的義務的履行。澳門基本法的遵守，是指澳門特別行政區的居民，以及有關主體，以澳門基本法為自己的行為準則，依照澳門基本法行使權利並履行義務的活動。澳門基本法的遵守是雙向的。不僅澳門特別行政區居民要遵守澳門基本法，而且澳門基本法是在我國全國範圍內都是有效的全國性法律，澳門基本法在內地同樣應得到遵守。

澳門基本法的執行，可以從法律執行的概念裏引申出來。法律執行通常是指有關行政機關使用法律行使管理職權、履行職責的活動。澳門基本法第 50 條第（二）項明確規定行政長官「負責執行本法」。澳門基本法的執行，還包括着中央人民政府作為執行主體的面向。嚴格按照基本法辦事，不僅是指澳門特別行政區要嚴格按照基本法辦事，而且還包括中央人民政府嚴格按照基本法辦事。

澳門基本法的適用，可以從法律適用的概念引申出來。法律適用

通常是指法院援引法律條文作出裁斷法律糾紛的活動。澳門基本法的適用，是指法院援引澳門基本法條文裁斷法律糾紛的活動。澳門基本法第 143 條明確規定全國人大常委會授權澳門特別行政區法院在審理案件時有權解釋本法，這就使得澳門基本法比起我國其他憲法性法律有更強的司法適用性。澳門基本法本身還是一部全國性法律，我國內地各級人民法院在審理案件的過程中涉及相關問題的，有權援引澳門基本法條文，但不能解釋澳門基本法。因為我國憲法、澳門基本法、立法法和其他法律沒有做出的這樣的規定和授權。立法法第 46 條規定最高人民法院可以向全國人大常委會提出法律解釋要求，這裏應當理解為還包括可以就澳門基本法解釋問題提出議案。全國人大常委會若接受最高人民法院的解釋議案作出的解釋，則這一解釋同樣對澳門特別行政區法院有約束力，但在作出解釋前，必須根據澳門基本法第 143 條的要求，徵詢其所屬的澳門特別行政區基本法委員會的意見。

（三）狹義的基本法和廣義的基本法

狹義的基本法，是指基本法文本本身，既包括澳門基本法的正文，也包括澳門基本法的附件。廣義的基本法還包括圍繞澳門基本法做出的有關決定和解釋，這些決定與解釋與澳門基本法本身具有同等效力。

我國立法法第 47 條明確規定，全國人大常委會對法律作出的解釋同法律具有同等效力。2011 年 12 月 30 日，全國人大常委會對澳門基本法附件一第七條和附件二第三條作出的解釋就構成了基本法的一個組成部分。

全國人大及其常委會根據澳門基本法作出的相關規定，如全國人大《關於中華人民共和國澳門特別行政區基本法的決定》（1993 年 3 月

31 日）、《關於設立中華人民共和國澳門特別行政區的決定》（1993 年
3 月 31 日）、《關於澳門特別行政區第一屆政府、立法會和司法機關產
生辦法的決定》（1993 年 3 月 31 日）、《關於批准澳門特別行政區基本
法起草委員會設立全國人民代表大會常務委員會澳門特別行政區基本
法委員會的建議的決定》（1993 年 3 月 31 日）、全國人大常委會《關
於〈中華人民共和國澳門特別行政區基本法〉葡萄牙文本的決定》（1993
年 7 月 2 日）、《關於根據〈中華人民共和國澳門特別行政區基本法〉
第一百四十五條處理澳門原有法律的決定》（1999 年 10 月 31 日）、《關
於增加〈中華人民共和國澳門特別行政區基本法〉附件三所列全國性
法律的決定》（1999 年 12 月 20 日、2005 年 10 月 27 日、2017 年 11 月
4 日）、《關於授權澳門特別行政區對設在橫琴島的澳門大學新校區實
施管轄的決定》（2009 年 6 月 27 日）、《關於澳門特別行政區 2013 年
立法會產生辦法和 2014 年行政長官產生辦法有關問題的決定》（2012
年 2 月 28 日）等，與澳門基本法本身具有同等法律效力，充實和發展
了澳門基本法的內容，也構成廣義意義上的澳門基本法的一部分。

（四）澳門基本法實施的監督機制

基本法實施監督機制是探討建立港澳基本法學的關鍵所在。如同
憲法監督「往往與憲法保障、違憲審查、憲法訴訟、司法審查、憲法
解釋等概念交替使用」[①] 一樣，基本法監督也往往與基本法保障、基本

---

① 李忠：《憲法監督論》，社會科學文獻出版社，1999 年，第 1 頁。還有的學者比照憲法救
濟，提出了基本法救濟的概念，見陳友清：《1997－2007：一國兩制法治實踐的法理學觀察
——以法制衝突為視角》，法律出版社，2008 年，第 233－235 頁。

法解釋、對違反基本法的法律的審查權、司法審查等概念交錯使用。澳門基本法既是我國的全國性法律，也是澳門特別行政區的憲制性法律，因此，澳門基本法實施的監督既包括中央對地方的監督，也包括地方自治層面上的監督，從而形成「縱橫交叉、中央和地方相結合的複雜關係」。[①] 因此，其實施監督問題既不同於憲法監督，又比普通法律實施監督更具有特殊性。

監督基本法實施的內容主要包括：（1）審查澳門特別行政區內部的法律、法令、行政法規和其他規範性文件是否符合基本法；（2）審查澳門特別行政區政權機關及其公職人員的行為是否符合基本法；（3）審查澳門特別行政區政治性組織或團體、澳門特別行政區居民的行為是否符合基本法。

確保澳門特別行政區內部所有的規範性文件符合基本法是監督實施機制的重要內容。1999 年 10 月 31 日全國人大常委會對近 900 個澳門原有的法律和法令進行了審查，除宣佈 25 部法律和法令牴觸基本法不採用為澳門特別行政區法律，另宣佈還有 18 部法律和法令部分條款牴觸基本法，其牴觸部分不被採用為澳門特別行政區法律。而被採用為澳門特別行政區的原有法律，則自 1999 年 12 月 20 日起，在適用時應作出必要的變革、適應、限制或例外，以符合中華人民共和國對澳門恢復行使主權後澳門的地位和《基本法》的有關規定。[②]

澳門基本法第 143 條規定，本法的解釋權屬於全國人大常委會，

---

① 趙國強：《試論基本法實施過程中的監督途徑》，載楊允中、李沛霖、林金城主編：《基本法對澳門發展的保障：「基本法與澳門發展」學術研討會論文集》，澳門基本法推廣協會，2002 年。

② 全國人大常委會《關於根據中華人民共和國澳門特別行政區基本法第 145 條處理澳門原有法律的決定》（1999 年 10 月 31 日）。

第 17 條規定，全國人大常委會對澳門回歸後立法會制定法律是否符合基本法關於中央管理的事務及中央和澳門特別行政區關係條款進行備案審查並有權予以發回，使其立即失效。至於全國人大常委會是否可以審查行政長官制定的行政法規、行政命令和對外規範性批示等，澳門基本法不再作出規定。澳門基本法第 67 條和第 71 條規定，立法會是澳門特別行政區的立法機關，負責制定、修改、暫停實施和廢除法律。第 50 條規定行政長官負責制定行政法規並頒佈執行，但沒有規定立法會可以就撤銷行政法規作出專門決議或通過決議要求行政長官進行修改或廢除行政法規。澳門基本法第 143 條規定澳門特別行政區法院在審理案件時有權就澳門特別行政區自治範圍內的條款解釋基本法，但沒有明確指出法院可以違反澳門基本法為由拒絕適用某項法律或宣告某項法律無效。

目前澳門特別行政區有關規範性文件的合法性監察機制分散在法律位階與效力不同的法律法規中，如第 9/1999 號法律《司法組織綱要法》（並經第 7/2004 號法律、第 9/2004 號法律、第 9/2009 號法律修改）第 44 條第二款第（一）項、第 48/96/M 號法令《刑事訴訟法典》第 419 條和第 55/99/M 號法令《民事訴訟法典》第 652 條 A 規定的統一司法見解制度，第 110/99/M 號法令《行政訴訟法典》第 88 條和第 89 條規定的行政法規宣告無效制度。因此從某種意義上看，澳門特別行政區「尚未形成一個系統性的、具有內在邏輯的連貫性的關於規範文件的司法監督機制」，[①] 因此有待進一步梳理、研究和建立相關制度。

澳門基本法是根據憲法制定的，憲法和基本法共同構成了特別行

---

① 何志遠：《澳門行政法規的困境與出路》，社會科學文獻出版社，2014 年，第 108 頁。

政區的憲制基礎。因此，探討基本法實施監督問題，應當將其與憲法實施監督聯繫一起，將憲法和基本法實施作為一個整體來對待。憲法和基本法實施監督的核心問題就在於建立澳門回歸後以憲法和基本法為共同基礎的新憲制秩序。社會學角度通常將社會主體的行為分為遵從行為和越軌行為，而越軌行為又可分為失常行為和非遵從行為。所謂失常行為是指行為主體雖違背社會規範，但並不懷疑和否認現存社會規範的效力和價值；所謂非遵從行為是指行為主體不僅違背社會規範，而且還否認社會規範的效力和價值，並試圖以此為基礎，變更和創新規範。這種分析方法不僅可以用來分析違憲問題，[①] 也可以用來分析違反基本法問題。對基本法的違反也可以分為失範性違反和非遵從性違反。非遵從性違反的要害在於否定基本法背後的原則和精神，在於否定基本法背後的中國憲法，偏離「一國兩制」正確發展方向。

二、澳門基本法實施二十年來的歷程回顧和實施特點

（一）澳門基本法實施二十年的三個階段

澳門基本法實施二十年來，可以分為三個階段：

第一個階段為回歸初期的固本培元階段（1999～2003 年）。固本培元的說法是何厚鏵在首份施政報告裏提出的，「在特區初期，必須以『固本培元、穩健發展』為政府整體政策的基本目標。這個目標不但構成本年度施政報告的主題，在未來幾年，它依然是特區政府和全體

---

① 肖北庚：《憲政法律秩序論》，中國人民公安大學出版社，2002 年，第 148 頁。

市民共同努力的主要方向」。這份施政報告還明確指出,「至於法制方面,為配合新時期社會的發展,法律的完善、更新、制訂、宣傳和執行均有大量的任務等待我們承擔。」① 在這個階段,澳門特別行政區制定了政權運作的必備法律文件。「午夜立法」制定了 11 部法律和 12 部行政法規,就回歸後憲制轉變、政府組織、司法組織、審計署、就職宣誓、國旗國徽國歌、區旗區徽、辦理國籍申請、居留權,以及行政會運作規則、政府部門及實體的組織、職權和運作等問題作出規定,保證了政權的順利交接。2000 年立法會通過了 13 部法律,其中包括行政長官及主要官員薪酬制度、司法官薪酬、立法會立法屆及議員章程、廉政公署組織法、立法會組織法及選民登記法,2001 年通過了第 3/2001 號法律《立法會選舉制度》以及警察總局組織法、海關組織法等,為澳門特別行政區新政權的運作進一步奠定法律基礎。

2001 年 9 月 23 日澳門成功舉行了回歸後首次立法會選舉,直接選舉議員 10 人,間接選舉議員 10 人。間選的 10 名議員名額分配如下:(1) 僱主利益選舉組別 4 名;(2) 勞工利益選舉組別 2 名;(3) 專業利益選舉組別 2 名;(4) 慈善、文化、教育及體育利益選舉組別 2 名。共有 15 個組別參與了直接選舉的競爭,8 萬多名選民參與了投票,選舉組別和候選人數目超過了回歸前的選舉規模,「充分反映出市民當家作主和積極參與的精神」。② 澳門回歸後經濟迅速好轉,從回歸前連續四年的負增長到回歸後第一年的 4% 的正增長,為澳門基本法的成功實施

---

① 何厚鏵:《固本培元,穩健發展——中華人民共和國澳門特別行政區政府 2000 年財政年度施政報告》。

② 見特首文告:《發揚當家作主精神》,《澳門日報》,2001 年 9 月 24 日。

打下良好的基礎。[①] 2002 年 1 月 1 日起設立民政總署，撤銷了回歸初期設立的澳門臨時市政機構和海島臨時市政機構。2003 年出現了「非典」疫情，經濟一度出席蕭條，到了該年下半年，經濟才開始逐漸好轉。

第二個階段為變化階段（2004 年～2014 年）。這裏將澳門基本法實施的第二階段定為以 2004 年為起點。主要基於以下幾點考慮：第一，2003 年 10 月 29 日簽署的《內地與澳門關於建立更緊密經貿關係的安排》（CEPA）在 2004 年 1 月 1 日正式實施、生效。[②] 這是兩種原本相互對立的兩種社會制度在一個統一國家內開始走向合作互利和共贏發展的標誌性事件。第二，從 2004 年開始，賭權開放政策使得澳門經濟開始進入快速發展階段。5 月 18 日，首家由威尼斯集團開設的「金沙娛樂場」開幕，逾萬五人集結入場，爆逼大堂，掀開澳門賭業新一頁。[③] 澳門經濟增長帶來了物價和房價上漲，社會分化日益明顯，出現了以往沒有的居民集會遊行示威等活動，內地的「自由行」政策帶來了大量訪客，澳門的寧靜開始打破。

2006 年勞動節，澳門 8 個勞工界社團發動遊行示威，表達「反對黑工、外勞泛濫」訴求，期間發生警民衝突。[④] 在以後連續的幾年勞動節、國慶節和回歸紀念日裏，都發生過較大的遊行示威。[⑤]2007 年還發

---

① 2000 年 12 月國家主席江澤民對前來北京述職的何厚鏵評價說，「各方面都滿意」，總理朱鎔基打 101 分。見《澳門日報》2000 年 12 月 19 日。

② 2004 年、2005 年、2006、2007 年、2008 年又分別簽署了《補充協議》《補充協議二》《補充協議三》《補充協議四》《補充協議五》。

③ 《澳門日報》2004 年 5 月 19 日。

④ 《政府響應五一遊行》，《市民日報》2006 年 5 月 2 日。

⑤ 有關這幾年的集會遊行示威情況，可參看張元元：《澳門法治化治理中的角色分析》，澳門理工學院一國兩制研究中心，2009 年，第 4 頁，及《子彈一發不可收本澳形象還待國際公論》，載《市民日報》2007 年 5 月 2 日，《教師罕有上街遊行顯示本澳更複雜的社會關係》，載《市民日報》2007 年 10 月 2 日，《1500 市民遊行反貪腐爭民主》，載《市民日報》2007 年 12 月 21 日，及《近千人遊行關注民生》，載《澳門日報》2008 年 5 月 2 日，等。

生了歐文龍貪腐事件，貪污數額巨大引起社會諸多不滿。2008 年 4 月行政長官何厚鏵宣佈實施現金分享計劃，向全澳居民發放一次性舒緩通貨補貼。2009 年澳門立法會通過了第 2/2009 號法律《維護國家安全法》，率先完成了二十三條立法。該年 6 月 28 日，全國人大常委會作出決定，授權澳門以租賃的形式取得橫琴島澳門大學新校區的土地使用權。

法律改革和法制建設逐漸成為特區施政重要方面。2005 年，特區政府成立了法律改革辦公室和法律改革諮詢委員會。2011 年，進一步成立法律改革及國際法事務局，作為法律改革的中央統籌機構。為了解決回歸後有關行政法規的性質、地位和效力的不同看法及爭議，澳門立法會在 2009 年 7 月制定了第 13/2009 號法律《關於訂定內部規範的法律制度》，明確了行政法規低於法律，並將行政法規分為補充性行政法規和獨立行政法規。2013 年 7 月 20 日，行政長官批示澳門大學橫琴新校區啟用，在地理上將其視同位於氹仔島以內的地域。該年立法會制定了第 10/2013 號法律《土地法》、第 11/2013 號法律《文化遺產保護法》和第 12/2013 號法律《城市規劃法》。

2004 年澳門立法會通過了第 3/2004 號法律《行政長官選舉法》，8 月 29 日舉行了第二任行政長官選舉，何厚鏵高票繼續當選。2005 年 9 月 25 日舉行了第三屆立法會選舉，直接選舉 12 名議員及間接選舉 10 名議員，逾 12.8 萬名選民參與了投票。2008 年立法會修改了選民登記法和立法會選舉法，進一步規範選舉制度，取消選民證制度，並將被選舉權的年齡由 21 歲降到 18 歲，並在間接選舉制度方面增加了等額提名自動當選制度，四個界別的名稱修改為：(1) 工商、金融界選舉組別;(2) 勞工界選舉組別;(3) 專業界選舉組別;(4) 社會服務、文化、教育及體育界選舉組別。2009 年 9 月 20 日舉行了第四屆立法會選舉，

共有 14.9 萬名選民參與投票。2009 年 7 月 26 日舉行了第三任行政長官選舉，崔世安當選為行政長官。2011 年 12 月行政長官致函全國人大常委會委員長，提出附件一和附件二是否修改的問題，12 月 31 日全國人大常委會對澳門基本法附件一第 7 條和附件二第 3 條作出解釋，確立了政制發展五步曲。2012 年 6 月 30 日全國人大常委會對附件一修正案和附件二修正案予以批准和備案，行政長官選舉委員會由原來的 300人增加到 400 人，立法會議員由原來的 29 人增加到 33 人，其中直選議員和間選議員各增加 2 人。2021 年 8 月，立法會重新修改行政長官選舉法和立法會選舉法，行政長官候選人須獲得的提名人數由原來的 50 名改為 66 名，取消了立法會間接選舉中的等額提名自動當選制度，將原先的四個界別調整為五個界別，名額分配如下：（1）工商、金融界 4 名；（2）勞工界 2 名；（3）專業界 3 名；（4）社會服務及教育界；（5）文化及體育界 2 名。2013 年 9 月 15 日舉行了第五屆立法會選舉，產生了直選議員 14 名及間選議員 12 名，共有 15.1 萬選民參與了投票。

在這個階段，「一國兩制」實踐在各項事業繼續取得重大進步的同時，隨着平穩過渡的氣氛和回歸喜悅心情逐漸退去，不可避免地遇到了新的問題、新的情況和新的挑戰，一些長期積累的深層次的、結構性的矛盾開始逐步顯現。2004 年 9 月 19 日發佈的《中共中央關於加強黨的執政能力建設的決定》將保持港澳長期繁榮穩定提升到中國共產黨在「新形勢下治國理政面臨的嶄新課題」，2007 年十七大報告裏將進一步提升到「這是新形勢下治國理政面臨的重大課題」。

第三個階段為深化階段（2014 年起）。「一國兩制」的深化主要表現在憲法在回歸後新憲制秩序裏的進一步出場。2014 年國務院發表了《「一國兩制」在香港特別行政區的實踐》白皮書，系統論述了「一國

兩制」的法理基礎，其中指出中央對特別行政區具有全面管治權，對於授出的高度自治權還有監督的權力，並明確指出憲法和香港基本法共同構成香港特別行政區的憲制基礎。2014 年全國人大常委會設立首個國家憲法日。澳門社會同年開始有意識地宣傳中國憲法。[①] 2015 年國務院在其政府工作報告裏一改以往「嚴格按照基本法辦事」的宣示，明確提出「嚴格按照憲法和基本法辦事」。

2014 年 8 月 31 日舉行了第四任行政長官選舉，崔世安繼續當選為行政長官。澳門完成了第四屆政府的換屆工作，自回歸後十五年一直續任的澳門特別行政區政府主要官員「一刀切」被更換。在 2014～2015 年司法年度開幕典禮上，行政長官宣佈澳門「已建成符合本地實踐的特區司法體系」。2016 年 2 月，前檢察長何超明涉貪被捕。2016 年 12 月立法會再次修改立法會選舉法，規定立法會議員不得雙重效忠，在任職期間不得擔任任何外國議會、立法會會成員，也不得擔任任何外國政府成員或公共行政工作人員。2017 年 8 月立法會通過了第 15/2017 號法律《預算綱要法》。2017 年 9 月 17 日舉行了第六屆立法會選舉，在間接選舉部分出現了歷史上第一次的差額選舉。

2015 年「粵港澳大灣區」的概念正式提出。12 月 20 日，國務院發佈第 665 號令，重新公佈了澳門特別行政區的行政區域圖，並將澳門特別行政區海域面積明確為 85 平方公里，原澳門租用珠海邊界土地而興建的關閘澳門邊檢大樓地段，亦劃歸澳門特別行政區管轄。2017 年 7 月，在國家主席習近平的見證下，國家發展和改革委員會、廣東

---

① 在該年，澳門街坊會和濠江法律學社舉辦了憲法講座和專題座談會。見許昌：《談國家憲法與基本法關係的幾點認識》，載《澳門法律工作者聯合會國家憲法日座談會文集》，澳門法律工作者聯合會，2017 年 12 月。

省、香港特別行政區和澳門特別行政區共同簽署了《深化粵港澳合作推進大灣區建設框架協議》。國務院 2018 年政府工作報告明確指出將出台實施粵港澳大灣區發展規劃綱要，8 月 15 日粵港澳大灣區建設領導小組在北京舉行首次會議。2019 年 2 月 18 日，《粵港澳大灣區發展規劃綱要》印發，澳門與香港、廣州、深圳被定位為大灣區城市群中的四個中心城市之一，「建設世界旅遊休閒中心、中國與葡語國家商貿合作服務平台，促進經濟適度多元發展，打造以中華文化為主流、多元文化共存的交流合作基礎」，要求繼續發揮比較優勢做優做強，增強對周邊區域發展的輻射帶動作用。

（二）澳門基本法實施的原則總結

1. 嚴格按照基本法辦事原則

嚴格按照基本法辦事在澳門社會有高度共識。二十三立法是「一國兩制」實踐中的一個焦點問題和敏感問題。在香港二十三條立法擱淺的情況下，澳門在 2008 年提出了二十三條立法草案，翌年 2 月通過了第 2/2009 號法律《維護國家安全法》。對於澳門基本法第 95 條規定的非政權性市政機構問題，由於 2002 年設立的民政總署長期未被社會各界視為是該條所指的非政權性市政機構，也確實沒有市政機構成員代表進入歷屆的行政長官選舉委員會，經過長期的爭議和討論，因此 2018 年 7 月澳門立法會，通過了第 9/2018 號法律，重新設置非政權性市政機構市政署。

嚴格按照基本法辦事是雙向的，即特區不僅嚴格按照基本法辦事，而且中央也要嚴格按照基本法辦事。作為中央來說，凡是需要中

央行使的權力，就決不能放棄；凡是需要中央承擔的責任，就決不能迴避。已經作出的「五十年不變」的承諾，也決不能改變；已經規定的行使權力的法定程序，也決不能省略。作為特區來說，要深刻掌握基本法的根本精神、基本原則和立法原意。凡是依法由中央行使的權力，就絕不能僭越；凡是依法由特區承擔的義務，就絕不能推諉。[①]

2. 堅守基本法立法原意原則

在一個文化多元並實行資本主義制度的微型國際城市裏，對法律條文的不同理解、爭議和討論是常見的。堅守立法原意，有助於減少對基本法不同的理解引起的紛爭，儘可能地減少分歧，為基本法成功實施創造良好的前提。如澳門基本法雖然沒有出現行政主導的字樣，但行政主導是澳門基本法設計政治體制的主要立法原意，這為澳門社會所廣泛接受。在行政法規的性質、地位和效力問題的爭議方面，澳門立法會通過的《關於訂定內部規範的法律制度》明確指出法律優於行政法規，進一步明確了基本法確立單軌立法體制的立法原意。尤其是在處理「砂紙契」土地時，面對某些當事人訴求，澳門特區政府堅持澳門基本法第 7 條有關私有土地必須在澳門特別行政區成立已依法獲得確認的規定，獲得社會各界的普遍支持。

澳門基本法不僅是澳門社會各界的「最大公約數」，也是內地和澳門的「最大公約數」。澳門基本法起草於上個世紀 80 年代末 90 年代初，起草者當時所處的社會環境與時代背景與現在有很大的不同，然而「一國兩制」的初心和根本宗旨從來沒有改變過，一直都是維護國家主權、安全和發展利益，保持特別行政區長期繁榮穩定。堅守基本法立法原意，就是堅守「一國兩制」的初心和根本宗旨。

①　王禹：《澳門基本法實施十三年來的基本經驗》，載《澳門日報》2013 年 2 月 23 日。

3. 實事求是實施基本法原則

鄧小平在講到香港基本法起草時說,「一國兩制是個新事物,有很多我們預料不到的事情。基本法是個重要的文件,要非常認真地從實際出發來制定」。[①] 澳門基本法本身是在在參考香港基本法的基礎上制定的,但是按照澳門的實際情況,又作了許多符合澳門社會特點和文化特色的規定。如香港基本法第 44、55、61、71、90 條規定行政長官、行政會議成員、政府主要官員、立法會主席、終審法院和高等法院的首席法官等不得具有外國居留權,而澳門基本法僅在第 49 條規定行政長官在任職期內不得具有外國居留權,並在第 102 條對行政長官、主要官員、立法會主席、終審法院院長和檢察長宣誓效忠中華人民共和國作了明確規定;香港基本法第 45、68 條規定行政長官和立法會產生辦法根據實際情況和循序漸進原則最終達致普選的政制發展目標,而澳門基本法第 47、68 條無此規定;等等。

實事求是實施基本法,一個典型的例子就是政制發展問題。澳門政改從一開始就沒有追隨香港的做法,沒將「普選」作為政制發展的法定目標。2012 年 2 月 29 日全國人大常委會在《關於澳門特別行政區 2013 年立法會產生辦法和 2014 年行政長官產生辦法有關問題的決定》指出,行政長官由一個廣泛代表性的選舉委員會選出,立法會議員由直選、間選和委任三部分產生的制度,符合澳門社會的實際情況,應當長期保持不變。在此基礎上,2012 年政改方案將行政長官選舉委員會由原來的 300 人增加到 400 人,2013 年第五屆立法會直選議員和間選議員各增加 2 人。

---

① 鄧小平:《會見香港特別行政區基本法起草委員會委員時的講話》(1987 年 4 月 16 日)。

（三）澳門基本法實施的成就

1987 年 4 月 16 日鄧小平在會見香港基本法起草委員會時曾說，「我國的一國兩制能不能真正成功，要體現在香港特別行政區基本法裏面」。這段話同樣適用於澳門基本法，即澳門「一國兩制」實踐是否成功首先就體現在澳門基本法上。在澳門回歸近二十年來發生的歷史巨變中，澳門基本法起到了不可替代的「定海神針」作用。概括起來，澳門基本法實施的成就主要有以下五點：

第一，以中國憲法和澳門基本法為共同基礎的新憲制秩序取代了舊的殖民憲制秩序。澳門回歸後，憲制基礎發生了根本性改變：中國憲法取代了葡萄牙憲法，澳門基本法取代了《澳門組織章程》。澳門納入了統一的國家治理體系，以憲法和基本法為共同基礎的新憲制秩序進一步形成。澳門已經從原來《澳門組織章程》所指的「內部公法人」，轉變為我國單一制國家結構形式下的一個享有高度自治權的特別行政區，直轄於中央人民政府。行政長官取代了總督，由原來的葡萄牙總統任命改為在澳門當地通過選舉或協商產生後報中央人民政府任命，由原來只向葡萄牙負責轉變為向中央人民政府和澳門特別行政區負責。繼續保留下來的原有法律，在適用時必須做出必要的變更、適應、限制或例外，以符合中華人民共和國對澳門恢復行使主權後澳門的地位和澳門基本法相關規定。

第二，國家的主權、安全和發展利益得到維護。「一國」是「兩制」的前提和基礎，實行「兩制」的前提條件是必須滿足「一國」的基本要求。澳門在 2009 年完成了二十三條立法，通過了第 2/2009 號法律《維護國家安全法》，對叛國、分裂國家、煽動叛亂、顛覆中央人民政

府和竊取國家機密的行為予以刑事打擊,並在 2017 年進一步修改相關
法律制度,規定竊取國家機密的案件只能由中國籍法官審理,進一步
完善了國家安全保障體系。2018 年成立澳門特別行政區維護國家安全
委員會,由行政長官擔任主席。2018 年 4 月 15 日澳門展開了大規模的
國家安全教育活動,總體國家安全觀的新理念得到了普及。中央全面
管治權在澳門特別行政區得到了有效行使。

第三,原有的資本主義制度得以保留,澳門的社會穩定和經濟建
設得到重大發展。澳門回歸後,以私有制為核心的生產資料制度、工
商業自由經營制度、與土地有關的制度和契約、私營航運和博彩業得
到了維護和運行。2002 年賭權開放後,經濟獲得急劇發展,澳門實現
了 15 年免費義務教育,GDP 總量由原來的 502 億澳門元提升到 2017
年 4042 億澳門元,2017 年人均 GDP 達到世界第三。2008 年開始實施
現金分享制度,永久性居民、非永久性居民分別獲發 5000 及 3000 元
澳門幣,並在以後幾年進一步增加分享數額,2015 年為永久性居民
9000 及非永久性居民 5400 元澳門幣,2019 年永久性居民獲發 10000
元及非永久性居民 6000 元。養老保險基本覆蓋全體澳門居民。澳門的
行政區域得到了擴大。2011 年全國人大常委會授權澳門管轄設在珠海
橫琴島上的澳門大學校區;2015 年國務院明確澳門特別行政區管理 85
平方公里的海域。

第四,葡萄牙原有的法治傳統和法制特徵得到延續,原有的生活
方式得以繼續維持。澳門回歸後,澳門立法會積極行使基本法賦予的
立法權,制定了 200 多部新的法律。然而,澳門法律制度仍然具有明
顯的葡萄牙色彩,並非常具體地反映在立法技術、法律淵源和司法體
制運作等諸多方面。澳門回歸前的終審權屬於葡萄牙最高法院,而現

在由自己的終審法院行使。澳門特別行政區法律體系建設取得了長足進步，已經初步形成以憲法和基本法為核心，以繼續保留的五大法典以及回歸後新制定的《政府組織綱要法》《司法組織綱要法》《行政長官選舉法》和《立法會選舉法》等為主幹，由包括行政法務類、經濟財政類、保安類、社會文化類和運輸工務司等多部門多層次法律組成的具有鮮明當地特色的法律體系。

第五，政制發展和民主政治建設取得進展，澳門居民的權利和自由得到充分保障。2004 年，第二任行政長官選舉委員會由原先 200 名的推選委員會增加到 300 名，2014 年第三任行政長官選舉委員會進一步增加到由 400 人組成，2001 年第二屆立法會選舉由第一屆的 23 人增加到 27 人，其中直選議員和間選議員各增加 2 名；2005 年第三屆立法會選舉增加到 29 人，其中直選議員增加 2 名；2013 年第五屆立法會選舉增加到 33 人，其中直選議員和間選議員各再增加 2 名。澳門人權保障體系取得進展，澳門居民享有比歷史上任何時候都更廣泛的民主權利和自由。

（四）澳門基本法實施二十年來遇到的幾個主要爭議問題

有法律實施，就必然會出現對法律實施過程中的不同理解和爭議。然而，在香港、澳門基本法實施過程中，有些出現的爭議並不是真正意義上的法律爭議，如香港基本法第 45 條已經明確規定由一個有廣泛代表性的選舉委員會來提名產生行政長官候選人，不顧這裏的明文規定而提出公民提名和政黨提名，這裏引起的爭議不具有真正的法律價值，這是一種沒有依據的「硬拗」。又如香港、澳門基本法第 23 條規定了特別行政區應自行立法維護國家安全，這裏的法律爭議就不

是「要不要立法」問題，而是「何時立法」和「如何立法」問題。法律解釋應當建立在真正的法律爭議上。

澳門基本法實施以來，引起的爭議和涉及到的基本法條文主要有：土地問題（第 7 條），行政法規的性質、地位和特區立法體制問題（第 8 條、第 11 條和第 50 條），集會、遊行、示威的自由（第 27 條），退休公職的福利待遇（第 98 條），市政機構設立問題（第 95、96 條和附件一第二條），政制發展問題（第 47、68 條和附件一第七條、附件二第三條）等。這裏將涉及到基本法 2 個或 2 個以上條文理解且社會上引起較大關注的爭議簡要介紹如下。

1. 行政法規的性質、地位和特區立法體制問題

澳門回歸後有關行政法規的爭議主要包括：（1）行政法規是否可以修改回歸前總督制定的法令？（2）行政法規是否與立法會法律具有同等的地位和效力？（3）應當怎樣認識行政法規的概念和內涵。澳門回歸前總督有權制定與立法會法律具有同等效力的法令。澳門回歸後，澳門基本法不再規定行政長官有權制定法令，而代之以制定行政法規。行政法規的這種特定概念是在比照中國憲法裏國務院有權根據憲法和法律制定行政法規的基礎上制定的。因此，立法會是唯一立法機關及行政法規低於法律的立法原意是清晰的，這在參與基本法起草的幾位專家著作裏也有明確的闡述。[①] 1999 年 12 月 20 日「午夜立法」

---

① 蕭蔚雲（主編）：《論澳門特別行政區行政長官制》，澳門科技大學，2005 年，第 12 頁，王叔文（主編）：《澳門特別行政區基本法導論》，中國人民公安大學出版社，1993 年，第 264 頁，許崇德（主編）：《港澳基本法教程》，中國人民大學出版社，1994 年，第 203 頁，及蕭蔚雲：《論澳門基本法》，北京大學出版社，2003 年，第 106 頁及第 236-237 頁。

通過時，其中一個行政法規修改法令，① 開啟了在澳門用行政法規修訂法令的先河。澳門特別行政區政府「對修改法令採取雙軌制，即立法會以法律修改或行政長官以行政法規修改」，② 並使用行政法規修訂了諸多法令，因而出現爭議。

　　2006 年澳門中級法院和行政法院在多個有關行政法規的案件中判決政府敗訴，有關爭議進一步引發社會普遍關注。③ 這些判決書表達的核心觀點主要有：（1）立法會是澳門特別行政區唯一立法機關，行政長官不享有立法權；（2）行政長官制定行政法規不得與法律相牴觸，其效力低於法律，行政法規只能作為執行立法會制定法律的細則性規範，或在取得立法會授權條件下，或在政府行政管理職權的範圍內制定；（3）行政法規不得涉及增加民間社會在金錢或人身上負擔的事項，不具有設定行政處罰的權限；（4）行政法規的位階低於法律，故不能用以修改回歸後作為澳門原有法律保留的原與法律具有同等效力的法令。④ 2007 年 7 月 18 日，終審法院就 28/2006 號案件（特區政府就中級法院對 223/2005 號案件判決的上訴案）作出判決，撤銷中級法

①　第 11/1999 號行政法規《入境、逗留及定居的一般制度的若干修改》修改了十月三十一日第 55/95/M 號法令《修正及更新入境、逗留及在澳門定居之一般制度》第 11 條第四項，將「持有由歐洲聯盟成員國或《申根協定》成員國簽發的護照的成員國國民，得在澳門逗留最多九十日」修改為「持有由葡萄牙當局簽發的護照的葡萄牙公民，得在澳門逗留最多九十日。」2003 年立法會通過了第 4/2003 號法律《入境、逗留及居留許可制度的一般原則》，廢止了第 11/1999 號行政法規《入境、逗留及定居的一般制度的若干修改》。

②　趙向陽：《澳門特別行政區基本法短期課程講義》，第 6 頁，轉引自何志遠：《論澳門特別行政區行政法規與法令的關係》，載《法域縱橫》總第 10 期，澳門特別行政區政府法務局，2001 年 12 月。

③　澳門特別行政區中級法院第 223/2005 號案件判決書、第 280/2005 號案件判決書、行政法院第 38/05-EF 案件判決書、中級法院對 43/2006 號、44/2006 號、45/2006 號、48/2006 號、第 53/2006 號、143/2006 號、144/2006 號、145/2006 號等案件判決書。

④　常譞：《澳門特區行政法規制定權限爭議及其解決》，載王禹（主編）：《法律、法令與行政法規討論文集》，濠江法律學社，2012 年，第 289 頁。

院 2006 年 4 月 27 日判決並發還中級法院重新審理。終審法院認為，「在基本法規定保留以法律規定的事項以外以及不違反法律優先原則（行政法規不得違反高位階的法律規範，尤其是基本法和法律，也不得違反包括行政法一般原則在內的法律一般原則）的情況下，行政長官可謹以基本法為依據核准行政法規」。該年 12 月 13 日，中級法院就 223/2005 號案件重新作出裁決，但是還提出了是否應當提請全國人大常委會解釋有關行政長官制定行政法規權的條款的問題。①

2007 年 7 月底，澳門特區政府向立法會提交了《關於法律與行政法規的規定》法案，幾經討論和修改，最後在 2009 年 7 月 14 日以第 13/2009 號法律《關於訂定內部規範的法律制度》獲得通過。該法將行政長官制定的行政法規分為獨立行政法規和補充性行政法規，確立了法律優於行政法規的原則（第 3 條）。該法還明確規定了立法會制定法律的事項範圍（第 6 條），及行政長官制定獨立行政法規的事項範圍（第 7 條第 1 款）。但在法令修改方面，該法確認了行政法規修訂法令的合法性，將法令的修改分為三部分，即根據法令規定的事項範圍，分別透過法律、獨立行政法規和補充性行政法規進行修改、暫停實施或廢止（第 8 條）。第 13/2009 號法律明確澳門回歸後實行單軌立法體制的基本框架，明確規定法律優於行政法規，暫時平息了有關行政法規的爭議。②

---

① 「而終審法院上述的法律解釋，似乎已實質改動了基本法所定的現行澳門政制中有關立法會與行政長官之間在制定法律規範上的權力分配和制約模式，因此終審法院在定出是次法律解釋結果之前，似乎應遵照澳門基本法第 143 條的規定，提請全國人民代表大會常務委員會就基本法中有關行政長官制定行政法規權的條款釋法」。見中級法院第 223/2005（II）號案合議庭裁判書（2007 年 12 月 13 日）。

② 有關這方面的爭議文章，可參看王禹：《法律、法令與行政法規討論文集》，濠江法律學社，2012 年。

2. 有關政制發展的爭議

關於政制發展，實際上存在着三個問題：（1）程序問題。應當怎樣理解兩個基本法的附件一第 7 條和附件二第 3 條裏「如需修改」涵義？政制發展的啟動權由誰來掌握？誰有權作出可以修改的判斷？（2）實體問題。香港基本法第 45 條和第 68 條規定了行政長官和立法會「最終達至普選產生的目標」，而澳門基本法第 47 條和第 68 條沒有最終達至普選的規定，對此應當怎樣理解？（3）技術問題。對附件一和附件二的修改是採用修正案的方式，還是採用決議案的方式？[①] 香港基本法實施過程中，解決了程序問題和技術問題，確立了政制發展五步曲，並採用修正案的修改方式。因此，在澳門基本法實施過程中，主要是政制發展的實體問題。

澳門基本法沒有「雙普選」的規定，那麼，澳門特別行政區是否存在着香港那樣的「雙普選」問題呢？這裏有幾種意見：（1）澳門基本法沒有規定「雙普選」，但也沒有排除「雙普選」目標。既然在澳門實行民主，就必須承認澳門存在着「雙普選」問題，澳門政制發展的最終目標是達至「雙普選」。（2）澳門基本法沒有規定行政長官和立法會全體議員的產生辦法必須達至「雙普選」的政制發展目標，但是，可以通過修改澳門基本法，將「雙普選」政制發展目標寫入條文，因此，不能排除澳門在將來不會出現「雙普選」問題。這裏的第一種觀點將「雙普選」預設為民主發展的最終目標。但是，在人類民主發展短短的三四百年間及從澳門的實際情況和歷史傳統來看，我們恐怕還

---

① 王禹：《論恢復行使主權》，人民出版社，2017 年，第 245−246 頁。

不能得出這樣的結論。[①] 第二種觀點則沒有看到全國人大對澳門基本法的修改不是無限制的，澳門基本法第 144 條明確規定對本法的任何修改均不得同中華人民共和國對澳門既定的基本方針政策相牴觸。澳門基本法序言明確指出國家對澳門的基本方針政策已由中國政府在中葡聯合聲明中予以闡明。而中葡聯合聲明附件一已經明確載明「澳門特別行政區立法機關由當地人組成，多數成員通過選舉產生」。所以，要求澳門立法會的產生辦法最終達至全體議員由普選產生的目標，本身就違反了澳門基本法第 144 條關於修改的限制。因此，在將來，也不可能出現「雙普選」問題，在澳門特別行政區最多存在着行政長官普選的可能性。

2012 年 2 月 29 日，全國人民代表大會常務委員會在《關於澳門特別行政區 2013 年立法會產生辦法和 2014 年行政長官產生辦法有關問題的決定（草案）》裏指出，行政長官由一個具有廣泛代表性的選舉委員會選出，及澳門立法會由直選、間選和委任三部分議員組成，應當長期維持不變。在此前提下，可以對 2013 年第五屆立法會產生辦法和 2014 年第四任行政長官產生辦法作出修改。2012 年 6 月 30 日，全國人大常委會對附件一修正案和附件二修正案予以批准和備案，並明確指出第五任及以後各任行政長官產生辦法和第六屆及以後各屆立法會的產生部分，在依照法定程序作出進一步修改前，按此規定執行。

3. 關於非政權性市政機構的設立問題

澳門基本法第 95 規定澳門特別行政區可設立受政府委託為居民

[①] 王禹：《民主問題不等於「雙普選」問題》，載《澳門日報》2008 年 7 月 23 日、30 日；莊金鋒：《「雙普選」並非民主發展的唯一形式和最佳選擇》，載澳門《九鼎》月刊，2012年 5 月；王理萬：《香港「雙普選」理念的三重辨正》，載《港澳研究》2015 年第 3 期，等。

提供文化、康樂、環境衛生等方面服務的非政權性市政機構，並就有
關事務向政府提供諮詢意見；第 96 條規定市政機構的職權和組成由法
律規定；附件一第 2 條規定有市政機構成員的代表進入行政長官選舉
委員會。澳門回歸前設有政權性的市政機構，即市政議會和市政執行
委員會。澳門市政議會由 13 名議員組成，海島市政議會由 9 名議員組
成，產生方式包括直選、間選和委任。澳門和海島市政執行委員會均
有 5 名委員組成。1999 年 8 月 29 日澳門籌委會作出《關於澳門市政機
構問題的決定》，規定在澳門特別行政區設立非政權性市政機構以前，
將原有機構改組為澳門特別行政區的臨時性市政機構，臨時市政機構
的任期至新的市政機構依法產生時為止，但不得超過 2001 年 12 月 31
日。2002 年 1 月 1 日澳門特別行政區解散臨時市政機構，臨時市政機
構的所有權利及義務自動轉入民政總署。然而，民政總署並未為澳門
社會視為澳門基本法第 93 條所指的非政權性市政機構，民政總署亦未
有代表進入行政長官選舉委員會。澳門社會對此進行了長期爭議。

　　這裏涉及的爭議問題主要包括以下五點（1）應當怎樣理解澳門基
本法第 95 條所指的「可設立」？（2）什麼是「非政權性」？非政權性
市政機構與特區政府是一種什麼樣的關係？（3）非政權性市政機構應
當怎樣設立？（4）非市政機構成員應當怎樣產生？（5）進入行政長官
選舉委員會的市政機構成員應當怎樣產生？

　　2018 年 7 月澳門立法會通過了第 9/2018 號法律《設立市政署》，
市政署為具有法律人格、行政、財政及財產自治權的公務法人（第 2
條）。市政署設有市政管理委員會和市政諮詢委員會（第 5 條）。市政
管理委員會由一名主席、兩名副主席及不多於五名委員組成，其成員
由行政長官從具備公民品德、公共管理經驗及能力的澳門特別行政區

永久性居民中委任，市政諮詢委員會由一名主席、一名副主席及不多於 23 名委員組成，由行政長官從具備公民品德、市政範疇的小區與基層服務經驗或足夠的專業及服務能力的澳門特別行政區永久性居民中委任（第 9、10、14 條）。

三、法院對澳門基本法的援引、適用與解釋

（一）基本法的解釋體制

基本法的解釋制度是保證基本法實施的重要機制。「法律只有通過解釋、補充和修正，才能獲得運用自如、融通無礙的彈性」。[①] 澳門基本法第 143 條對解釋制度已經作了明確規定，即基本法的解釋權屬於全國人大常委會，全國人大常委會再授權澳門特別行政區法院在審理案件的過程中可以對基本法做出解釋。對法院的這種解釋權，澳門基本法是分為兩個方面來作出規定的：第一，法院在審理案件時對基本法裏屬於自治範圍內的條款自行作出解釋；第二，法院對基本法的其他條款也可以解釋，但如法院在審理案件時需要對基本法關於中央人民政府管理的事務或中央和澳門特別行政區關係的條款進行解釋，而該條款的解釋又影響到案件的判決，在對該案件作出不可上訴的判決前，應由終審法院提請全國人大常委會作出解釋。

全國人大常委會解釋和法院解釋的區別在於：第一，法院的解釋權並非本身所固有的，而是由全國人大常委會授權而獲得的；第二，

---

① 沈宗靈：《論法律解釋》，載《中國法學》1993 年第 6 期。

全國人大常委會的解釋是全面的，既可以對澳門基本法自治範圍的條款作出解釋，也可以對非自治範圍內的條款作出解釋；第三，全國人大常委會的解釋是最終的，如全國人大常委會作出解釋，法院在引用該條款時，應以全國人大常委會的解釋為準，但在此以前作出的判決不受影響。

有一種意見認為，澳門基本法確立澳門法院有對基本法的解釋權，是照搬香港的制度，不符合澳門的實際。香港基本法規定，全國人大常委會授權香港法院可以解釋基本法，這是考慮到香港本身屬於普通法地區，法院不僅有解釋法律的功能，而且有遵循先例的傳統。而澳門回歸前屬於大陸法系，法院對基本法的解釋，僅對具體案件有拘束力，不能約束其他類似案件的審判，各級法院對基本法的解釋難以保證一致，很可能引起澳門法制秩序的紊亂。因此建議對澳門基本法進行適當修改，在澳門終審法院裏設立大法官會議負責解釋基本法等工作。[①] 然而，澳門回歸前就存在着一種統一司法見解制度。第 9/1999 號法律《司法組織綱要法》第 419 條第 1 款規定，「在同一法律範圍內，如終審法院就同一法律問題，以互相對立的解決辦法為基礎宣示兩個合議庭裁判，則檢察院、嫌犯、輔助人或民事當事人得對最後宣示的合議庭裁判提起上訴，以統一司法見解。」即當不同法院或法官對同一個法律條款作出不同解釋，形成對立判決時，終審法院有權對有關法律問題作出最終解釋。統一司法見解具有普遍約束力。各級法院在審理案件過程中遇到同一法律時必須跟隨終審法院作出統一司法見解。

---

① 胡錦光、朱世海：《澳門基本法解釋問題研究》，原載《「一國兩制」研究》，澳門理工學院，2009 年第 1 期。

　　澳門基本法第 143 條規定澳門法院都有權對基本法做出解釋，而對涉及中央人民政府管理的事務或中央和澳門特別行政區關係的條款進行解釋，而該條款的解釋又影響到案件的判決，在對該案件作出不可上訴的終局判決前，應由終審法院提請全國人大常委會作出解釋。澳門法院包括初級法院、行政法院、中級法院和終審法院，由於各級法院管轄權在很多情況下存在着法定上訴利益限額限制，這些法院都有可能作出不可上訴的終局判決。[①] 問題在於當初級法院、行政法院和中級法院遇到上述情況時，應當怎樣將需要全國人大常委會解釋基本法的請求遞到終審法院？而終審法院對此等請求有無審查權？這與澳門基本法確立司法獨立原則又應當怎樣協調？第 9/1999 號法律《司法組織綱要法》對此沒有明確規定。

　　全國人大常委會對香港基本法第 22 條第 4 款和第 24 條第 2 款第（三）項的解釋（1999 年 6 月 26 日作出），以及對香港基本法第 53 條第二款的解釋（2005 年 4 月 27 日作出）是：由行政長官向國務院提出報告，再由國務院向全國人大常委會提出解釋基本法的議案。全國人大常委會對香港基本法附件一第 7 條和附件二第 3 條的解釋（2004 年 4 月 6 日作出）、對香港基本法第 13 條第一款和第 19 條的解釋（2011 年 8 月 26 日作出）、對香港基本法第 104 條的解釋（2016 年 11 月 7 日作出）則是由委員長會議提請全國人大常委會作出解釋，其中 2011 年 8 月 26 日解釋明確指出委員長會議的議案是應香港終審法院的提請報告作出的。2004 年 4 月 26 日解釋則在有關解釋草案的説明指出委員長

[①]　可參看第 9/1999 號法律《司法組織綱要法》第 17 條第 2 款及第 18 條。

會議根據部分全國人大代表的意見提出了議案。[①] 全國人大常委會對澳門基本法僅作出過一次解釋,即 2011 年 12 月 31 日對澳門基本法附件一第 7 條和附件二第 3 條的解釋,這次解釋是由委員長會議提出的。有關解釋草案的說明則指出本次解釋是應澳門行政長官致函委員長而提出的。[②]

(二) 法院的司法審查權問題

香港、澳門基本法賦予法院有權解釋基本法,而解釋權是否等於法院有司法審查權歷來是一個有爭議的問題。1998 年香港終審法院在居港權案件中,不僅宣佈有權審查香港特別行政區立法機關所制訂的法例或行政機關之行為是否符合基本法,而且有權審查全國人大及其常委會的立法行為。[③]1999 年 2 月 8 日,內地法律界部分人士[④] 對判決發表意見,指出香港法院無權審查全國人大及其常委會的行為。1999 年 2 月 26 日香港終審法院接受香港政府律師的請求,發表聲明澄清法院必須接受全國人大及其常委會所行使的權力而不能對其有所質疑。香港、澳門基本法第 19 條第 3 款規定,特別行政區法院對國防、外交等國家行為無管轄權。這裏的國家是指中華人民共和國,國家行為是指中華人民共和國對香港、澳門恢復行使主權的行為,這裏的「等」

---

① 李飛:《關於中華人民共和國香港特別行政區基本法附件一第 7 條和附件二第 3 條的解釋草案的說明》(2004 年 4 月 2 日在第十屆全國人民代表大會常務委員會第八次會議上)。

② 李飛:《關於中華人民共和國澳門特別行政區基本法附件一第 7 條和附件二第 3 條的解釋草案的說明》(2011 年 12 月 26 日在第十一屆全國人民代表大會常務委員會第二十四次會議上)。

③ 香港 FACV14/98。

④ 當時發表意見的肖蔚雲、邵天任、吳建藩、許崇德被稱為四大護法。

應當理解為「等外等」，即指除了國防和外交外，還有其他行為是特別行政區法院不能審查的。這些行為包括中央人民政府任免行政長官和政府主要官員，全國人大常委會對附件一修正案和附件二修正案的批准和備案，對附件三法律作出增減的決定，對基本法作出的解釋，以及授予特別行政區以某種權力等。本文將這一原則稱為「主權不審查原則」。[①] 澳門特別行政區法院不能審查國家行為，這應當是無異議的。

問題在於澳門法院能否審查特別行政區內部的規範性文件？這裏可以分為兩個層次。第一，澳門法院能否審查立法會通過的法律？第二，澳門法院能否審查立法會法律以下的規範性文件？

關於誰有權審查香港法律是否符合基本法問題，肖蔚雲在 1999 年 2 月 8 日發表的意見裏指出，香港基本法第 17 條和第 160 條的規定充分說明「審查香港法律是否符合基本法是全國人大常委會的權力，不是終審法院的權力」，「整部基本法沒有任何地方規定終審法院有這種權力」。[②]1999 年 2 月 26 日，香港終審法院的「澄清」沒有講到法院是否可以審查立法會法律的問題。這本身就已經隱含着香港終審法院將審查立法會法律視為其固有權力的觀點。香港回歸後，香港特別行政區法院運用香港基本法審查了大量的立法會法律。

從世界各國的審查監督機制來看，審查效力的方式通常包括兩種：（1）宣佈無效；（2）拒絕適用。憲法法院的審查方式通常就是直接宣佈某違反憲法的法律無效，而普通法院的審查方式在通常情況下

---

① 王禹：《一國兩制憲法精神研究》，廣東人民出版社 2008 年，第 146 頁及《論恢復行使主權》，人民出版社，2016 年，第 235 頁。

② 《內地法律界人士就香港特別行政區終審法院的有關判決發表意見》，載《人民日報》1999 年 2 月 8 日。

為拒絕適用該法律。但是，在判例法的國家和地區，因為有遵循先例的原則，拒絕適用往往就會演變成一般性的宣佈無效。在澳門特別行政區，法院在案件審理過程中，如果認為某法律與澳門基本法不一致的，則只能為拒絕適用，而不應該是宣佈該法律無效。但是，由於澳門還存在着一種特有的統一司法見解制度，司法見解的合議庭裁判作出後，必須立即公佈於《澳門特別行政區公報》，並由終審法院院長把裁判轉送特別行政區行政長官。因此在統一司法見解下作出的拒絕適用可以理解為具有一般性效力。

　　吳建藩在 1999 年 2 月 8 日發表的意見裏指出香港基本法第 19 條第 2 款「繼續保持香港原有法律制度和原則對法院審判權所作出的限制」本身就包含着法院只執行法律而不能對法律提出質疑。應當怎樣理解原有法律制度和原則對法院管轄權的限制？本文認為這裏包含着外在限制和內在限制的區分。[①] 就葡萄牙憲法裏所指的「合憲性監察」而言，葡萄牙憲法一方面賦予普通法院可以違反憲法為由，拒絕適用法律，同時設立憲法法院，憲法法院可以對國際條約、法律及法令、自治區立法命令及自治區規章命令進行事先的否決或禁止批准，也可以對任何規範進行事後的抽象性監察。但是，澳門地區的法院長期以來並沒有被賦予拒絕適用違憲法律的權力，1972 年葡萄牙頒佈的第 5/72 號法律《海外組織法》第 66 條規定，海外省法院可以附隨事項方式提出違憲，由海外委員會審議。[②] J. J. Gomes Canotilho 及 Vital Moreira 認為，「澳門地區的規範亦受合憲性監察約束，但僅按其本身章程規定而

---

① 王禹：《一國兩制憲法精神研究》，廣東人民出版社 2008 年。
② 蕭偉華（Jorge Noronha Silveira）：《澳門憲法歷史研究資料》（1820–1974），沈振耀、黃顯輝，法律翻譯辦公室、澳門法律公共行政翻譯學會，1997 年，第 93 頁。

並非按《葡萄牙共和國憲法》規定為之」。①

1976 年葡萄牙頒佈的第 1/76 號法律《澳門組織章程》規定，有關澳門本地區機構頒佈的法例是否牴觸憲法的問題，由立法會「監視」，並「轉送有關法庭評定」，這裏的有關法庭就是葡萄牙憲法所指的憲法法院。同時，該章程第 41 條規定，「倘由共和國主權機構頒行的法例與澳門地區立法機構頒行的法例有牴觸時，非涉及後者機構專有事項，應維持前者，而行政當局及法院只能執行前者」，當法例「實質上不合法時，法院得聲明有關不合法性」。1990 年葡萄牙修改《澳門組織章程》，進一步明確規定立法會和總督都有權提請憲法法院審議對方發出的任何規定有否違憲或違法，而第 41 條被進一步明確表述為：「法院對於交予其審理的事宜，不得適用違反憲法規則、本章程規則、或兩者所定的原則之規定」。這裏通常被理解為是指「任何法院在審判訴訟案件之同時，亦審議所適用規範之違憲性及違法性，但無權限宣告該等規範係違憲或違法者」。②

這就說明，澳門回歸前對本地立法機關抽象的違憲審查權，是由葡萄牙的憲法法院行使的。這些屬於葡萄牙憲法法院的權力，「在澳門過渡期司法機關本地化的過程中，根據中葡雙方磋商確定的有關安排，從未將此類專屬於憲法法院的違憲審查權下放給澳門任何一家法院」。③ 原有法律制度和原則對法院審判權的限制，按照澳門基本法第 19 條，應當在澳門回歸後繼續保留。1999 年 3 月葡萄牙共和國總統發佈總統令，命令澳門法院自 1999 年 6 月 1 日起獲授予完全及專屬之審

① J. J. Gomes Canotilho、Vital Moreira：《憲法的依據》，馮文莊、黃顯輝、歐陽琦譯，澳門大學法學院，2003 年，第 207 頁。
② 黃顯輝：《澳門政治體制與法淵源》，(IPOR) 東方葡萄牙學會贊助出版，1992 年，第 121 頁。
③ 蕭蔚雲 (主編)：《論澳門特別行政區行政長官制》，澳門科技大學出版社，2005 年，第 172 頁。

判權，但不影響《澳門組織章程》第 11 條第 1 款 e 項、第 20 條第 3 款、第 30 條第 1 款 a 項及第 40 條第 3 款之規定。而從這些所保留的規定來看，有關澳門立法是否違反葡萄牙憲法及《澳門組織章程》的抽象審查問題，仍然繼續保留在葡萄牙的憲法法院。1999 年 5 月 21 日，澳門總督韋奇立於發佈了第 20/99/M 號法令，名為《關於對葡萄牙總統授予澳門法院終審權及專屬審判權之聲明之相關問題作出解釋》，其中第 1 條第 4 款規定，「已由三月二十日第 118-A/99 號共和國總統令授予澳門法院而現時由憲法法院行使之權限，轉由高等法院之全會行使。」這個法令的要害就是將葡萄牙憲法法院的抽象審查賦予澳門法院，因此 1999 年全國人大常委會在審查原有法律時，明確宣佈該法令違反基本法，不採用為澳門特別行政區法律。

澳門法院在多個判決裏表達有權拒絕適用立法會法律的觀點。其理據主要有：第一，澳門基本法規定澳門法院有權解釋基本法，而「解釋在一定程度上可以理解為基本法的審查權，當法院認為特區的立法不符合基本法的規定，仍然可以不適用本地的法律。」[1] 第二，「拒絕適用違法的法律的義務本是司法權的其中一個應有之義」，所以當法院發現立法會通過的法律不符合基本法時，有權予以拒絕適用。[2] 第三，「在澳門法律秩序中，因為不存在任何審查法律是否符合《基本法》的特定訴訟途徑，因此，法院在適用於具體案件的訴訟途徑中對法律是否符合《基本法》進行審理」。[3] 澳門法院在某些判決中對立法會法律進行了審查。如在終審法院判決的第 2/2004 號案件中，法院拒絕適用澳門

---

[1]　中級法院第 280/2005 號案合議庭裁判書（2006 年 7 月 20 日）。
[2]　中級法院第 280/2005 號案合議庭裁判書（2006 年 7 月 20 日）。
[3]　終審法院判決第 2/2004 號案。

民法典第 1 條第 3 款關於賦予國際公約高於法律位階效力的規定，而應該適用澳門基本法第 138 條中國際公約高於特區內部法律的規定，因民法典不具有這樣權能，而只有基本法才有這種權能；又如在終審法院判決的第 25/2011 號案件中，當事人向民政總署提出的書面預通知只有 1 名發起人，因不符合《集會權及示威權》法第 5 條集會示威「須有 3 名發起人簽名」的規定而不獲准許，法院認為澳門基本法第 34 條沒有規定行使示威權的人數限制，終審法院判決民政總署敗訴。①

無論是拒絕適用的審查，還是宣告無效的審查，都面臨着對澳門基本法第 143 條的「解釋」本身作出解釋的問題。這裏有一個值得關注的問題在於，當拒絕適用的案例同時是統一司法見解的案例時，就會在實質上變成由終審法院宣告立法會法律失去效力，而澳門基本法第 19 條第 2 款的原有法律制度和原則對管轄權的限制包括着澳門當地法院不能對立法會法律進行抽象審查的內涵。

第二，至於法律以下的行政法規和其他規範性文件的審查問題，法院既可以拒絕適用，也可以在一定條件下有抽象審查的效力。第 110/99/M 號法令澳門《行政訴訟法典》第 88 條第 1 款規定，可以對行政法規的規範提出司法爭議，目的是宣告該等規範違法，而該宣告具有普遍約束力。終審法院在 5/2005 號案裏肯定了一起對澳門金融管理局行政委員會的決議提起規範爭議的訴訟。不過，這種抽象的司法審查有嚴格限制：(1) 不能以違反載於根本大法或從該法律所體現之原則之規範為由提出爭議；(2) 不能以違反由澳門以外有專屬權限制定適用於澳門之立法文件或等同文件所載規範為由提出爭議；(3) 不能以違反與澳

---

① 澳門終審法院第 25/2011 號案。

門以外地方訂立之協議或協約為由提出爭議。這就是指不能直接針對某條規範是否抽象地違反根本大法、內地為澳門制定的法律以及國際和區際協議為由提出爭議。[①]《行政訴訟法典》第 90 條規定,「對在三個具體案件中被任何法院裁定為違法之某項規範,又或屬無須透過行政行為或行為實施即可立即產生效力之規範,得請求宣告其違法。如聲請人為檢察院,得請求宣告該等規範違法而無須符合上款所指之要件」,即若出現三個拒絕適用的個案或由檢察院可以提起宣告規範無效之訴。

(三)憲法在基本法解釋體系中的地位和作用

憲法是國家的根本法,規定了國家的根本制度和根本任務,在全國範圍內具有最高法律效力。我國在澳門特別行政區實行的「一國兩制」在根本上是建立在憲法這個法律依據上。澳門法院在解釋基本法的時候,必須將中國憲法的根本法地位考慮在內;應當從中國憲法所體現的的憲政理念、原則和精神來解釋和援引基本法。

J. Baptism Machado (馬沙度)認為,法律的解釋要素包括文義要素 (elemento gramatical) 和邏輯要素 (elemento lógico),而邏輯要素又可以分為理性要素 (目的要素)、系統要素和歷史要素。[②]澳門基本法條文的這些要素,往往就在中國憲法裏有明確體現或隱含的表達。第 39/99/M 號法令《澳門民法典》第 8 條 (法律解釋)規定:「一、法律解釋不應僅限於法律之字面含義,尚應尤其考慮有關法制之整體性、制定法律時之情況及適用法律時之特定狀況,從有關文本得出立法思

---

① 還可參考何志遠:《澳門行政法規的困境與出路》,第 110 頁。
② J. Baptism Machado (馬沙度):《法律及正當論題導論》,黃清薇、杜慧芳譯,澳門大學法學院,2007 年,第 151 頁。

想。二、然而，解釋者僅得將在法律字面上有最起碼文字對應之含義，視為立法思想，即使該等文字表達不盡完善亦然。三、在確定法律之意義及涵蓋範圍時，解釋者須推定立法者所制定之解決方案為最正確，且立法者懂得以適當文字表達其思想。」憲法和基本法共同構成澳門特別行政區的憲制基礎，必須從這個憲制基礎來考慮這裏的「有關法制之整體性、制定法律時之情況及適用法律時之特定狀況」。

澳門終審法院在第 28/2006 號案件中，分析澳門基本法裏的行政法規的性質及其與法律的關係時，不僅援引了我國現行憲法第 58、62、67、89、90、100、106 條，而且還回顧了我國 1954 年憲法第 22、27、31、47、49 條，1975 年憲法第 17、18、20 條及 1978 年憲法的立法體制。怎樣認識和理解澳門基本法裏行政法規的性質和地位？如果我們回到中國憲法，則很好回答這個問題。因為在中國憲法裏，行政法規低於法律這是一個基本常識，基本法的起草者認為行政法規低於法律，這是不言而喻的，不需要為行政法規是否低於法律專門作出規定。

澳門終審法院在第 25/2011 號案中，裁決第 2/93/M 號法律《集會權及示威權》第 5 條須有三名發起人的規定不符合澳門基本法，從而拒絕適用。問題在於法官僅僅引用了葡萄牙憲法理論作為推理基礎。葡萄牙憲法沒有單列遊行自由，其第 45 條僅是規定和平集會與示威的權利。[①] 澳門基本法的寫法與中國憲法是一樣的，都是將集會、遊行與示威的自由並列。該案的審查力度還開了危險先河，如澳門基本法對婚姻自由的內涵沒有明確界定，更沒有規定結婚人數，按照同樣的推理原則及審查力度，澳門民法典規定婚姻必須為 2 名異性的結合亦有

---

① 　葡萄牙憲法第 45 條（集會與示威的權利）規定，「所有公民都有不攜帶武器和平地舉行集會的權利，即使在向公眾開放的場所舉行集會，也無須經事先批准。承認所有公民的示威權。」

可能處於違反基本法的境地。[①] 憲法和基本法共同構成澳門特別行政區的憲制基礎，應當從這一整體來解釋、理解和運用澳門基本法。

五、結語：澳門基本法實施成功經驗總結及未來展望

經過二十年的不斷努力和積累，澳門「一國兩制」實踐的成功態勢已經形成。澳門基本法實施的成功經驗，可以總結為以下幾個方面：（1）大力宣傳推廣基本法，樹立基本法權威，使其成為全社會共同的行為準則，在全面準確理解基本法的基礎上認真貫徹基本法，依法管理特別行政區；（2）嚴格按照憲法和基本法辦事，不斷完善特別行政區制度，將堅持「一國」原則與尊重「兩制」差異有機結合起來，認同中央在特別行政區的憲制地位和憲制權威，將中央依法行使全面管治權與特區行使高度自治權有機結合起來；（3）堅守「一國兩制」的初心和根本宗旨，維護國家主權、安全和發展利益，維護特別行政區長期繁榮穩定，主動融入國家發展大局，把發揮祖國堅強後盾和提高澳門自身競爭力有機結合起來。

「一國兩制」實踐正在向縱深方向發展，正在進一步融入統一國家治理體系及融入國家發展大局，而本地的一些深層次問題和矛盾也正在進一步暴露和呈現。這些發展方向將成為澳門基本法實施的重要內容和主要焦點，具體包括：（1）以憲法和基本法為共同憲制基礎的治理體系的建設；（2）澳門特別行政區法律體系完善；（3）澳門與全國

---

① 八月三日第 39/99/M 號法令《澳門民法典》第 1462 條（結婚之概念）：「結婚係男女雙方，擬按照本法典所規定之完全共同生活方式建立家庭而訂立之合同」。

其他地區的合作機制的法制化和區際法體系建設；（4）基本法的解釋體制和監督機制的進一步完善；等等。

港澳基本法學是一門以法律角度落實「一國兩制」政治實踐、探尋「一國兩制」運行規律、保證「一國兩制」正確實施的法學學科。澳門基本法近二十年的成功實施及豐富實踐，已為建立相對獨立的基本法學科奠定了相對足夠的基礎。

Review and Comment on The Enforcement of Macao Basic Law in the past 20 years

Wang Yu

Abstract: This article attempts to discuss the characteristics, rules and problems in the enforcement of the Basic Law of Macao Special Administrative Region (BLMSAR) from a legal point of view, based on a review of its 20 years' enforcement. This article discusses the similarities and differences between enforcement of the Basic Laws, laws and the Constitution; sums up the achievements and experience of enforcement of the BLMSAR; analyzes the interpretation system of the BLMSAR and the power of judicial review of the courts of Macao. Moreover, this article puts forward that the supervisory mechanism of enforcement of BLMSAR should be improved, that the Constitution should plays role in interpretation of the Basic Laws, and that a discipline of Basic Law relatively independent should be constructed.

Key words: One country, two systems; Basic Law of Macao Special Administrative Region; enforcement of law

從家族到社團：
回歸 20 年來澳門社會自治形態轉變[*]

方木歡　黎熙元^{**}

摘　要：在「一國兩制」成功實踐的澳門故事當中，社會自治
形態轉變發展是故事的重要部分，澳門社團與華商家族的關係
是其核心內容。以澳門中華總商會、澳門鏡湖慈善會、澳門同
善堂為例，回歸後華商家族在社團發展過程中扮演重要角色：
領導和發展社團、籌措社團運營經費、向社團輸送精英、進入
政府機構為社團發聲。社團成為華商家族進行參政議政、協助
政府處理社會事務及獲取社會資本的重要平台。在澳門社會未
來的轉型發展過程中，華商家族與社團的關係仍是透視澳門社
會自治形態的重要視角。

關鍵詞：一國兩制　社會自治形態　澳門社團　華商家族

---

* 本文係教育部人文社會科學重點研究基地重大項目（項目批准號 16JJDGAT004）的研究
　成果。

** 方木歡，中山大學粵港澳發展研究院（中山大學港澳珠江三角洲研究中心）副研究員；黎熙
　元，中山大學粵港澳發展研究院（中山大學港澳珠江三角洲研究中心）教授、博士生導師。

　　自 1999 年回歸祖國後，「一國兩制」已在澳門成功實施了 20 個年頭，澳門民主政制獲得有序發展，經濟快速增長，居民生活持續改善，社會大局和諧穩定，各項事業取得全面進步，使澳門保持了長期的繁榮穩定。在「一國兩制」成功實踐的澳門故事當中，社會自治形態轉變發展是故事的重要部分。從澳門的歷史進程看，澳門自治形態的轉變涵蓋了華商家族——傳統澳門社團——現代澳門社團關係的整個連續發展過程。華商家族在澳門的初期發展中擔當重要角色，並整合家庭外力量通過社團方式在 20 世紀中後期繼續發揮社會自治作用，而在回歸後，社團的功能進一步向政治經濟領域擴展，其內部管理和社團性質也越來越轉向現代化。與此同時，華商家族仍然在社團中發揮重要作用。本文將以澳門社團及活動其中的華商家族為主線，並聚焦於澳門中華總商會（以下簡稱「中華總商會」）、澳門鏡湖慈善會（以下簡稱「鏡湖慈善會」）、澳門同善堂（以下簡稱「同善堂」）三大社團來分析回歸後澳門社會自治形態的轉變。

一、家族與社團：透視澳門社會自治的一個視角

　　澳門社團眾多且歷史悠久，在澳門經濟、政治、社會領域具有舉足輕重的地位，澳門社會由此被稱為「社團社會」。然而，社團的發展離不開華商家族的有力支持與多方協助。從歷史事實看，澳門社會自治形態轉變的實質是社會自治主體經歷從華商家族到社團的轉換過程。

　　1849 年，葡萄牙雖在澳門建立殖民統治，但允許華人社會保留一定的自治空間。不過，為增強對華人社群的控制以及維持自身的殖民

管治，澳葡政府開始吸納社會影響力較強的華人協助管理華人事務，這些華人不少是來自華商家族的成員。1917 年《澳門省組織章程》頒佈，澳葡政府首次在政務委員會（兼有官方立法會功能的諮詢機關）中吸納華人參與，而華人社群的參與者稱為「華人代表」，由中華總商會協商或選舉後推薦給總督委任，「華人代表」在 1976 年之前是華人社群參與澳葡政府體制的唯一制度化渠道。從「華人代表」的家族背景看，他們大多出自澳門有影響力的華商家族，如盧廉若、盧煊仲、盧榮錫、高福耀、何賢等人，[①] 他們不僅代表澳門眾多華商家族的利益，也代表華人社會及廣大華人的根本利益。在相當長的歷史時期，華商家族及其成員在澳門社會自治扮演了主體角色，成為華商及華人社會實現自身利益的中介人或經紀人。

但是，在 20 世紀中期，伴隨澳門經濟社會的不斷發展，社會結構漸趨分化，利益需求趨於複雜多元化，華人社會的要求也不斷提高，華人代表制度不能全然滿足華人社群的利益訴求，在華人社會中建立的眾多社團逐步發展為表達和維護華人社群利益的主要渠道。1976 年葡萄牙國會頒佈《澳門組織章程》後，華人社群主要依託社團參加立法會，通過直選與間選方式進行參政議政，代表民眾向澳葡政府反映利益訴求，其中當選的華人議員具有不同社團背景，社團逐漸取代「華人代表」成為華人社群政治參與的重要方式，成為華人社群與澳葡政府溝通聯繫的制度渠道。

即使如此，澳門有影響力的家族成員沒有從此退出澳門政治舞

---

① 婁勝華、潘冠瑾、趙琳琳：《自治與他治：澳門的行政、司法與社團（1553－1999）》，社會科學文獻出版社，2013，第 389－400 頁。

台，反而選擇加入社團或成為社團負責人，社團成為華商家族進入澳葡體制內進行利益表達和參與決策的重要支點。在此階段，一些華商家族精英代表，如何賢、曹其真、馬萬祺、崔德祺、何厚鏵、崔世安等人通過中華總商會、同善堂、鏡湖慈善會、毛織毛紡廠商會等社團，以直選、間選或委任的方式成為立法會議員，華商家族實際在社團中仍具有重要地位。相比過往，家族力量在社團的作用表現得更正式化、制度化。這些華商家族代表與其他社團負責人的支持促使社團與政府之間、社團與民眾之間及社團與社團之間建立了緊密的合作與信任網絡，將回歸前的澳門社會有效整合起來，推動澳門回歸祖國的進程發展。

回歸後，澳門大量湧現的新興社團雖打破由傳統社團壟斷的政治格局，但傳統社團在澳門仍具有影響力，繼續發揮社會功能和代表功能，且其參政議政功能相對過往得到明顯提升。這些傳統社團「繼續在教育、社區服務、醫療衛生等領域發揮着巨大作用，其政治地位與功能更得到法律確認，通過澳門基本法的政制設計，社團業已成為特區政治活動中不可或缺的參與者，離開了社團，澳門政治、社會的運轉是難以想像的，甚至連最重要的兩個政治機關——行政長官與立法會都無法產生。」[1] 不少華商家族成員通過傳統社團進入特區政府機構任職，構成華商家族通過社團發揮影響力的制度化渠道。反過來，傳統社團的發展依然離不開華商家族的有力支持。華商家族通過參與社團工作進入體制內進行利益代表與意見表達的方式得到延續和發展，在推動社團政治發展上具有不可或缺的作用。因此，華商家族影響澳

---

[1]　婁勝華：《多元與分化：發展變革中的澳門社團》，《澳門雜誌》2010 年第 73 期。

門經濟社會發展的歷史遠沒有終結，反而通過社團這種社會自治主體以特定方式得以延續下來。

從現實看，澳門權威性高、影響深厚的大型傳統社團的運轉，就由有影響力的華商家族在領導，他們是社團強大起來並持續發揮作用的支撐性力量。澳門中華總商會、鏡湖慈善會、同善堂是澳門核心式社團，分別代表工商金融界社團和社會服務界社團，被稱為「三頭馬車」。澳門深具影響力的華商家族與三大核心社團關係密切，如馬萬祺所言，「中華總商會、鏡湖醫院和同善堂，是澳門華人社會中，三個較有影響的機構。總商會是由何賢打響第一炮的，我是鏡湖的創辦人之一，而崔德福斯則代表同善堂。」[①] 從中道出澳門華商家族與社團之間的緊密聯繫，這些華商家族通過參與華人社團的建設事業，以多種形式提供工商服務和慈善服務，與各大社團一道共同推進澳門經濟社會發展。三大核心社團及其他社團由於得到華商家族的極力支持，深深紮根於澳門社會中，可謂「沒有華商家族，就沒有社團」。

基於前述，澳門社團與華商家族的關係是澳門回歸後社會自治形態轉變的核心內容。本文主要分析澳門中華總商會、鏡湖慈善會、同善堂在回歸以來舉行的重要活動，挖掘這些社團及活動其中的華商家族是通過哪些途徑和方式推進澳門社會自治，進而發揮推動澳門經濟社會發展大局繁榮穩定的作用。在這之前，對三大傳統社團的發展史作簡要交代。

---

① 《馬萬祺訪問記》（1985 年 7 月 29 日至 8 月 1 日），李炳時：《澳門八十年代》，澳門出版協會，2013，第 347 頁。

（一）中華總商會

中華總商會在 1913 年正式成立，是擁有逾百年歷史的社團，在澳門根基深厚。澳門回歸前，在特定政治環境下的中華總商會逐漸具備「擬政府化」和「擬政黨化」的功能，[①] 在澳門政治、經濟、文化領域漸具影響力。中華總商會設立之初，以振興澳門商務、工藝、船務，並辦理關於商務、工藝、船務各事件為宗旨。隨着時代發展，中華總商會的社團制度和功能作用不斷發生調整。中華總商會在成立之初，先是實行值理會總理制，後改為值理會主席制。這一制度以集體決策，總理或主席負責制為核心，任期一年。1948 年起實行理監事制，首次引入具有監察制衡功能的監事會，作為對理事會執行會務的監督，1956 年起改任期為兩年。在 1968～1986 年間，又取消監事會，將理事制改為會董制，權力集中於理事會或會董會，直到第五十九屆起恢復設立監事會。1994 年，每屆任期改為三年。1999 年澳門回歸後，便改為以會長、理事、監事制沿用至今，其特點是以會員大會為最高權力機構。[②]

（二）鏡湖慈善會

澳門鏡湖醫院是鏡湖慈善會創業之始沿用的名稱，是擁有 140 多

---

① 澳門回歸前，澳葡政府在公共物品供給、社會求助、社會整合等方面具有很大缺陷，需要華人社團的協助與合作，包括中華總商會在內的澳門社團逐漸形成「擬政府化」功能。20 世紀 70 年代，由於澳門沒有政黨組織，澳門社團作為參選單位，參與澳葡政治機構如立法會選舉，逐漸具有「擬政黨化」功能。參見婁勝華：《轉型時期澳門社團研究——多元社會中法團主義體制解析》，廣東人民出版社，2004，第 217-234 頁；婁勝華：《成長與轉變：回歸以來澳門社團的發展》，《港澳研究》2016 年第 4 期。

② 邢榮發：《澳門中華總商會》，三聯書店（香港）有限公司、澳門基金會聯合出版，2016，第 13 頁。

年歷史的華人社會福利團體。1871 年，由澳門慈善人士及商行發起組織慈善團體，由澳門華商向當時政府註冊建立鏡湖醫院，進行濟施貧困、贈醫贈藥、賑災、施棺殮葬、收孤養殘、興辦教育等善事。因慈善事業不斷擴充，設有鏡湖醫院、鏡湖護士助產學校、鏡平學校、鏡湖殯儀館等機構。為明確管轄關係，鏡湖醫院於 1942 年向澳葡政府立案，設鏡湖醫院慈善會，訂立慈善會立案章程，成立總辦事處。[①] 2017 年，鏡湖醫院慈善會正式定名「鏡湖慈善會」。歷史上的鏡湖慈善會曾是澳葡政府與華人社會溝通聯繫的重要渠道，由其協助澳葡政府辦理華人社會事務。鏡湖醫院及鏡湖慈善會的經濟來源，主要依靠澳門華商和社會熱心人士捐贈，及舉辦籌募活動籌集經費。直到 1968 年，鏡湖慈善會才獲得澳葡當局資助。

（三）同善堂

澳門同善堂創辦於 1892 年，是由一批港澳紳商發起倡建的行善團體，是澳門民間多元化慈善機構，亦有逾百年歷史。同善堂在開辦之初，為便於管理實行值理會制，由捐資倡建者公推總理和值理若干名管理堂務，值理會成為同善堂的核心機構。同善堂堅持社會慈善公益服務，宗旨是「同心濟世，善氣迎人」，為澳門民眾提供免費服務，為有需要的人給予物質精神幫助。同善堂日常服務包括助貧施濟、贈醫施藥、免費教育、免費託兒及緊急救援等事項。同善堂的經費來源包括一年一度沿門勸捐、平時各界善長捐、嘗產租項收益、值理自行捐

---

① 吳潤生：《澳門鏡湖醫院慈善會會史》（前言），澳門鏡湖醫院慈善會出版，2001。

款、政府有關部門的津貼資助。[①] 在同善堂發展史上，不少華商家族代表是其重要支持者，如高可寧、崔諾枝和崔德祺三位華商曾為同善堂出錢出力。

二、華商家族在社團發展中的角色

澳門不僅是社團社會，還是商業社會，匯聚着來自各行業的華商階層，構成支持華人社團發展的堅定力量。如中華總商會、鏡湖慈善會、同善堂等傳統社團的存續發展離不開華商家族的支持，華商家族對推動社團在回歸後有效運轉具有重要影響。當然，社團與華商家族的關係是相互作用：華商家族及其成員通過領導中華總商會、鏡湖慈善會、同善堂，促進了澳門社團的蓬勃發展，使之成為澳門的積極力量；同時，社團是華商家族進行參政議政、協助特區政府處理社會事務、獲取社會資本的重要平台。因此，華商家族在澳門社團發展過程中扮演了推動者、支持者的角色，有利保障澳門社會穩定有序發展。

（一）領導和發展社團

澳門不少華商家族及成員在中華總商會、鏡湖慈善會、同善堂等社團中擔任職務，成為社團的精英代表。當時頗具影響力的華商代表何賢，在 1947 年進入中華總商會領導層，擔任副主席。1948 年中華總商會改為理監事制，何賢連續兩屆當選副理事長。後來，何賢在

---

① 《同善堂一百一十周年紀念集（1892–2002）》，同善堂值理會，2002，第 89–91 頁。

1950～1983 年間連任理事長 18 屆及會長兩屆，為總商會的發展壯大出錢出力，可謂影響深遠。① 馬萬祺則從 1950 年、崔德祺自 1953 年始，擔任總商會副理事長，協助何賢主持總商會的會務工作，極大提升了總商會在澳門社會的影響力，開創了中華總商會的「何馬崔」時代。1984 年，馬萬祺接任會長。1986 年實行會董監事制，馬萬祺蟬聯會長。馬萬祺此後連任會長，崔德祺、何厚鏵、崔樂其等人出任副會長。2000 年，中華總商會的制度架構改為實行會長、理監事制，馬萬祺蟬聯會長，崔德祺、崔樂其、廖澤雲等擔任副會長。許世元出任理事長，馬有禮、崔世昌擔任副理事長，負責領導日常會務工作。2010 年開始，馬有禮連續三屆獲選擔任會長，崔世昌、何厚鏗也連續三屆出任副會長。在理事會上，崔世平、馬志毅等擔任副理事長，負責領導日常會務工作。② 何厚鏵與馬萬祺被選為第 69 屆和第 70 屆的永遠會長。正是這些華商家族及其成員的有力支持，維繫着中華總商會的運行發展。

至於鏡湖慈善會，在 1950～1953 年間第三、四屆董事會上，何賢被選任為慈善會主席。在 1954～1983 年間第五至第十一屆董事會，何賢連任主席，馬萬祺、柯麟為副主席。何賢逝世後，主席之職由馬萬祺繼任，並連任四屆。1985～2000 年間第十三至第二十屆董事會上，何厚鏵任職董事會董事、常務董事、及副主席及永遠主席。何添、崔德祺從十二至十六屆就一直為名譽董事。③ 崔世安曾在慈善會董事會任

---

① 《澳門中華總商會成立一百週年紀念特刊（1913–2013）》，澳門中華總商會，2013，第114–137 頁。

② 根據《澳門中華總商會成立一百週年紀念特刊（1913–2013）》以及澳門中華總商會主頁提供的《澳門中華總商會第六十九屆會長、副會長、會董、理事會、監事會各部門成員名單》和《澳門中華總商會第七十屆會長、會董、理事、監事名表》等資料分析所知。

③ 吳潤生：《澳門鏡湖醫院慈善會會史》，澳門鏡湖醫院慈善會，2001，第 249–251 頁。

職董事、常務董事，在 1988～2000 年間擔任鏡平學校校長。

在同善堂，崔德祺從 1942 年始加入同善堂值理會，1953 年任職值理會主席，一直連任至 2007 年逝世。[①] 崔世昌從 1984 年始擔任值理、副主席、主席，崔世平擔任值理、副主席，崔世安曾擔任過值理。何厚鏵在 1986 年始參與同善堂管理，從第 88 屆起連續五屆擔任值理會副主席。何厚鏘則在第 95 屆任副監事長，連續兩屆擔任值理會副主席。從 1997 年至今，馬有友擔任了值理會理事、監事。[②] 可見，澳門華商家族一直主動參與兩大慈善團體的事務管理，為社會慈善服務發展和澳門民生福利事業做出突出的貢獻。

（二）籌措社團運營經費

一個社團的正常運轉需要大量資金支持，資金是讓社團活動起來的「血液」。維繫社團運作的資金來源有四種：「會員繳納的會費；租業收入與其他經營性收入；社團內部與社會募捐；政府資助。」[③] 從 20 世紀 80 年代始，澳葡政府對社團進行資助，以金錢、實物、技術輔助、基金為方式，構成社團經費的基本來源。為獲得有利社團發展的資源，需要社團有影響力的領導人極力向政府爭取資金支持。澳門回歸後，「眾多的社團領導人進入行政會議或成為若干部門領導，政府與社團的關係更為密切，政府每年的財政支出中有固定比例分配給各社

---

① 黃雁鴻：《同善堂與澳門華人社會》，北京：商務印書館，2012，第 308–317 頁。
② 根據《同善堂一百二十周年特刊》（同善堂值理會，2013，第 172–181 頁）、以及澳門同善堂主頁提供的第 96 屆、第 97 屆值理會名單分析而知。
③ 婁勝華：《轉型時期澳門社團研究——多元社會中法團主義體制解析》，廣東人民出版社，2004，第 321 頁。

團以其利用社團推動社會發展和填補施政不足」，[①] 而不少社團領導人是來自澳門有影響力的華商家族。

同時，大型傳統社團有大量來自華商家族無償捐助的嘗產，設有專門的嘗產管理委員會將嘗產收益用於社團會務。中華總商會的「中華總商會大廈」就是由時任理事長何賢發起籌募建成的，大廈一部分留為自用，其餘均作嘗產，後在議事亭前地之舊會址再建「中華商業大廈」用作寫字樓及商業單位，其收益亦作嘗產使用，[②] 這些一直為中華總商會所需的會務經費打下基礎。鏡湖慈善會運營的鏡湖醫院的經費，有不少來自華商捐募的善款。歷史上由眾多華商組織舉辦「闔澳居民為鏡湖醫院籌款大會」，向社會各界人士廣泛募捐籌款，以應付開支浩繁的院務，解決經濟支絀狀況。同善堂設有嘗產管理委員會管理嘗產的租金收入，用於同善堂運營支出。1993～2010 年，多達 43 位華商及後人或社會熱心人士無償捐送物業的租金收入，或將物業直接送予同善堂。[③] 同時，不少華商家族成員作為值理會理事每年都合捐資金，用作同善堂的善事經費。

（三）向社團輸送精英成員

華商家族支持社團發展的另一重要表現是向社團輸送家族精英成員，以推動社團改革發展。回歸以來，澳門社團迅速增長，大型社團

① 潘冠瑾：《澳門社團體制變遷：自治、代表與參政》，社會科學文獻出版社，2010，第 125 頁。

② 參見《澳門中華總商會史略》，澳門中華總商會主頁，http://www.acm.org.mo/index.php/acm-intro/history/

③ 《同善堂一百二十周年特刊》，同善堂，2013，第 207-209 頁。

也徵求新會員，不少家族精英進入社團並相繼在社團承擔重要職務，成為促進社團發展的中堅力量。2000 年始，澳門中華總商會會長由馬萬祺擔任，崔德祺擔任副會長，馬有禮和崔世昌擔任副理事長，負責領導日常會務工作。2010 年中華總商會改為由年輕力壯的中堅力量負責，他們多來自華商家族的重要成員，如連續三屆獲選擔任會長的馬有禮，連續三屆出任副會長的崔世昌、何厚鏗，擔任副理事長的崔世平、馬志毅，擔任常務理事的何敬麟、馬志成、馬志達。在鏡湖慈善會中，華商家族的成員馬有禮、馬有恆、何厚照、馬志毅、馬志成、何敬麟、何敬豐都在鏡湖慈善會董事會上擔任重要職務，參與慈善會事務管理，為推動慈善會發展出謀劃策。在同善堂，這些家族成員包括崔世昌、崔世平、何厚鏗、馬有友、何敬麟都在值理會擔任重要職務，參與同善堂慈善事業管理。可從中發現，「職務連鎖」即澳門社團負責人的兼職現象在回歸後依然明顯，不少華商家族成員在不同社團交叉任職，擴大了他們的社團網絡，不斷增強華商家族在社團的影響力。

（四）進入政府機構為社團發聲

澳門特區政府成立後，社團不少負責人進入政府機構擔任職務，其中不乏有影響力的華商家族成員。一方面，通過長期參與社團工作，華商家族及其成員積累了社會資本，社團成為他們參政議政的重要平台。另一方面，家族成員進入政府機構，更好為其所代表的社團發聲，向政府機構反映意見，維護會員的合理權益，促進澳門社會穩定發展。在澳門分別連任兩屆澳門特區行政長官的何厚鏵、崔世安，都具有厚重的社團背景，他們都曾在中華總商會、鏡湖慈善會、同善

堂擔任職務。馬有禮在中華總商會和鏡湖慈善會身兼要職，四次獲得澳門特首委任進入澳門政府行政會。蔡永君發現，「從進入立法會的途徑看，擁有家族背景的優勢在間選上相對突出，這與間選中以社團協商為基礎的制度模式不無關係。」[①] 例如，賀一誠是中華總商會和鏡湖慈善會的重要會員，通過間選成為立法會議員，並擔任立法會主席。崔世昌、崔世平在中華總商會和同善堂承擔重要職務，以間選方式當選立法會議員，而且崔世昌擔任立法會副主席。此外，不少華商家族成員通過社團進入行政會、立法會、經濟諮詢委員會、社會協調委員會、社會保障基金等機構擔任相關職務，為澳門社會民眾和各界別支持者表達和反映利益訴求，向政府部門決策提供對策建議。

結合上述分析，澳門社團與華商家族的關係是密不可分的。華商是澳門社團的支柱性力量，他們不僅是「澳門之魂」，[②] 而且更是澳門社團之魂。回歸之後，華商家族與社團共同攜手推動着澳門政治、經濟和社會發展，主要體現在以下三個方面。

其一，經濟上不斷推動經濟適度多元發展，澳門社團尤其是工商類社團更積極配合特區政府的經濟政策，促進區域發展與合作。中華總商會作為全澳最大工商類社團，擁有眾多華商家族的資金和資源支持，通過參與「泛珠三角區域商會聯席會議」「泛珠三角區域貿促機構聯席會議」等活動，及利用 CEPA 及其各項補充協議的落實，以及《粵澳合作框架協議》《橫琴總體發展規劃》和南沙開發等一系列的政策實施，發揮了橋樑與紐帶作用，促進澳門與內地多層次、寬領域的合

---

① 蔡永君：《轉型時期的澳門政治精英》，社會科學文獻出版社，2016，第 97 頁。
② 林廣志：《澳門之魂：晚清澳門華商與華人社會研究》，廣東人民出版社，2017。

作，推動澳門經濟適度多元化的發展。

其二，政治上積極參與澳門政治，推動澳門政治發展，保持澳門繁榮穩定。不少具有華商家族背景的社團負責人進入立法會、行政會及其他政府機構任職，從制度化途徑代表其所在團體向政府表達利益取向，對政府的立法和行政決策提供對策建議。一些華商家族成員以社團名義當選全國或地方人大代表，來自中華總商會的負責人賀一誠、崔世平、高開賢等人連續四屆當選全國人大代表，與澳門地區其他人大代表一道依法參與國家事務管理。來自中華總商會、鏡湖慈善湖、同善堂等社團的馬萬祺、馬有禮、崔世昌、賀定一等都擔任過全國政協委員，其他成員如何厚照、何厚鏗、何敬麟、何敬豐、馬志成、馬志毅、馬志達等人則在部分省市擔任政協委員，積極發揮政治協商、參政議政的作用。同時，這些華商家族與社團在澳門回歸後，一如繼往協助特區政府貫徹落實「一國兩制」在澳門行穩致遠，擁護憲法和基本法在澳門實施，對保持澳門繁榮穩定局面具有重要作用。

其三，在社會上發展慈善事業，促進社會進步，積累社會資本。以澳門三大傳統社團為代表的澳門社團無論在回歸前還是在回歸後，重視社會福利救濟，堅持發展慈善事業，建立配套的社會服務機構和基礎實施，從體制上保障底層民眾的基本生活需求，填補特區政府在社會治理上的不足，推動社會全面進步和整體穩定，提高、增強了三大社團的社會地位與影響力。而社團慈善事業獲得的成就，離不開華商家族的極力支持，他們為社團的慈善事業發展提供了緊需的物質資源和廣泛的社會關係網絡。正因如此，華商家族亦通過社團在澳門社會獲得民眾支持，積累了社會資本並獲得重要的社會影響力，這為不少家族成員得以進入政府機構任職奠定了社會基礎。

三、回歸後延續與發展中的社團功能作用

　　澳門回歸前，社團數量不超過兩千。回歸以來，澳門社團數量呈現高速增長，2018 年社團數量超過八千。[①] 目前，社團的結構形式多種多樣，從社團會員與功能兩個特徵進行分類，可分為工商類、工會類、專業類、文化類、慈善類等 14 個類別。[②] 中華總商會屬工商類代表性社團，而鏡湖慈善會和同善堂則為慈善類代表性社團。由於澳門只有社團而無政黨，參與社團成為民眾表達意見建議和反映利益訴求的重要途徑。回歸前，由於澳葡政府對澳門社會事務實行「無為而治」，政府在社會領域的文化教育、醫療救助、公共服務等功能由社團特別是大型社團來承擔，由它們開展民生福利服務活動。婁勝華將回歸前澳門社團的總體性功能概括為公共物品供給、社會整合與社會動員、利益綜合與利益表達、文化認同與價值傳遞四部分。[③] 潘冠瑾認為 1976～1984 年間澳門社團的社會服務功能和社會管理功能較為突顯，後在 1984 年之後發展出利益代表功能，通過參與選舉、諮詢、協商與政府進行溝通。[④] 回歸後，澳門社團如中華總商會、鏡湖慈善會、同善堂的功能作用在各領域得到延續擴展，在澳門社會具有不可或缺的地位。

---

① 《聚焦澳門社團文化現象：社團發展對澳門社會有正面作用》，《澳門月刊》2018 年第 261 期。
② 婁勝華：《成長與轉變：回歸以來澳門社團的發展》，《港澳研究》2016 年第 4 期。
③ 婁勝華：《轉型時期澳門社團研究——多元社會中法團主義體制解析》，廣東人民出版社，2004，第 218－234 頁。
④ 潘冠瑾：《澳門社團體制變遷：自治、代表與參政》，社會科學文獻出版社，2010，第 56－61、88 頁。

（一）支持和配合特區政府施政

回歸後，澳門社會發展過程中的人口構成問題、社會問題、政治問題日趨複雜化，[①] 民眾政治參與的熱情隨之高漲，各階層不同的政治訴求逐步增多，導致澳門社會治理環境更具複雜性，尋求善治與秩序成為澳門社會治理的目標，當中不僅需發揮澳門特區政府的主導作用，也需要調動其他治理主體參與。在澳門，社團是澳門社會治理的主體之一，特區政府與社團協作參與社會治理仍是澳門的治理資源與制度傳統。回歸後，不少社團實現從「華人社群與葡國統治者的中間人」到「特區政府施政的協助者與支持者」的角色轉換，如街坊總會在原有的工作方針內容「團結坊眾、參與社會、關注民生、服務社群」加入「共建特區」四字，而另一社團「工聯」的工作方針也適時調整為「壯大工會力量，爭取職工權益，參與特區建設，促進愛國團結，促進社會穩定和發展」，明確表明對特區政府推出符合澳門整體利益和以民為本的各項施政措施予以支持，對政府施政存在的不足和缺失，要積極建言獻策，推動政府健全機制，從根本上改善施政。[②]

回歸後，中華總商會、鏡湖慈善會等眾多愛國社團積極配合特區政府施政，承擔起協助政府調節利益衝突、緩和社會矛盾、化解社會危機等職能，幫助提升特區政府的治理能力和水平。這些社團也踴躍配合特區政府和澳門基本法推廣協會做好基本法宣傳工作，及貫徹落實「一國兩制」方針。同時，澳門社團協助特區政府宣講國家大政、

---

① 婁勝華、潘冠瑾、林媛：《新秩序：澳門社會治理研究》，社會科學文獻出版社，2009，第 10-14 頁。

② 潘冠瑾：《澳門社團體制變遷：自治、代表與參政》，社會科學文獻出版社，2010，第 129-130 頁。

方針、政策，由來自中華總商會、鏡湖慈善會等團體的全國人大代表和政協委員，於每年 3 月全國人大和全國政協會議結束後及時舉行報告會，向社團會員及民眾傳達兩會精神及宣講國家政策和發展戰略。此外，這些愛國社團也協助特區政府宣講黨中央全會精神，讓澳門社會更好理解黨中央在新時代的路線、方針、政策及對港澳發展的政策支持。

（二）提供綜合性社會服務

回歸前，由於澳葡政府「缺位」於華人社會的社會服務管理，使華人社團中的功能性代表團體如中華總商會、鏡湖慈善會、同善堂獲得生存發展的制度空間。它們肩負向社會民眾提供社會服務的職能，建立了眾多服務機構及其有效的工作機制，致力向社會民眾提供多種社會服務。回歸後，由於澳門社團的政治地位得到提升和獲得政府更多的資助，它們主動承擔提供社會服務的職能。中華總商會作為澳門最大工商類社團，其宗旨是「擁護『一國兩制』，團結工商界，堅持愛祖國、愛澳門，維護工商界正當權益，做好工商服務，促進與外地之商業聯繫，為澳門特別行政區社會安定、經濟繁榮而努力」。中華總商會除幫助華商解決勞資糾紛和工商事件外，重視社會服務工作，參與教育、助學、慈善等社會福利事業。例如，在支持發展教育上，中華總商會每年會為會員子女讀書提供獎學金。

鏡湖慈善會與同善堂作為全澳門兩個規模較大、影響廣泛的慈善社團，各自管理多個公益性社會服務機構，提供的社會服務更為專業。鏡湖慈善會的宗旨是「興辦慈善事業，發展醫療服務，致力教育普及，增進居民福利」，形成包含「慈善、醫療、教育、福利、居民、

服務」12 字的「鏡湖精神」。目前，鏡湖慈善會的公益性社會服務機構就包括規模宏大的醫療機構——鏡湖醫院、鏡湖護校，以及鏡平中學等教育機構。同善堂自回歸以來不斷進行變革，逐步拓展其慈善公益服務，漸臻多元化，且堅持免費服務，為有需要的民眾給予物質精神上的幫助，設有同善堂診所與藥局、同善堂中學、同善堂小學、五家同善堂附屬幼稚園、同善堂中學成人教育部等教育服務機構，以其資源和力量盡其所能惠及大眾。

（三）社會整合與政治動員

澳門是多元化社會，聚集了不同語言、文化、民族背景的階層人士。各種社團通過將不同需求的居民吸納整合到社團組織中，培養會員的價值感和歸屬感，強化社團與居民之間的聯繫，實現澳門社會的有效自治。澳門作為商業社會，聚集了眾多華商。中華總商會作為全澳最大的工商類社團，則是眾多華商的歸屬組織，擁有團體會員 120 多家，商號會員 3000 多戶，個人會員 1000 多人。中華總商會致力服務會員及維護工商界正當權益，根據澳門經濟運行情況和會員、各行業工商界人士的要求，與政府部門進行溝通、商議，幫助解決商業糾紛和矛盾。

回歸後，澳門社團的政治動員能力漸趨強大，表現在澳門社團推動其所在社團的選民參與立法會選舉。如中華總商會、鏡湖慈善會等社團在立法會選舉中有較強號召力和動員能力，具備廣泛的選民基礎。在立法會直選中，與回歸前 1992 年選舉中參與投票的 2.85 萬選民和 1996 年的 7.5 萬選民相比，回歸後參與直接選舉的選民數目處於上

升態勢，在 2017 年接近 17.5 萬人，數量翻了兩倍有餘，投票率維持在 50%～60% 的區間（見表 1）。在立法會間接選舉中，回歸前的 1996 年具證明書的選民是 1974 人，參與投票的人數是 1148 人，而投票率是 58.16%，回歸後參與投票的、具證明書的選民數呈快速增長，投票率從 2001 年的 65.12% 增長到 2017 年的 91.67%（見表 2）。這些與不同組別和界別所代表的社團的政治動員能力分不開，有效調動了選民參政議政的積極性與熱情。

表 1　澳門特區歷屆立法會直接選舉投票情況

屆別（年份）	選民總數	投票數	投票率（%）
二（2001）	159813	83644	52.34
三（2005）	220653	128830	58.39
四（2009）	248708	149006	59.91
五（2013）	276034	151881	55.02
六（2017）	305615	174872	57.22

數據來源：「澳門立法會選舉」網頁中的「歷史選舉資料」，https://www.eal.gov.mo/zh_tw/ introduction. html

表 2　澳門特區歷屆立法會間接選舉投票情況

屆別（年份）	具證明書的選民	投票選民	投票率（%）
二（2001）	3415	2224	65.12
三（2005）	4365	2704	61.95
四（2009）	/	/	/
五（2013）	5686	4521	79.51
六（2017）	6095	5587	91.67

數據來源：「澳門立法會選舉」網頁中的「歷史選舉資料」，https://www.eal.gov.mo/zh_tw/ introduction. html

（四）主動參與救災扶貧

參與救災扶貧是澳門社團在回歸前就建立的傳統義舉，是眾多社團獲得民眾支持並得以在澳門立足的根本。回歸後，澳門社團依然堅守迸發揚救災扶貧的傳統。中華總商會歷來重視社會福利救濟，展開贈醫施藥、安置瘋殘、救災賑濟、興學育才等慈善工作，如 1950 年組織華商捐款對受火災損毀嚴重的青洲區進行重建、1979 年捐款慰問林茂塘火災災民等。回歸後，中華總商會更是大力支持澳門教育、助學、慈善、保健等社會福利事業。由於「社團之間利益的互濟互助」，[①]中華總商會支持鏡湖慈善會、同善堂等慈善團體的籌募活動，協助澳門工會聯合總會援助失業工人籌款活動等。2017 年超強颱風「天鴿」肆虐澳門，對社會民眾的生活影響甚大，且不少商戶損失慘重。中華總商會就向 293 戶水浸受災商號會員發放慰問金 439 萬澳門元，[②]並持續關注「天鴿」風災區商戶的恢復和災區經濟的振興，促請政府建立重大災害應變機制。[③]此外，中華總商會也救助內地受災地區及其民眾，在我國一些地區遭受嚴重洪澇災害、地震災害時，中華總商會及時發動募捐籌款，對災區進行援助與重建。

同善堂每年定期舉行探訪老人院活動，以及探訪殘障人士服務機構。在救助社會民眾上，同善堂在 2002～2011 年間免費診治病人達到 270 萬人，向民眾免費施派 72.2 萬斤大米、施棺 140 單、棉被 4228 張等。[④]為減輕勞動家庭照顧子女的負擔，同善堂由 1976 年起提供免費

---

① 潘冠瑾：《澳門社團體制變遷：自治、代表與參政》，社會科學文獻出版社，2010，第 55 頁。
② 馬志毅：《勿忘風災教訓 完善內港環境》，《澳門日報》2018 年 8 月 27 日第 A11 版。
③ 《兩司長聽取商界災害應變機制意見》，《澳門日報》2017 年 8 月 27 日第 A10 版。
④ 《同善堂一百二十周年特刊》，同善堂，2013，第 131-132 頁。

託兒服務，在澳門北區、中區及下環區等人口稠密的地區至今先後開設五間託兒所，現託兒所共有 500 名幼兒入讀。同善堂從 1924 年起亦開始創辦免費教育，同善堂中學是澳門唯一實行十五年免收學費及雜費近 20 年的學校，並設有鼓勵學生繼續學習的獎學金、助學金和貸學金，目前學生約為 1200 多人。[①]

鏡湖慈善會從成立之日起，堅持贈醫施藥，以救助澳門底層民眾。2003～2009 年間共贈醫 27 萬人次，慈善會資助牀位近 2 萬人受惠，贈醫及資助牀位平均每年費用約 1400 多萬元。慈善會並斥資重建思親園、鏡湖殯儀館等以提供更多優質的社會服務。[②] 2011～2013 年間贈醫共 39291 人次，資助牀位受惠者共 5931 人，贈醫及資助牀位費用每年近 900 萬元。[③] 2014～2015 年間，贈醫 24849 人次，慈善會資助牀位受惠者共 2153 人，資助心臟介入治療和貧困眼疾患者重見光明，兩年間資助上列項目費用共 1325 萬餘元。同時，完善物業管理，為各項慈善公益事業提供資源，重建鏡平學校小幼部校舍，改善教學環境。[④]

（五）向政府提供諮詢建議

回歸後，澳門社團尤其是功能性代表社團更關注澳門社會公共事務，通過各種途徑聽取民眾的利益訴求和呼聲，收集其所聯繫的民眾的意見，圍繞與社會民眾利益相關的重大事項展開研究，代表民眾向政府反映他們的利益訴求，提供具有可行性的諮詢建議，以供政府決

---

① 參見同善堂主頁的主要服務介紹，http://www.tst.org.mo/index.php。
② 《鏡湖慈善會第 18 次代表大會》，《鏡湖通訊》2010 年第 109 期。
③ 《鏡湖慈善會舉行第 19 次代表大會》，《鏡湖通訊》2013 年第 128 期。
④ 《鏡湖慈善會舉行代表大會 第 20 屆領導機構履新視事》，《鏡湖通訊》2017 年第 146 期。

策與施政作參考。如許世元在澳門中華總商會第 78 次會員大會所言：「為了履行中總的責任，為了特區的持續健康發展，中總有責任如實反映意見，提出建議，讓特區政府能真正了解工商界的訴求，推動有關法律法規的制定和修改更加適應社會經濟的發展。」

作為澳門最具影響力的社團，中華總商會每年會代表所在社團及民眾關心的事項向特區政府提供諮詢建議。例如，2018 年馬有禮會長代表中華總商會向特首遞交施政意見書，包括檢討修訂《勞動關係法》、推出《非全職勞動關係法》、拓寬中小微企業的生存發展空間、推動業界融入國家戰略發展等建議。[①] 此外，澳門中華總商會增設專門的政策諮詢建議機構——策略研究委員會，其職能是推動會務發展和配合特區政府的經濟適度多元化等政策施行，圍繞澳門經濟多元發展、粵港澳大灣區建設、澳門青年創業發展等問題向特區政府提供意見建議。

（六）為澳門治理培養和造就政治人才

在新時期，澳門社團擔當起新的政治使命，充分發揮澳門社團的育人作用，使澳門社團成為政治人才萌芽成長的重要平台，為澳門政治發展與治理輸出一批優秀政治人才。正是「由於澳門特定的歷史和社會現實，澳門社團始終是澳門政治人才成長的最主要培養平台和最重要的成長途徑之一。」[②] 澳門社團培養的政治人才在回歸過渡期中發

---

① 參見《馬有禮會長等向行政長官遞交施政意見書》http://www.acm.org.mo/index.php/acm-info/press-release/view/2666。

② 《澳門社團培育政治人才功能作用研究》，澳門發展策略研究中心，2013，第 15 頁。

揮相當重要的作用，他們積極參與澳門基本法的制定和諮詢，推動解決「過渡時期三大問題」、政府財政儲備問題，參與籌備特區政府的成立。1987 年中葡簽署《關於澳門問題的聯合聲明》之後，澳門特區基本法起草委員會及澳門基本法諮詢委員會先後成立。來自中華總商會、鏡湖慈善會、同善堂的負責人馬萬祺、崔德祺、何厚鏵等人出任該兩委員會成員。1998 年澳門特區籌備委員會在北京正式成立後，眾多澳門社團領袖參與其中，60 名澳門委員當中有一半以上來自各主要社團。三大社團負責人馬萬祺、何厚鏵出任副主任委員，崔德祺、許世元等人出任委員，為澳門特別行政區的籌備工作獻策出力。

有研究者發現，澳葡時期「立法會的華人政治精英當中，他們絕大部分均屬於某一社團的領導或管理層，除第一屆立法會外，其餘各屆均佔當屆華人議員比例的八成以上，而在各社團中，以被稱為屬於澳門的頂級社團如中華總商會、澳門中華教育會等五大社團所佔比例最為突出。」[1] 澳門特區政府建立後，在四屆特區政府的特首和政府官員、行政會成員、以及參與國家事務的全國人大代表和全國政協委員中，絕大部分都具有擔任社團領袖的經歷或經驗。例如，在澳門立法會，不少來自中華總商會的主要成員或通過專業界別或慈善、文化、教育及體育界別以間接選舉成為議員，又或因其專業背景而獲得特首委任為議員，每屆立法會中的中華總商會成員基本上維持在 8～9 名（見表 3），而當中不少成員兼任鏡湖慈善會和同善堂兩個社團負責人的職務，代表其所在社團積極參與澳門公共事務管理。因此，「無論是行政系統的諮詢組織成員，又或立法系統的立法會議員，社團（尤指

---

① 　蔡永君：《轉型時期的澳門政治精英》，北京：社會科學文獻出版社，2016，第 52－53 頁。

傳統社團）在治理精英的孕育和輸出上仍具有舉足輕重的作用。」[1]

表 3　澳門中華總商會參與立法選舉的主要成員

屆別（年份）	擔任各屆立法會議員之中華總商會主要成員
一（1999）	許世元、吳榮恪、高開賢、馮志強、崔世昌、張偉基、賀定一、廖玉麟
二（2001）	許世元、崔世昌、高開賢、馮志強、張偉基、賀定一、鄭志強、張立群、徐偉坤
三（2005）	崔世昌、高開賢、馮志強、賀定一、鄭志強、張立群、徐偉坤、崔世平
四（2009）	崔世昌、賀一誠、高開賢、馮志強、鄭志強、徐偉坤、崔世平、劉永誠
五（2013）	崔世昌、賀一誠、高開賢、馮志強、鄭志強、徐偉坤、崔世平、劉永誠、蕭志偉
六（2017）	崔世昌、賀一誠、高開賢、崔世平、張立群、葉兆佳、陳澤武、馬志成

資料來源：蔡永君：《轉型時期的澳門政治精英》（社會科學文獻出版社，2016，第 68 頁）和《澳門特別行政區公報》（2017 年第 39 期）

（七）促進文化教育和傳播

澳門是中西文化交流與匯聚的地方，既有中國文化的深厚底蘊，也有西方文化的豐富色彩。優秀的中國傳統文化在澳門依然得到學習和傳播，與澳門傳統社團對中國傳統文化的傳承發展密不可分。在鏡湖慈善會早期活動中，創辦「惜字社」以傳播中華文化。同善堂在成立初開展傳播「宣講、送書、敬執字紙」等中國傳統文化活動，促進中華優秀傳統文化的教育傳播，其創辦的「同善堂貧民義學」對儒家文化在澳門進行廣泛傳播，以培養澳門民眾對中華文化的情感歸屬和價值認同，樹立儒家文化在澳門多元文化中的重要地位。[2] 回歸後，

---

[1]　蔡永君：《回歸後澳門治理精英的來源、特徵及其與大眾關係的演變》，《當代港澳研究》2013 年第 3 期。

[2]　婁勝華：《轉型時期澳門社團研究——多元社會中法團主義體制解析》，廣東人民出版社，2004，第 230—231 頁。

中華總商會、鏡湖慈善會、同善堂三大社團仍具有促進文化教育和傳播的功能，通過興辦、設立教育機構如中華總商會開辦的商訓夜中學和青洲小學，鏡湖慈善會設立的鏡湖護校和鏡平中學，以及同善堂的同善堂中學、同善堂小學、同善堂附屬幼稚園、同善堂中學成人教育部等，以直接教育的方式傳播中華傳統文化。通過舉辦形式多樣的群體性傳統活動如粵曲戲劇、書法繪畫、內地文化交流活動，如中華總商會先後與澳門頤園書畫會、廣州教育基金會等機構舉辦多項書畫展覽會，加強民眾對中國傳統文化的學習、接受以及認同。而鏡湖慈善會、同善堂實施的慈善性公益活動，實際在傳播「樂善好施」的中華文化精神，發展出一種融合中華文化並具有澳門特色的慈善文化。

此外，三大社團及其他愛國社團也是愛國主義教育的重要基地。以中華總商會為例，適逢每年中華人民共和國國慶，中華總商會都舉行各種聯歡活動，將會所借出給澳門各界慶祝國慶籌委會作為辦公地點，提供人力資源積極參與全澳同胞慶祝國慶工作。澳門回歸後，中華總商會每年舉行各種活動以慶祝澳門特別行政區成立周年紀念，積極推廣澳門基本法，協助貫徹實施「一國兩制」，以增強澳門居民建設澳門的信心。

四、從傳統到現代：回歸後的家族、社團與政治精英

回歸後，澳門處於由傳統社會走向現代開放社會的轉型期，在此其間，「澳門社團自身也正面臨着一個由傳統向現代的轉換過程。」[1]

---

① 潘冠瑾：《澳門社團體制變遷：自治、代表與參政》，社會科學文獻出版社，2010，第 300 頁。

那麼，在澳門社會處於轉型期間，在社會自治居於主體地位的社團的發展趨勢是怎樣的？潘冠瑾重點放在社團功能變化上，認為回歸前社團的功能重點仍是社會服務管理，回歸後社團被賦予制度化的政治功能，進入立法系統從事政治參與和利益表達時，其自身社會功能和代表功能逐漸弱化。[1] 正因如此，有研究者認為澳門自發的社團政治將走向自覺的政團政治，因為「一國兩制」在澳門的實施，社團的政治功能不斷加強，大量參與選舉的社團逐步形成相對穩定的政綱，有政治目標和政治要求，並為選舉設立專門研究機構和工作隊伍，使社團政治向政團政治發展正漸成趨勢。[2] 不少研究者更關注回歸後社團與政府的關係，認為特區政府採取資助、購買、承包等方式，依靠社團向社會提供多種公共服務，在實踐中一向以「愛國愛澳」為宗旨的社團成為政府治理的一部分。這些研究從不同面向反映了回歸後澳門社團發展趨勢與現狀情況。然而，學界還沒就華商家族的存在發展對社團的影響進行系統研究。對於澳門傳統社團的現代轉型研究，應將華商家族與社團的關係納入研究範疇，這對澳門回歸 20 年的社團研究具有參照意義。

回歸初期，華商家族與社團的關係引起不少爭議，如有研究者認為社團的發展易受家族利益驅使與影響，「社團的人脈網絡亦有其負面因素，往往為少數人所壟斷。家族利益和社團利益往往凌駕於公共利益之上。」[3] 也有研究者認為家族精英長期掌握社團的權力，精英共識在回歸後繼續作用於各社團的組織、運作及發展，表現為社團主要負

---

① 潘冠瑾：《澳門社團體制變遷：自治、代表與參政》，社會科學文獻出版社，2010，第 263 頁。

② 《澳門社團培育政治人才功能作用研究》，澳門發展策略研究中心，2013，第 18 頁。

③ 麥瑞權、丘海雄等：《澳門社團參政問題研究》，澳門理工學院一國兩制研究中心，2013，第 63 頁。

責人由具備名望的權威人士擔任,以藉助其社會地位和人際關係網絡推動社團發展。由於社團領導掌握着重要的資源來源、整合方式、發放渠道,會長作決策的「家長制」普遍存在於歷史悠久或專業化程度不高的社團內。① 從社團領導層的結構看,精英代際更替滯後,尤其是傳統社團的新老更替速度較為緩慢,社團領導層年輕化程度不夠,活力不足。這些是大型社團尤其是功能性代表社團在特定歷史時期與現實情況共同造成的發展限度。

面對上述困境,澳門社團尤其是傳統社團一直着手改善。首先,社團的組織結構與層級設置朝着組織化、制度化方向發展,社團的「家長制」和「家族化」色彩有所淡化。中華總商會、鏡湖慈善會和同善堂等社團採取多層次的制衡式組織結構的設置,形成決策權、執行權與監督權相互制衡的權力格局。如鏡湖慈善會由董事會發展為董事會、理事會和監事會的「三會分立」格局,設立代表大會、理事會、監事會。中華總商會由董監事制改制為會長、理事、監事制,分別設置會員大會、董事會、理事會、監事會等機構,在理事會又分設總務部、聯絡部、文康部、財務部、嘗產管理委員會等機構,使機構設置科學化。同善堂也將過往單一的值理會發展成會員大會、值理會和監事會三大機構,值理會分別設有總務部、財務部、福利部等機構,進行分工合作。雖然華商家族成員在社團機構兼任副職或是理事,但基本通過規定程序,循序漸進地進入領導機構。

其次,這些傳統社團中,即使華商家族成員要成為社團負責人,

---

① 潘冠瑾:《1999 年後澳門社團發展的狀況、問題與趨勢前瞻》,《中共杭州市委黨校學報》2013 年第 3 期。

也需在社團基層經過長期歷練，遵循社團的選舉制度和組織制度，由社團會員大會通過公開選舉的途徑進入社團的領導層。澳門社團組織制度經過多年的完善與建設，傳統社團的包括家族成員在內的精英更替在社團的活動「總體上趨向於理性科層制，而絕不是趨向世襲制或繼承制。」[①] 在社團組織化、規範化的發展過程中，精英成員行使社團的權力逐漸變得程序化。

最後，這些傳統社團追求發展的另一體現是成立附屬社團領導的青年委員會或青年組織，以期薪火相傳、培養社團新人，以實現有序的代際更替。如中華總商會在理事會中分設青年委員會，通過有計劃地吸收青年才俊，開展面對青年人的工作，通過舉辦討論會和大型聯誼活動，組織外訪活動，推動社團青年參與各項社會公益事務，培養青年工商界參與社會、服務社會，為中華總商會的青年人才培養發展起到促進作用。一些具有華商家族背景的青年委員在實踐中不斷提升領導才能，成長為社團中的青年領袖。同時，這些社團積極通過推動社團的青年人才擔任立法會議員助理或推薦他們參加政府各類諮詢委員會或成立社團智庫吸納青年人才參與其中等途徑培養社團未來的接班人和領導者。

總之，從澳門整個社會發展狀況看，社團在澳門社會自治中仍居主體地位，特區政府進行社會治理與服務仍需社團的協助配合。尤其是，傳統社團的未來與華商家族的關係仍密不可分，社團的發展在相當長時間內仍需華商家族提供支持，華商家族也必將對社團產生難以估量的影響，華商家族與社團的關係發展將共同影響着澳門政治、經

[①] 婁勝華：《轉型時期澳門社團研究——多元社會中法團主義體制解析》，廣東人民出版社，2004，第 294 頁。

濟和社會的演進。如果社團離開華商家族的支持，澳門社團可能失去其「靈魂」。當然，華商家族也與社團形成相互依賴的關係，這些家族需通過社團發揮作用並在澳門形成影響力，表現在家族成員經受社團的歷練與培育，以社團為主要媒介通過選舉、諮詢等制度渠道逐步發展成為政治精英。概而言之，華商家族、社團與政治精英具有緊密的內在聯繫：澳門社會自治主體實現從華商家族到社團的角色轉換，社團在澳門社會自治居於主體地位，與特區政府的關係緊密相連；華商家族雖然從政治前台退居到社團的幕後，但對社團依然影響深遠，他們仍能通過進入社團並藉助社團發揮政治影響；社團是澳門政治精英的培養平台和來源地，不少政治精英就出自領導和支持社團發展的華商家族，社團成為華商家族與澳門政治發生重要關聯的紐帶。

基於澳門的歷史現實，澳門社會自治過程中社團在堅持發揮家族精英的正面作用的同時，需根據時代要求重新認識和定位社團發展方向，將社團自身發展成為澳門市民廣泛參與的平台和媒介，鼓勵推動更多澳門居民尤其是青年人參與社團發展，促進澳門社會不斷進步。這要求從社團自身變革進行改進，着重從社團的思維路徑、功能調整、結構再造、活動更新、隊伍重整等方面加以改進，[1] 以適應現代社會和民眾對社團發展的期待，促進澳門傳統社團走向規範化、制度化，使華商家族與社會民眾能通過更現代化、更組織化的社團平台發揮作用，共同協助特區政府推動澳門各項事業全面進步，保持經濟社會長期繁榮穩定的局面。

---

[1] 婁勝華、潘冠瑾、林媛：《新秩序：澳門社會治理研究》，社會科學文獻出版社，2009，第 161 頁。

From Family to Association: Transformation of the Form of Social Self-governance in Macao in the past 20 years

Fang Muhuan　*Li Xiyuan*

Abstract: The transformation and development of the form of Social Self-governance is an important part of the story that Macao successfully practices "one country, two systems". The relationship between Macao associations and Chinese merchant families is the core content. Taking Macau Chamber of Commerce, Kiang Wu Charity, Tung Sin Tong as examples, Chinese merchant families played an important role in the development of the associations after Macao returning to China: leading the association, raising the operational funds, providing elites, and entering government institutions to speak for the associations. The association has become an important platform for Chinese merchant families to participate in political affairs, assist the government in social affairs and obtain social capital. Under the leadership and support of Chinese merchant family, associations serve the functions of coordinating with government administration, providing social services, social integration and political mobilization, providing advice and training political talents. In the transformation and development of Macao society, the relationship between Chinese merchant families and associations is still an important perspective on the form of social self-governance.

Key words: one country, two systems; the form of social self-governance; Macao association; Chinese merchant family

「善治」視角下澳門公民參與
公共危機治理的機制研究

——基於「天鴿」颱風災害的思考[*]

王心　申麗霞[**]

摘　要：2019 年是澳門回歸祖國 20 周年，中央政府始終堅持「一國兩制」原則，澳門抓住國家發展機遇，發揮自身獨特優勢，積極融入國家的發展大局，保持自身長期繁榮穩定發展。「天鴿」颱風災害導致澳門經濟損失嚴重，澳門公共危機管理機制仍需完善。本文通過分析澳門「天鴿」颱風應對中的不足，對澳門公共危機治理中的政府主導與居民參與機制進行探究，清晰界定參與主體的權利和責任，完善公共危機治理的立法及監督機制，尋找多元合作、協同治理的善治之路。

關鍵詞：善治　公共危機治理　公民參與　澳門

---

* 本研究受國家自然科學基金委員會（NSFC）與澳門科學技術發展基金（FDCT）聯合科研資助，科學部編號為 7181101039。

** 王心，澳門城市大學國際旅游與管理學院助理教授；申麗霞，澳門城市大學國際旅游與管理學院碩士研究生。

一、前言

「天鴿」颱風的侵襲對澳門造成嚴重影響，同時暴露出澳門面對公共危機時在治理方面存在不足，公共危機治理機制亟待完善。本文圍繞澳門在「善治」視角下提升公共危機治理能力的研問題，針對澳門「天鴿」颱風公共危機治理中應急管理存在的不足及公民參與的重要性開展研究，並着重分析在公共危機治理中澳門特區政府的決策指揮能力、公民參與以及粵港澳大灣區協同發展的重要性，從而為優化澳門公民積極參與公共危機治理的機制研究提供項建議與技術支撐。

2017 年 8 月 23 日，第 13 號颱風「天鴿」掠過澳門南部近海海面，此次「天鴿」颱風是澳門自 1953 年有颱風觀測記錄以來影響最大、強度最強、危害最嚴重的一次颱風，具有極端性、異常性、突發性和嚴重性四個主要特點。最強颱風「天鴿」的正面襲擊，共造成澳門 10 人遇難，244 人受傷，直接經濟損失 90.45 億元（澳門元），間接經濟損失 35 億元（澳門元），[①] 一時間內對澳門的經濟和社會穩定造成嚴重影響。

第一，面對突發的公共危機事件，澳門預防與應急準備不充分，具體表現在應急供水能力明顯不足、應急供電保障能力欠缺、應急食品與物資儲備不足、公眾憂患意識不強。第二，面對突發性公共危機，澳門公共危機管理體制機制不健全，主要表現在民防架構統籌協調作用發揮不夠、粵港澳應急聯動機制不完善、公眾溝通與動員機制不健全等。第三，公民危機治理的法律法規和標準不健全，具體表現

---

① 澳門統計暨普查局，2018 年 2 月 26 日，https://www.dsec.gov.mo/home_zhcn.aspx。

在政府危機治理的預案體系不健全、公民參與公共危機治理的法律體系需要進一步完善。第四，由於公共危機治理的異常型、嚴重性，澳門在相關領域的專業技術人才和裝備相對缺乏，供水、供電、通信等重要基礎設施設防標準低，公共危機治理能力薄弱。

綜上所述，災難的破壞性不完全取決於災害的原發強度，還取決於人類社會抵禦災難的能力。「天鴿」颱風的正面突襲對澳門造成較大程度的破環，也暴露澳門特區政府在應對突發災害時的應急能力和處理能力欠缺。從最初以調和為基礎而進行的管治，到以政府為主導、運用國家權力來管理國家和居民的治理，再到最理想的通過政府與市場、社會共同努力使公共利益最大化的善治之路，澳門特區政府在此次公共危機治理的反思總結過程中，逐漸認識到政府與公民協同合作的重要性，並為澳門公民參與公共危機治理探索新機制。

二、善治相關概念及理論基礎

（一）治理的概念界定

「善治」是從「治理」發展而來，故提到「善治」不得不想到「治理」一詞。治理（Governance）一詞最早出現於 1989 年，世界銀行在關於非洲的報告中第一次使用「治理危機」，由此「治理」一詞才逐漸被眾人所知，之後更是被廣泛應用到公共行政領域當中。

聯合國全球治理委員會在 1995 年發表的研究報告中對「治理」進行了界定。「治理是各種各樣的個人、團體——公共的或個人的——處理其共同事務的總和。這是一個持續的過程，通過這一過程，各種相

互衝突和不同的利益可望得到調和，並採取合作行動。這個過程包括授予公認的團體或權力機關強制執行的權力，以及達成得到人民或團體同意或者認為符合他們的利益的協議。」①

中國對於「治理」一詞的使用，最早出現於古代的政治語境中。它的含義包括以下幾種：一是對社會來講，達到社會安定、有秩序的一種狀態；二是對國家來講，統治者統治和管理國家的過程；三是統治者為了達到統治和管理的目的，對國家政治、社會的具體管理過程。中國學者俞可平在國內外有關治理理論研究的基礎上，最終將「治理」定義為在一定的範圍內運用權威來維持秩序，滿足公眾的需要；治理的目的是在不同的制度關係中運用權力去引導、控制和規範公民的各種活動，最大限度地增進公共利益。②

由此可見，治理理念的提出是為了解決社會資源配置中市場內在的偏限導致的失效以及僅依靠國家的命令和計劃等外在的偏限所產生的失效。但是不僅僅市場及國家會出現失效，治理也存在着失效的可能，因此「善治」理論應運而生。

（二）善治的涵義

1. 善治的概念、要素及主體

善治是在治理理論基礎上衍生而來，是政府與公民對公共事務的合作管理，是國家與社會的一種合作，是國家治理現代化的理想目

---

① Ingvar Carlsson：《天涯成比鄰 —— 全球治理委員會的報告》，趙仲強、李正凌譯，中國對外翻譯出版公司，1995。

② 俞可平：《治理與善治引論》，北京：社會科學文獻出版社，2000。

標。俞可平是最早研究「善治」的中國學者，其研究也有一定的影響力，他認為：「善治就是使公共利益最大化的社會管理過程。善治的本質特徵就在於它是政府與公眾對生活的合作管理，是政治國家與公民社會的一種新穎關係，是兩者的最佳狀態。」[①] 在善治定義的基礎上，俞可平又提出善治擁有十大基本要素：合法性、透明性、責任性、法治、回應、有效、參與、穩定、廉潔、公正。善治作為現代最理想的治理模式，其主體是包括政府、非政府組織、營利企業、社會公眾在內的多元治理結構。

2. 善治的理論基礎

實現善治的關鍵在於國家與社會的關係，同時國家與社會的關係也反映着一個國家的治理水平。隨着社會的不斷進步、經濟的不斷發展，元治理理論、多中心治理理論、協同治理理論的提出，為善治理論的形成奠定了基礎。

元治理理論在強調多元主體參與的基礎上，主張政府擔任「同輩中長者」的角色，強調通過平等合作的方式，加強多方協商及溝通，共建多元主體參與的治理模式。[②]

多中心治理理論核心是在私有化和國有化之間，存在着多種治理方式，由於各類主體在功能上具有互補性的特徵，可以解決資源配置上之間的矛盾，從而實現公共產品供給最優化。[③] 多中心治理理論強調多元主體共同參與社會治理，以合作治理的方式，協商合作，靈活地

---

① 俞可平：《治理與善治引論》，北京：社會科學文獻出版社，2000。

② 李睿瑩、張希：《元治理視角下地方政府社會治理主體結構及多元主體角色定位研究》，《領導科學》，2019（04），第 32－35 頁。

③ 譚禹：《多中心治理理論與保障性住房的多元供給》，《城市問題》，2012（12），第 63－67 頁。

應對公共服務的多元需求，① 存在政府、非政府機構、營利機構以及公民等多個決策主體。

協同治理理論是一種新興的交叉理論，是以自然科學的協同論和社會科學的治理理論為基礎而產生的，其特徵可歸納為治理主體的多元化、各主體間的協同性、自治組織間的協同、共同規則的制定。②

三個理論從不同的主體治理角度出發，對善治之路進行探索。元治理理論是以政府治理為核心，強調政府的主體地位，打造良性政府以達到對社會的有效管理。多中心治理理論是以社會治理為核心，強調社會組織乃至公民個人才是善治的主體，從而實現社會自我管理的狀態。協同治理理論的提出是為了完善和提升治理的效果，讓國家與社會共同參與、共同管制、協同治理，對實現善治有着重要的參考價值。

3. 實現善治的兩大「祕訣」

從善治的概念到善治的主體再到善治的十大要素，不難發現在實現善治之路，民主與法治至關重要。民主是一種主權在民、人民當家作主的國家制度。其形式有直接民主和間接民主兩種，直接民主是多數人直接參與政治決定的制度，間接民主則是公民通過代表間接進行決策的制度。法治指以民主為前提和基礎，以嚴格依法辦事為核心，以制約權力為關鍵的社會管理機制、社會活動方式和社會秩序狀態。③民主和法治的共同價值目標是實現對人的尊重和人的自治的過程，兩

---

① 劉湘順、李雅莉：《西方治理理論對我國社會治理建設的若干啟示》，《湖南社會主義學院學報》，2017（03），第 65-68 頁。
② 李漢卿：《協同治理理論探析》，《理論月刊》，2014（01），第 138-142 頁。
③ 百度百科，https://baike.baidu.com/item/ 法治 /3036629。

者之間屬於內容與形式的關係，同時二者是現代化國家政治統治的合法性基礎與前提。

在善治中的民主與法治必不可少，俞可平教授的十大要素成為衡量善治的有效標準。通過不同的維度和視角，可描述善治在不同狀態下的表現，如圖 1 所示。

（三）危機治理的重要性

隨着社會安全事件、自然災害、事故災害等公共危機事件頻頻發生，公共危機治理受到人們的廣泛關注，國內外學者對公共危機治理的概念都有所研究。

20 世紀 60 年代，美國危機管理專家羅伯特・希斯（Robert Heath）在《危機管理》一書中將危機治理分為四個階段，即危機消減（Reduction）、危機預備（Readiness）、危機反應（Response）和危機恢復（Recovery），[1] 該理論被稱為「4R」模型理論（圖 2）。其中，危機消減是危機管理的核心，危機預備是指對危機進行預警和防範，危機反應是指面對公共危機第一時間做出決策，有效遏制其蔓延，將損失降至最低；危機恢復是指完成災後重建工作及災後群眾的撫慰工作，為危機縮減提供經驗，避免重蹈覆轍。[2]

中國學者劉霞教授基於對「社會燃燒理論」以及危機的發展軌跡和演化路徑的理解，為達到對公共危機有效治理的目的而提出的危機

---

①   Robert Heath：《危機管理》，王成等譯，中信出版社，2004。

②   周揚明、趙連榮：《基於 4R 模型下我國公共危機管理體系建設的思考》，《石家莊經濟學院學報》，2009，32（06），第 80－83 頁。

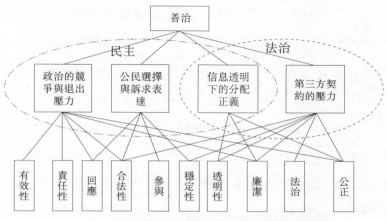

圖 1　善治、民主與法治和十大要素之間的關係

資料來源：筆者整理所得。

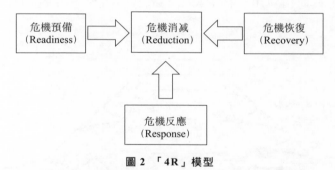

圖 2　「4R」模型

資料來源：〔美〕羅伯特·希斯（Robert Heath）:《危機管理》，王成等譯，中信出版社，2004。

管理「RHED」理論模型。「RHED」理論包括風險管理（R）、威脅要素管理（H）、應急管理（E）和災難管理（D）。其中風險管理是指系統的應用科技手段識別風險、分析風險、評估風險、處置風險和監控風險的全過程，用以降低從風險演變為危機的概率；[①] 威脅要素管理是指根據風險管理制定相應的策略，當威脅達到臨界值時及時預警，為

---

① 　馮林林：《監獄突發事件應急預案管理的問題與對策研究》，華南理工大學，2016。

公共危機不可抗地到來做好準備；應急管理是指災難發生時所要採取的舉措，團結各方力量協同搶險救災；災難管理是指災後恢復受到破壞的社會，維持社會穩定。最後形成閉環反饋、動態循環、多方共治的「RHED」理論模型，[1] 如圖 3 所示。

基於國內外學者對公共危機治理的現狀研究，譚爽提出將傳統「全能政府」改善為「全面整合型政府」的理論。其目的是搭建政企合作治災框架，通過整合的組織和社會協作，提升政府危機管理能力。[2] 在公共危機治理過程中，政府部門應做好「中間人」工作，整合各種社會資源，達成「一個具有約束力的協議」，這一協議是以治理與善治為理論基礎，從而構建出一個應對公共危機的治理框架。[3] 澳門自 1999

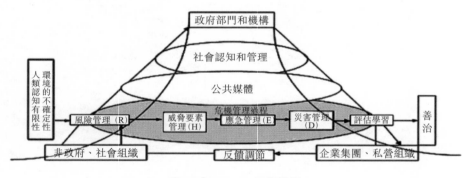

圖 3 「RHED」理論模型

資料來源：劉霞：《公共危機治理：理論建構與戰略重點》，《中國行政管理》2012 年第 3 期。

---

[1] 劉霞：《公共危機治理：理論建構與戰略重點》，《中國行政管理》，2012（03），第 116-120 頁。

[2] 譚爽：《中國自然災害危機管理中政企合作框架初探——基於「全面整合」的視角》，《北京航空航天大學學報（社會科學版）》，2011，24（02），第 9-14 頁。

[3] 劉霞、張小進：《試論公共危機治理中多元參與主體的博弈及制度選擇》，《學術論壇》，2005（03），第 71-73 頁。

年回歸以來，在「一國兩制」政策的支持下不斷發展與進步，澳門特區社會公民積極參政議政，民主概念深入人心，這也體現了公民等社會團體在公共危機治理中扮演着重要的角色。

（四）公民參與的必要性

公民參與的雛形是古希臘雅典的直接民主模式，其作為現代民主的部分，從文化因素角度來看，源自於西方文明。早期西歐出現的社會多元主義、階級制度、市民社會、法制信念、精神和世俗權威分裂、個人主義的堅持等各種因素，激發了貴族和中產階級對政治參與的熱情，造就了 19 世紀民主浪潮的興起。[①] 第二次世界大戰以後，民主通常被界定為民主的選舉，奧地利政治經濟學家熊彼特（Joseph Alois Schumpeter）在《資本主義、社會主義與民主》中提到，選舉是民主的本質。通過選舉代議制政府，使一個國家擁有了民主，公民開始有渠道參與到政治生活中。[②]

進入 21 世紀以後，隨着民主化的進一步推進，公民參與政治的呼聲日漸高漲。然而，許多民主國家除了實現選舉民主以外，公民幾乎仍然沒有機會參與到政策制定和落實中來。因此，美國學者 Smith 和 Inge 指出：「今天許多民主國家所從事的政府改革，如果不能將公民資格（Citizenship）、民主政治與公共政策合而為一體，則改革目標無法達成。」[③]

美國學者 S. R. Arnstein 在 20 世紀 90 年代提出了公民參與發展階

---

① Samuel P. Huntington：《第三波——20 世紀後期民主化浪潮》，劉軍寧譯，中國人民大學出版社，2013。

② Joseph Alois Schumpeter：《資本主義、社會主義與民主》，江蘇人民出版社，2017。

③ 丘昌泰：《公共政策當代政策科學理論之研究》，台北：巨流圖書公司，1999。

梯理論，^① 並結合不同國家公民參與的發展過程，對這些公民參與方式、公民參與特徵、公民參與程度和政治體制發展狀況進行分析。他認為，公民參與發展分為三個階段，即有政府主導型公民參與、象徵型公民參與和完全型公民參與。他認為，隨着公民自主意識的提高，以及公民和政府互動性增強，公民參與將逐漸從政府主導型走向完全型。在這個過程中，政府對公民的態度逐漸從操控、教育走向諮詢、合作，最終賦予公民完全自主的權利，這是一個從低到高的權利更替的連續過程。^② 查理德 · C · 博克斯（Richard C. Box）將公民按照參與管理的身份和積極性，劃分三種類型的對應人群：搭便車人、看門人和積極參與者。^③ 這三類人群分別對應了三個公民參與發展階段。公民在政治生活中不斷發掘自身價值，其公民資格逐漸趨於明朗。人們以自身力量加入管理和決策的隊伍，通過自己的努力改善社區生活的質量，是現代民主社會公民獲得公民資格的必經之路。另外，掌權者將公民作為治理事務的合作夥伴，可以有效應對日漸複雜的治理環境，讓社會逐步走向善治。

三、澳門公民參與公共危機管理的困境分析

由於政府失效、社會失效等原因，使得公民參與成為公共危機治理的重要選擇。依法、有效的公民參與可以協助政府化解治理過程中

---

① S. R. Arnstein, "A Ladder of Citizen Participation", *Journal of the American Institute of Planners*, 1969, (35)：216-224.

② 孫柏瑛、李卓青：〈公民參與：社會文明程度和國家治理水平的重要標誌〉，《上海城市管理職業技術學院院報》，2006 年第 3 期，A7 版。

③ 李覽霄：〈公共治理視角下的提升公民參與問題研究——基於博克斯公民模式理論〉，《廣西科技師範學院學報》，2018 年第 2 期，第 114 頁。

的困難，提升政府公共危機治理的效率，並且可以保障公民在公共危機治理中的基本權利和利益。但是從澳門現有的公民參與實踐來看，公民參與並未發揮真正作用，公民參與的發展存在一定的困境與制約。

（一）公民參與意識薄弱，積極主動性較差

固有的傳統參與觀念使得公民參與意識薄弱。首先，由於澳門多年沒有遭遇強颱風正面襲擊，公民的憂患意識不強。在出現懸掛風球後，澳門沒有做好危機應對準備，缺乏相應的應急響應，對災害的嚴重性認識不足，未及時採取應對措施。其次，以往政府行為往往是自上而下的，自下而上地徵求民眾意見的意識不足。[①] 澳門公民受傳統思想的影響，長期處於被動參與狀態，對主動參與公共危機治理缺乏認知與積極性。

（二）參與途徑網絡化，理性引導存缺陷

互聯網的發展拓寬了公民參與公共危機的渠道，同時網絡言論自由也帶來一定的弊端。公民的受教育程度、社會地位、經濟狀況及自身能力不同，導致公民對公共危機治理的專業知識了解不同。面對突發的公共危機事件，澳門特區政府雖有嚴格的應急治理機制，但如果參與危機治理的公民對應急處置程序不了解、不配合，只憑主觀意願主動參與其中，反而會適得其反，無法達到想要的效果。

為了提高澳門居民主動參與的成效，政府部門需要找出網絡因素導致的非理性參與的原因，明確區分公民通過網絡參與公共危機治理

---

① 　趙穎：〈從群體性事件看公共決策的公民參與〉，《東南學術》，2008（4）：127-131。

的理性行為與非理性行為。同時，建議澳門特區政府做好公共危機處理的數據獲取、信息甄別、政策宣傳、意見分析整理和反饋等一系列工作，理性引導公民參與，並對公民進行應急知識的培訓。

（三）法律制度不完善，制度保障不到位

公民參與的相關法律及政策相對滯後。澳門的公民參與在法律上有一定的保障，但是法律只是對一些原則性進行規定，並未對公民參與的具體方式、方法以及途徑進行詳細規定。隨着社會的不斷發展，現代政府決策的社會因素不斷多元化，然而澳門的相關法律法規對於公民參與的具體方式、操作程序、民意聽取等並未制度化，公民應如何參與公共危機治理，又該通過何種途徑參與公共危機治理並保證參與的有效性值得思考。

澳門現有應急預案體系不健全。澳門現有的應急預案體系雖然對緊急情況做了預設，但對於「天鴿」強颱風造成的災害後果和救災困難的疊加，並沒有充分估計。在澳門遭遇極具破壞性的強颱風災害外，還有風暴潮疊加天文大潮導致的海水倒灌，這導致澳門的水、電輸送系統遭到損壞，停水停電大大增加了救援工作的難度；而颱風災害引發的次生災害，如城市內澇、救援通路嚴重阻塞、停水、停電等，在預案中沒有提及，現行的應急預案仍有很大的改進空間。

公民參與的實質是使公民與政府能夠得到平等對待，澳門特區政府要確保公民能夠有效地參與其中需從法律上保障公民參與的合法性，並且應結合自身情況制定具體的公民參與原則、參與途徑和參與形式等詳細內容。

（四）政府與公眾溝通錯位，多元治理效果差

澳門特區政府應急能力薄弱，救援人員數量有限。澳門在「天鴿」颱風災害的過程中，由於氣象等專業技術人才及裝備缺乏，對此次颱風及引發的風暴潮預報不及時，預警發佈後可供澳門社會應急準備的有效時間不夠，相關專責部門在救災救援時遇到較大困難。在救災過程中，由於援隊伍人員不足以及長時間的持續工作，使得救援人員身心疲憊，嚴重影響了救災救援效率。

在突發災害後的救援工作中，公民參與力量未發揮。由於澳門缺乏完善的災害預警信息發佈、傳播機制，「天鴿」颱風災害預警信息發佈的及時性、有效性、準確性和覆蓋面不夠，沒有形成多語種、分災種、分區域、分人群的個性化定製預警信息服務能力，未能及時向澳門居民傳遞災害的實況信息，也未能與澳門居民之間建立有效的溝通機制，澳門居民參與處於被動局面。政府不能充分整合與利用應對公共危機事件的各種資源和力量，容易延誤公共危機治理時機，還有可能造成政府與公眾之間對公共危機處理的誤會與磨擦，影響政府與社會公眾的互動關係。[1]

公共危機發生時，政府部門與社會公眾溝通不暢、信息傳達不及時，容易造成雙方對公共危機事件的錯位理解及治理行為與事實脫節，使得政府與公眾協同治理效率低，無法達到預期的治理效果。

---

[1] 劉靜：《公共危機管理中政府信息公開存在的問題與對策》，《大學圖書情報學刊》，2012年，第 3 期。

（五）粵港澳應急聯動機制不完善，協同治理能力待提升

澳門作為粵港澳大灣區的其中一員，與大灣區之間的應急聯動機制不完善。粵港澳應急聯動機制在「天鴿」颱風應對中發揮了一定作用，在事中通報和事後救災的區域聯動較為迅速和有效，但在事前預防、災害監測預警等工作上缺乏有效溝通。澳門與香港未建立防災救災互助機制，《粵澳應急管理合作協議》中的「粵澳信息互換平台」尚未建成，粵港澳三地在突發事件的處置過程中氣象信息、口岸信息等方面缺乏有效的溝通合作。

四、「善治」視角下澳門公共危機協同治理的實現路徑

（一）鼓勵全民參與，提升公民危機意識和應急能力

公共危機治理不可能由澳門特區政府單獨完成，澳門居民力量在公共危機治理工作中發揮着重要的作用，因此建議澳門特區政府把公民參與納入到公共危機治理計劃，並把公民參與作為重要的合作夥伴。公民參與公共危機治理不僅要注重參與率的提高，還要重視參與的有效性。首先，建議澳門特區政府培育公民參與意識和公共精神，積極引導並鼓勵公民主動參與，發揮公民在公共危機治理中的能動性。其次，要對澳門居民進行公共危機知識普及，提高公民的危機意識，並改變公民參與的隨意性和附屬意識，保證在公共危機治理中公民參與的有序性和有效性。另外，對澳門居民進行法律常識培訓，保證公民參與有法可依、有法必依，同時也防止公共危機治理中公民參與的不規範行為的發生。在應對公共危機時，只有公民具備了充分的

安全責任意識和應對能力，才能保證公民參與的有效性。

（二）建設澳門公共信息網，暢通信息傳播渠道

澳門現有的公共安全信息發佈基本都分佈在政府各部門網站，內容主要是公共安全政策、法規和突發事件的報道，公共安全相關信息比較分散，發佈的手段相對比較單一，在一定程度上影響了信息傳播的效果。因此，建議澳門特區政府充分利用公共基礎信息設施和各種媒體，依託業務部門現有業務系統和信息發佈系統，建設澳門公共危機治理信息網，強化公共危機事件信息公開、公共安全知識科普宣教等功能，充分發揮微博等新媒體的作用，形成突發事件信息收集、傳輸、發佈的綜合服務型網絡平台。

（三）提升監管力度，完善法律體系

健全的法律法規和標準體系是優化澳門公共危機治理機制、提升澳門公共危機治理能力的內在要求和法制保障。因此，建議澳門修訂相關法律法規，不斷完善公共危機治理標準體系，強化法律法規和標準的宣傳貫徹，為提高澳門公共危機治理提供法制保障。

由於相關法律的規定過於寬泛，在法律修訂中應該不斷明確公民參與的途徑、方式、內容等，並通過完善法律法規提高公民參與的積極性和有效性，保障公民參與的權利範圍、主體地位，強化公民的責任意識，從而建設高效、民主的政府。建立澳門相關部門根據公共危機治理中利益主體的不同組成多種社會監督組織，同時發揮澳門民間社團力量對政府的公共危機治理能力和協調能力進行監督與評估。

（四）建立健全以政府主導、社會協同、公民參與的新格局

建議澳門特區政府提高政府工作人員在公共危機治理中的決策指揮能力。積極開展公共危機治理的相關知識培訓，提升公務人員在突發事件中指揮和應變統籌能力，以預防、控制和減輕突發事件造成的後果。建議澳門特區政府通過模擬演練、案例教學、現場教學、專家講授等形式多樣的培訓活動，以及親身參與各類公共危機事件治理，提高反應快捷準確的研判力、科學民主果斷的決策力、遏制事態惡化的掌控力、全面統籌整合的協調力、敢於衝鋒陷陣的行動力和輿論引導力。

提高澳門公共危機治理中專業救援隊伍的素質和能力。加強專業救援隊伍能力建設，強化救援人員配置、裝備配備、日常訓練、後勤保障及評估考核，健全快速調動響應機制，提高隊伍及時救援能力。加大科技研發投資，加強產學研結合，尤其是通過落實建設粵港澳大灣區的框架協議，加強科技合作，促進科技創新。加大與澳門高等學校、科研院所、社會培訓機構等優質培訓資源合作力度，積極提高澳門特區政府公共危機治理機制研究能力。

建議澳門特區政府引入高新科技技術實現智慧化管理。在網絡發達的時代，合理運用大數據技術、雲計算技術，擴寬公民參與的渠道，暢通政府與公民的溝通渠道，發揮政府與公民的合作力量提升應對公共危機的能力。通過高新科技的引入，建立公共危機信息管理中心，同時構建一個科技應急平台，發佈權威信息並加強輿論監管。通過該渠道發佈突發事件實時情況，收集公民參與突發事件的有效信息，實現快速反應、實時監測、積極參與、科學應對的智慧化管理，做到科學防範、多方共治。

（五）重視危機管理教育，提高危機治理能力

建議澳門特區政府加強公共危機治理知識的普及，推動公共安全科普宣傳教育基地建設。澳門特區政府可面向社會公民，充分利用現有科普教育場館，建設融宣傳教育、展覽體驗、演練實訓等功能於一體的綜合性公共危機應對科普宣傳教育基地，滿足防災減災宣傳教育、安全知識科普、突發事件情景體驗、逃生疏散模擬演練等需求，提高全社會公民憂患意識和自救互救能力。

建議開展形式多樣的科普宣教活動，提高澳門公民應對公共危機的操作能力，提升澳門特區政府公共危機治理的能力。建立實體陣地和媒體陣地相結合、公眾宣傳與專業培訓相結合、宣傳講解與模擬演練相結合、學校教育與公眾科普相結合、政府引導與媒體宣傳相結合、專業隊伍與義工相結合的科普宣教模式。同時，在澳門特區政府各級單位選擇公共危機治理的志願者，對他們進行專業民防技術培訓，在發生危機的情況下，可快速轉為臨時民防工作人員，科學有序的協助政府發佈危機預警，提高危機治理的速度和能力。

（六）大灣區協同治理，共同應對公共危機

建議澳門特區政府建立粵港澳大灣區公共危機治理聯席會議制度。每年定期召開會議，統籌研究粵港澳三地信息共享、物資調配、人員交流培訓等公共危機治理有關的重大問題，充分利用粵港澳大灣區協同創新機制，加強專業領域的粵港澳公共危機治理合作，為公共危機應急信息通報、聯合應急處置、救援資源儲備與共享、聯合應急演練、救援培訓交流等工作提供規範性和指導性意見，構建適應協同

發展和公共危機治理合作的新格局。

推動粵港澳人員交流培訓。在粵港澳大灣區內實現公共危機治理隊伍及專家等各類資源共享，定期舉辦粵港澳大灣區綜合公共危機應急演練、人才交流、培訓等活動，提高共同應對重大突發事件的能力。建立澳門同內地公共危機治理管理人員合作與交流機制，創新公共危機治理的培訓、交流、考察、鍛煉等工作方式，建立暢通的人員交流渠道，推動跨區域間的公共危機治理合作，為雙方人員互訪與交流提供機制保障。

五、結語

在認真總結「天鴿」颱風應對經驗教訓的基礎上，通過分析澳門現行的公共危機治理存在的問題及公民參與的重要性，提出澳門亟需加強頂層設計，優化公共危機治理體系。澳門特區政府協同公民共同做好公共危機前的預測準備，通過培訓、媒體宣傳等措施提高公民參與意識和對公共危機管理的認知，並且努力提高澳門特區政府的公共危機反應能力，協同大灣區共同進行公共危機事件後的恢復工作。

總而言之，澳門特區政府應不斷提高公共危機治理決策指揮能力，並團結帶領澳門各界人士，增強大局意識和憂患意識，銳意進取，不斷推進「一國兩制」在澳門的成功實踐，堅守「一國」之本，善用「兩制」之利，為澳門在「善治」之路中構建公民積極參與公共危機治理創新機制做出努力。

Research on the Mechanism of Macao Citizens' Participation in Public Crisis Governance from the Perspective of 'Good Governance'

——Thoughts on the Typhoon Disaster Based on 'Tian Ge'

Wang Xin and Shen Lixia

Abstract: 2019 is the 20th anniversary of Macao's return to the motherland. The central government has always adhered to the principle of "one country, two systems", which helps Macao seize the opportunity of national development and make good use of the unique advantages of Macao, so as to actively integrate into the overall development of the country and maintain the long-term prosperity and stability of Macao. However, in face of the "Tian Ge" typhoon disaster, Macao economy still suffers serious losses, and the existence of the public crisis management mechanism still needs to be improved. By analyzing the experience and deficiencies in response to Macao's "Tian Ge" typhoon, this paper explores the government-led and civic participation mechanism in Macao's public crisis governance. This paper further suggests to define the rights and responsibilities of participating entities, improve the legislation and supervision mechanism of public crisis governance, which helps to find a road to good governance of multi-cooperation and collaborative governance.

Key words: Public Crisis Governance; Citizen Participation; Macao

澳門青年就業分佈與工資差異的影響因素研究[*]

澳門青年就業分佈與工資差異的影響因素研究[*]

潘靜　陳廣漢^{**}

摘　要： 在澳門經濟適度多元化發展背景下，本文基於澳門青年就職行業和職業的分佈特徵，使用「澳門青年指標社會調查」數據，實證探討澳門青年就職行業及其工資差異的影響因素，並提出相應的建議。研究發現：澳門青年的行業分佈和職業分佈趨於多元和分散；受教育程度對澳門青年在金融業、公共行政及社保事務、醫療衛生及社會福利／教育行業就業起正向效應，而對在博彩業、酒店及飲食業、其他類行業就業起負向效應，澳門青年在博彩業就職選擇中存在「學歷倒掛」現象；澳門青年就業市場中存在行業工資差距，博彩業的工資水平顯著高於金融業和其他類行業。

關鍵詞： 經濟適度多元化　產業結構　就業　工資　青年

* 2017 年度教育部人文社會科學研究基金青年項目（17YJC790113）

** 潘靜，佛山科學技術學院，講師，經濟學博士。研究方向：勞動經濟學。陳廣漢，中山大學港澳珠江三角洲研究中心、粵港澳發展研究院，教授，首席專家，博士。研究方向：發展經濟學、勞動經濟學。

一、引言

在澳門經濟適度多元化發展背景下，如何促進澳門青年適應產業結構調整的需要，提高自身競爭力並實現有效就業，這是關乎澳門經濟可持續發展和社會長期穩定的重要問題。作為以博彩業為主導的經濟體，回歸以來澳門經濟取得前所未有的發展。自 2002 年「賭權開放」至今，澳門博彩業毛收入對澳門本地生產總值的貢獻每年高達 50%～90%。然而，博彩業「一業獨大」在促進經濟增長的同時，也加劇了地區經濟風險和引發貧富差距擴大等社會問題。2014 下半年至 2016 上半年，受多重因素影響，澳門博彩收入持續下跌，澳門經濟也出現回歸以來首次負增長。對此，調整過度依賴博彩業的產業結構並推動經濟適度多元化發展成為澳門經濟可持續發展的必然要求。國家「五年規劃」等文件多次強調「促進澳門經濟適度多元化」，明確澳門建設「世界旅遊休閒中心」和「中國與葡語國家商貿合作服務平台」（即「一個中心，一個平台」）的戰略定位，批准建設粵港澳大灣區等作為粵港澳合作的新載體，這為澳門經濟適度多元化發展提供政策支持。

澳門經濟適度多元化意味着產業結構的調整，產業結構的調整又必然對勞動力市場產生影響。特定區域的產業結構在很大程度上限定了當地的勞動力需求結構，通過就業崗位構成、薪酬級別等勞動力需求結構的變動，影響勞動力資源配置，並約束勞動者的就業選擇。在博彩業單一產業結構下，進入博彩業工作成為澳門大多數本地僱員主要的甚至是唯一的職業選擇。而在經濟適度多元化下，與「一個中心，一個平台」建設相關的旅遊休閒業、商貿服務業、金融保險業等行業

的人才需求會增加，而博彩業的人才需求會相應地減少。據統計，[①]
2013～2018 年澳門博彩業的就業人口比例從 23.1% 下降至 21.5%；而
不動產及工商服務業、金融業、建築業的就業人口比例呈持續上升態
勢。在適度多元的產業結構下，澳門本地人力資源相對不足、專業人
才短缺的問題也愈加突出。作為市場應對新興產業需求擴大而本地人
才不足困境的直接反應，澳門的外地僱員人數在 2011～2018 年間按年
均 10.9% 的幅度在增加。[②] 可見，澳門經濟適度多元化發展對勞動力市
場產生巨大影響。只有產業結構與就業結構以及人才結構有效匹配才
能有力地推動澳門地區經濟健康發展。

而要優化澳門本地勞動力市場結構，適應經濟適度多元化發展
的長期趨勢，澳門青年的有效就業和競爭力提升是關鍵。這是因為，
第一，青年是最具生產力的資源。多國的實踐經驗表明，地區經濟的
騰飛與該地區擁有大量的高素質青壯年勞動力密切相關。2017 年澳
門地區 29 歲以下的青年勞動人口有 8.3 萬，佔澳門勞動人口總數的
21.5%。[③] 這些青年勞動力是未來澳門經濟增長的生力軍。第二，在產業
結構變動中，青年勞動力的可塑性和適應性較強。因應產業結構調整
對不同人才素質的需要，適時調整教育資源配置，能夠使澳門青年勞
動力素質得到及時提升並更好適應新興產業的工作。第三，在開放競
爭的社會環境中，澳門青年適應產業結構變動的衝擊並找到與自身技
能相匹配的就業崗位，是其將來實現向上流動的基礎，也是澳門社會
長期穩定的根基。從這個意義上說，在澳門經濟適度多元化背景下研

---

① 2014 年第 4 季–2018 年第 4 季《澳門經濟季刊》
② 2012 年第 4 季–2018 年第 4 季《澳門經濟季刊》
③ 《2017 澳門統計年鑒》

究澳門青年就業問題具有重要意義。

對此，本文將澳門青年就業問題植根於澳門經濟適度多元化發展的背景下，分析澳門青年就職行業和職業的分佈特徵，實證探討澳門青年就職行業及其工資差異的影響因素，並提出促進澳門青年有效就業和澳門經濟可持續發展的政策建議。

二、文獻綜述

產業結構變動背景下的青年就業問題研究主要涉及兩個方面：一是產業結構對就業結構的影響；二是勞動者職業獲得和工資水平的影響因素。

產業是就業的載體，就業結構與產業結構之間存在密切的聯繫，產業結構的變動會對勞動者就業產生影響。一方面，不同類型產業對就業的吸納能力是不同的。總體趨勢是隨着社會經濟的發展，第一產業從業人員比重下降，第二產業從業人員比重大體不變或略有上升，第三產業從業人員比重趨於上升。[①] 趙楊、劉延平和王歡等基於中國產業結構、就業結構等數據的研究。印證第二、第三產業保持相對充足的勞動力吸納能力。[②] 另一方面，產業結構升級對不同技能勞動力的影響也是不同的。Acemoglu 和 Autor 研究發現高技術行業和低技術行業對就業的影響是互補的，高技術產業發展到一定程度後會帶動低技術產業發展，這會使得高技術、低技術行業的就業需求增加而中等技術

---

① Kuznets S., *Economic Growth of Nations: Total Output and Production Structure*, Cambridge Mass, Harvard University Press, 1971: 199-248.

② 趙楊、劉延平：《我國產業結構與就業結構的關聯性分析》，《經濟學動態》2010 年第 12 期；王歡、黃健元、王薇：《人口結構轉變、產業及就業調整背景下勞動力供求關係分析》，《人口與經濟》2014 年第 2 期。

行業的就業份額下降。[①] 就服務業而言，Autor 和 Dorn 認為在技術進步推動產業升級過程中，金融業、科學研究等高技能工作需要勞動者的決策分析能力，機器無法勝任這類工作；而餐飲業、快遞業等低技能工作需要從業人員與顧客良好溝通並應對多變情境，也無法被機器完全替代，於是高技能和低技能勞動力的就業機會增加。[②] 江永紅等利用2001～2012 年省際面板數據，發現隨着中國產業結構升級，高技能和低技能勞動者就業份額都在增加的「極化」現象。[③]

關於產業結構對青年就業的影響，孫鳳、謝維和研究發現，中國大學生就業過度集中在第三產業，而中國產業結構以工業為主導，就業結構、高等教育專業結構與中國的產業結構並不匹配。吳偉東、郭騰軍對 9 名澳門青年進行深度訪談後分析指出，產業結構的單一化發展增加了低端勞動力的需求和勞動報酬，促使部分青年人過早地停止接受學校教育，而且只能在較為單一的行業就業，這會增加青年群體的就業風險。[④]

在微觀層面，勞動者的職業獲得和工資水平受人力資本、工作經驗、性別、戶籍、社會資本、家庭背景等多種特徵因素的影響。人力資本理論解釋了人力資本、工作經驗等因素對勞動者職業獲得和工資的影響。基於中國二元勞動力市場分割特徵，郭震研究發現性別歧視

① Acemoglu D. and Autor D. "Skills, Tasks and Technologies: Implications for Employment and Earnings", *Handbook of Labor Economics*. 2011, 4b（16082）：1043－1171.

② Autor D. and Dorn D. "This Job is 'Getting Old': Measuring Changes in Job Opportunities using Occupational Age Structure", *American Economic Review*. 2009, 99（2）：45－51.

③ 江永紅、張彬、郝楠：《產業結構升級是否引致勞動力「極化」現象》，《經濟學家》2016年第 3 期。

④ 吳偉東、郭騰軍：《產業結構與青年的就業選擇——對 9 名澳門青年的深度訪談分析》，《中國青年研究》2012 年第 3 期。

帶來的工資不平等主要存在於低收入勞動者之中，而對於中高收入勞動者，性別工資差距與個人受教育程度等個體特徵相關；① 章莉等研究發現農民工在職業獲得、行業進入和所有制部門進入方面都遭受戶籍歧視；② 陳釗等研究得出，社會關係網絡、父親的教育和政治身份、城鎮戶籍有利於勞動者進入高收入行業。③

以上這些因素對青年的職業獲得和工資水平的作用效應在一些研究中也得到部分驗證。例如，楊鉌、程飛使用大學生就業調查數據實證發現，所有行業中都存在性別收入差距，該差距隨着個體受教育程度的提高而增大，性別收入差距主要由行業內的性別收入差別而非行業間的收入差異導致。④ 聶偉等使用城市青年調查數據研究發現，低學歷青年工作轉換的概率和次數均顯著高於高學歷青年，低學歷青年的工作轉換次數與收入呈正 U 型曲線變化。⑤

然而，現有關於產業結構變動背景下的就業問題的研究，對地域和群體異質性的考慮相對不足，尤其是缺乏對像澳門這樣處於產業多元化轉型中的有代表性的開放型經濟體以及對青年這種極具生產力和適應性強的群體的就業問題的實證考察。本文擬從這兩個方面進行突破，實證探討在經濟適度多元化發展背景下澳門青年就業分佈和工資差異的微觀機理。

---

① 郭震：《城鎮居民和流動人口工資差距：戶籍歧視還是性別歧視》，《南方經濟》2013 年第 8 期。
② 章莉、李實、W. A. Darity Jr, R. V. Sharpe：《中國勞動力市場就業機會的戶籍歧視及其變化趨勢》，《財經研究》2016 年第 1 期。
③ 陳釗、陸銘、佐藤宏：《誰進入了高收入行業？——關係、戶籍與生產率的作用》，《經濟研究》2009 年第 10 期。
④ 楊鉌、程飛：《教育、行業分割與性別的收入差異——基於中國大學生就業調查分析》，《北京大學教育評論》2012 年第 3 期。
⑤ 聶偉、任克強、呂程：《工作轉換與城市在職青年的收入》，《青年研究》2014 年第 1 期。

三、澳門青年就業分佈的特徵

澳門青年的總體就業水平較高，近六年來，澳門 16～29 歲青年人口的失業率保持在 3.5% 左右的低位水平；16～29 歲青年就業人口的月工作收入中位數達 13000 澳門元。[①] 面對勞動力市場供需發展的新形勢，下文擬從澳門青年就職行業分佈和職業分佈兩個方面分析澳門青年的就業結構能否順應產業適度多元化發展的趨勢。

在澳門青年就職行業分佈方面，2012～2017 年，16～24 歲澳門青年就業人數和比例最高的前三位行業是酒店及飲食業、文娛博彩及其他服務業、批發及零售業，平均每年分別有 24.9%、21.6%、16.7% 的 16～24 歲青年從事這三類行業。2012～2017 年期間，從事文娛博彩及其他服務業的青年人口比例呈顯著下降的趨勢，從 2012 年的 30.7% 逐年下降至 2017 年時的 14.8%。在這三個集中度最高的行業就業的青年人口比例也從 68.5% 下降至 56.8%（見表 1）。可見，近年來，澳門青年就業逐漸擺脫對文娛博彩業的單一依賴，部分地轉向從事其他行業。因應澳門經濟適度多元化發展的需要，澳門青年就職行業分佈也逐漸趨於多元和分散。

2017 年澳門居民總體月工作收入中位數是 15000 澳門元，2012～2017 各年的月工作收入中位數高於總體中位數的行業從高到低依次是公共行政及社保事務、水電及氣體生產供應業、教育、醫療衛生及社會福

---

① 澳門統計暨普查局

利、金融業、文娛博彩及其他服務業。16～24 歲澳門青年在這六個高收入行業就業的人口比例總體呈下降趨勢，從 2012 年時的 46.9% 下降至 2017 年時的 32.4%。可見，在這期間澳門青年就職行業趨於多元，但並不趨於高薪；在行業流向方面，主要表現為橫向流動，而非縱向流動。

在澳門青年職業分佈方面（見表 2），2012～2017 年 16～24 歲澳門青年就業人數和比例最高的前兩類職業是文員、服務及銷售人員，平均每年分別有 34.5%、33.6% 的 16～24 歲就業青年從事這兩類職業。從事這兩類集中度最高的職業的青年人口比例從 2012、2013 年時的 72.8%、74.7% 下降至 2017 年時的 62.0%。可見，澳門青年的職業分佈也初顯多樣化和分散化的苗頭，更多的青年轉向從事文員、服務及銷售人員以外的其他職業，例如非技術工人。另外，2012～2017 各年的月工作收入中位數都高於總體中位數（17000）的職業有企業領導及經理、專業人員、技術員及輔助專業人員、文員。16～24 歲澳門青年從事這四類高收入職業的人口比例總體呈下降趨勢，從 2012 年時的 56.8% 下降至 2017 年時的 44.8%。可見，在這期間澳門青年的職業趨於多元，但並不趨於高薪；在職業流動方面，主要表現為水平流動，而非向上流動。

四、澳門青年就職行業影響因素的實證分析

為考察在經濟適度多元化發展中澳門青年就職行業的狀況，下文擬建立多類別 Logit 模型，實證分析澳門青年就職行業的影響因素。

表 1　16 ～ 24 歲澳門青年就業人口的行業分佈 [①]

	2012	2013	2014	2015	2016	2017	月工作收入中位數（澳門元）
1）製造業	1.6%	2.2%	1.5%	1.7%	0.7%	3.2%	12000
2）水電及氣體生產供應業 *	0.5%	0.3%	0.0%	0.3%	0.4%	0.4%	29000
3）建築業	2.4%	3.3%	8.0%	8.7%	7.6%	4.4%	15000
4）批發及零售業 #	16.0%	17.3%	18.4%	16.3%	15.5%	16.8%	13000
5）酒店及飲食業 #	21.9%	25.3%	19.3%	28.0%	29.9%	25.2%	10000
6）運輸、倉儲及通訊業	2.9%	2.5%	3.0%	2.0%	3.6%	2.4%	15300
7）金融業 *	4.0%	2.5%	3.0%	4.7%	3.2%	3.2%	20000
8）不動產及工商服務業	5.6%	5.5%	7.7%	6.3%	7.6%	9.2%	10000
9）公共行政及社保事務 *	5.3%	4.1%	4.2%	3.7%	4.0%	4.0%	37400
10）教育 *	4.3%	4.9%	5.0%	4.3%	5.8%	6.0%	25000
11）醫療衛生及社會福利 *	2.1%	2.2%	3.0%	2.3%	2.2%	4.0%	21000
12）文娛博彩及其他服務業 #*	30.7%	27.2%	23.7%	16.7%	16.5%	14.8%	19000
13）家務工作	2.9%	2.7%	3.0%	5.3%	3.6%	6.8%	4000
14）其他	0.0%	0.3%	0.0%	0.0%	0.0%	0.0%	—
青年就業總數（千人）	37.5	36.4	33.7	30.0	27.8	25.0	—
青年在高集中度行業就業的比例	68.5%	69.8%	61.4%	61.0%	61.9%	56.8%	—
青年在高收入行業就業的比例	46.9%	41.2%	38.9%	32.0%	32.0%	32.4%	—

註：第 1～14 行的數值表示在該行業就業的青年人數佔青年就業總數的比例。# 標註青年就業人數和比例最高的前三位行業；* 標註 2012～2017 各年的月工作收入中位數都高於總體中位數的行業。

① 　據勞工事務局 2012～2017 年《澳門勞動市場》數據計算。

表 2　16～24 歲澳門青年就業人口的職業分佈 [①]

	2012	2013	2014	2015	2016	2017	月工作收入中位數（澳門元）
1）企業領導及經理 *	0.8%	0.5%	0.9%	1.0%	0.7%	0.8%	32000
2）專業人員 *	2.1%	2.2%	3.3%	2.3%	2.5%	2.8%	36000
3）技術員及輔助專業人員 *	11.5%	7.4%	13.1%	10.7%	10.4%	14.0%	25000
4）文員 #*	42.4%	41.2%	35.9%	30.3%	30.2%	27.2%	19000
5）服務及銷售人員 #	30.4%	33.5%	34.1%	34.0%	34.9%	34.8%	11000
6）工業工匠及手工藝工人	2.9%	3.0%	5.6%	6.3%	6.1%	3.2%	15000
7）機台、機器操作員、司機及裝配員	0.5%	0.8%	1.2%	0.3%	1.1%	1.6%	15000
8）非技術工人	9.1%	8.5%	6.2%	14.7%	14.0%	15.6%	6300
青年就業總數（千人）	37.5	36.4	33.7	30.0	27.8	25.0	——
青年在高集中度職業就業的比例	72.8%	74.7%	70.0%	64.3%	65.1%	62.0%	——
青年在高收入職業就業的比例	56.8%	51.4%	53.1%	44.3%	43.9%	44.8%	——

註：第 1～8 行的數值表示在該職業就業的青年人數佔青年就業總數的比例。# 標註青年就業人數和比例最高的前兩位職業；* 標註 2012～2017 各年的月工作收入中位數都高於總體中位數的職業。

（一）數據來源

　　本文實證研究使用的數據來自 2012、2014 年「澳門青年指標社會調查」。該調查由澳門教育暨青年局委託聖公會澳門社會服務處負責實施，是面向全澳青年的大型社會調查，自 2008 年起每兩年組織一次，旨在探討澳門青年在身心健康、公民義務與社會參與、消費與生活質量等六類指標範疇的情況。調查的對象是澳門永久性居民中的年齡介於 13～29 歲的青年人，包括在學、在職、待學及待業等青年群體；根據澳門青年人口的年齡和性別的實際比例進行抽樣；採用問卷調查和

---

① 　據勞工事務局 2012～2017 年《澳門勞動市場》數據計算。

電話訪談相結合的調查形式。2012、2014 年調查的總有效樣本分別為 3267、2618 人。本文使用的是其中有全職工作的青年樣本，共 2767 人，其中，2012、2014 年調查的全職青年樣本分別為 1452、1315 人，共同組成一個混合截面數據樣本。

（二）變量説明

在本文建立的多類別 Logit 模型中，因變量是澳門青年「就職行業類型」。在澳門全職青年樣本中，從事博彩業、金融業、公共行政及社保事務、醫療衛生及社會福利／教育、酒店及飲食業、其他行業的受訪者依次為 356 人、215 人、1023 人、485 人、121 人、399 人。其他行業包括建築業、水電業及氣體生產供應業、批發及零售業、不動產及工商服務業、運輸／倉儲及通訊業、其他服務業。

實證模型的自變量包括受教育程度、年齡、性別、出生地、時間虛擬變量。在澳門全職青年樣本中，平均受教育程度達到大專／大學水平。小學、中學、大專／大學、碩士或以上教育程度的受訪者比例依次為 0.3%、15.9%、75.6%、8.2%。受訪者的平均年齡是 25.8 歲，最小 16 歲，最大 29 歲。受訪的男性佔 43.0%，女性佔 57.0%。出生地在澳門的受訪者有 80.7%，出生地在內地的有 15.6%，另有 3.7% 的受訪者出生在香港或國外。另外，加入時間虛擬變量，把 2014 年樣本賦值為 1，是為了控制混合截面數據結構中的時間趨勢。變量説明和描述統計如表 3 所示。

表 3　變量說明和描述統計

變量	變量說明	均值	標準差	觀測值
就職行業類型	博彩業、金融業、公共行政及社保事務、醫療衛生及社會福利／教育、酒店及飲食業、其他行業，依次取值 1～6	3.384	1.496	2599
教育程度	小學（小一至小三）、小學（小四至小六）、初中、高中、大專／大學、碩士或以上，依次取值 1～6	4.876	0.608	2740
年齡	年齡	25.80	2.138	2750
性別	男性 =1，女性 =0	0.430	0.495	2767
出生地 1	出生地在澳門，是 =1，否 =0	0.807	0.395	2767
出生地 2	出生地在中國內地，是 =1，否 =0	0.156	0.363	2767
出生地 3	出生地在香港或國外，是 =1，否 =0	0.037	0.189	2767
時間變量	2014 年樣本 =1，2012 年樣本 =0	0.475	0.499	2767

（三）實證結果分析

澳門青年就職行業的多類別 Logit 模型，以博彩業（就職行業類型
=1）為參照組，運用極大似然估計法，得到估計結果如表 4 所示。在
多類別 Logit 模型中，估計係數表示在其他條件一定的情況下，某個自
變量的變化對風險比（即在 j 行業就職概率與在博彩業就職概率之比）
的影響效應。表 5 進一步得出自變量的變化對單個行業就職概率的影
響效應，即「邊際效應」。

表 4　就職行業的多類別 Logit 模型估計結果（以博彩業為參照組）

	金融業	公共行政及社保事務	醫療衛生及社會福利／教育	酒店及飲食業	其他行業
教育程度	1.9970***	1.5614***	1.8126***	0.9706***	0.8220***
	(0.184)	(0.114)	(0.141)	(0.188)	(0.117)
年齡	−0.2116***	0.1332***	−0.1632***	−0.1394***	−0.0270

（續表）

	金融業	公共行政及社保事務	醫療衛生及社會福利／教育	酒店及飲食業	其他行業
	(0.044)	(0.032)	(0.035)	(0.050)	(0.035)
性別	−0.0844	−0.0980	−0.4348***	−0.0190	0.6488***
	(0.186)	(0.136)	(0.155)	(0.223)	(0.157)
出生地 2	0.5425**	−0.7390***	−0.0308	−0.459	−0.3414*
	(0.219)	(0.178)	(0.192)	(0.314)	(0.200)
出生地 3	0.6813	0.1502	0.0299	0.9468*	0.6379
	(0.511)	(0.411)	(0.477)	(0.522)	(0.433)
時間變量	0.0052	−0.5435***	0.0729	−1.1269***	−1.0857***
	(0.185)	(0.135)	(0.152)	(0.236)	(0.160)
常數項	−4.8111***	−9.4211***	−4.0568***	−1.547	−2.8449***
	(1.257)	(0.944)	(1.009)	(1.377)	(0.970)
觀測值	2559				
似然比	697.7				

註：***、**、* 分別表示 1%、5%、10% 的顯著性水平；不帶括號的數值是估計係數；帶括號的數值是標準誤。

表 5　各變量的邊際效應

	博彩業	金融業	公共行政及社保事務	醫療衛生及社會福利／教育	酒店及飲食業	其他行業
教育程度	−0.1597***	0.0533***	0.1032***	0.0930***	−0.0157**	−0.0740***
年齡	0.0002	−0.0164***	0.0564***	−0.0301***	−0.0063***	−0.0038
性別	0.0028	−0.0047	−0.0308	−0.0741***	0.0002	0.1067***
出生地 2	0.0381*	0.0874***	−0.1616***	0.0515**	−0.0073	−0.0081
出生地 3	−0.0319	0.0355	−0.0588	−0.0447	0.0405	0.0594
時間變量	0.0514***	0.0334***	−0.0492**	0.0929***	−0.0314***	−0.0971***

註：***、**、* 分別表示 1%、5%、10% 的顯著性水平。

　　表 5 結果顯示，受教育程度對在金融業、公共行政及社保事務、醫療衛生及社會福利／教育行業就業的概率起到顯著的正向效應。在其他條件一定的情況下，受教育程度每提升一個層次，澳門青年在這三類行業就業的概率依次上升 5.3%、10.3%、9.3%。這三類行業傾向於吸納教育程度較高的勞動者。而受教育程度對在博彩業、酒店及飲食業、其他行業就業的概率起到顯著的負向效應。在其他條件一定的情況下，受教育程度每降低一個層次，澳門青年在博彩業就業概率的上升幅度高達 16.0%，在酒店業就業概率略微上升 1.6%；在其他行業就業概率上升 7.4%。表 4 中受教育程度的估計係數也顯示，在其他五類行業中受教育程度對提高就業概率的作用顯著高於博彩業。可見，澳門青年在博彩業就職選擇中存在明顯的「學歷倒掛」現象，學歷越低，在該行業就業概率反而越高。

　　博彩業具有高工資、低技術、低門檻的特點。澳門博彩業在過去「一業獨大」高速發展中，增加了對低端勞動力的需求，為大量的低學歷、缺乏工作經驗的澳門本地勞動力提供收入可觀的就業崗位。這也較大程度地影響澳門青年學生的升學選擇和就業選擇。博彩業為澳門青年學生提供了一條無需高學歷、高技能便可獲得高回報的出路，這使得他們當中一部分人選擇輟學或放棄升學深造，而進入賭場工作，以求獲得高薪。博彩企業也願意聘用這些低技能青年勞動者，因為賭場需要輪班制的夜班安排，青年勞動者能更好地承擔輪班工作。在本文樣本中，在博彩業全職工作的受訪青年要輪班的比例達 68.6%，遠高於其他五類行業。然而，在經濟適度多元化發展背景下，澳門博彩業對勞動力需求相對減少，而其他行業對勞動力需求相對增加。此時，

那些在博彩業工作的低學歷青年在就業市場中便處於相對邊緣位置，面臨失業風險，他們轉向應聘其他行業卻又因缺乏相應技能而難以勝任。

表 5 結果也顯示不同行業對青年勞動力呈現不同的年齡偏好。公共行政及社保事務行業傾向於吸納青年人中相對年長、工作經驗相對豐富的勞動者。年齡每增加 1 年，澳門青年在公共行政及社保事務行業就業概率上升 5.6%。而金融業、醫療衛生及社會福利／教育、酒店及飲食業傾向於吸納青年人中相對年輕的勞動者，越年輕者在這三類行業就業概率越高。

出於工種的需要，有兩類行業對青年勞動力呈現顯著的性別偏好。醫療衛生及社會福利／教育行業傾向於吸納女性勞動者，澳門女性青年在醫療衛生及社會福利／教育行業就業概率比男性青年高 7.4 個百分點。而包括建築業等在內的其他類行業傾向於吸納男性勞動者，澳門男性青年在其他類行業就業概率比女性青年高 10.7 個百分點。此外，博彩業、金融業、公共行政及社保事務、酒店及飲食業沒有明顯的性別偏好。

根據表 5 中出生地虛擬變量的邊際效應，以出生於澳門的青年為參照，出生於內地的澳門青年在博彩業、金融業、醫療衛生及社會福利／教育行業就業的概率較高，分別比出生於澳門的青年高 3.8 個百分點、8.7 個百分點、5.2 個百分點。而在公共行政及社保事務行業，出生於澳門的青年在該行業就業具有明顯的優勢，出生於澳門的青年在公共行政及社保事務行業就業概率比出生於內地的澳門青年高 16.2 個百分點。

五、澳門青年工資差異影響因素的實證分析

除就職行業外，本文進一步考察了澳門青年工資差異的影響因素。使用 2012 年、2014 年「澳門青年指標社會調查」中全職青年樣本混合截面數據，基於明瑟方程，[①] 以月工資收入對數作為因變量，將受教育程度、工作經驗[②]、性別、出生地、就職行業、時間虛擬變量作為自變量，建立實證模型。

工資水平採用將工作薪酬作為主要個人收入來源者在過去一年內平均每月主要個人收入金額來衡量。在調查樣本中，澳門全職青年全部是以工作薪酬作為主要收入來源，有報告月收入的 2627 個全職青年，月收入均值為 17879 澳門元，最低為 1000 澳門元，最高為 50 萬澳門元。受教育程度、性別、出生地、時間虛擬變量的衡量和描述統計如表 3 所示。工作經驗採用「年齡—受教育年限—6 年」來衡量。在調查樣本中，澳門全職青年工作經驗均值為 4.4 年，最短為 0 年，最長為 15 年。就職行業用六個虛擬變量依次表示博彩業、金融業、公共行政及社保事務、醫療衛生及社會福利／教育、酒店及飲食業、其他行業，在相應行業就職，賦值為 1，否則賦值為 0。

表 6 是對工資水平影響因素實證模型運用最小二乘法估計的結果。

第一，與明瑟方程結果一致，受教育程度、工作經驗對澳門青年工資水平提高具有顯著的正向效應。在其他條件一定的情況下，受教育程度每提高一個層次，澳門青年的工資水平將提高 25.8%；工作經驗

[①] J. Mincer, *Schooling, Experience and Earnings*, New York：Columbia University Press, 1974, pp.7–63.

[②] 對於青年樣本，年齡較小，未達到工作經驗對工資影響效應的拐點，無需把工作經驗平方納入模型中。

每增加一年，澳門青年的工資水平將提高 6.1%。

第二，澳門青年的性別工資水平沒有顯著的差異。儘管上文實證發現部分行業對澳門青年勞動力呈現不同的性別偏好，但這並沒有帶來澳門男性與女性青年之間顯著的工資差距。澳門男性與女性青年並不集中分佈在薪酬較高或較低的行業中，因而部分行業的性別偏好並沒有給澳門青年帶來較大的性別工資差距。

第三，出生地對澳門青年工資差異的影響仍存在，以出生於澳門的青年為參照，出生於內地的澳門青年的工資水平偏低。在其他條件一定的情況下，出生於內地的澳門青年的工資水平比出生於澳門的青年低 7.5%。這可能有兩個原因：一是出生於澳門的青年在公共行政及社保事務行業就業概率顯著高於出生於內地的澳門青年，而公共行政及社保事務行業又是澳門平均薪酬最高的行業；二是儘管出生於內地的澳門青年在博彩業、金融業、醫療衛生及社會福利／教育這三類平均薪酬不低的行業的就業的概率較高，但其主要從事薪酬較低的職位，這也導致出生於內地的澳門青年的工資水平偏低。

第四，在澳門青年就業市場中，博彩業與公共行政及社保事務行業、金融業、其他類行業之間存在顯著的行業工資差距。在排除受教育程度、工作經驗等個體特徵因素的影響下，以博彩業（「就職行業1」）為參照，澳門青年在公共行政及社保事務行業（「就職行業3」）就職的工資水平仍顯著比在博彩業就職要高 15.7%；而澳門青年在金融業（「就職行業2」）、其他類行業（「就職行業6」）就職的工資水平分別比在博彩業就職要低 15.4%、10.1%，澳門青年在醫療衛生及社會福利／教育（「就職行業4」）、酒店及飲食業（「就職行業5」）就職的工資水平與在博彩業就職沒有顯著差異。結合澳門行業薪酬狀況分

析，澳門的公共行政及社保事務行業平均薪酬最高，一方面是由該行業從業群體受教育程度較高和工作經驗較豐富等個體特徵造成的，另一方面是該行業本身受保護，公務員系統的招聘主要面向澳門永久性居民。出於薪酬激勵，符合條件的澳門青年一般會首選進入公共行政及社保事務行業工作。而金融業平均薪酬比澳門全部行業總體平均薪酬略高，這主要是其從業人員受教育程度較高等個體特徵造成的，剔除個體特徵因素後，澳門金融業整體行業薪酬反而是偏低的。而博彩業平均薪酬較高主要是由於該行業也受保護，博彩業的行業工資水平明顯偏高，並非個體特徵因素的作用。這就解釋了為什麼大部分澳門青年會熱衷到博彩業工作，而不是到金融業或其他類行業工作。在博彩業工作無須依靠高學歷等個體特徵優勢，也可獲得行業高工資紅利。

表 6　工資水平影響因素實證模型的估計結果

變量	係數	標準誤	變量	係數	標準誤
教育程度	0.2579***	0.017	就職行業 2	−0.1540***	0.032
工作經驗	0.0611***	0.004	就職行業 3	0.1569***	0.022
性別	0.0045	0.015	就職行業 4	−0.0076	0.026
出生地 2	−0.0750***	0.021	就職行業 5	−0.0427	0.040
出生地 3	−0.0282	0.040	就職行業 6	−0.1005***	0.027
時間變量	0.0545***	0.015	觀測值	調整 R^2	F 值
常數項	8.1270***	0.091	2390	0.229	65.49

註：***、**、* 分別表示 1%、5%、10% 的顯著性水平。

六、結論與政策建議

在澳門經濟適度多元化發展背景下，本文使用「澳門青年指標社會調查」數據，基於澳門青年就職行業和職業的分佈特徵，實證探討

澳門青年就職行業及其工資差異的影響因素，得到主要結論如下：第一，近年來，澳門青年的行業分佈和職業分佈逐漸趨於多元和分散，但並不趨於高薪。第二，受教育程度對澳門青年在金融業、公共行政及社保事務、醫療衛生及社會福利／教育行業就業起到正向效應，而對在博彩業、酒店及飲食業、其他類行業就業起到負向效應。澳門青年在博彩業就職選擇中存在明顯的「學歷倒掛」現象。第三，在澳門青年就業市場中存在行業工資差距。澳門青年在博彩業就職的工資水平顯著高於金融業和其他類行業，在公共行政及社保事務行業就職的工資水平又顯著高於博彩業等其他五類行業。第四，出生於澳門與出生於內地的澳門青年的就業選擇具有不同的行業偏向，兩者之間也存在一定的工資水平差距。

基於以上研究結論，為促進澳門青年實現有效就業並推動澳門經濟可持續發展，本文提出如下政策建議：

第一，完善教育和培訓體制，提高澳門青年的就業競爭力，促進青年的學歷、技能與澳門產業結構調整需求相匹配。一是需要優化教育資源投入結構，完善人才培養模式。根據澳門產業適度多元化發展的長遠規劃，科學調整專業結構和課程設置；根據會展業等特定產業快速發展對專業人才的需求，適時開設特定行業的人才支持與培訓計劃，培養「一專多能」的複合型人才，增強澳門青年的綜合競爭力，以便適應澳門發展新興產業、建設世界旅遊休閒中心的需要。二是需要積極推廣葡語教學，加強「兩文三語」教育。建議把葡語納入學校必修課程，完善葡語等語言證書的專業認證制度，與葡語國家高校建立合作辦學機制，培養中葡雙語人才，提升澳門青年的語言技能，以便為中國與葡語國家商貿合作服務平台的建設提供人才支撐。三是需

要完善青年人才資助體制，促進澳門青年與內地、海外的交流。通過相應的資助計劃，鼓勵符合條件的澳門青年赴內地和海外著名高校訪學，到國際機構和跨國企業實習，拓寬澳門青年的國際視野，以便適應在「一帶一路」建設背景下澳門區域經濟合作對人才素質的需要。

第二，完善澳門競爭性勞動力市場環境，逐步開放博彩業勞動力市場，縮小行業工資差距。在經濟適度多元化發展背景下，隨着澳門建築業、工商服務業等行業用人需求的增加，澳門本地人力資源緊缺問題愈加突出。加上澳門存在行業工資差距，包括建築、工商服務業等在內的其他類行業的工資水平整體偏低，這些行業較難吸引澳門青年勞動力進入。而要舒緩澳門人力資源短缺問題，從短期看，澳門有必要實施適當的鼓勵勞工輸入的政策，引進短缺的專業人才，彌補特定行業的人力資源缺口。從長期看，一方面需通過教育培育符合產業發展需要的澳門專業人才，增強青年的競爭力，練就「內功」；另一方面需完善澳門競爭性勞動力市場環境，逐步適度開放博彩業勞動力市場，縮小行業工資差距。在競爭性勞動力市場中，行業工資通過市場機制自發調節，形成合理的薪酬激勵機制，調節勞動力的流動，促進人才與崗位的有效匹配。當博彩業勞動力市場適度開放，博彩行業工資水平有所下降，而建築等用人需求增大的行業的工資水平有所提高，行業工資差距縮小，調節勞動力流向需求增大的行業。澳門青年憑藉前期培養的儲備能力，在競爭性市場環境中也能抵禦外來勞動力的競爭衝擊，並開發自身潛能。

Determinants of Youth's Employment and Earnings in Macao

Pan Jing   Chen Guanghan

Abstract: The development of Macao's economy has diversified moderately. Under this background, we analyze the characteristics of industries and jobs for youth's employment in Macao. Using "Social Survey of Macao Youth Indicators" data, we do an empirical study to discuss the factors which affect youth's employment choices and earning differentials in Macao. First, the distributions of industries and jobs for youth's employment are becoming more diversified and decentralized. Second, education has positive effect on youth's employment probability in industries such as "financial intermediation", "public administration & social security", and "health, social welfare & education", while has negative effect in industries such as "Casino", "hotels, restaurants & similar activities", and "other activities". There is a phenomenon of "diploma inversion" in youth's employment in "Casino" industry. Third, there are wage gaps among industries in youth labor market in Macao. Youth's wages in "Casino" industry are higher than that in "financial intermediation" and "other activities" industries.

Key words: Moderately diversified development of economy; Industry structure; Employment; Wage; Youth

澳門立法會選舉中的漢狄比例代表制研究

朱世海*

摘　要：1976 年澳門舉行第一屆立法會選舉，那時考慮澳門社團林立，於是澳葡政府就把葡萄牙的比例代表制引入到澳門以平衡澳門的各種政治力量。當時的比例代表制採用的是傳統漢狄法計票。1992 年澳門立法會選舉對直接選舉的計票方法進行改革，採用改良漢狄法。澳門立法會選舉採用比例代表制和改良漢狄計票給澳門社會帶來消極影響，如產生部分社團的功能異化、催生激進議員和惡化政治生態等問題。故此，有必要及時檢討並改革目前的選舉制度和計票方法，適時恢復傳統漢狄法計票，必要時可考慮實行混合選舉制，並配合用委任制吸納有代表性的小社團領袖進入立法會以保障政治參與的均衡性。

關鍵詞：澳門立法會　比例代表制　漢狄法

---

*　　朱世海，澳門科技大學法學院副教授、法學博士。

一、澳門立法會選舉引入比例代表制

(一) 澳門立法會議員產生方式的歷史沿革

澳門立法會的起源可以追溯到 1917 年設立的總督公會。[①] 當時的總督立法須經總督公會表決通過,總督公會成員和總督一樣都具有法案的提案權,也可以就行政事宜向總督提出質詢。總督兼總督公會主席,總督公會由公務員成員和非公務員成員組成。當時的總督公會不僅是諮詢機關,還帶有官方立法會的功能。[②]

澳門正式設立立法機關始於 1964 年。葡萄牙在 1963 年頒佈了《澳門省政治行政章程》,該章程在翌年元旦生效。[③] 根據此章程,澳門設立了立法委員會,並與總督、政務委員會一起被列為澳門自我管理機關。[④] 立法委員會主席由總督擔任,具有立法和諮詢職能。

從 1964 年開始,到回歸中國,澳門立法會的議員一直由直選、間選和委任三種方式產生,即使在回歸前的過渡時期,澳門立法會的產生方式也沒有明顯的變化,沒有出現香港回歸前過渡時期出現的疾進民主。

回歸以後至今,澳門立法會議員仍由直選、間選和委任三種方式產生,但直選的數量在逐步增加(具體數據見表 1 所示),體現了政制發展的循序漸進。立法會議員由澳門特別行政區永久性居民擔任,多

---

① 王禹、沈然:《澳門特別行政區立法會產生辦法研究》,社會科學文獻出版社 2017 年版,第 26 頁。
② 吳志良:《本世紀澳門政治行政組織的變革》,(澳門虛擬圖書館網) http://www.macaudata. com/macaubook/book265/html/0071001.htm,最後登錄時間:2019 年 1 月 27 日。吳志良博士在該文「1917 年《澳門省組織章程》」部分中所說的政務委員會就是總督公會。
③ 吳志良:《本世紀澳門政治行政組織的變革》,(澳門虛擬圖書館網) http://www.macaudata. com/macaubook/book265/html/0071001.htm,最後登錄時間:2019 年 1 月 27 日。
④ 此時的政務委員會只是協助總督決策的諮詢機構。

數議員由選舉產生。立法會除第一屆另有規定外，每屆任期 4 年。立法會設主席、副主席各一人。主席、副主席由議員互選產生，並由澳門通常居住連續滿 15 年的永久性居民中的中國公民擔任。

表 1 澳門回歸以來各屆立法會議員構成

屆數 ＼ 產生方式	直選	間選	委任
第一屆	8	8	7
第二屆	10	10	7
第三屆	12	10	7
第四屆	12	10	7
第五屆	14	12	7
第六屆	14	12	7

（二）比例代表制的引入

「比例代表制（proportional representation system），顧名思義，就是強調比例代表性（proportionality），亦即希望各政黨在議會中所擁有的席位比例應儘量符合各政黨在選舉中所得到的選票比例。」[①] 在 19 世紀晚期的比利時和瑞士兩國都出現進行選舉制度改革以實行比例代表制的壓力，這兩個因民族或宗教導致的「分裂」國家期望通過採用一種選舉制度，以促使不同群體代表性平等化。[②] 比例代表制的投票機制可分為兩種，即名單比例代表制（list proportional representation）和可轉移單票制（single transferable vote）[③]，在此僅闡釋最為廣泛應用的名

[①] 王業立：《比較選舉制度》，台北：五南圖書出版股份有限公司，2008 年版，第 19 頁。

[②] David M. Farrell, *Comparing Electoral System*, Macmillan Press, 1998, P61.

[③] 可轉移單票制，也稱單一名單可轉讓票制，在此制度下，投票者不是投政黨，而是把票投給候選人，並依照喜好排列候選者。簡單來說，若選項已得到足夠的票數當選，過剩的票數可轉移到次選的選項；若選項所得的票數明顯不足以支持當選，有關的票數亦可轉移到次選的選項。

單比例代表制。名單比例代表制，也稱「政黨名單比例代表制」（party-list proportional representation），是比例代表制的一種投票制度。比利時在 1899 年最早採用名單比例代表制。[1] 政黨提出候選人名單供選民圈選，依其政黨得票及當選基數（quota，也稱當選商數）來分配席次。[2] 在政黨名單制下，選民未必需要知道其投票支持的候選人姓甚名誰，因為這制度完全以政黨及其候選人名單為依歸。由於政黨名單上所載列的候選人數目會多於每個政黨所能贏取的議席，因此候選人會按照其在政黨名單上的排名依次當選，在名單上排列首位的候選人會首先當選，以此類推，直至該黨所得的議席全部分配完畢。

名單比例代表制計票公式主要有三種形式：最大餘額法（largest remainder system）、漢狄法（D'Hondt highest average system，也稱頓特最高平均數法）、神聖拉葛最高平均數法（Sainte-Laguë highest average system）。在最大餘額法下，先決定一個當選基數，然後以此當選基數除各政黨所得的有效票總數，取整數部分為各政黨當選名額，如果還有尚未分配的議席，就比較各政黨剩餘票數的多少，依序分配，直到所有議席分配完畢為止。漢狄法，是指在比例代表制下的最高平均數方法選舉形式之一。漢狄法基本規則為，凡是得票超過當選基數的政黨，可先得 1 席，如果還有議席還沒有分配完，則那些已獲得 1 席的政黨，將其總票數除以 2 後，再比較各政黨的平均數，以分配剩餘的席次。以此類推，凡是已經分配到席次的政黨，必須將其總票數除以分配到的席次數加 1，除完之後，比較各政黨的平均數，

---

[1] David M. Farrell, *Comparing Electoral System*, 1998, P61.

[2] 當選基數，也稱當選商數、商數票額，即以一個選區的全部有效選票數除以該選區應選議員數所得的商數。某候選名單得票只要達到當選基數就有一名候選人當選。

再來分配剩餘的席次，如此繼續進行，直到所有議席分配完畢為止。[1]
該計票方法為比利時籍的教授、律師、數學家漢狄（Victor D'Hondt）
所設計。神聖拉葛最高平均數法，是以法國數學家神聖拉葛（Sainte-
Laguë）命名的計票方法，該計票法與漢狄法很相似，但使用的除數不
同。神聖拉葛法的基本規則為，把每一參選黨派所取得票數除以 1、
3、5、7、9、11……直至議席總數目，然後將得出的數字分配予該黨
派名單上排第一、第二、第三的候選人，如此類推，然後比較各黨派
候選人所獲得的數字，數字大者為勝。與最大餘額法、漢狄法相比，
神聖拉葛最高平均數法對小黨相對有利，故此常常需要設定選舉門
檻，以防止議會議席過於分散。

「澳門是葡萄牙人管理的地方，很自然，澳門的選舉制度源自葡
國。」[2]1976 年澳門舉行第一屆立法會選舉，當時澳門社團林立，把葡
萄牙的比例代表制引入澳門確實能夠照顧和平衡當時澳門的各種政治
力量。[3]1976 年的立法會選舉法（即第 4/76/M 號法令）就規定，只有
公民團體及提名委員會有權提出候選人名單，任何公民團體或提名委
員會所提出的候選人名單不得多於一份，每一選民只可簽名支持一份
候選名單。當時的比例代表制採用的是傳統漢狄法計票。每位候選人
的實得票數等於其所在組別所得的選票數除以該候選人在其組內排列
的次序，而席位則按所得的選票數目依次分配。如尚有一議席須作分
配，而出現屬於不同候選名單但數值相同的商數，該議席歸於尚未取

[1]　王業立：《比較選舉制度》，台北：五南圖書出版股份有限公司，2008 年版，第 25 頁。
[2]　余振：《澳門的選舉制度與 1992 年立法會直選》，載余振、林援主編：《澳門人文社會科
　　　學研究文選》（政治卷），社科文獻出版社 2010 年版，第 287 頁。
[3]　同上。

得任何議席的候選名單；如果無任何候選名單未取得議席，則該議席就歸於得票較多的候選名單；若兩份或以上的候選名單得票相同，議席以公開抽籤方式分配。

二、澳門對比例代表制計票方法的改良

（一）改革計票方法

在 1988 年澳門第四屆立法會選舉中，傳統左派陣營得票率急降至 34%（上屆是 59%），幸獲 3 個議席；新興社團得票率達 53%，獲 3 個議席。這個結果震驚傳統左派陣營，為防止同樣的事情在第五屆立法會選舉中發生，傳統左派陣營在 1990 年提出改革漢狄計票法。在傳統左派陣營的推動下，澳門立法會在 1991 年 2 月通過並於 4 月公佈的第 4/91/M 號法律對計票方法進行了改革，即實行了「改良漢狄法」。按改良漢狄法，各候選人名單所獲選票數，依次（各候選人在名單中的排列次序）分配給各候選人。具體計算方法是，每一候選人名單得票數順次除以 1、2、4、8 及續後的 2 的乘冪分配給排列在候選人名單中的各個候選人，即排首位的候選人獲該候選人所在名單所得選票的全數，排第二位的候選人得該候選人所在名單全數票的二分之一，排第三位的候選人得該候選人所在名單全數票的四分之一，依此類推。新的計票方法對第一、二位候選人所分配的票數沒有影響，但是第三候選人則獲得其組別所得的四分之一票數，第四候選人獲得八分之一票數；而在傳統漢狄法計票中，第三候選人獲得三分之一票數，第四候選人獲得四分之一票數。因此，在改良漢狄法下，即使對於一個強大

的候選名單或政黨，第三候選人也很難當選，第四候選人幾乎沒有希望當選。在這種情況下，一個強大的候選名單或政黨，就必然會拆分名單，或另成立參選組織。就澳門而言，許多社團另立新的社團，導致社團數量進一步增多。

澳門回歸以來，在立法會選舉制度方面，總體上保持了與回歸前的銜接。立法會直接選舉規則基本不變，仍然由社團、提名委員會提出候選名單。鑒於澳門已歸回，規定「在競選活動期間內，每一團體或提名委員會須使用其中、葡文名稱、簡稱及標誌」，即把漢語作為官方語言，大大便於華人參加選舉。全澳仍然是單獨選區，按比例代表制原則，用改良新漢狄法計票，實行「名單投票制」的直接選舉方式；間接選舉是以利益界別為基礎，並通過界別內社團產生的代表對候選人名單進行投票。

（二）新舊漢狄法比較

從兩種計票方法對選舉結果的影響來對以上兩種計票方法進行比較，發現兩者的區別有以下幾個方面。

第一，改良漢狄法對大社團相對不利。1992 年澳門立法會直接選舉計票方法開始實行改良漢狄法。「自 1992 年通過此制之後，就再也沒有出現此前立法會直選中一張候選名單囊括 3、4 席的情況，至多也只能取得 2 席。」① 顯然，相對於傳統漢狄法，改良漢狄法對實力強的候選名單或政黨較為不利。因為傳統漢狄法能夠促使實力強的候選名單或政黨有更多的候選人當選，而改良漢狄法會明顯減少實力強的候

---

① 趙向陽：《澳門選舉制度》，社會科學文獻出版社 2013 年版，第 97 頁。

選名單或政黨候選人當選的機會。如表 2 所示，實力較強的參選組別 A 在傳統漢狄計票法可獲得 3 個席位，但在改良漢狄法下只能得到 2 個席位；而實力較弱的參選組別 C 的情況相反，在傳統漢狄法不能獲得席位，但在改良漢狄計票法下卻得到 1 個席位。

表 2　新舊漢狄法計票法對席位數的影響比較

組別	得票	總票數	議席總數	當選基數[①]	席位數（傳統漢狄法）	席位數（改良漢狄法）
A	17000	30000	6	5000	3	2
B	9600	30000	6	5000	2	2
C	4400	30000	6	5000	0	1

第二，改良漢狄法更接近比例代表制的理想選票分配。余振教授認為改良漢狄法更接近比例代表制的理想選票分配，他以 1992 年立法會直選為例說明改良漢狄法這一優勢。[②] 澳門立法會在 1992 年有 8 個直選議席，每席所需選票比例是 100% 除以 8 等於 12.5%。如表 3 所示，「超額損失席位」[③] 最大值是 C 組，為 6.49%，「超額獲得席位」[④] 最大值是 5.37%（A 組）。如表 4 所示，如果用傳統漢狄法，會造成超額損失席位最大值 13.75%（B 組），超額獲得席位最大者 7.39%（I 組）。故此，用超額「獲得」或「損失」席位值來比較兩種漢狄法，改良漢狄法較為公平。

表 3　參選組別實得席位與應需選票比例 [①]

組別	得票率（%）	席位	應需選票比例（%）	超額選票比例（%）
F 組	25.25	2	12.5*2=25	0.25
B 組	23.75	2	12.5*2=25	−1.25
H 組	12.39	1	12.5	−0.11
G 組	7.99	1	12.5	−4.51
I 組	7.39	1	12.5	−5.11
A 組	7.13	1	12.5	−5.37
C 組	6.49	0	0	6.49
E 組	6.16	0	0	6.16
D 組	3.44	0	0	3.44

表 4　用舊漢狄計算法所得各組別的席位與應需選票比例 [②]

組別	得票率（%）	席位	應需選票比例（%）	超額選票比例（%）
F 組	25.25	3	12.5*3=37.5	−12.25
B 組	23.75	3	12.5*3=37.5	−13.75
H 組	12.39	1	12.5	−0.11
G 組	7.99	1	12.5	−4.51
I 組	7.39	0	0	7.39
A 組	7.13	0	0	7.15
C 組	6.49	0	0	6.49
E 組	6.16	0	0	6.16
D 組	3.44	0	0	3.44

[①] 余振：《澳門的選舉制度與 1992 年立法會直選》，載余振、林援主編：《澳門人文社會科學研究文選》（政治卷），社科文獻出版社 2010 年版，第 290-291 頁。
[②] 余振：《澳門的選舉制度與 1992 年立法會直選》，載余振、林援主編：《澳門人文社會科學研究文選》（政治卷），社科文獻出版社 2010 年版，第 291 頁。

第三，改良漢狄法更突顯比例代表制的弊端。如上文所述，改良漢狄法較為公平，不但超額「獲得」或「損失」席位值變小，而且因當選基數變小，比例性更強，更小的參選團體也很可能勝出。但比例代表制也具有難以克服的弊端，即易導致候選人激進、走極端，運用改良漢狄法該弊端更容易顯現。有學者已經指出，在比例代表制下，實力不夠強大的政黨參選人要當選必須打出具有突出個性、激進的競選口號以吸引選民，並採取選擇性激勵（selective incentive）策略而不是集體性激勵（collective incentive）措施以抓住自己特有的選民，從而可以使最激進的族群的意志表現出來。[1] 有學者已指出，比例代表制這種給予邊緣政黨議席的選舉制度會引致極端主義。[2] 在使用改良漢狄法下，當選基數變小，為較小社團候選人當選提供機會，因為候選人越激進越可能當選，從而導致候選人更為激進。

三、對比例代表制及改良漢狄法的檢討

有學者認為比例代表制值得肯定之處有：一是公正，很少有廢票；二是反映選民的真實構成；三是不會有「選區地理學」，即不會為選舉勝利而在選區劃分上做文章；四是能夠容納專家；五是有利於新的政治力量發展和組織新的政黨；六是防止政治上的突變，保持社會穩定。[3]

---

[1] 葉根銓：《特區政治化妝術》，（香港）上書局出版公司 2006 年版，第 118 頁。

[2] Bill Tieleman, *How Proportional Representation Empowers the Far-Right*,（加拿大泰伊網）https://thetyee.ca/Opinion/2017/11/10/How-Proportional-Representation-Empowers-the-Far-Right/，最後登錄時間：2018 年 11 月 12 日。

[3] 甘超英：《香港民主政治的里程碑》，載肖蔚雲：《香港基本法的成功實踐》，北京大學出版社 2000 年版，第 98 頁。

此外，根據「杜瓦傑定律」（Duverger's Law），「比例代表制」則傾向於形成多黨制，澳門立法會選舉採用比例代表制使議席分散化，還可以防止立法會議席被極少數大的社團所控制，從而與行政主導體制相適應。但澳門立法會選舉中的比例代表制及改良漢狄法也造成一些問題，需及時對此進行檢討。

（一）比例代表制及改良漢狄法造成澳門部分社團的功能異化

通常認為澳門還沒有政黨，只有社團，而且社團眾多，很多社團參與立法會選舉，故雖然澳門沒有政黨政治，但有社團政治。根據《結社權規範》（第 2/99/M 號法律）第 5 條的規定，澳門的社團在法律上大體分為兩類，即依《民法典》規定取得法律人格的一般社團，以及依《結社權規範》第 15 條規定取得法律人格的政治社團。前者注重公益性、社會管理和服務，後者的意圖則是專設承擔相關政治功能的結社組織。《結社權規範》第 13 條明確政治社團，係「主要為協助行使公民權利及政治權利以及參加政治活動的具長期性質的組織」。《結社權規範》第 15 條規定政治社團設立條件為：「最低限度須由 200 名常居澳門而完全享有政治權利及公民權利、年齡超過 18 歲的居民簽署」並向身份證明局局長發出附有「簽署該聲明的成員已辦選民登記的證明書，聯同章程草案、社團名稱，倘有的社團簡稱及社團標誌」文件來申請成立，並由身份證明局在存有的專門記錄內登記，從而取得法律人格。政治社團同時有嚴苛的限制，1 人不得同時參加 1 個以上的政治社團，政治社團應當遵循透明原則等。有學者指出，自澳門回歸以

來，由於澳門社會生態和法律環境的原因，特別是由於澳門選舉法規定參選提名可由臨時組成的選舉提名委員會做出（而這顯然比成立專門的「政治社團」容易兼且不敏感），故迄今尚無任何社團依照該等條文登記為「政治社團」，相關條文處於束之高閣之境。[①]

社團是澳門政治生態中的重要主體，社團在澳門日常政治體系運作起到重要作用。澳門社團是立法會選舉的組織者和參與者，「澳門的社團在立法會選舉中發揮了重要作用，在澳門的憲政法治建設中有着無法替代的功能。」[②] 但澳門社團政治自身也存在問題，特別是在比例代表制及改良漢狄法影響下，部分社團的功能異化應是最嚴重的問題。

比例代表制及改良漢狄法，不僅用於澳門立法會直接選舉，還用於間接選舉。根據澳門立法會選舉法，在間接選舉中，提名委員會須最少由該選舉組別被登錄於選舉日期公佈兩日前最後一個已完成展示的選民登記冊內的法人總數的 20% 組成。[③] 候選人名單通常由社團提出。參加間接選舉的候選名單所載的候選人數目應等於分配給有關選舉界別的議席數目。這就是說如果此界別有 3 個議席，如專業界，則每一參選組別就必須為 3 人。在立法會間接選舉中，每一具有投票資格的法人享有最多 22 項投票權，該法人的領導機關或管理機關成員選出最多 22 名具有投票資格的自然人行使投票權，依據比例代表制及改

---

① 許昌：《論澳門特區立法會間選制度設計及其完善方向》，《大珠三角論壇》2015 年第 1 期，第 7 頁。

② 姚秀蘭、肖禮山：《澳門社團參與立法會選舉之實證分析》，《當代港澳研究》2012 年第 3 期，第 64 頁。

③ 在澳門回歸前的立法會間接選舉中，只需要 5 個以上本界別內法人選民（社團）聯合提名即可成為候選人。回歸後，鑒於社團數量較多，本地選舉法規定由各利益界別內部 25% 以上的法人選民聯合組成提名委員會。為了增加間接選舉的競爭性，2008 年本地選舉法又把這一提名門檻降到 20%。

良漢狄法計票，得票較多的候選人當選。在回歸前，立法會採用間接選舉最初是為了平衡直接選舉，因為直接選舉是遵循少數服從多數，這樣有可能形成「多數人的暴政」，而忽視或侵犯少數人的正當權利。因為間接選舉是由社團進行投票，社團亦是由一群人組成，這樣既可尊重多數人或某一界別的利益，亦可防止居民階層的獨大。但結果如有學者指出的，因為選舉權設定未適當處理界別競合問題，提名程序未能最大限度避免複數選舉權，而且擁有選舉權的範圍、被選舉人的提名程序等方面過度有利於特定利益團體，導致以社團參與為基礎的立法會間接選舉的代表性和認受性受到質疑。[①]

在澳門，不僅確定的比例代表制對大的社團不利，而且改良漢狄法計票法對大的社團也不利。此外，選區的大小對社團的「席位能力」（strength in seat）[②] 也有重要影響。澳門目前的立法會直選採用的就是「全域選區制」[③]，這種選區制與比例代表制的結合，使大社團的席位能力受到更明顯的削弱。在「全域選區制」下，小社團可以集中選舉資源分得一杯羹。當然實力沒有達到一定程度的小社團推出的候選人也難以勝出。

為了在立法會選舉、特別是間接選舉中獲得更多的議席，一些人就通過成立新的社團以增加在選舉中的提名權。因為儘管間接選舉在計票規則上與直接選舉並無二致，但事實上選舉的競爭主要發生在提

---

① 許昌：《論澳門特區立法會間選制度設計及其完善方向》，《大珠三角論壇》2015 年第 1 期，第 11–12 頁。

② 「席位能力」（strength in seat），指選票轉換為議會議席的能力。見 G·薩托利：《政黨與政黨體制》，商務印書館 2006 年版，第 172 頁。

③ 全域選區制，是「全國選區制」的另一種表述。「全國選區制」，即整個國家作為一個選區。因為澳門只是作為中國主權國下的特別行政區，故不宜用「全國選區制」。

名階段，若不掌控一定數量的社團，就很難獲得提名成為候選人，更不用説在投票階段能夠勝出。由以上可見，澳門的選舉政治就是社團政治。在比例代表制下，特別是採用改良漢狄法，促使澳門社團日益增多。「很多社團的成立只是為獲得選舉法人資格而進行的一種功利性行為」。① 一些人利用澳門特區關於法人社團成立條件十分寬鬆的法制環境，② 而組建多個社團。「曾有報道有人一天內註冊了幾個社團。由此，一大部分社團即為所謂的『空殼化』社團」。③「至 1999 年回歸之前，澳門有社團 1722 個。至 2012 年末，澳門共有註冊社團 5585 個。至 2015 年末，澳門共有註冊社團 7132 個。截止到 2019 年 7 月 21 日，澳門社團總數已達到 9272。④ 在 2017 年立法會選舉時，澳門社團可以參加間接選舉的法人選民 859 個，比 2013 年的 719 個增長 19.47%。現存社團中超過七成是回歸後新成立的，回歸後澳門社團呈現高速增長的趨勢。⑤越是臨近或適逢立法會選舉年，結社熱情越加高漲，結社數量明顯高於其他年份。可見，選舉依然是推動澳門社團高速成長的重要動力因

---

① 潘冠瑾：《1999 年後澳門社團發展的狀況、問題與趨勢前瞻》，《杭州市委黨校學報》2013 年第 3 期，第 33 頁。

② 根據《結社權規範》第 2 條，「任何人有權自由地毋須取得任何許可而結社」，但「社團不得以推行暴力為宗旨或違反刑法又或牴觸公共秩序，不得成立武裝社團、或軍事性、軍事化或準軍事社團，以及種族主義社團」。根據該法第 3、5、6、7、9 條之規定，對成立取得法律人格的社團採取在政府公報上公告章程並在行政機關辦理據位人登記的方式，除非由檢察院依法提請法院宣告消滅外，居民自由結社及其活動不受公共當局干涉。

③ 潘冠瑾：《1999 年後澳門社團發展的狀況、問題與趨勢前瞻》，《杭州市委黨校學報》2013 年第 3 期，第 33 頁。

④ （澳門特區政府印務局官網），http://www.io.gov.mo/cn/entities/assoc，最後登錄時間：2019 年 7 月 21 日。據澳門印務局給作者的郵件，該數字是 1984 年至今曾經在《公報》刊登章程的社團信息，因社團的停止營運不需要在《公報》刊登通知，故實際數量要小於此數字。

⑤ 澳門社團回歸以來數量猛增的另外一原因是經濟性的，即可以向政府有關部門申請活動經費。因為眾多社團與政府存在此特殊關係，也導致坊間出現「澳門是社團社會，但缺乏公民社會」的說法。

素。① 社團數量巨多，但正當性（legitimacy）並不高。針對社團政治存在的問題，政府也企圖規制，② 但收效不明顯。

　　已有學者針對澳門社會存在的問題撰文指出，「某些有勢力、有背景的人為了能獲得相關界別的提名，長期通過財務資助控制選舉界別內一定數量的社團，甚至不惜重金成立大量冠名有別、人員重複的法人選民團體，從而謀求控制界別提名參選活動。」③ 因此，「往往是少數人通過手中攢着一把社團，在界別內提名時運用各種合法或非法的利益交換，力爭法人提名超過（此處應為「達到」，筆者註，下同）法定比例或壓制對方提名難以超過法定比例，從而形成單一提名，並直接影響到當選格局。」④ 由於本地法律規制不嚴，一個人可以擔任數個社團領袖，不同的社團可以提名同一人參加立法會選舉。澳門部分社團由此產生的功能異化問題，即因有些社團是個別人為應對選舉而登記註冊，社團存在的功能不是或主要不是為了交流聯誼、服務社員和利益表達。社團功能異化有損澳門社團的形象，直接造成社團的社會認同度降低。據 2006 年公佈的一項生活質素調查數據顯示，在「對社團組織認知」中，40.3% 受訪者「同意」或「很同意」「社團組織是少數人的

---

① 婁勝華：《挑戰與變革：澳門社團可持續發展分析》，（澳門）《行政》2013 年第 2 期，第 246-247 頁。

② 2008 年重訂《選民登記法》《行政長官選舉法》與《立法會選舉法》，其中一項重要的修改是廢除原來社團成立 3 年可作法人選民，規定社團成立 3 年才可申請界別確認，確認界別後滿 4 年方可申請法人選民登記，通過提高社團成為法人選民資格的門檻以推動社團健康發展。

③ 許昌：《論澳門特區立法會間選制度設計及其完善方向》，《大珠三角論壇》2015 年第 1 期，第 10 頁。

④ 許昌：《論澳門特區立法會間選制度設計及其完善方向》，《大珠三角論壇》2015 年第 1 期，第 10 頁。

玩意」。[①] 有些社團功能異化，還有損澳門社會的公平正義，進而會影響澳門的繁榮穩定。

（二）比例代表制及改良漢狄法助長激進議員的產生

在比例代表制下，只要得票數達到當選基數就能獲得議席，為小黨進入議會提供機會，議會議席分散。根據杜瓦傑定律（Duverger's Law），「相對多數制」（relative majority system）更容易產生兩黨制，而「比例代表制」則傾向於產生多黨制。理由是小黨與其為「玉碎」，不如為「瓦全」依附於更接近自己訴求的大黨。而大黨的壓力也很大，為了增強與對手競爭的實力，傾向於吸收儘可能多的小黨。比例代表制則鼓勵多黨的存在，為小黨進入議會提供可能，易形成多黨制。如前文所述，比例代表制容易導致候選人激進。香港立法會分區直選也是採用對小黨有利、對大黨不利的比例代表制，而且計票方法採用的是「最大餘數法」（the largest remainder method）對小黨有利，對大黨不利。而在「最大餘數法」下的四種方法中，[②] 香港又採用了對大黨不利、有利於小黨「黑爾基數」（Hare quota）。因為與其他三種方法相比，「黑爾基數法」中因除數最小，故所得到的基數就越大，這對大黨顯然

---

① 《澳門居民綜合生活素質第二期研究（2006）期末報告》，澳門特區政府可持續發展策略研究中心，2006 年。

② 在比例代表制下，「最大餘數法」（the largest remainder method）具體包括四種計票方法：其一，「黑爾基數」（Hare quota），以選區內的有效選票（V）除以應選名額（M）後，得出一個選舉商數（Q），其公式為 $Q = V/M$；其二，「哈根巴哈基數」（Hagenbach-Bischoff quota）：選區應選名額先加 1，再除有效票總數，然後計算出選舉商數，公式為 $Q = V/(M + 1)$；其三，「族普基數」（Droop quota）：將「哈根巴哈基數」再加 1，公式為 $Q = [V/(M + 1)] + 1$；其四，「因皮里亞立基數」（Imperiali quota），是以選區應選名額加 2，即（M + 2）為除數，除有效票總數，公式為 $Q = V/(M + 2)$。

不利，對小黨相對有利（當然對實力過小的黨也不利）。香港分區直選制度，從大的選舉制度到小的計票方法都是有利小黨，導致比例代表制容易產生激進議員的弊端暴露無疑。在立法會近年選舉中，激進候選人當選比例呈增長勢頭。這充分表明香港立法會分區直選採用比例代表制及黑爾計票法已不合時宜，也應及時加以檢討和改革。在採用比例代表制的國家，為限制議會議席過於分散化，也防止議會出現過於激進議員，通常設定政黨門檻，如德國國會選舉採取了全國得票數 5% 的政黨門檻，俄羅斯採取了全國得票數 7% 的政黨門檻。

澳門立法會直選採用比例代表制，為較小社團候選人進入立法會提供機會；而計票方法使用改良漢狄法，降低當選基數的數值，為較小社團候選人進入議會提供更多機會。比例代表制容易導致極端主義的弊端，特別是在採用改良漢狄法的情況下。此理論上的推測，在澳門立法會直選的實踐中，已在一定程度上得到驗證。如果澳門立法會直選繼續採用比例代表制及改良漢狄法，相對激進議員數量很可能就會增多。

立法會議員激進化會對特區政府施政帶來很不利的影響。在澳門不僅立法會直選的選舉制度和計票方法容易出現激進議員，而且澳門的政治體制也容易促進議員激進化。澳門特別行政區政府是「分立政府」[1]，行政長官由獨立於立法會的選舉委員會選舉，並經中央政府任命產生。政府主要官員由行政長官提名，中央政府任免。行政長官及其領導政府主要官員的產生與立法會沒有多少關係。[2] 誠然，行政長官選

---

[1] 「分立政府」，原意指行政部門與立法部門由不同政黨控制。這裏意指行政部門與立法部門在人事上沒有多少關係。

[2] 根據《澳門基本法》第 50 條，政府主要官員由行政長官提名，中央政府任命。

舉委員會中有部分委員是立法會議員，但他們僅僅是以個人意志表達意思，不用貫徹立法會的整體意旨。在這種體制下，即使某社團控制立法會多數議席，也不能組閣。這種體制容易助長議員的激進行為，因為他們不用擔心自己將來某天上台執政遭到報復。正如學者雷競璇所言，「在議會政治中，只有不負執政責任的反對派才較有條件進行譁眾取寵，但由於反對派也有轉變為執政派的機會，因此它的譁眾取寵就不能過分；只有一些永遠都沒有機會登上執政地位的小黨派才會表現得最極端，最為譁眾取寵。」[1] 澳門將來如何解決「分立政府」面對的難題，筆者認為可行的辦法包括兩個方面：一方面，改革選舉制度，弱化小社團獲取席位的能力，降低容易走極端的邊緣化社團候選人進入立法會的可能性；另一方面，政府加強與立法會議員所屬社團的聯繫，行政長官在政策制定、職務任命等方面加強與立法會議員所屬社團的關係。

當然沒有成員進入立法會的體制外社團，政府也需要予以關注。「眾多新崛起的體制外社團因游離於社團網絡外而缺乏與政府進行暢順有效的對話與溝通，就以較為激烈的社會運動或體制外的激烈方式表達要求和博取社會關注。」[2] 這些社團可能目前沒有成員進入立法會，但在比例代表制和改良漢狄法的作用下，將來也很可能有成員進入立法會。行政長官可以利用委任行政會[3] 成員的職權，把具有代表性的體

---

[1] 雷競璇：《香港政治與政制初探》，香港商務印書館 1987 年版，第 43 頁。

[2] 潘冠瑾：《1999 年後澳門社團發展的狀況、問題與趨勢前瞻》，《杭州市委黨校學報》2013 年第 3 期，第 35 頁。

[3] 《澳門基本法》第 56 條規定，行政會是協助行政長官決策的機構。《澳門基本法》第 57 條規定，行政會的委員由行政長官從政府主要官員、立法會議員和社會人士中委任，其任免由行政長官決定。行政會委員的人數為 7 至 11 人，行政長官認為必要時可邀請有關人士列席行政會會議。

制外社團領袖吸收進行政會，為其政治參與提供管道，以儘量擴大政制的包容度、減少體制外對抗的力量。

（三）比例代表制及改良漢狄法會惡化澳門政治生態

在比例代表制下，意識形態、階級基礎等相近的社團之間關係變得較具敵意，傾向於互相競爭而非合作。此外，比例代表制有利於形成良性選舉文化的情況難以在澳門出現。在比例代表制下，易出現多黨制，各政黨有機會參與組織聯合政府，因此各政黨在選舉時要為日後留下合作餘地，政黨往往以正面態度對待對手。同時，在比例代表制下，各政黨關心自己的得票率，它們的主要策略是劃定自己的票源然後鞏固票源，而不是着重以負面宣傳攻擊對手，因為對手受攻擊後流失的票源不一定會落入自己手中，大力進行負面宣傳可能影響形象，且有可能開罪自己的支持者。[①] 這是在主要政黨有機會參與組織政府情況下，比例代表制對選舉文化具有正面作用。澳門的情況與此很不同，因為如前所述，澳門屬於「分立政府」，各社團都沒有參與組織政府的機會，因此各社團在選舉時不用為日後留下合作餘地，故往往以負面態度對待對手。2013 年澳門立法會選舉曾出現競爭對手間利用網絡媒體抹黑對手的事例。「此次選舉出現了『市面冷、網絡熱』的奇怪現象，有些候選人不再大張旗鼓地正面宣傳，而是利用網絡抹黑競爭對手。」[②] 2013 年立法會選舉，幾乎每個參選組都被抹黑，民主派對

---

① 馬嶽、蔡子強：《選舉制度的政治效果——港式比例代表制的經驗》，香港城市大學出版社 2003 年版，第 86 頁。

② 《澳門立法會選舉創下幾個「最」》，（網易）http://money.163.com/13/0917/04 /98UQRAVR00253B0H.html，最後登錄時間：2019 年 1 月 20 日。

傳統社團的攻擊尤其嚴重，直選第十四組群力促進會連續遭受圍攻謾罵，第二候選人還受到人身攻擊。[①] 澳門立法會選舉中出現的這種相互抹黑危害是明顯的，「不僅影響選民正常的選擇和判斷，而且嚴重破壞了澳門長期形成的和諧相處、文明競爭的良好社會風氣。」[②] 此外，在這種「全域選區制」下，全澳門作為一個選區，加之比例代表制的作用，澳門社團間競爭的壓力大大增強，協調參選的難度很大，即使是屬於同一陣營的社團，也很可能演變為相互廝殺。

惡性競爭不僅出現在不同社團之間，而且還會出現在同一社團內部的新老社團之間。為獲得更多提名機會，大的傳統社團紛紛組建新的社團。這種藉助在原社團基礎上獨立註冊新社團等方式，通過增加其下所屬社團數目來提高自身的代表性，也成為解決內部新老成員矛盾的有效方法。「成立新組織為解決二者矛盾提供了最便捷方法，亦維護了社會和諧，但新社團在組成成員、行為方式、服務對象等方面多與舊社團出現重疊，導致新舊社團為爭奪社會資源、吸引居民參加出現惡性競爭。」[③]

與傳統漢狄法相比，澳門目前實行的改良漢狄法進一步加劇上述比例代表制帶來的惡化澳門政治生態的問題。

此外，在比例代表制下，當選議員往往僅為自己所在群體代言，利益表達面狹窄，只要對部分選民進行激勵，從而易出現民粹情緒，有損良好政治文化塑造。澳門人口只有約 63 萬，參加立法會選舉合資

---

① 陳麗君：《澳門第五屆立法會選舉述評》，《江漢大學學報》2015 年第 2 期，第 9 頁。

② 王禹、沈然：《澳門特別行政區立法會產生辦法研究》，社會科學文獻出版社 2017 年版，第 26 頁。

③ 潘冠瑾：《1999 年後澳門社團發展的狀況、問題與趨勢前瞻》，《杭州市委黨校學報》2013 年第 3 期，第 34 頁。

格選民人數僅有 30 多萬。在 2017 年立法會選舉中，眾多社團參加選舉，參加直選的社團分成 24 張候選組別名單，登記的自然人選民有307020 人，但投票選民只有 174000 人。選民人數少，投票意向相當固定，很難存在中間選民。有學者指出，很多選民投票主要不是看候選人的政綱，而是因接受候選人的利益或因過去得到其幫助要報恩而投票。[1] 因此，有固定社團並成功為社團成員爭取權益或為之提供了服務或利益的，在選舉中都會取得成功，否則得不到會員支持。[2] 議員產生的社會基礎的狹隘性決定了議員傾向會提「豬肉桶」（pork-barrel）[3] 政策，使公共政策容易被私人化和局部化，而公共利益和整體利益容易被忽視。

四、對比例代表制及改良漢狄法的改革

澳門立法會選舉採用比例代表制產生了負面的政治影響，如部分社團的功能異化、助長激進議員的出現和惡化澳門政治生態等問題。立法會直選採用改良漢狄法，更是加劇以上負面政治效果。此外，整個澳門作為一個選區，這種「全域選區制」與比例代表制的結合，導致澳門比例代表制的比例性進一步增強，使大社團的「席位能力」受到更多的削弱。因為對比例代表制而言，選區越大，選舉結果的比例性

---

[1] 陳麗君：《澳門第五屆立法會選舉述評》，《江漢大學學報》2015 年第 2 期，第 8 頁。

[2] 同上。

[3] 「豬肉桶」（pork barrel）是美國政界經常使用的一個詞匯。南北戰爭前，南方種植園主家裏都有幾個大木桶，把日後要分給奴隸的一塊塊豬肉醃在裏面。「豬肉桶」喻指人人都有一塊。後來，政界把議員在國會制訂撥款法時將錢撥給自己的州（選區）或自己特別熱心的某個具體項目的做法，叫做「豬肉桶」。

就越強。① 近年來也有設立多選區的意見，有主張劃分為 14 個選區，每選區選出 1 名立法會議員；有意見認為選區劃分可參考傳統的天主教堂區的劃分，包括澳門半島的聖老楞佐堂、大堂、望德堂、聖安多尼堂、花地瑪堂 5 個區，再加上氹仔、路環兩個海島投票區，共為 6 個選區；有建議把澳門半島的 5 個投票區重新劃分為北區、中區、南區 3 個選區，再加上由氹仔與路環合併而成的 1 個選區，全澳門共 4 個選區；還有意見認為可以設 3 個選區，即把澳門島分為 2 個選區，氹仔與路環作為 1 個選區。② 消解立法會選舉帶來的負面政治效果主要考慮改革選舉制度和計票方法，而比例代表制和改良漢狄法也是有一定民意基礎。有種觀點認為，「澳門只有繼續採用比例代表制尤其是新的漢狄計算法，才能照顧到像土生葡人團體一類的弱勢團體。」③ 但多年前已有學者提出疑問，即「尤其是在葡人及土生葡人的政治力量日漸式微、華人的政治力量如日中天的背景下，現時採用的比例代表選舉制還適合澳門社會的實際情況嗎？」④

鑒於澳門立法會選舉制度所產生如此負面政治效果，需要及時對立法會選舉制度進行檢討。首先，為弱化比例代表制的消極影響，改良漢狄法應適時改革，恢復傳統漢狄法。在傳統漢狄計票法下，得票越多的名單浪費選票比率越小，鼓勵社團整合成大名單參選，從而對消解改良漢狄法帶來的導致候選人激進等弊端；同時，小社團候選人

① David M. Farrell, *Comparing Electoral System*, Macmillan Press, 1998, P68.

② 王禹、沈然：《澳門特別行政區立法會產生辦法研究》，社會科學文獻出版社 2017 年版，第 143－144 頁。

③ 余振：《澳門的選舉制度與 1992 年立法會直選》，載余振、林援主編：《澳門人文社會科學研究文選》（政治卷），社科文獻出版社 2010 年版，第 294 頁。

④ 余振：《澳門的選舉制度與 1992 年立法會直選》，載余振、林援主編：《澳門人文社會科學研究文選》（政治卷），社科文獻出版社 2010 年版，第 287－288 頁。

很難勝出，但大社團亦較難取得多數議席，立法會議席仍然分散，也不影響澳門行政主導體制的運作。其次，若改革計票方法不能明顯消解比例代表制帶來的負面效果，就應適時考慮採用混合制。因為混合選舉制是多數制與比例代表制的結合，可以有效降低極端候選人贏得議席的可能性，激發候選人或社團在族群分裂社會採取溫和的立場。混合制對於改善澳門的政治生態非常有利，特別是採用其中的並立制（Parallel voting）[①]，能夠促進競爭性族群間關係的緩解和融合。但這種偏重多數制的並立制會促使大社團的影響力增大，席位能力提高，立法會多數議席可能會被少數大社團控制，較小社團的話語權式微，如此改革選舉制度的正當性難免會受到質疑，故此還得考慮配套措施。第三，如果把立法會選舉制度由目前的比例代表制改為混合制，勢力相對小的社團候選人很難進入立法會，為照顧小社團的政治參與，保障政治參與的均衡性，行政長官可利用目前的議員委任制[②]吸納部分有代表性的小社團領袖作為立法會議員。此外，鑒於澳門很多社團的組建就是為了參加立法會選舉、特別是為了在立法會間接選舉中勝出，同時考慮到間接選舉存在競爭性偏低等問題，故由間接選舉產生的議員數量應逐步減少，直至完全取消。

[①] 單一選區選出的部分，以在各選區得最高票的候選人當選，對大黨有利。比例代表部分，各政黨依得票比率分配議席。

[②] 《澳門基本法》第 68 條規定，立法會多數議員由選舉產生。據此，澳門立法會有小部分議員並非由選舉產生，回歸以來每屆立法會都有 7 名議員由行政長官委任。

五、結語

澳門立法會直接選舉、間接選舉都選舉採用比例代表制，這種選舉制度與漢狄法結合（合稱為「漢狄比例代表制」），為澳門小社團政治參與提供了可能與機會，從而促進澳門政治發展的均衡性，但同時也產生澳門部分社團的功能異化、催生激進議員和惡化澳門政治生態等問題。由此可以認定以社團為中心的三對關係出了問題：澳門部分社團的功能異化主要反映了社團與社會的關係，助長激進議員的產生主要涉及社團與政府的關係，而惡化澳門政治生態主要關涉社團與社團的關係。鑒於澳門立法會選舉制度所產生如此負面政治效果，需要及時對立法會選舉制度和計票方法進行檢討和改革。適時恢復傳統漢狄法，必要時可考慮實行混合選舉制，即單一選區兩票制。實行混合選舉制將弱化小社團候選人進入立法會的能力，為彌補不足，可考慮利用行政長官委任部分議員的機制來吸收有代表性的小社團領袖進入立法會，以保障政治參與的均衡性。

On the D'Hondt Proportional Representation System in Macao Legislative Council Election

Zhu Shihai

Abstract: The first election of Macao Legislative Council held in 1976, then considering there were many societies in Macao, so proportional representation system was quoted from Portuguese to balance the various political forces in Macao. At that time, D'Hondt highest average system was adopted as the method of counting tickets. The method of counting tickets was reformed in the Macao Legislative Council direct election of 1992, and the D'Hondt highest average system was replaced by the modified D'Hondt highest average system. The adoption of the proportional representation system and the modified D'Hondt highest average system in the election of Macao Legislative Council brought some negative effects to the community politics. These negative effects are producing functional alienation of societies, stimulating the radical MPs and deteriorating the political ecology. Therefore, it is necessary to review and reform the current election system and counting methods in a timely manner, and restore the traditional D'Hondt highest average system in a timely manner. If necessary, it may consider the implementation of a parallel system and cooperate with the appointment system to attract representative leaders of small associations into the Legislative Council to ensure the balance of political participation.

Key words: Macao Legislative Council; Proportional Representation System; the Modified D'Hondt Highest Average System

涉澳門賭債案件的法律適用問題研究

——基於 2013~2018 年判決的實證分析

方瑞安　薛宇[*]

摘　要：涉及澳門賭債的民事爭訟在中國內地法院應如何適用法律的問題在理論界早有爭議，而在司法實務中，通過實證研究可以發現內地法院對於此類案件應適用內地法律還是澳門法律並不一致，從而使得澳門、內地兩地民眾對於尋求司法救濟追討賭債持消極態度，一定程度上折損了司法的公信力。該類案件在法律適用上仍應依據最密切聯繫原則所指向的澳門特別行政區法律，適用澳門法的結果並不會損害中華人民共和國的社會公共利益。

關鍵詞：澳門賭債　最密切聯繫原則　公共秩序保留原則

---

* 　方瑞安，上海政法學院講師，法學博士，主要研究方向為國際法；薛宇，澳門大學民商法專業博士研究生，主要研究方向為民商法、國際私法。

賭博在包括中國內地在內的世界大多國家與地區均屬非法行為而受到禁止，因而因賭博產生之債務為無效債務而不受法律保護。而我國實行「一國兩制」，法律對澳門特別行政區的賭博行為賦予了合法性，並且產生的賭債成為法定債務，意味着當債權人不履行債務時，債權人可通過司法途徑強制執行。但是，舉例而言，如果內地居民前往澳門進行賭博，並產生了用於賭博的借貸合同，當債權人赴內地進行司法追討時，內地的法院該如何進行法律適用就成了問題，理論和實踐中分歧頻出，結論不盡一致。本文以該類民事借貸糾紛 2013～2018 年的全部 46 件民事判決文書為基礎進行分析，[①] 以求呈現司法實踐的真實狀況，希冀能對相關理論的完善、司法實踐中裁判方向的統一有所助力。

一、賭債的概念厘清

蓋因兩地對待賭博之立場大相徑庭，中國內地與澳門對賭債之理解亦有不同，故有必要於文首厘清兩地對於賭債之理解差異。「賭債」二字雖經常被提及，但在未有權威定義的情況下，從字面上只可籠統理解為與賭博相關的債務，而這種理解自有廣義與狹義之分。

先採內地視角，依據《中華人民共和國治安管理處罰法》和《中華人民共和國刑法》，賭博（賭資達到法定條件）在內地屬於違法犯罪行為，但縱觀內地法律和司法解釋，並未對賭債概念做出權威定義。

---

① 資料收集的具體操作方法為，以裁判文書網為基礎，以 2013～2018 年的「裁判日期」為時間段，以「澳門、賭債」為關鍵詞進行「全文」搜索，以「《中華人民共和國涉外民事關係法律適用法》」為關鍵詞進行「法律依據」搜索，共得出 46 份案由為「民間借貸糾紛」的判決文書。

故內地對賭債的通常理解通常為廣義上的，可包括因賭博輸掉所負債務，也包括借款用於賭博所負之債務以及其他衍生之債。[①] 後採澳門視角，與中國內地不同，澳門存在對賭債之傳統狹義理解，澳門《民法典》第 1171 條規定：「特別法有所規定時，賭博及打賭構成法定債務之淵源；涉及體育競賽之賭博及打賭，對於參加競賽之人亦構成法定債務之淵源；如不屬上述各情況，則法律容許之賭博及打賭，僅為自然債務之淵源。」故澳門狹義之賭債係以賭博或打賭為淵源之債務。鑒於中國內地與澳門對賭債之理解不盡相同，為方便論述，本文所採之賭債概念為廣義理解，包括狹義賭債、博彩信貸債務以及其他博彩衍生之債，特此厘清。綜上，以中國內地法律視角，筆者將澳門賭債案件定義為：內地居民為前往澳門進行賭博活動而於內地或澳門欠下賭債，後在內地法院被起訴。

需要指出的是，部分內地法院存在認為賭債在澳門一定合法的誤解，例如陳偉良、林濤聲民間借貸糾紛一案，對於來自大陸的雙方當事人之間在澳門產生的以賭博為目的的借貸關係，廣東省佛山市中級人民法院在判決書中寫道：「博彩行為在澳門特別行政區為合法民事行為……」[②] 以及石方軍與陳孟宏民間借貸糾紛一案，法院在判決書中寫道：「博彩業在澳門當地雖為合法，根據澳門法律規定，為賭博而借款亦構成法定債務之淵源」。[③] 事實上，澳門雖然允許合法賭博，但同時對賭博和賭債進行了嚴格規範，並非所有的賭債在澳門都是合法的。當債權人為博彩信貸實體，即依據澳門法律可以合法給賭客提供博彩信

---

① 博彩衍生之債係指例如兩人合夥在澳門從事博彩中介人業務，互相之間產生的債務。

② （2017）粵 06 民終 4837 號民事判決書。

③ （2013）南法民二初字第 288 號民事判決書。

貸的承批公司和博彩中介人時，[①] 賭債為法定債務。澳門承批公司共有六家，分別是澳門博彩股份有限公司、銀河娛樂場股份有限公司、永利渡假村（澳門）股份有限公司、威尼斯人澳門股份有限公司、美高梅金殿超濠股份有限公司、新濠博亞博彩（澳門）股份有限公司，[②] 而博彩中介人則是受僱於承批公司的中介公司或自然人。博彩中介人是博彩信貸實體的一種，但根據澳門特別行政區第 5/2004 號法律《娛樂場博彩或投注信貸法律制度》，博彩中介人必須透過與某一承批公司或獲轉批給人訂立從事信貸業務的合同，或者透過有代理權委任合同或有代理權代辦商合同，以某一承批公司或獲轉批給人的名義並為其利益從事信貸業務。而以上合同，必須經過政府核准。博彩中介人中比較複雜的是疊碼仔，作為賭場和賭客之間的共生階層，疊碼仔幫助賭場貴賓廳對外招攬客戶，從中抽傭。但由於涉及暴利，疊碼仔極易與違法犯罪行為產生牽連，現如今，澳門已採取法律手段規制疊碼仔，根據 2009 年重新修訂的澳門特別行政區第 6/2002 號行政法規《訂定從事娛樂場幸運博彩的中介業務的資格及規則》第 17 條，符合要求的疊碼仔可以獲得一個合法的身份，即博彩中介人的合作人。因要求較為嚴格，並不是每個疊碼仔都獲得了合法身份。如果僅是通過合法的疊碼仔介紹，賭客的借貸對象仍是博彩中介人，那麼案件屬於債權人作為博彩信貸實體的賭債案件而合法；但如果是與非法的疊碼仔直接進行交易，賭客的借貸對象便是其他實體，則該筆債務為違法債務。違法債務因行為涉及行政違法或刑事犯罪，並不產生民法意義上的債，自

---

① 澳門特別行政區第 5/2004 號法律《娛樂場博彩或投注信貸法律制度》第 3 條。
② 王長斌：《澳門賭債在大中華地區的追償》，《澳門法學》2011 年第 3 期，第 43 頁。

然不可能通過司法途徑請求履行，而且要受到行政處罰或刑事處罰。根據澳門《不法賭博法》，在許可地方以外賭博、脅迫賭博、欺詐賭博等都屬於違法行為，因而只能產生非法債務。鑒於澳門《不法賭博法》第 13 條（為賭博的高利貸）之一規定：「凡意圖為自己或他人獲得財產利益，向人提供用於賭博的款項或任何其他資源者，處相當於高利貸罪的刑罰。」如果沒有《娛樂場博彩或投注信貸法律制度》第 16 條來為博彩信貸債務正名，那麼向他人提供博彩信貸屬於犯罪行為。

可以看到，很多賭債本身在澳門就是違法債務，如債權人是內地同行居民的賭債以及債權人是未獲核准的博彩中介人的賭債。此種賭債不僅屬於非法債務，而且貸款人的行為在澳門可能構成犯罪。綜上所述，認為賭債在澳門必屬合法的觀點是錯誤的，一些內地法院應儘快糾正此種錯誤認知。

二、澳門賭債案件法律適用問題的法律規範與理論分析

首先，《最高人民法院關於適用〈中華人民共和國涉外民事關係法律適用法〉若干問題的解釋（一）》第 19 條規定：「涉及香港特別行政區、澳門特別行政區的民事關係的法律適用問題，參照適用本規定。」同時，該解釋第一條規定：「產生、變更或者消滅民事關係的法律事實發生在中華人民共和國領域外的，為涉外民事關係。」因此，當內地遊客前往澳門進行賭博並產生賭債，便實際上產生了涉外民事關係，根據《中華人民共和國涉外民事關係法律適用法》第 41 條，當事人可以協議選擇該借貸合同適用的法律。當事人沒有選擇的，適用履行義務最能體現該合同特徵的一方當事人經常居所地法律或者其他與該合

同有最密切聯繫的法律。該條的適用困境在於如何理解特徵性履行方法與最密切聯繫原則的關係。即「履行義務最能體現該合同特徵的一方當事人經常居所地法律」和「其他與該合同有最密切聯繫的法律」兩者的適用邏輯，也即法官在試圖適用「履行義務最能體現該合同特徵的一方當事人經常居所地法律」時，是否需要利用最密切聯繫原則進行檢驗？目前我國學界綜合國際私法學界的觀點，通說認為特徵性履行理論只是將最密切聯繫原則適當具體化、固定化、可操作化的一個重要方法。[1] 並且即使是在「特徵性履行説」的發源地歐洲大陸，絕大多數國家、國際公約在立法與司法實踐中也是將其與最密切聯繫原則結合來確定國際合同的準據法。[2] 因此，第 41 條的應當理解為：如果履行義務最能體現該合同特徵的一方當事人經常居所地法律是與該合同有最密切聯繫的法律，那麼適用該法律，否則適用與該合同有最密切聯繫的法律。

關於是否應當援引公共秩序保留原則排除澳門法的適用，國內學界亦有不同觀點。《中華人民共和國涉外民事關係法律適用法》第 5 條規定：「外國法律的適用將損害中華人民共和國社會公共利益的，適用中華人民共和國法律。」公共秩序保留原則的支持方認為賭博債權在內地的適用的結果違反社會公共利益，從屬地原則出發，賭債在中國

---

[1] 參見劉曉紅：《中國國際私法立法四十年：制度、理念與方向》，《法學》2018 年第 10 期，第 7 頁；馬志強：《正確適用最密切聯繫原則的理論構想》，《鄭州大學學報（哲學社會科學版）》2015 年第 5 期，第 75 頁。宋曉：《20 世紀國際私法的「危機」與「革命」》，《武大國際法評論》2004 年，第 196 頁。杜新麗：《國際私法實務中的法律問題》，中信出版社 2005 年版，第 136 頁。

[2] 如 1980 年《歐洲經濟共同體合同義務法律適用羅馬公約》、1985 年《海牙國際貨物銷售合同法律適用公約》、1987 年瑞士《聯邦國際私法法典》、2008 年《歐洲議會和歐洲聯盟理事會關於合同之債準據法的第 593/2008 號條例》等等。

境內不得成立，嚴重的賭博行為構成刑事犯罪，更是刑事法規所管轄的事項，這亦體現了公共秩序保留制度中的客觀原則。[①] 另一方則認為這會造成「賭客贏錢可保有彩金，輸錢可回內地賴賬」的不公平現象，甚至助長某些人的僥倖心理，增加其去澳門參賭的慾望。國際私法上同樣存在尊重和維持法律關係的穩定，保護當事人的正當期望的政策。[②]

（一）實踐中對《涉外民事關係法律適用法》第 41 條的理解與適用應統一

如前所述，《中華人民共和國涉外民事關係法律適用法》第 41 條規定：「當事人可以協議選擇合同適用的法律。當事人沒有選擇的，適用履行義務最能體現該合同特徵的一方當事人經常居所地法律或者其他與該合同有最密切聯繫的法律。」多數澳門賭債案件的當事人並沒有協議選擇合同所適用的法律，因此關於《涉外民事關係法律適用法》第 41 條的主要問題在於對第二句的理解上。在當事人沒有協議選擇準據法時，第二句的表達方式易使人產生特徵性履行說與最密切聯繫原則兩者並列，可任選其一的理解。然而這種理解有所不妥，我們可將問題簡化為：如果依據特徵性履行說選擇了當事人常居地法律為準據法，但另一法律與合同存在更密切的聯繫，那麼最終應如何選擇準據法？如按照並列式的理解，大可不必理會最密切聯繫原則，直接適用

---

① 參見孫南申：《論一國兩制下區際私法中的公共秩序保留》，《華東政法大學學報》2005 年第 4 期，第 82 頁；朱運濤：《區際法律衝突下賭債合同效力的認定》，《人民司法（案例）》2014 年第 12 期，第 63 頁。

② 參見趙奕：《澳門賭博借貸的法律性質》，《人民檢察》2012 年第 2 期，第 72 頁；金振豹：《國際私法上公共秩序保留制度之比較研究》，《比較法研究》2004 年第 6 期，第 91 頁。

特徵性履行說指向的當事人常居地法律為準據法。

之所以會產生此種理解，原因在於《中華人民共和國涉外民事關係法律適用法》並沒有將最密切聯繫原則置於基本原則地位。《中華人民共和國涉外民事關係法律適用法》第 2 條對最密切聯繫原則採取如下規定：「本法和其他法律對涉外民事關係法律適用沒有規定的，適用與該涉外民事關係有最密切聯繫的法律。」該規定賦予最密切聯繫規則以兜底救濟的地位，也因此將其排除在涉外民事關係法律適用的基本原則之外。[①] 鑒於最密切聯繫原則並非整部法律的基本原則，且第 41 條將最密切聯繫原則後置，產生這種並列式的理解也不足為奇了。筆者認為，這種並列式理解的理論錯誤之處在於沒有厘清特徵性履行說與最密切聯繫原則的關係，雖然最密切聯繫原則並非《中華人民共和國涉外民事關係法律適用法》的一項基本原則，但它無疑是特徵性履行說的指導原則。特徵性履行說是大陸法系國家具體運用最密切聯繫原則的一種方法。[②] 顯然，方法不能與原則相牴觸。因此，筆者認為《中華人民共和國涉外民事關係法律適用法》第 41 條雖然使用了「或者」字樣，但是並不能作出簡單的並列式理解，而是應當理解為：當事人沒有選擇的，適用履行義務最能體現該合同特徵的一方當事人經常居所地法律，但如果其他法律與該合同存在更密切的聯繫，則適用其他法律。

在澳門賭債的論域中更具體地按照案例類型來說，在借貸雙方為內地居民，而借貸發生地為澳門的情況下，其事實模型往往是兩個

---

① 劉想樹：《論最密切聯繫的司法原則化》，《現代法學》2012 年第 3 期，第 132–133 頁。

② 涂廣建：《澳門國際私法》，社會科學文獻出版社 2013 年版，第 243 頁。

或數個內地居民結伴赴澳門進行賭博，並在這過程中產生債權債務關係，在此種情況下，特徵義務履行人的經常居住地也即中國內地顯然與該借貸糾紛關係鬆散。進一步說，在涉澳門賭債案件中，與賭博有關才是合同最顯著的特徵。而最能體現賭博特徵的法律，顯然並非當事人經常居所地的法律（內地法律），而是合同目的實現地之法律，即澳門的法律。在此不妨參考肖永平教授確定最密切聯繫地的方法來確定在該類案件中的最密切聯繫地。[①] 首先，找出所有連接點：法院地（中國內地）、合同當事人戶籍所在地（中國內地）、合同當事人經常住所地（中國內地）、合同簽訂地（澳門）、合同履行地（澳門）、合同目標物所在地（澳門）、合同目的實現地（澳門）；其次，計算指向各個國家或地區的連接點的數量：指向中國內地的有 3 個，指向澳門的有 4 個，兩者差距並不大；再次，連結因素在特定法律關係中的重要性：本案產生的原因是被告向原告借款用於在澳門賭博，合同目的在於賭博。而澳門的法律允許進行合法賭博，因此澳門法律的重要性更大。最後，選擇適用的法律對訴爭問題的意義：如前所述，澳門賭債案件中大量原告並不具有合法的博彩信貸資格，其在澳門貸款給被告賭博的行為所產生的不受法律保護的非法債務，甚至可能觸犯《不法賭博法》第 13 條，從而構成犯罪。而相對的，原告的貸款行為在中國內地並不構成犯罪，只是會產生合同無效的民事後果。可見，適用澳門法律對於該類案件的意義、影響更大。

---

① （1）找出個案中所有相關連結因素；（2）考察比較連結因素在不同國家或者地區的分佈數量；（3）對每一連結因素在特定法律關係中的重要性進行概括分析；（4）若上述三步仍不能確定最密切聯繫地，法院要特別考慮個案中每個連結點對具體訴爭問題的意義；（5）綜合權衡，最終確定最密切聯繫地。參見肖永平：《法理學視野下的衝突法》，高等教育出版社 2008 年版，第 467−468 頁。

而在「借貸雙方有一方為港澳居民，借貸發生地為澳門」的情況下，在前述論證的前提下，我們可以得出結論，所謂舉輕以明重，此時與澳門法律相關的連接點更多，僅參考連接點的數量就能得出適用澳門法律的結論。然而，此種情況仍有不少案例是法院僵硬地適用特徵性履行原則得出內地法律為準據法地結論，顯然無法達致公平的結果。

（二）適用澳門特別行政區法律並不會損害中華人民共和國社會公共利益

筆者認為，承認內地居民在澳門合法產生的賭債並不會損害中華人民共和國社會公共利益。澳門特別行政區是中華人民共和國不可分割的一部分，維護澳門特別行政區的穩定和發展是符合中華人民共和國社會公共利益的。並且，《中華人民共和國澳門特別行政區基本法》屬於憲法性法律，其第 118 條賦予了澳門合法賭博的憲法基礎，而無論是《中華人民共和國涉外民事關係法律適用法》還是否定賭博的《中華人民共和國治安管理處罰法》《中華人民共和國民法通則》《中華人民共和國合同法》都不具有超越《中華人民共和國澳門特別行政區基本法》的法律地位。援引公共秩序保留原則對澳門合法賭債不予保護的做法，無異於用下位法對抗上位法。就如同「盧建春與翁克雄、陳群、陳金玉民間借貸糾紛一案」中法官所敍述的那樣，「因盧建春係澳門特別行政區居民，且本案出借行為亦發生在澳門，根據『一國兩制』、高度自治的方針，本案適用澳門地區法律的結果並未違背社會公共秩序，故翁克雄應當返還盧建春港幣 250 萬元」。

儘管諸多國家在立法上納入了公共秩序保留原則，但公共秩序保留原則的實踐操作並非易事，因為公共秩序並不是一個十分確定的概念，需要由法官在司法實踐中具體判斷，而關於具體適用公共秩序保留原則的各種學說，受到理論和實踐較廣泛認可的當屬客觀結果說。[1]客觀結果說是指如果外國法僅是內容違反國內公共秩序，不一定需要排除該外國法的適用，只有在具體個案中適用該準據法的結果會危及國內公共秩序時，才可援用公共秩序保留排除外國法的適用。[2] 客觀結果說重視個案的實際情況，且有利於個案的公正合理解決，又能限制法官在行使公共秩序保留原則時所享有的自由裁量權。如德國學者沃爾夫所言，「任何法院無需批判外國法律規則本身，他們只需批判地研究在本案中適用外國法的結果。」[3]而從《中華人民共和國涉外民事關係法律適用法》中亦可看到客觀結果說的身影，其第 5 條所規定的是：「外國法律的適用將損害中華人民共和國社會公共利益的，適用中華人民共和國法律。」可以注意到，在這裏排除外國法律的前提條件並非外國法律本身違反社會公共利益，而是外國法律的適用將損壞社會公共利益。但如上述案例那樣，一些內地法院並沒有貫徹落實客觀結果說。按照客觀結果說，對於賭債案件，不能僅認為澳門法律違反內地公共秩序就排除適用澳門法律，而是要在個案中具體判斷適用澳門法

---

① 國際公約如 1985 年海牙《國際貨物銷售合同法律適用公約》第 18 條規定，「根據本公約指引的法律，只有在其適用會與公共秩序明顯牴觸時，才可拒絕適用」。各國立法和實踐中亦多採用這種標準，如 1986 年《聯邦德國國際私法》第 6 條規定：「如果適用某一外國法律將導致違背德國法律的基本原則，尤其是與基本法發生衝突時，則不適用該外國的法律而適用德國的法律。」其他國家如奧地利、瑞士、匈牙利、捷克、埃及、泰國等也都採用此標準。參見徐偉功：《論公共秩序保留的功能與限制》，《河北大學學報（哲學社會科學版）》2004 年第 5 期，第 80 頁。

② 韓德培：《國際私法新論》，武漢大學出版社 2003 年版，第 155 頁。

③ 〔德〕馬丁·沃爾夫，李浩培、湯宗舜譯，《國際私法》，法律出版社 1988 年版，第 257 頁。

律的處理結果是否損害了內地公共秩序。

但是下一步的問題是，如何判斷適用外國法律的處理結果是否損害本國公共秩序呢？客觀結果説本身並沒有回答這一個重要問題。筆者認為，判斷適用外國法律的處理結果是否損害本國公共秩序，要從分析本國公共秩序開始着手，在這一點上，巴西的做法非常具有參考價值。

巴西作為一個信奉天主教國家，長期禁賭，但在巴西高院審理的「永利拉斯維加斯訴薄諾案」，被告薄諾於美國內華達州參加撲克大賽期間，欠下永利拉斯維加斯博彩信貸債務，後在巴西被起訴。桑賽凡利努法官認為：「無論如何，通過特許某些幸運博彩並予以嚴格規制，國家本身實際上減少了對幸運賭博危害性的認識，同時一併削弱了所謂幸運賭博違反公共秩序的觀念。」古埃瓦法官則強調巴西民法典第884 至 886 條明文禁止不當得利，並指出：「那些去國外觀光、享受款待的巴西公民，不能只圖在合法經營的娛樂場揮霍借來的賭資玩個痛快，欠債後一走了之，萬事大吉，用國內法的『公序良俗』利器抵擋博彩商追債，亦即，回到本國之後賭債可被一筆勾銷。這種結果使得第三人的善意、誠信受損是顯而易見的，也是不當得利，真正違背公共秩序和善良風俗。」類似的，麥路大法官在第 CR 9970/EU 號案中認為「合法博彩產生的債務應與我國有效債務一視同仁，否則難以順理，詭辯只會給巴西抹黑，使得巴西在國際舞台上失去信譽，因其成為寡廉鮮恥的賭徒們的庇護所：在他國博弈失利後，逃之夭夭，回到巴西國土，尋求民事豁免，從而保全本該抵債的財產。」①

---

① 判決見 https://stj.jusbrasil.com.br/jurisprudencia/492994798/recurso-especial-resp-1628974-sp-2016-0254752-4/inteiro-teor-492994807（最後訪問日期：2019.8.7）；參見王薇：《關於跨境司法追償博彩債務的幾點思考》，《澳門大學法學院學報》2018 年第 43 期。

一方面，中國內地與巴西相像之處在於其也特許某些幸運博彩並予以嚴格規制，自 1987 年福利彩票推出之後，中國的合法博彩業就已經開放了，直至 2014 年 3 月 14 日，中國福利彩票累計銷量超過 10000 億元，累計籌集公益金量約 3100 億多元。[①] 另一方面，誠如陳榮傳教授所言，國民在外國欠下賭債與我國一律不保護外國賭債，此兩者，蓋前者的結果對我國的公序良俗並未造成損害，而後者的結果卻已經直接危害及我國的公序良俗。[②] 禁止賭博固然是內地公共秩序的一種，但誠實信用同樣是一種公共秩序，二者比較而言，禁止賭博是一種具體的公共秩序，而誠實信用則是一種原則性的、具有普適性的公共秩序。如果援引公共秩序保留原則認定內地居民在澳門合法產生的賭債屬於非法債務，那麼同樣的，內地居民在澳門合法獲得的賭博收入也應當屬於非法收入而不受中國內地法律保護，但這顯然是不合理的。如果僅保護賭博收入不承認賭博債務的話，實際上是在縱容內地居民去澳門放手一搏，贏了回內地可獲利，輸了回內地可躲債。從客觀結果說出發，以公共秩序為由拒絕適用澳門法根本無助於實現其對賭博持負面評價及價值倡導之初衷，且在客觀結果上反而會傳遞赴澳門負債賭博屬法外空間的信號，甚至嚴重衝擊誠實信用原則等更為原則、普適性的公共秩序。綜上所述，中國內地法院適用澳門法律保護合法賭債，並不會損害內地公共秩序，反而於保障公共秩序有所裨益，所以不應援引公共秩序保留原則排除澳門法律的適用。

---

① 中國福彩網，http://www.cwl.gov.cn/fcda/（最後訪問日期：2019.8.7）。
② 陳榮傳：《國際私法實用：涉外民事案例研析》，五南出版社 2015 年版，第 138 頁。

三、涉澳門賭債案件法律適用問題的實證考察

在我國內地的司法實踐中，由於對《中華人民共和國涉外民事關係法律適用法》有關法條的理解不統一，甚至由於賭債的類型、借債發生地、借貸雙方的經常居所地不盡相同，而導致對「履行義務最能體現該合同特徵的一方當事人經常居所地」和「最密切聯繫地」的判斷紛繁複雜，以及對於是否損害我國社會公共利益的判斷沒有定見，裁判結果十分混亂。通過對前述 2013～2018 年相關判決的分析，筆者得出以下結論可供參考：

（一）絕大多數判決對法律適用未充分說理，少數判決不進行說理或說理錯誤

在本文選取的樣本案例中，共 7 例雙方當事人進行了意思自治，佔約 15%。[①]並且，在 7 個案例中，都選擇了中國內地法律為準據法。有 6 份判決未經說理便直接得出法律適用的結論，佔約 13%，具體可見下表 1。

---

① 參見（2011）浙杭商外初字第 75 號民事判決書、（2015）中一法民三初字第 223 號民事判決書、（2015）中一法民三初字第 401 號民事判決書、（2014）晉民初字第 1757 號民事判決書、（2016）粵 2072 民初 3058 號民事判決書、（2015）中一法民三初字第 393 號民事判決書、（2015）中一法民三初字第 48 號民事判決書。

表 1　未經說理便直接得出法律適用結論的案例概覽

裁判日期	案由／案號	審理法院	適用法律	適用法律的理由
2014-06-10	（2014）浙衢商外初字第 1 號呂詩聰與林育盛民間借貸糾紛案	衢州市中級人民法院	未提及	未提及
2014-09-11	（2014）泉民初字第 939 號蔣培英與王琰、楊徹復民間借貸糾紛案	泉州市中級人民法院	內地法	根據法律適用法第 41 條的規定，本院依法適用與本案具有最密切聯繫的法律即中華人民共和國法律作為本案的準據法。
2017-07-28	（2016）閩 0583 民初 2702 號陳福志與陳麗榮、林某民間借貸糾紛案	南安市人民法院	內地法	根據法律適用法第 24 條、第 31 條和第 41 條的規定，本案借貸合同法律關係、保證合同法律關係應適用中華人民共和國內地法
2017-09-25	（2017）粵 0391 民初 1011 號詹某某與陳春良、楊秀娟民間借貸糾紛案	廣東省深圳前海合作區人民法院	內地法	本案中，雙方當事人在借款合同中未約定適用中華人民共和國法律，根據最密切聯繫原則，本案應適用內地法律為準據法。
2018-03-19	（2018）閩 0583 民初 250 號潘榮元與潘明暉、黃麗玲民間借貸糾紛案	福建省南安市人民法院	內地法	根據《中華人民共和國涉外民事關係法律適用法》第二十四條、第四十一條的規定，本案應適用內地法律作為準據法。
2018-06-25	（2018）閩 01 民終 5296 號張秀凡、任孝三民間借貸糾紛案二審	福建省福州市中級人民法院	內地法	本案是涉港民商事案件，依照《中華人民共和國涉外民事關係法律適用法》第四十一條的規定及《最高人民法院關於適用若干問題的解釋 （一）》第十九條的規定本案應適用內地法律為準據法。

資料來源：中國裁判文書網，https://wenshu.court.gov.cn/website/wenshu/181029CR4M5A62CH/index.html。

　　此外，「譚浩濤與郭志森、葉麗娟民間借貸糾紛案」甚至存在說理謬誤的問題。該案判決書中闡述道：「關於管轄與法律適用。原告是澳門居民，本案屬於案由為民間借貸的涉外民事糾紛。本院是在本轄區內對該類涉外民事案件有管轄權的人民法院，且符合級別管轄的規定，當事人亦在合同中協議本院管轄。故，本院對本案享有管轄權且

適用中國大陸（內地）的法律。」[①]法院直接以自己享有管轄權推導出「適用中國大陸地區（內地）的法律」，是將管轄權問題與法律適用問題混為一談，明顯謬誤。

（二）對於係爭債務為賭債的舉證存在障礙

在全部的 46 份判決中，被告均有提出該債務為賭債的抗辯，但僅有 7 份判決認定係爭債務確為賭債，佔約 15%，具體見下表 2。

表 2　舉證係爭債務為賭債的認定情況概覽

裁判日期	案由／案號	審理法院	認定為賭債的理由	認定為賭債的具體情形
2014-07-11	（2014）南法民二初字第 329 號吳佳峰訴陳孟宏民間借貸糾紛案	樂業縣人民法院	原告自認	原告訴稱，被告在澳門旅遊參與當地博彩業娛樂，因其資金短缺向原告借款
2014-10-15	（2013）南法民二初字第 288 號石方軍與陳孟宏民間借貸糾紛案	樂業縣人民法院	原告自認	在本案中原、被告產生民事關係的法律事實（即為賭博而借款行為）發生在澳門，已為雙方認可
2015-05-20	（2015）中一法民三初字第 48 號吳北順與梁一波、楊燕環民間借貸糾紛案	中山市第一人民法院	法院依證據推斷	從被告的港澳通行證及借款發生的時間判斷，本院據此認定被告借貸的目的是用於賭場賭博。雖無法確定原告出借的是籌碼還是現金，但可以確定的是原告對被告借貸後用於賭博應是明知的。
2016-07-18	（2015）中一法民三初字第 344 號朱瑞萍與林冠程民間借貸糾紛案	中山市第一人民法院	原告（間接）自認	結合原告曾承認被告借款用於賭博，以及原告關於二人的認識過程、借款發生的經過、借款的數額、借款的地點等相關細節的陳述，可知被告有賭博的惡習且原告對此是明知的，被告向原告借款的主要用途是賭博，原告明知被告向其借款係用於賭博。

---

① 　（2016）粵 0606 民初 1913 號民事判決書。

（續表）

裁判日期	案由／案號	審理法院	認定為賭債的理由	認定為賭債的具體情形
2016-12-6	(2016) 粵 0606 民初 1913 號譚浩濤與郭志森、葉麗娟民間借貸糾紛案	佛山市順德區人民法院	法院依證據推斷	本院確認原告向被告出借了籌碼：首先合同是事後補簽的，其次原告對於現金支付的主張證據不足；最後，根據原告、被告郭志森在有關期間的出入境記錄，借款在澳門交付的可能性較大。
2017-08-04	(2017) 粵 06 民終 4837 號陳偉良、林濤聲民間借貸糾紛	佛山市中級人民法院	原告自認	原審原告、原審被告一致確認原審被告於 2013 年至 2014 年年中期間在澳門賭場內「借得」籌碼用於賭博，雖然籌碼不是現金，但其能夠變現，故可以確定原審被告曾借得款項用於賭博。
2017-12-19	(2016) 閩 0181 民初 1431 號盧建春與翁克雄、陳群、陳金玉民間借貸糾紛	福清市人民法院	被告提供直接證據證明	被告提供了錄音光盤用於證明原告並未實際履行交付借款義務，而是提供賭碼（即現金碼）給被告賭博。

資料來源：中國裁判文書網，https://wenshu.court.gov.cn/website/wenshu/181029CR4M5A62CH/index.html。

　　除卻極少數是由於原告並未成功舉證借貸關係本身的存在而當然在邏輯上不存在賭債，剩下的判決皆顯示為被告雖提出賭債的抗辯但並未履行舉證責任。當然，在樣本案例中，亦有如「陳福志與陳麗榮、林某民間借貸糾紛案」，雖然被告進行了舉證，但法院仍不予認定係爭債務為賭債。該案中法院認為「被告陳麗榮提供的明升貴賓會客戶佣金簽收表、金沙會會員卡，與本案缺乏關聯性，無法證明本案借款係因賭債而形成或陳福志借款給林建源用於賭博」。[1] 反觀認定賭債成功的案例，有 1 例是被告提供了作為直接證據的錄音光盤，其餘 4 例皆是原告直接或間接承認了該債務為賭債，形成了民事訴訟中的自認。

---

① （2016）閩 0583 民初 2702 號民事判決書。

而僅有 2 例是法院依照有關證據認定賭債的存在。從以上數據不難看出，在司法實踐中，舉證賭債的存在本身是一大難題，而舉證成功往往也是由於原告的自認。

（三）涉外法律事實的不同會影響或決定法律適用

在涉澳門賭債案件中，最為重要的涉外法律事實就是借貸雙方的住所地及借貸行為發生地，這兩者的不同情形很明顯地致使不同的法律適用結果，具體分類及對應結果可見下表 3。

表 3　不同涉外法律事實與法律適用結果間的關係

出借人住所地	借款人住所地	借貸發生地	確定準據法的方法	準據法	典型案例
港澳／內地	內地／港澳①	內地	特徵性履行	內地法	張家望與唐志偉、梁柳琦民間借貸糾紛案二審
港澳／內地	內地／港澳	內地	最密切聯繫	內地法	王乃廉與李志林、董海鷹民間借貸糾紛案
港澳／內地	內地／港澳	澳門	特徵性履行	內地法	伍讓松與陳庭儒民間借貸糾紛案
港澳／內地	內地／港澳	澳門	最密切聯繫	澳門法	盧建春與翁克雄、陳群、陳金玉民間借貸糾紛案
內地	內地	澳門	特徵性履行	內地法	關明與李勝玉、莫丹婷民間借貸糾紛案
內地	內地	澳門	最密切聯繫	澳門法	吳佳峰訴陳孟宏民間借貸糾紛案

注①：此表述方式指的是借貸雙方有一方為港澳居民

1. 借貸雙方有一方為港澳居民，借貸發生地為內地

此種情況下，法院有依據特徵性履行方法來選擇法律，亦有使用最密切聯繫原則的做法。但從結論角度看，無一例外全部適用了中國內地法律。例如「張家望與唐志偉、梁柳琦民間借貸糾紛案二審」中，法院認為「本案張家望、梁柳琦、唐志偉沒有選擇解決糾紛適用的法

律，而民間借貸實際履行地為湖南省漢壽縣。根據《中華人民共和國涉外民事關係法律適用法》第 41 條規定，本案應適用中華人民共和國法律作為處理本案糾紛的準據法。」[①] 該案中，法院的說理並不清晰，但從「民間借貸實際履行地為湖南省漢壽縣」的表述亦能窺見其認為借貸實際履行地為中國內地，從而得出適用內地法律的結論。而在「王乃廉與李志林、董海鷹民間借貸糾紛案」中，法院進行了相對翔實的說理，「本案原被告住所地、借款合同簽訂地、履行地均在內地，內地法律與本案糾紛有最密切聯繫，根據前述規定，本案借款糾紛應適用我國內地法律作為準據法進行裁決」。通過連接點數量的對比，法院得出內地法律有最密切聯繫的結論。[②] 由於此種類型下確然與內地法律的聯繫更為密切，內地法院的準據法選擇並無不妥。

2. 借貸雙方有一方為港澳居民，借貸發生地為澳門

在借貸雙方中有一方為港澳居民，借貸法律關係也在澳門產生的情況下，法院的做法會有不同，因為此時與澳門法律相關的連接點數量較多，以最密切聯繫原則來做判斷會得出相對傾向於適用澳門法律的結論。例如「盧建春與翁克雄、陳群、陳金玉民間借貸糾紛案」，法院在判決中寫道：「本案中，雙方沒有就法律適用做出約定，因出借行為發生在澳門，根據最密切聯繫原則，應適用澳門地區的法律。」[③] 本案闡明了法院是以最密切聯繫原則作為大前提、以借款行為發生地在澳門作為小前提，從而推導出適用澳門法的結論。而在「伍讓松與陳庭儒民間借貸糾紛」案中，儘管原告為澳門居民，借貸關係也發生在

---

① (2015) 湘高法民三終字第 24 號民事判決書。
② (2015) 中一法民三初字第 244 號民事判決書。
③ (2016) 閩 0181 民初 1431 號民事判決書。

澳門，法院仍依照特徵性履行方法認為「本案的履行義務方為被告，被告是內地公民，故本案應適用我國內地法律予以處理」。[①] 亦有適用最密切聯繫原則仍然得出適用內地法律的案例如「許嘉滿與馬斌民間借貸糾紛」案，但法院對最密切聯繫地的說理含混不清，無法得知其推理過程：「馬斌係中國公民，且其經常居住地位於北京市通州區，中華人民共和國法律係與本案有最密切聯繫的法律，故本案準據法應為中華人民共和國法律」。[②] 正如前文所論證的，此種類型的案件中與澳門相關的連接點數量顯著多於內地，如若仍然固執運用特徵性履行方法將被告所在地作為特徵性履行地，從而始終以內地法律作為準據法則會導致法律適用的僵化。

3. 借貸雙方均為內地居民，借貸發生地為澳門

例如，「吳佳峰訴陳孟宏民間借貸糾紛」案中，原告、被告雙方皆為內地居民，但該案係雙方共同前往澳門進行賭博，並在澳門產生借貸關係。法院認為「在本案中雙方沒有就法律適用作出約定，故理應適用最密切聯繫地區的法律，即澳門的法律」。[③] 與此裁判觀點一致的還有「石方軍與陳孟宏民間借貸糾紛」案。[④] 而「關明與李勝玉、莫丹婷民間借貸糾紛」案中，在事實非常類似的情況下，法院卻選擇了內地法律為準據法，判決書中寫道：「本案的履行義務方為李勝玉，李勝玉是內地公民，故本案應適用我國內地法律予以處理。」[⑤] 可以看到，法院是以特徵性履行方法來進行法律選擇的。與此裁判觀點一致的還有「陳

---

① （2016）粵 1702 民初 3103 號民事判決書。
② （2017）京 0112 民初 15323 號民事判決書。
③ （2014）南法民二初字第 329 號民事判決書。
④ （2013）南法民二初字第 288 號民事判決書。
⑤ （2017）粵 17 民初 11 號民事判決書。

偉良、林濤聲民間借貸糾紛」案。[①] 如前文所述，此種類型案件在法律
適用的問題上稍顯複雜，但理論上而言仍因秉持最密切聯繫原則，綜
合考量連接點的數量和質量等因素，得出適用澳門法律的結論。適用
澳門法律不僅更能體現此種特殊借貸合同的特徵，而且能夠在澳門法
的語境下判斷該賭博債務是否為合法債務，從而確定是否要對此借貸
法律關係進行保護。

（四）內地法院傾向於以公共秩序保留排除澳門法律的適用

在僅存的 4 例運用最密切聯繫原則得出應當適用澳門法律的案例
中，最後僅「盧建春與翁克雄、陳群、陳金玉民間借貸糾紛」案中法
院認為本案係爭債務雖為賭債，但以澳門法為準據法並不違背社會公
共秩序，[②] 而餘下 3 份判決皆是以《中華人民共和國涉外民事關係法律
適用法》第 5 條即公共秩序保留排除了澳門法的適用。然而，在僅有
的內地法院認為適用澳門法律保護澳門賭債並不損害內地公共秩序的
判決中，即福建省福清市人民法院在盧建春與翁克雄、陳群、陳金玉
民間借貸糾紛一案判決書中沒有對公共秩序進行具體論述。而作為為
數不多的適用澳門法律處理澳門賭債案件的法院，由於不了解澳門法
律，該法院所保護的賭債其實在澳門是違法債務。如前所述，內地法
院以公共秩序保留排除澳門法律適用的傾向並不合理。內地法院適用
澳門法律保護合法賭債，並不會損害內地公共秩序，以公共秩序為由
排除澳門法適用的此種慣性思維應當有所修正。

---

① （2017）粵 06 民終 4837 號民事判決書。
② （2014）南法民二初字第 329 號民事判決書。

四、結語

不難看出，誠如澳門理工學院王長斌教授所言，通過司法途徑追討賭債，在澳門確實向來被視為棘手的事情。但是，這「棘手」之感多數情況下緣於內地司法機關的態度。2009 年，永利澳門在香港追討涉賭債務的案件獲得勝訴，台灣地區更是早在 25 年之前便擯棄了對待域外賭債之偏見，內地一概否認域外賭債的傳統觀念已然過時。但包括最高人民法院在內的一些內地法院已對此採納積極立場，是為良好開端。即便不能立刻全面認可域外賭債，不妨先認可澳門賭債在內地的合法性。

歸根結底，中國內地居民前往澳門特區參與博彩是一項合法的自由權利，因此產生的合法債務，也應當償還。這不僅是在維護公平正義，避免造成「賭客贏錢可保有彩金，輸錢可回內地賴賬」的不公現象，也是正本清源，幫助澳門社會擺脫長久以來「澳門賭債在內地無法被司法救濟」的認識，從而真正實現法律效果與社會效果的統一。儘管目前在中國內地追討賭債困難重重，但澳門博彩業至少應當保證賭債依據澳門法律屬於法定債務，從而為今後跨境追討賭債創造可能性。

Research on the application of law of Macao Gambling Debt Cases

——An Empirical Analysis Based on the Judgment of the Last Five Years

Fang Ruian   Xue Yu

Abstract: The issue of application of law in civil lawsuits involving gambling in Macau has long been controversial in the theoretical circle in mainland China. In judicial practice, it can be found that the opinions of mainland courts on whether such cases should be applied to mainland laws or Macao laws are also inconsistent，which made the people in Macao and the Mainland have a negative attitude towards seeking judicial relief to recover gambling debts, which to some extent undermine the credibility of the judiciary. The application of law should still be based on the principle of proximate connection, and the result of application of the Macao law does not damage the social public interests of the People's Republic of China.

Key words: Gambling debts in Macau; the Principle of the Closest Relation; the Principle of Reservation of Public Order; Debts of Gaming Credit

粵港澳大灣區發展專題

粵港澳大灣區社會治理的理論創新和制度創新

——以「推進國家治理體系和治理能力現代化」為視角*

郭小說**

摘　要：立足國家治理體系和治理能力現代化的基本內涵和基本要求，基於國際經濟政治大格局全面深刻調整和國內科技、經濟發展新趨勢，粵港澳大灣區是我國治理體系和治理能力現代化的試驗田，最終將以點帶面推動全國範圍內乃至世界範圍內城市群現代化治理經驗的擴散與實踐，對推進「一帶一路」建設、豐富「一國兩制」實踐內涵和建設中國特色社會主義現

---

* 本文係 2016 年廣東省教育廳重點平台及科研項目青年創新人才類項目（人文社科）「自媒體新部落文化形態下香港民粹主義的演進與對策研究」（2016WQNCX127）；2014 年國家社會科學基金重大項目「香港社會思潮分析與有效引導的對策研究」（14ZDA058）；2018 年度國家民委民族研究項目「香港地區中華民族共同體意識建構研究」（018-GMB-006）；2016 年國家社會科學基金項目「『一國兩制』實踐中增強港人國民意識和民族共同體意識的政治途徑研究」（16BZZ015）；2019 年深圳大學馬克思主義理論與思想政治教育研究項目「改革開放以來，國家意識形態話語體系的創新與發展——以『一國兩制』理論與實踐為視角的研究」（19MSZX02）階段性成果。

** 郭小說，深圳大學社會科學學院講師，中山大學港澳與內地合作發展協同創新中心兼職研究員、深圳大學港澳基本法研究中心兼職研究員。

代化道路，具有重大的戰略意義。頂層設計在粵港澳大灣區建設中居於主導地位，如何突破區域經濟模式的侷限實現跨境協商的高效管理，在政治制度兩分下實現經濟、法律、文化一體化，成為新時期推進國家治理體系和治理能力現代化的突出理論難題和實踐挑戰。

關鍵詞：粵港澳大灣區　社會治理　制度創新

基於新時代中國現代化發展的歷史境遇和現實需求，中共十八屆三中全會把「完善和發展中國特色社會主義制度、推進國家治理體系和治理能力現代化」定為全面深化改革的總目標，我國國家和地方治理的新思路、新方向。國家治理體系和治理能力現代化是對傳統國家管理模式的改革和超越，從上層建築切入，通過調整社會有機體內部各要素和組成部分的關係，探索創新社會治理模式和機制，提升社會治理水平，進而實現激發社會活力、尋找新的發展突破口，推動社會和諧有序發展。推進國家治理體系和治理能力現代化，就是要使各方面制度更加科學、更加完善，實現黨、國家、社會各項事務治理制度化、規範化、程序化，善於運用制度和法律治理國家。國家治理體系和治理能力現代化是一個包含經濟、政治、文化、社會生態文明和黨的建設等各領域和社會各個方面事務的複雜的系統工程，既要有全局意識，又要兼顧精細處的精準治理。其中，理論、制度和路徑創新是其運作的關鍵；突破傳統管理單一、教條式的機械思維方式，運用現代化治理動態發展式的有機體思維方式是其運作的基本思維邏輯；由政府一元化行政主導轉向多元治理主體協同合作共治是其運作的基本格局；公正、平等、協

同、法治、優化、高效、共治、共享是運作的基本原則。

社會治理是區域治理的重要方面，而區域治理則是國家治理重要組成部分和具體實踐。立足於國家治理體系和治理能力現代化的基本內涵和基本要求、國際經濟政治大格局全面深刻調整和國內科技、經濟發展新趨勢的粵港澳大灣區的構建，是我國治理體系和治理能力現代化的試驗田，最終形成以點帶面的形式推動全國範圍內乃至世界範圍內城市群現代化治理經驗的擴散與實踐，對推進「一帶一路」建設、豐富「一國兩制」實踐內涵和實現建設有中國特色社會主義現代化道路，具有重大的戰略意義。

一、粵港澳大灣區社會治理的特質

粵港澳大灣區建設立足於國家治理體系和治理能力現代化的基本內涵和基本要求，作為中央主導下的體現政府綜合能力的戰略性區域規劃，以打造充滿活力的世界級城市群為目標，在構建開放型現代化經濟體系、創新區域經濟協同發展治理模式以及相關政治、經濟、法律制度方面，呈現出「一個國家，兩種制度，三個關稅區，四個核心城市」不同於世界其他地區城市群建設的新特質，既為治理現代化的理論創新和制度創新奠定了的良好基礎，也尚存諸多阻礙和挑戰，亟需進一步探討和解決。

第一，「一國兩制」是粵港澳大灣區建設獨特的政治環境和現實基礎。從政治、法律到經濟、文化等各方面，粵港澳大灣區建設的各項舉措都是在「一國兩制」的政治背景下踐行的，從屬於「一國兩制」實踐。「一國兩制」作為解決特殊中央和地方關係的具有開創性的政治

體制和制度安排以及香港和澳門回歸後的新運行機制和開創性實踐，已經構成中國特色社會主義道路、中國特色社會主義制度的不可分割的重要內涵和有機組成部分，更是構成和踐行新時代祖國和平統一和民族偉大復興的大事業、大戰略。解決一切回歸後的與香港和澳門相關的問題都要放在「一國兩制」這個特殊的運行機制和戰略視野下去考量。作為一項具有戰略意義的頂層設計，粵港澳大灣區建設更是「一國兩制」的具體落實和重要抓手，是我國現代化發展過程中的階段性任務，在運行中既需要堅守「維護國家主權、安全和發展利益」的基礎和前提，也需要兼顧和尊重「兩制」的不同社會狀態、價值觀念、政治立場和法治原則所形成的具體利益訴求。在「一國兩制」特殊條件和治理框架下，粵港澳大灣區建設會長期伴隨着管治權和自治權、原則的堅定性與政策的靈活性、大灣區的統籌發展與粵港澳三地各自的發展之間的關係的錯綜複雜、協調平衡，而且呈現出協作才能發展，互利才能共贏的命運共同體融合發展的邏輯。

第二，「三個關稅區，經濟發展不均衡」是粵港澳大灣區建設獨特的經濟樣態。粵港澳大灣區涵蓋粵、港、澳三個不同的市場經濟體系和關稅區，南沙、前海、橫琴三個自貿區，一個經濟特區深圳，11 個城市，不同的稅種結構和徵收原則、稅務管轄管理體制、經濟社會發展水平、市場化國際化水平、經濟發展理念，在融合的過程中必定伴隨着資源配置方式、生產要素跨境流動、信息技術溝通、財政體系、金融貨幣制度、經濟發展規劃、經濟干預治理方式等相關經濟政策方面的摩擦和衝突。比起世界其他灣區，粵港澳大灣區建設呈現出跨境流動侷限性、區域發展的不平衡性、壁壘隱蔽重疊、利益差異制約、矛盾多元複雜等經濟樣態。粵港澳三個關稅區的經濟運行對接成為影響

大灣區經濟由地區分割向一體化轉向的關鍵所在，而目前看來淺層次的對接存在諸多問題，深層次的對接尚未真正起步。在粵港澳經濟的深度融合與發展過程中，呈現出「大門打開，小門難開」的膠着狀態。

第三，「三個法律體系獨立並存」是粵港澳大灣區建設的法治現狀。由於「一國兩制」的政治體制差異，《中華人民共和國香港特別行政區基本法》和《中華人民共和國澳門特別行政區基本法》第 2 條規定：全國人民代表大會授權香港特別行政區／澳門特別行政區依照基本法的規定實行高度自治，享有行政管理權、立法權、獨立的司法權和終審權。這就決定了粵、港、澳三地在立法權、司法權和執法權之間的關係上存在諸多差異。再者，由於不同的法治建構背景，三地的法制理念、原則、規定和水平也大不相同。香港屬於英美法系、澳門屬於大陸法系，廣東遵循社會主義法治。實體法和程序法均存在較大差異。跨制度、跨區域的區際法律衝突已然成為粵港澳大灣區法治進程中的顯像。克服差異和障礙實現法律合作是粵港澳大灣區建設的必要基礎。然而，「三法域問題」的現狀決定了粵港澳大灣區建設的法制協同進程較之於世界其他灣區更為曲折和艱難。

綜上，粵港澳大灣區一體化深度融合城市群建設在行政制度、經濟體制和法律體系等基礎等方面存在複雜關係，需要通過理論創新和制度創新加以推進和解決。

二、粵港澳大灣區社會治理的理論創新

思想理論是實踐變革的先導。粵港澳大灣區是新時代我國在「一國兩制」背景下提出的跨境區域合作治理的新理念。其背後是新的思

維方式和理論觀點的創造性運用，也體現出敢於探索和解答「如何在政治制度兩分下實現經濟、法律、文化一體化」的理論勇氣。

第一，辯證思維的異質有機性特質。全球經濟一體化和人類命運一體化的時代發展趨勢構成了當今文明範式的轉換的理論背景，理論思維必須向這一實踐敞開才能獲得與時俱進的內涵和形式。「意識在任何時候都只能是被意識到了的存在，而人們的存在就是他們的現實生活過程。」[①] 生活實踐本身的豐富性和不斷生成性反映在理論上就決定了思維方式要突破傳統的單一性和教條性。而理論對實踐的反作用又體現為其相對獨立性，可以先預測和推斷實踐發展的趨勢，並以此改變人們思維觀念和思維方式，進而開闢新的實踐道路。粵港澳大灣區建設的頂層設計是繼「一國兩制」在解決港澳回歸問題上實現的政治制度理論突破後，在解決回歸後實現經濟社會繁榮發展構建新型區域命運共同體的跨制度、跨境經濟合作融合的又一重大理論創新。是面對新的社會實踐對馬克思主義唯物辯證法的繼承和創新，體現出馬克思主義唯物辯證法的活的靈魂和真義。馬克思主義唯物辯證法不同於西方哲學自古希臘以來僅僅從形式方法和主觀意識來理解的所謂的邏輯上的思維自由，而是以實踐的現實性為本體內容的事物自身運動邏輯的顯現。不同於以往在僵硬的統一體外殼包裹下的內部的矛盾運動，而是無任何外殼包裹的鮮活的有機運動本身。因而，辯證思維離開了現實的歷史就沒有任何價值，它是變化和發展着的活的理論體系。「辯證法對每一種既成的形式都是從不斷的運動中，因而也是從它的暫時性方面去理解；辯證法不崇拜任何東西，按其本質來說，它是批判的

---

① 《馬克思恩格斯選集》第 1 卷，人民出版社，1995，第 72 頁。

和革命的。」粵港澳大灣區建設把 11 個異質城市融合為一體化的有機命運共同體，突破對「一國兩制」的教條式、意識形態化和形式主義化的理解和實踐瓶頸，基於現實需要和民生福祉開創「一國兩制」嶄新的實踐局面。

第二，非經濟決定論的社會有機體思想。「說經濟因素是唯一決定性的因素，那麼他就是把這個命題變成毫無內容的、抽象的、荒誕無稽的空話。」[1] 反對把唯物史觀簡單化、庸俗化地歪曲為「經濟決定論」「經濟唯物主義」「社會靜力學」，也反對把它當成標籤、公式到處生搬硬套。馬克思主義從來不是僵化認識政治、經濟、文化等要素在推動社會發展中的作用，而是把它們的關係放在有機系統的變化和發展中來理解。推斷出社會歷史的發展是經濟基礎和上層建築各種因素交互作用的結果，歷史發展是合規律性和合目的性相統一的過程。超越還原論，發展整體論，構建辯證唯物主義的系統論和複雜性研究，是對馬克思主義唯物史觀的科學闡釋。「這種歷史觀和唯心主義歷史觀不同，它不是在每個時代中尋找某種範疇，而是始終站在現實歷史的基礎上，不是從觀念出發來解釋實踐，而是從物質實踐出發來解釋觀念的形成。」[2] 馬克思的社會有機體理論立足於自然和社會，以全部社會生活為對象，探討社會生活各方面的相互作用，反對單項決定論和僵化靜止決定論，強調社會是一個社會體系的各個環節相互聯繫、有機統一的整體。馬克思在《政治經濟學批判大綱》中指出：「這種有機體制自身，作為整體來看，有它的各種前提，而它所以能夠發展為一個

---

[1] 《馬克思恩格斯選集》第 4 卷，人民出版社，1995，第 696 頁。
[2] 《馬克思恩格斯選集》第 1 卷，人民出版社，1995，第 92 頁。

整體恰恰就在於：所有的種種因素都從屬於社會，或把它還缺少的器官從社會中創造出來。這樣，它就在歷史上發展為一個整體了。」[①] 因此，不能簡單地、機械地認為生產力、生產關係、上層建築等要素之間是決定與被決定、制約與被制約的關係，而是形成了一個複雜的交互作用網絡系統。它們之間的關係不僅僅遵循決定性和制約性原則，還遵循有機性、能動性和再生性原則。「生產方式、生產力在其中發展的那些關係，並不是永恆的規律，而是同人們及其生產力的一定發展相適應的東西，人們生產力的一切變化必然引起他們的生產關係的變化……」[②]「所以，這些觀念、範疇也同它們所表現的關係一樣，不是永恆的。它們是歷史的、暫時的產物。」[③] 形而上的思維方式只有體現在形而下的制度革新上才能真正對實踐發生作用，粵港澳大灣區建設通過治理體系的創新積極探索如何在政治制度兩分下實現經濟、法律、文化一體化，正是對馬克思主義唯物辯證法和社會有機體理論的運用和發展。

三、粵港澳大灣區社會治理的制度創新

國家治理體系和治理能力現代化是考驗國家制度生命力和執行力的重要標準。推進國家治理體系和治理能力現代化是當前我國從上層建築方面提出的全面深化改革的總目標。這一目標的實現需要從上層建築入手調整整個社會機體，以激發我國現代化發展的新活力。因

---

① 《政治經濟學批判大綱》第二分冊，人民出版社，1975 年版，第 51 頁。
② 《馬克思恩格斯選集》第 1 卷，人民出版社，1995，第 152 頁。
③ 《馬克思恩格斯選集》第 1 卷，人民出版社，1995，第 142 頁。

此，制度的完善和創新成為適應我國現代化建設系統工程要求的重中之重，也是推進國家治理體系和治理能力現代化的前提和基礎。粵港澳大灣區建設作為頂層設計主導的戰略舉措，制度創新是保障。「制度化是組織和程序獲取價值觀和穩定性的一種進程」。[①]「沒有強有力的政治制度，社會便缺乏去確定和實現自己共同利益的手段。」[②] 如何突破傳統區域發展模式的侷限實現跨制度、跨境協商的高效管理，是粵港澳大灣區建設需要突破的制度難題。

第一、求同存異，協同整合，以頂層設計主導建構跨制度、跨境協商網絡型治理機制。制度是社會發展的內生變量，制度存在的重要依據就是其在社會發展中所承擔的管理職能，而制度創新則是應現實情況的發展對制度所承擔的職能進行變革和突破，它包括制度創新的動力機制和制度設計問題。粵港澳大灣區不是自發形成的，而是有計劃的制度設計的成果。當然這種頂層設計不是靠理論的推演和邏輯的演繹，而是應該依據經驗事實和事物特質，在實踐中逐漸積累、修葺和完善。可以嘗試在回歸後港、澳和廣東省定期召開聯席會議制度的基礎上，進一步深化合作，設立常務會議和相應的機構，超越治理的碎片化，從更高的層面組織協調、統籌處理灣區建設中的事務，提高從整體上協同治理的能力。這是推動國家治理體系和治理能力現代化進程的必然要求。治理能力現代化是公共管理活動中綜合治理能力和多元治理主體協同共治能力的現代化，體現出制度的開放性、包容性

---

① 〔美〕塞繆爾·P·亨廷頓：《變化社會中的政治秩序》，王冠華、劉為等譯，上海人民出版社，2008，第 10 頁。

② 〔美〕塞繆爾·P·亨廷頓：《變化社會中的政治秩序》，王冠華、劉為等譯，上海人民出版社，2008，第 19 頁。

和有機性。求同存異、優化結構，通過治理體系內部各要素的有機結合，整合優勢、匯聚動力，激活機制的自組織協同治理能力，有效化解多元利益衝突和矛盾，提升制度體系的協調整合能力和總體效能。粵港澳大灣區的建設特徵包含兩制、跨境、多元、多維、多利益群、多發展層次，多矛盾點，因此，與之適應的制度建構在理念和模式上也呈現出利益重組後的多維性、不確定性和複雜性的特點，需要突破傳統的管理意識，向現代包容性協商治理意識轉變，改善管理方式，培育新生職能和力量。「綜合治理能力不是政府多項能力的簡單相加，而是所有能力構成的有機整體。」① 大灣區作為一個開放的複雜系統，它既具有整體性、結構性又有動態性的特徵。其建設的順利進行，需要建立系統管理的公共溝通機制和交流平台，確保信息流暢、無誤，以便打破壁壘障礙形成一體化的信息反饋和處理機制。這就要求灣區內經濟要素、政治架構、溝通網絡和符號體系高度互聯、交叉重疊、相互作用、相互依賴，組成和諧運行的生態網絡系統。要求不同地區、不同成員組成的各個職能部門既需要從各自管理的角度出發，更要兼顧從整體長遠發展的視角去謀劃和履行自己的職責，從而實現管理的功能性整合和制度性整合的和諧統一。

第二、打破縱向、層級、中心行政管理模式，構建橫向、平等、協作、互補、共享的服務型治理體系。傳統管理理念和模式基本特徵是以最高級別為決策中心，遵照自上而下的縱向性、層級性原則，呈現出被動、線性、脆弱、僵化、主觀、封閉和狹隘等特徵，不利於資源的優化配置和管理的科學高效，與粵港澳大灣區建設的複雜系統性

---

① 施雪華：《政府綜合治理能力理論》，《浙江社會科學》1995 年第 5 期，第 8－13 頁。

特徵不相匹配。「複雜系統會出現突然的巨變，因為系統中的一部分會影響其他部分，這種影響會像多米諾骨牌一樣一發而不可收拾。」[①]因此，創新治理模式，首先，需要打破傳統模式的弊端，變縱向為橫向，使治理主體多元化，淡化行政色彩，調動市場、企業和民間組織參與管理的自主性和積極性，使整個治理機制處於高度耦合、開放和動態發展之中，隨時吸收新的要素和信息，及時回饋、處理和調整治理方案，使整個治理系統呈現為自動化程度較高的活的機體。其次，改變嚴格的層級性使之扁平化。網絡信息技術的發展使得以往憑藉掌控信息和資源獲得的科層制下的治理權威性被降低，系統和外部信息環境的便捷交換，使得治理的專權被弱化和分散，治理氛圍越來越理性、公正、平等、協作和共享。在這一治理生態系統中，治理的高效性必須依靠簡政放權、民主監督、擴大表達和參與渠道，藉助社會多方力量共同保障。只有社會公眾共同參與構建的治理體系才能獲得最強大的整合力，得到最廣泛的認同和最高效的制度執行力。再次，變控制理念為服務理念，行政主導的傳統管理是以控制為理念，因此形成了掌控和依附的管理關係，效率低下、適應性差。後工業時代不斷湧現出的日益增多的複雜系統與複雜性問題，即所謂的規模巨大、組成要素異質性顯著的、按照等級層次組織起來的、具有各種非線性相互作用的、對環境開放的動態系統，需要與時俱進轉變治理理念，掌控只是實施治理的途徑之一，而今，治理者只有更多地持服務的意識，才能撥開紛繁複雜的管理任務，劃清邊界、調動積極性，達到靈

---

① 〔美〕喬舒亞·庫珀·雷默：《不可思議的年代》，何帆譯，湖南科學技術出版社，2010年，第17頁。

活高效的治理目標。粵港澳大灣區的規模之龐大、結構之複雜,與之相應的管理機制需要以此為構建原則和目標,從決策、執行到監督,形成共生、共建、共治、共享的規範化良性互動、和諧運作的態勢。藉助聽證會和座談會,不斷優化管理效率和模式。

第三、用複雜性思維方式推進全方位統籌協調和利益共享的法律保障治理機制的構建。利益協調和分配是協同治理能否順利實施的關鍵。因而,保持協同治理的高效性必須依靠法律使利益協調和分配程序化、合理化、規範化。法律是治理之重器。法治化是制度成熟的重要標誌。法治既是進行全方位統籌協調和實現利益共享的重要意識,也是一種治理能力和根本保障。堅守治理的法治理念和法治思維,賦予多元治理主體合法性地位,依法約束管理部門的職責權限,確保治理行為的穩定性和規範性。依法治理、依法調控、依法監督,是整個治理機制和諧運轉的基本內涵,也是國家治理體系和治理能力現代化的應有之義。只有通過法律才能保障治理制度和行為的執行力和運行力,確保治理方案的科學性,管理程序的正當性,管理責任的明確性。「人類社會發展的事實證明,依法治理是最可靠、最穩定的治理。」[①] 法治是治理的形式和抓手,而立場和原則是治理的內涵和實質。公正是法治的生命線,堅持人民主體性和利益共享的法治價值觀是治理複雜巨系統的出發點和歸宿。治理為民,執法為民,構建治理範圍廣泛、治理對象複雜的法律保障治理機制必須儘可能擴展和融合最大公約數的價值主體和觀念,才能制約權力、防止腐敗,平衡利益和調節關係,滿足各方訴求、保障公共權益,達到共同治理、協同共贏的

---

① 中共中央文獻研究室編:《習近平關於全面依法治國論述摘編》,中央文獻出版社,2015,第 63 頁。

目標。粵港澳大灣區建設中存在諸多法律差異和衝突，需要通力合作優化治理體系的內部結構，用整體的、動態的、系統的複雜性思維方式去解決，逐漸實現法律制度的趨同化。珠港澳三地共同發起成立的「珠港澳商事爭議聯合調解中心」開啟了域際法律合作的積極探索。粵港澳大灣區建設具有統籌國內國際兩個大局，推進「一國兩制」實踐和「一帶一路」建設的意義，需要健全法律保障治理機制以營造公正平等、規範有序的發展環境，守規則、重程序，自決運用法治思維和法治方式，推動灣區發展，化解矛盾，維護穩定，以構建利益共享、合作共贏的新興城市群，進而完成全面建成小康社會、實現社會主義現代化和中華民族偉大復興的歷史使命。

四、結語

自 2016 年 12 月國家發改委提出啟動珠三角灣區等跨省域城市群規劃編制，到 2019 年 2 月，中共中央、國務院發佈《粵港澳大灣區發展規劃綱要》。承載着國家區域發展戰略動力支撐點、輻射帶動泛珠三角區域合作發展戰略規劃、增強港澳國家認同、助力推進國家治理體系和治理能力現代化、「一國兩制」實踐、「一帶一路」建設等多項重要功能的粵港澳大灣區建設，已經進入了從規劃設計到落地實施的新的重要階段，標誌着我國應時而動、順勢而為，積極應對新時代現代化發展的挑戰和新階段的改革要求，在跨制度、跨境區域協同治理上開啟了理論、制度和實踐創新的探索歷程。有創新就必定遭遇挫折，有探索就必定充滿艱辛。目前看來，粵港澳大灣區建設有諸多地緣和政策上的優勢，但依然任重道遠。既有如何突破區域經濟模式的侷限

實現跨境協商的高效管理，如何在政治制度兩分下實現經濟、法律、文化一體化等理論和制度方面的難題需要解答，也有如何把頂層設計的美好願景真正融入建設的實踐中，如何藉助灣區建設實現國內國際發展的兩個戰略目標等實踐方面的挑戰需要應對。唯有繼續推進中國特色國家治理體系和治理能力現代化，大膽實踐、勇於創新，堅持發展為第一要務，把問題放在發展之中來解決，堅持從實踐到理論再到實踐的反覆論證和不懈努力，終究會以嶄新的發展面貌印證中華民族的偉大復興，以全新的理念思維為世界未來發展貢獻出新穎獨特的中國方案和中國智慧。

參考文獻

[1]　《馬克思恩格斯選集》第 1 卷，人民出版社，1995。

[2]　《馬克思恩格斯選集》第 4 卷，人民出版社，1995。

[3]　《政治經濟學批判大綱》第二分冊，人民出版社，1975。

[4]　〔美〕塞繆爾·P·亨廷頓著：《變化社會中的政治秩序》，王冠華、劉為等譯，上海人民出版社，2008。

[5]　施雪華：《政府綜合治理能力論》，《浙江社會科學》1995 年第 5 期。

[6]　〔美〕喬舒亞·庫珀·雷默：《不可思議的年代》，何帆譯，湖南科學技術出版社，2010，第 17 頁。

[7]　中共中央文獻研究室編：《習近平關於全面依法治國論述摘編》，中央文獻出版社，2015，第 15 頁。

Theoretical Innovation and System Innovation of Social Governance in Dawan District of Guangdong, Hong Kong and Macao

——*From the perspective of "promoting the modernization of the national governance system and governance capacity"*

Guo Xiao-shuo

Abstract: Based on the basic connotation and basic requirements of the modernization of the national governance system and governance capacity, the comprehensive and profound adjustment of the international economic and political landscape and the new development of the domestic science and technology economy, the construction of the Guangdong, Hong Kong and Macao Dawan District is a test field for the modernization of China's governance system and governance capacity. In the end, the formation and diffusion of the experience of modernization of urban agglomerations across the country and even the world will be formed in a point-and-point manner. It is of great significance to promoting the construction of the "Belt and Road", enriching the practical connotation of "one country, two systems" and realizing the road to modernization of socialism with Chinese characteristics. Strategic significance. The top-level design is dominant in the construction of Guangdong, Hong Kong, Macao and Dawan District. How to break through the limitations of the regional economic model to achieve efficient management of cross-border negotiations, realize economic, legal and cultural integration under the political system, and become a new era to promote national governance. The theoretical and practical challenges of the modernization of systems and governance capabilities.

Key words: Guangdong, Hong Kong, Macao Dawan District; Social Governance; Institutional Innovation

傳承、同構與創新

——粵港澳大灣區大都會文化發展特質與融合基礎探析[*]

楊晗旭　黃佳麗[**]

摘　要： 港澳與珠三角其他城市的文化結構儘管存在差異，但都涵蓋了西方與中國傳統、現代以及未來文化（文化創意產業）的層級。大灣區文化發展的特色在於既承襲傳統，又面向全球化的文化現實，還要優勢互補，共同開闢未來的文化發展之路。粵港澳大灣區都市文化建設需要在香港世界性都市文化建設經驗基礎上，充分利用「一國兩制」優長，結合大灣區不同城市的自身特色，通過對傳統文化和地域文化的傳承，廣泛吸納世界範圍內的多元文化，進行傳承、同構與創新，創造包

---

[*] 本文係 2014 年國家社會科學基金重大項目《香港社會思潮分析與有效引導的對策研究》（14ZDA058）；教育部高校人文社會科學重點研究基地重大項目「港澳本土意識與青少年的國家認同」（編號：16JJDGAT004）；2016 年廣東省哲學社會科學「十三五」規劃項目《香港「本土主義」社會思潮跟踪分析和有效引導對策研究》（GD16YMKO1）；2017 年教育部人文社會科學研究青年基金項目《激進本土主義對香港青少年國家認同建構的影響及對策研究》（17YJCGAT005）；2018 年度國家民委民族研究項目《香港地區中華民族共同體意識建構研究》（018-GMB-006）階段性成果。

[**] 楊晗旭，南方科技大學思想政治教育與研究中心講師，博士，主要研究方向為後殖民主義批判理論研究、香港本土意識與身份認同研究；黃佳麗，深圳大學管理學院 2017 級碩士研究生。

容、多元和先進的現代都市文明。

關鍵詞：粵港澳大灣區　都市文化　中國傳統文化

　　都市文化是一種實體文化，是衡量一個城市品位的標誌，是城市的靈魂。不論是古代都市，還是進入現代以來的現代化都市，都依靠獨特的文化內涵，建構了自身的影響力。我們之所以研究和關照都市文化，是因為在工業化時代，城市是文化不斷生成、融合、拓展和發展的主要載體，其對於每個個體、每個民族以及整個世界文化的發展至關重要。城市文化發展的命運決定了人類文化發展的命運。粵港澳大灣區作為中國開放程度最高、經濟活力最強的區域之一，其都市文化的發展狀況對整個中國文化的傳承、發展與創新的重要性顯而易見。

　　本文先比較港澳與珠三角其他城市的文化結構，在此基礎上分析大灣區大都會文化發展特質，最後對大灣區未來文化發展做出暢想和展望。

一、港澳與珠三角其他城市文化結構的比較

　　所謂的都市文化結構，是一個組織起來的一體化系統，指都市文化各個要素所固有的、相對穩定的組成方式。儘管國內外學者認識不同，但都不否認文化具有分層的特徵，都市文化作為文化大範疇中的子範疇，也具有一定的層次結構。安東尼·吉登斯認為：「一個社會的文化既包括無形的方面——信仰、觀念和價值，這是文化的內容，也

包括有形的方面——實物、符號或技術，它們表現着文化的內容。」①
實際上，無形的文化內容還包括文化規範。

（一）中國傳統文化是粵港澳大灣區城市文化的基礎文化層級

　　如果將粵港澳大灣區大都會文化進行分層，我們認為，粵港大灣區文化具有傳統與現代交融，多元一體的文化層級特徵，在這之中，中國傳統文化是港澳與珠三角其他城市文化發展的基礎文化層級。眾所周知，中國傳統文化在港澳未出現斷裂。香港人注重對祖先的崇拜，秉持慎終追遠的傳統。重視傳統的宗族觀念，中國傳統村落的原始生態在香港得以保存。香港在寫作方面文言文痕跡較內地明顯。甚至香港的迪士尼也存在傳統文化的元素，比如參考中國風水理念對樂園進行改造。②余光中認為，香港文化雜糅歐洲文明和中國文明，包容着不同的觀念。同時他認為，香港的文化雜糅並不意味着香港拋棄了傳統文化，恰恰相反，香港對中國傳統文化更加珍視。他説：「不少人瞧不起香港，認定她只是一塊殖民地，又詆之為文化沙漠。1940 年3 月 5 日，蔡元培逝於香港，五天後舉殯，全港下半旗誌哀。對一位文化領袖如此致敬，不記得其他華人城市曾有先例，至少胡適當年去世，台北不曾如此。如此的香港竟能稱為文化沙漠嗎？」③在澳門現代文化中，傳統文化是其多元文化的主流，是澳門華人的主體文化，比

---

① 〔英〕安東尼·吉登斯：《社會學》，李康譯，北京大學出版社，2003，第 30 頁。
② 葉永平：《迪士尼樂園你知多少？》，上海社會科學出版社，2016，第 312 頁。
③ 余光中：《日不落家》，國際文化出版公司，2014，第 173 頁。

如，中國傳統信仰媽祖文化在澳門得到廣泛傳播。

除了香港和澳門，近些年來，廣州、深圳、珠海、佛山和東莞等大灣區其他城市也十分重視對傳統文化的保存和傳承。廣州是一個文化底蘊深厚的城市，也是一個將現代文化發展與傳統文化傳承結合得較好的城市。廣州作為一座歷史悠久的文化名城，自古就是嶺南文化的中心，也是海上絲綢之路的發祥地，擁有豐富的文化遺產。改革開放後，廣州以敢為先人、大膽創新的精神，從傳統文化中汲取靈感，在歷史與現代文化中以創新搭建起橋樑，成為集中展現社會主義先進文化的前沿陣地。[①] 廣州注重歷史文化建築的保護以及歷史文化資源挖掘。通過對歷史建築「西關大屋」「廣州騎樓」的保護，喚起了人們對於中國傳統文化的認同和文化自信。從亭台樓閣到雕樑畫棟，被保留和還原的傳統建築景觀述說着廣州的歷史往事，呈現出古韻濃厚的廣府文化。除了廣州，大灣區內的其他城市也是以傳統文化為源流，佛山每年一次的「美食節」，著名的順德菜，揚名天下的九江龍舟文化，東莞著名的虎門硝煙博物館、漫博會等，這些城市文化都是中國傳統文化的組成部分，通過傳統文化和現代都市文化的融合，繼往開來，不斷擴大其世界影響力和國際競爭力。

（二）中西合璧，多元一體的文化層級結構

港澳和珠三角其他城市的文化層級存在着不同程度的中西文化交匯的特徵。港澳由於長期處於中西文化衝突的前沿，不斷借鑒和吸收

---

① 趙宏宇、陳俊莉：發揮廣州文化樞紐作用，推動粵港澳大灣區文化資源共享，《探求》，2018 年第 3 期，第 29–33 頁。

西方文化和價值觀。余光中把內地比作母親，將台灣比作妻子，而將香港比作情人。[①] 香港是內地文化的一個交流場所。「香港久為國際氣派的通都大邑，不但東西對比、左右共存，而且南北交通，城鄉兼勝，不愧是一位混血美人」。[②] 澳門與香港相似，也是一塊充滿「異色」的小地方。澳門擁有豐厚的文化資源，包括中西文明的交匯、中葡文化的融合、嶺南文化的演繹、傳統文化的積澱。由於長期受到葡萄牙人管制，中葡文化不斷在這裏交流、融合，澳門的生活方式和價值觀念與內地不同。

實際上除了重視對中國傳統文化的傳承外，現代港澳文化還積極包容和吸納多種文化和價值觀。香港作家也斯（梁秉鈞）先生認為，作為現代性的都市文明，香港文化具有多面性，這意味着香港的都市文化的發展具有多種可能性和可塑性。也斯認為香港的都市文化有多種面貌，可以通過報刊、影視、飲食、交通、建築、傢俱、時裝、漫畫、廣告設計等多方面去看香港的都市文化。[③] 香港都市文化的多重面貌也為人們留下了多樣化的審讀空間。也斯在《游離的詩》《形象香港》（1990）中描述了自己對於香港的城市形象的反思。在詩的開頭寫道：「我在尋找一個不同的角度 / 去看視覺的問題」。的確，多樣化，多元化是香港都市文化的特色，它代表了現代都市文化的發展方向——多重文化光譜的自由延伸，而非一元化的非自由整合。

雖然珠三角其他城市由於社會制度的差異，對西方文化的吸收和借鑒不如港澳那樣突出，價值觀、信仰也不如港澳那樣多元，但同樣

---

① 余光中：《日不落家》，國際文化出版公司，2014，第 169 頁。
② 余光中：《日不落家》，國際文化出版公司，2014，第 172 頁。
③ 也斯：《城與文學》，浙江大學出版社，2013，第 3 頁。

也是多元文化的融會之所，與內地文化也存在明顯的不同。比如，深圳在文化發展方面呈現出「文化飛地」的特色：即廣泛接納中國甚至世界範圍的多種文化樣態的棲息、發展與繁榮。深圳的著名景點「世界之窗」和「錦繡中華」就突出地體現了深圳文化發展兼顧民族性與世界性的總體文化發展和創新思路。展現出新興城市中民族優秀歷史文化、世界先進文化和現代化之間相互滲透和創新發展的歷史演變過程。

（三）共同的未來文化層級——文化創意產業

文化創意產業是粵港澳大灣區「城市集群」共同的，面向未來的文化層級。文化創意產業是一個較新的文化發展課題，其概念及定義仍在演化當中。理論界和社會各界常用使用「創意產業」「文化及創意產業」「文化產業」和「版權產業」等概念描述文化創意產業。文化創意產業消耗自然資源少，不破壞環境和附加值，大灣區核心城市多年來都制定了文化創意產業發展計劃，在大灣區建設背景下，必將產生強烈的優勢互補，共同參與國際競爭的需要。

香港有着豐富的文化創意產業運作經營經驗，文化創意產業是香港最具活力的經濟環節之一。香港文化創意產業主要包括文化教育、圖書館、檔案保存、博物館服務、電影、錄像、音樂、電視、電台、軟件、計算機遊戲及互動媒體等。根據香港政府統計處統計，2006～2016 年，文化創意產業的名義增加價值的平均每年升幅為 6.7%，高於香港名義本地生產總值同期 5.1% 的平均每年升幅。文化創意產業的增加價值佔本地生產總值的比重，也相應地由 2006 年的 3.9% 上升至 2016 年的 4.5%。2006～2016 年，香港文化創意產業就業人數

由 2006 年的 177200 人增加至 2016 年的 212820 人，平均每年升幅為 1.8%，相比香港總就業人數在同期 1.0% 的平均每年升幅較快。文化創意產業佔香港總就業人數的比重，由 2006 年的 5.2% 上升至 2016 年的 5.6%。[①] 與香港不同，澳門的產業以博彩業為主，城市空間狹小，無法面面俱到地發展文化產業鏈條，只能有選擇、有針對性地發展。為了支持文化創意產業的發展，澳門特別行政區先後設立「文化創意產業促進廳」以及「文化產業委員會」，制定了《澳門文化產業發展政策框架》。2013 年特區政府成立「文化產業基金」，為文化產業的長足發展提供財政支持。

除了港澳，珠三角其他城市也發力文化創意產業。廣州堅持貫徹「雙效統一」，力促弘揚文化創意產業正能量，並取得了較好的經濟效益和社會效益，文化創意產業成為支柱性產業。2016 年，廣州市規模以上文化創意產業法人單位數為 4262 個，文化創意產業從業人數達到 75.94 萬人，文化創意產業營業收入及總資產分別達到 6010.08 億元和 8963.34 億元。2016 年，全市文化創意產業實現增加值 2487.78 億元，比 2015 年增長 11.99%，比同期廣州地區生產總值增速高 3.8 個百分點，佔全市地區生產總值的比重達到 12.69%。[②] 深圳作為中國「最年輕的一線城市」，多年來以「文化立市」為目標，不斷加持的文化產業政策，已經發展成為文化產業強市。十多年前，深圳在全國率先確立「文化立市」發展戰略，較早提出把文化產業打造成支柱產業的目標，並於 2008 年出台了全國第一個文化產業促進條例，後又發佈了 10 余個

---

① 《香港統計月刊》2018 年 6 月 https://www.statistics.gov.hk/pub/B10100022018MM06B0100.pdf
② 屈哨兵、陸志強：《中國廣州文化發展報告（2018）》，中國社會科學出版社，2018，第 2 頁。

文化產業政策和規劃，涉及金融扶持、稅收優惠、產業空間、產業內細分行業專項政策等。2011 年，深圳明確把文化創意產業作為戰略性新興產業，出台了一系列政策。根據《深圳文化創意產業振興發展政策》，每年市財政安排 5 億元扶持經費，扶持文化創意產業。[①]

二、大灣區大都會文化發展特質——傳承、同構與創新

通過分析港澳和大灣區的文化結構，我們發現，大灣區城市群的文化既具有相似的特點，又具有一定的文化發展的側重點，存在一定的差異性。最突出的特徵是，大灣區文化建設既要顧及統一性和差異性（價值觀既統一又多元），又要重視對於文化傳統的傳承，還要創新，發展文化創意產業。在大灣區建設背景下，各城市的城市文化建設需要經歷一個「傳承、同構、創新」的發展路徑。「傳承」意味着灣區作為整體，有着共同的文化傳統傳承任務，要致力於本土文化的世界化；「同構」意味着大灣區作為整體面向共同的文化全球化的現實，不同城市文化之間相互交流，加強合作，共同構築新的文化發展增長點；「創新」意味着在文化全球化背景下，吸收和借鑒外來文化，包容中外多元文化，創造世界性都市文化成果。

首先，要「傳承」，粵港澳大灣區的城市群面臨着傳承傳統文化的大都會文化的發展路徑。粵港澳大灣區城市群的發展離不開對傳統文化的傳承，以傳統文化為源泉，憑藉現代生產體系優勢，通過創新

---

① 《一組數據 一批創意企業 深圳文化產業有多強》，南方網，2018 年 5 月 9 日，http://sz.southcn.com/content/2018-05/09/content_181799553.htm。

迸發出文化新活力。大灣區不同的城市具有同一性，都是當代中國都市文化的組成部分。不同城市之間的文化是相互聯繫的，雖然這些地區的語言、文化和習俗不盡相同，但都有着同根同源的文化基因，有着共同的文化心理。未來需要通過粵港澳大灣區建設把它們融合在一起，在融合發展中打造出新嶺南文化。香港都市文化的形成依賴於對中華文化與歷史的傳承。儘管香港都市文化具有多樣性的特徵，但仍需放到大中華文化圈中加以關照，來審視祖國傳統文化對於香港文化的滋養。中國傳統鄉土文化與都市文化的碰撞是當代香港都市文化形成不可忽視的文化背景。也斯先生認為，香港繼承了 20 世紀二三十年代中國文藝中城鄉對立的傳統。從這個意義上來說，香港文化並不純粹是香港本土文化與文藝的生長，也是中國文化與文藝發展的樣態。因此，香港的文化發展經驗告訴我們，必須注重對傳統文化的傳承，才能實現文化繁榮。

其次，要「同構」，大灣區城市群共同應對文化全球化的現實，通過內部的優勢互補，加強合作，共同構築新的文化發展增長點。粵港澳大灣區的城市群共同面臨着全球化時代的文化發展的現實。大灣區整體城市群規劃既存在全球化時代下文化發展的機遇，也面臨文化發展和融合的挑戰。冷戰後各國之間的交流和交往增多，一個國家、一個區域乃至一個地方的文化可以在全世界範圍內流動，聯繫愈發緊密。馬歇爾·麥克盧漢（Marshall McLuhan）在 20 世紀 60 年代提出了「地球村」一詞，用來描述在數字時代下，世界各國之間的聯繫日益緊密，地球「變小」了的現實。[1] 在全球化的時代，人們能夠十分容易地

---

[1] McLuhan, Marshall, *Understanding Media*, Gingko Press, 2003, p.6.

接觸到不同民族和地區的文化。因此,「文化全球化」概念也被提出來並廣泛地用於描述思想、理論和價值在世界範圍內的傳播。[①] 文化全球化是經濟全球化的產物,[②]「經濟全球化使發展中國家的一些城市成為全球化城市,隨着全球化過程的演進,這些城市不斷發展,內部分工合作並相互影響依賴,對其他地區的輻射範圍不斷擴大」,[③] 城市群網絡化應運而生,並促進城市群網絡融合,形成國際化大都市圈,提升了總體的國際競爭力。[④] 粵港澳大灣區是中國乃至全球具有重要影響力和競爭力的城市群,需要在「文化全球化」的情勢下,繼承歷史上由於多次文化的劇烈碰撞而產生的多元文化成果。在中國文化未來的規劃和發展中擔當探路者的角色。

粵港澳大灣區建設規劃出台之後,大灣區的不同城市文化發展合作的態勢空前強化。通過上文對於大灣區不同城市之間的文化結構分析,我們發現,大灣區不同城市的確有着相似的文化發展目標,不同城市需要在不同的文化方面相互交流,加強合作,共同構築新的文化發展增長點。其實早在 2008 年在深圳舉行的粵港澳文化合作第九次會議上,就簽署了《粵港澳文化資訊網服務協議書》,提出三地應當在尊重彼此文化差異的基礎上,依託共同的國家意識、民族意識和大局意識,加強合作,增進彼此了解。

再次,要「創新」。粵港澳大灣區大都會文化以國際化和世界性文

---

① James, Paul. *Globalism, Nationalism, Tribalism.* London: Sage Publications, 2006, p.54.

② 林劍:《文化全球化再思考》,《江海學刊》,2013 年第 4 期,第 56-61 頁。

③ Bunnell T., Barter P. A., Morshidi S., "Kuala Lumpur metropolitan area: A globalizing city-region", *Cities*, 2002, Vol.19, No.5, pp.357-370

④ Lang R., Knox P. K., "The new metropolis: rethinking megalopolis", *Regional Studies*, 2009, Vol.43, No.6, pp.789-802

化創新為目標，相互協同，吸納東西方先進都市文化，創造新的都市文明樣態。根據對粵港澳大灣區文化結構的分析，我們發現，粵港澳大灣區各個城市都在着力發展文化創意產業，希望在文化創新層面有所作為。為此，要利用好傳統文化資源，特別是嶺南文化底蘊；要增強協同創新意識，強化大灣區作為一個整體的家園意識，以建設美好家園為目標，以此作為文化創新的動力；要從造福人類文明的高度推進文化創新。要借鑒人類文明成果，為人類未來謀劃，為世界文明作出貢獻。最後，要發揚香港的獅子山精神、深圳的孺子牛精神，刻苦耐勞，勤奮拚搏。

三、對未來大灣區城市文化發展的暢想

要建構灣區文化，需要以「傳承」「同構」和「創新」的大灣區都市文化發展特質作為基礎，利用中西方多種文化元素來豐富和詮釋大灣區的文化內涵，提高文化領域對外開放與交流，吸收借鑒不同國家和不同地區的優秀文化成果。同時，在大灣區城市文化發展中，要實現以香港、澳門、廣州、深圳為核心的精準定位、緊密聯動和錯位發展，形成各具風格、各具特色的大都會文化。

一是要把中國傳統文化與世界文化的融合作為粵港澳大灣區國際都市文化的發展方向。港澳在快步步入現代文明的過程中，遭遇過如何處理傳統與現代、民族與世界文化之間的碰撞與融合的問題。粵港澳大灣區在建設現代化國際化大都市的過程中也同樣如此。與香港的都市文化發展經驗略有差異的是，粵港澳大灣區都市文化建構首先是要立足本土。需知，民族的就是世界的，本土的就是國際的，「國際

化」並不意味着外國化、西方化,也不意味着與歷史和傳統的完全割裂。大灣區文化要努力成為中國都市文化自覺的典範,成為本土都市文化國際化的排頭兵。

二是要重視文化包容與交融基礎上的都市文化創新。在當今世界文化激盪的全球化中,粵港澳大灣區,需要大力提升文化軟實力,提升人文價值生命力和精神創造力,增強文化核心影響力,以文化創新引領體制創新、發展方式的創新。不僅要結合現代文化與傳統文化、中國文化與西方文化,還要將中國不同地域的民俗文化、少數民族文化與世界各地、各民族文化充分融合。在消化與吸收多種文明成果的基礎上,要致力於創造一種所謂「現代化,國際化而不是西方化」的新道路和新模式,也就是既能容納西方現代文明又能體現中華優秀傳統文化的粵港澳大灣區文化體系。以文化推動和提升大灣區的國際競爭力和知名度,發揮獨特的文化樞紐作用,使粵港澳大灣區成為新形式下中華文化與周邊文化交匯的國際文化中心。

三是重視大灣區都市子文化之間的差異化發展。粵港澳大灣區城市文化的融合與繼承並不意味着謀求各城市文化的單一化或者一元化。不同城市具有不同的特色,這些城市有作為區域文化的特殊性,香港、澳門具有溝通粵港澳台及海外的優勢,粵地有文化和市場的優勢,應將這些城市聯合起來,打造出「粵港澳大灣區新時代文化」,以共融共惠促大灣區文化大發展大繁榮。當然,不可否認,文化具有一定的統一性,由於城市之間的交流和城市文化之間的部分重疊,各國家、各地區在聯繫不斷緊密的過程中,文化發展呈現出一定程度的趨同性與相似性。而城市邊界又使城市天然地產生經濟、政治、文化上的分割。故此,大灣區的都市文化發展要承認差異化,鼓勵相異性,

體現大灣區都市文化的包容性，通過都市內部的文化創新實現灣區文化的自由與多元，體現「和而不同」的文化理念。

四是要借鑒香港國際化都市文化發展經驗，通過多種方式和途經提升文化自我建構能力。香港都市文化具有自我想像和自我創造的活力。按着也斯的説法就是，符碼建構都市。通過影視去看香港，不僅是看其刻畫了什麼香港地理空間，也是看影視作為綜合媒介，如何使用種種再現——也包括虛構——的方法，協調眾人對身處城市的想像。[1]也斯在《形象香港》中對自己發問：「歷史就是這樣建構出來的嗎？⋯⋯他們打算重新佈置這房間／我們抬頭，尋找。」對於香港都市文化的重塑性和多種可能性，他描繪到，「眺望月亮，今夜的月亮／在時間的盡頭還是開端。」詩中述及不同人物眼中的香港：法國研究安那其主義（Anarchism，無政府主義）回流搞資本雜誌的人，擅寫「資本主義社會裏的狗和色情雜誌」的記者以及以為自己是張愛玲的台灣小説家，都在用自己的角度描繪着香港。香港的文化就在這種多元的建構中逐步衍生出了對於自我的想像與認知。

粵港澳大都市文化體系的構建需要借鑒香港的經驗，提升文化自我建構能力。大灣區大都會可以通過語言溝通系統、視覺符號系統、影像傳達系統、科技傳達系統、線上線下相結合的傳播方式建構城市群形象。通過增加對外宣傳工作和擴寬傳播渠道，建立城市文化品牌，推動粵港澳大灣區成為國際化現代化知名灣區。借力主流媒體，拍攝國際灣區大都市宣傳片，以「互聯網＋」的思維導向，豐富對外傳播資源和渠道，通過新媒體平台等傳播路徑推廣粵港澳大灣區國際化

---

[1]　也斯：《城與文學》，第 3 頁。

大都市的形象。以詩歌、歌曲豐富粵港澳灣區文化內涵，通過電影以故事、空間、時間的表達構建起對灣區形象的自我想像。

五是發揮粵港澳大灣區開放、包容、多元、創新的魅力，建構協同想像的灣區與人的和諧關係和對灣區的文化認同。文化發展需要推理與想像，更需要自由的精神和氛圍。粵港澳大灣區要以包容、多元、自由的文化氛圍吸引藝術家、文學家。通過文學作品、藝術作品、影視作品的繁榮與自由發展，灣區文化得到豐富，又以其豐富的文化吸引更多的人才，形成良性的互動。通過構建灣區想像，實現文化的認同和發展，構建文化想像吸納各種優秀文化和全世界各地的優秀人才，而又通過這些精英在灣區的生活、人文活動等豐富大灣區文化去填充和實現這一文化想像的現實化。

總之，大灣區城市群應當充分利用國際國內兩種資源，國際國內兩個市場，以開展廣泛的國際交流與合作，圍繞「現代化國際化先進灣區」的目標定位，不斷建構自身，豐富自身，走出一條國際化、世界性的，體現先進都市文明的發展之路。

Hybridity, Inheritance and Innovation: The Analysis on the Characteristics and Integration of Metropolitan Cultural Development of Guangdong-Hong Kong-Macao Greater Bay Area

Yang Hanxu   Huang Jiali

Abstract: Although the cultural structure of Hong Kong and Macao and other cities in the Greater Area show difference, it covers the cultural hierarchy of Western and Chinese culture, modernity and tradition, and future culture (cultural and creative industries). The cultural development of GHMGBA is not only characterized by inheriting the tradition and facing the cultural reality of globalization, but also cooperating and jointly enhancing the road of cultural development in the future. The construction of urban culture in GHMGBA will create a culture of tolerance, pluralism and advanced modern urban civilization, based on the experience of cultural construction of Hong Kong and Macao, taking advantage of "one country, two systems", in combination with the characteristics of different cities in GHMGBA, through the inheritance of traditional culture and regional culture and the assimilation of multi-culture in the world.

Key words: Guangdong-Hong Kong-Macao Greater Bay Area; Urban Culture; Chinese Traditional Culture

跨境流動、社會距離與香港民眾對粵港澳大灣區內地城市的認知[*]

——基於 2018 年香港民眾對粵港澳大灣區內地城市意見調查的實證研究

周微　劉明偉^{**}

摘　要：本文在接觸假説基礎之上，引入社會距離，利用 2018 年中山大學——香港嶺南大學電話調查數據探討跨境流動、社會距離對香港民眾對粵港澳大灣區內地城市認知的影響。研究發現，香港民眾對大灣區內地城市的認知是跨境流動和社會距離變化綜合作用的結果。其中，跨境流動能縮小社會距離，並對認知產生顯著正影響，但這種影響是非線性的，其對於不同類型認知的作用機制是不同的；社會距離會阻礙認知，並且在跨境流動和生存發展型認知之間起着調節作用。文章最後提出

*　本文獲教育部人文社會科學重點研究基地重大項目資助（項目批准號 16JJDGAT004）
**　作者簡介：周微，女，中山大學社會學與人類學學院博士研究生，研究方向為青年愛國主義教育、港澳社會。劉明偉，男，中山大學粵港澳發展研究院、社會學與人類學學院博士研究生，研究方向為移民社會學、港澳社會。

了增加香港民眾對大灣區內地城市認知的對策思路。

關鍵詞：跨境流動　社會距離　粵港澳大灣區

一、問題的提出

中共十九大報告指出「要支持香港、澳門融入國家發展大局……推進內地同香港、澳門互利合作」。在這一融合的過程中，香港民眾對粵港澳大灣區的認知和認同起着關鍵性作用，具有獨特的研究價值。隨着粵港澳大灣區的正式成立，香港與內地的跨境流動與社會互動勢必比以往更加頻繁，由此事實層面的變化必然帶來觀念認知層面的變化。粵港澳大灣區制度和跨境流動的複雜性以及歷史文化等其他因素，使得香港民眾對大灣區的認知具有一定的特殊性。只有了解掌握香港民眾對大灣區內地城市的認知狀況及影響因素，才能推動與之相關的制度政策，這對大灣區整體治理和可持續發展具有重要意義。基於這種決策要求，中山大學與香港嶺南大學合作進行香港居民關於在粵港澳大灣區內流動意願的電話調查。本文根據研究數據作出分析。分析的問題是，香港民眾對大灣區內地城市的認知狀況如何？跨境流動有沒有促進香港民眾對大灣區的認知？跨境流動對香港與內地兩個社群的社會距離有什麼關係，哪一個因素會影響文化認知？

二、文獻綜述與研究假設

本文基於跨境流動、社會距離與認知之間的關係這一核心問題，根據三者之間的邏輯關係分別從認知及其影響因素、跨境流動與社會

距離、社會距離與認知、跨境流動與認知以及社會距離的調節作用五方面進行綜述，以期為本文提供一個較為全面的理論依據。

（一）認知及其影響因素

社會認知是將認知心理學的研究範式和社會心理學的相關概念相結合所形成的一種新理論視角。認知是指人認識外界事物的過程，即個體對來自於自身、他人和周圍環境的社會信息如社會性客體和社會現象及其關係的認知，以及對這種認知與人的社會行為之間關係的理解和推斷。[①] 因此，「認知」主要是一個描述性的、中性的範疇，主要是指對某種狀態的覺察、知曉和理解，而不包括主體對這種狀態加以承認、接受的意涵，而「認同」所強調的正是這種承認和接受。[②]

學界關於影響認知因素的研究大致可以歸為三類。一是接觸假說，這是研究最多也是最主要的一種假說，學者們大多探討流動接觸對認同或認知的影響；二是社會互動論，即人們對自身身份的認知、識別，都是在社會互動中通過與他人的比較對照而呈現出來的。這種通過社會比較而得到的認知，也是一種異質性的認知，往往還包含着與他人進行的橫向對比，[③] 這裏強調了社會交往互動的重要性。王小章從社會互動的視角研究了今日國企工人如何從自我身份認知向自我身份認同轉化；三是社會階層因素，認為社會階層影響認知。克勞斯等闡述了高、低社會階層在認知與行為方面的差異，從而形成了一系列

---

① 盧海陽等：《就業質量、社會認知與農民工幸福感》，《中國農村觀察》，2017 年第 3 期。

② 王小章等：《認知與認同之間——單位制解體背景下杭州市國企工人的自我身份意識》，《浙江學刊》，2009 年第 1 期。

③ 王小章等：《認知與認同之間——單位制解體背景下杭州市國企工人的自我身份意識》，《浙江學刊》2009 年第 1 期。

不同的社會認知傾向，並指導個體的思維、感覺和行為方式。

綜上，目前的研究主要存在以下不足：一是關於粵港澳大灣區這一特殊區域的認知研究相對較少；二是對於影響認知的因素，大部分研究只是強調某一單一因素的影響，直接探討流動和認知／認同的關係，而對這兩者之間的具體作用機制以及多個因素對認知的影響則較少探討。因此，本文嘗試從微觀方面入手，引入社會距離，探討跨境流動對認知的影響。

（二）跨境流動與社會距離

影響社會距離的因素包括社會地位、文化差異、空間隔離以及制度和接觸頻率等，[①] 接觸被認為是影響社會距離的關鍵。相關研究發現，在適當的情形下，接觸可以拉近社會距離，[②] 即人們的社會距離與個體間的接觸次數和頻率呈現負相關關係。香港和大灣區內地城市有着共同的血脈和相似的歷史文化，在區域一體化政策下，通過頻繁的跨境流動，增加了兩地人們之間的接觸和交往，從而有助於縮小人們之間的社會距離。由此提出：

假設 1：跨境流動對社會距離產生顯著負影響，有助於縮小社會距離。

（三）社會距離與認知

社會互動論是影響認知的理論之一。在這裏，引入社會距離對其

---

① 莫莉：《台灣大學生對大陸的社會接觸及社會距離感知研究》，《青年研究》2016 年第 4 期。

② Allport, Gordon W., *The Nature of Prejudice*, Cambridge: Addison Wesley, 1979.

與認知的關係進行驗證。社會距離是人與人之間或群體與群體之間親近、疏遠的程度和等級，^①其與社會交往和互動有着密不可分的關係。博格達斯將社會距離從概念變成了具體的測量刻度（即博格達斯量表），認為所有的社會問題都與社會距離有關，並堅信這種測量可以解釋人際間的種種誤解。^②目前國內關於社會距離的應用主要集中在農民工及其隨遷家屬與城市居民這兩大群體如何相處融入等問題上，但這些基本上都是基於內地現象進行的研究，關於香港和內地這兩個不同地區的研究卻鮮有提及，即使有相關研究，也是研究社會距離與身份認同之間的關係。社會距離的大小與香港民眾對粵港澳大灣區內地城市的認知關係密切，社會距離較小，群際交往互動增加，從而更好地了解認識大灣區內地城市的群體、事物和現象，相反，社會距離較大，阻礙群際交往互動，雙方的交往經驗較差，^③阻礙了香港民眾對大灣區內地城市的認知。上述研究為探討香港民眾對大灣區內地城市的認知提供了一個具有啟發性的視角。由此提出：

假設 2：社會距離阻礙認知，社會距離越大，認知程度越低。

（四）跨境流動與認知

跨境流動指人口在以邊界劃分不同管轄權的空間之間移動。「流動轉向」和「人口流動新範式」為理解當代中國跨境流動的複雜性和多

---

① 盧國顯：《差異性態度與交往期望：農民工與市民社會距離的變化趨勢——以北京市為例》，《浙江學刊》2007 年第 6 期。

② 陸淑珍：《對稱與不對稱：城市居民社會距離的代際傳遞——以珠三角地區為例》，《人口與發展》2013 年第 5 期。

③ 盧國顯：《差異性態度與交往期望：農民工與市民社會距離的變化趨勢——以北京市為例》，《浙江學刊》2007 年第 6 期。

樣性提供了新的視角。同時，跨地域成為分析流動的一個概念框架，城市之間和城市內部的流動受到關注，城市成為各種流動的結合點。目前學界着重於對鄉—城流動的研究，而對港澳—內地往返擺動、城市間流動等複雜流動鮮有討論。粵港澳大灣區作為一個具有代表性的特殊區域，香港民眾在大灣區內的各種複雜的跨境流動，經歷了解各種不同的群體、事物和現象，勢必會對他們對整個大灣區的認知產生影響。

關於接觸理論，有兩種說法。一是認為接觸能夠獲取真實的信息和感知，有助於增加理解和認識，強調接觸頻率的增加有助於群體間態度和看法的改變。陳德升認為開展交流活動可以推動群體之間彼此的認知、了解，進而改變原有的看法。[①] 奧爾波特對這一理論的經典闡述以及後來的許多研究都集中於情境因素，如平等地位、共同目標和合作作為群際互動產生積極效果的條件。然而，最近研究表明，即使在沒有這些條件的情況下，與外群體成員的直接接觸也會產生積極的影響，可以緩解對外部群體的消極情緒和刻板印象。此外，想像性接觸對增加認知、改善群際關係也有好處。二是接觸能夠發揮的作用是有限的。這也是對接觸假說的一個批評，即接觸存在自選擇效應。每個人原本就存在一些主觀的認知框架，如果由於固有的認知進行選擇性接觸，或者存在某種社會距離產生一種敵對牴觸情緒，那麼即使頻繁接觸也不一定能增加認知。

關於這兩種說法，已有的研究並未達成一致。一部分學者研究發現，在適當的情形下，頻繁的接觸會降低人們的負面觀感，破除原有的成見。如果接觸後的感知與原有的負面印象不符，則更易推翻負面

---

① 　陳德升、陳欽春：《兩岸學術交流政策與運作評估》，《遠景基金會季刊》2005 年第 2 期。

的認知。但也有研究指出，部分淺層膚淺的接觸也可能會產生負面的認知。^①改革開放之前，香港和內地之間的流動較少，造成較長時間的隔絕，也許正是這種隔絕影響了香港民眾對粵港澳大灣區內地城市的認知。關於流動，大多關注的是流動人口本身的一些屬性特徵對社會距離的影響，很少有研究關注流動這一行為本身對認知的影響。^②由此提出：

假設 3：跨境流動對香港民眾對粵港澳大灣區內地城市的認知產生顯著正影響，但這種影響呈現非線性的特徵；而且其對不同類型認知產生的作用機制是不同的。

（五）社會距離的調節作用

社會距離的調節作用主要有兩方面，一是接觸通過縮小社會距離，從而增加認知；另一方面是接觸通過擴大社會距離，進而減少認知。部分學者將社會距離作為調節因素或影響因素對認同的影響進行了研究，潘澤泉以湖南省的農民工為例，探討了社會距離在社會資本、同群效應等因素對農民工身份認同起着調節作用。受上述啟發，本文嘗試探討社會距離的調節作用對認知的影響，即雖然香港民眾跨境流動對其認知產生正面影響，但是由於社會距離的存在可能導致跨境流動減少或者是形成一種刻板印象從而影響了跨境流動的正向作用。由此提出：

假設 4：社會距離在跨境流動與認知之間的關係中起着調節作用。

認知是一個複雜變化的過程，在這一過程中獲得的信息與認知者

---

① 莫莉：《台灣大學生對大陸的社會接觸及社會距離感知研究》，《青年研究》2016 年第 4 期。

② 田林楠：《流動人口社會距離測量及其影響因素分析——以蘇浙滬為例》，《人口與社會》2014 年第 2 期。

原有認知結構之間的關係、信息的重要性等以及認知者的期望、動機和情境等都會對認知過程和結果產生影響，這說明不同情況下認知產生的作用機制是不同的。此外，根據假設 1、假設 2、假設 3 和假設 4 之間的邏輯關係推論出：

假設 5：跨境流動、社會距離對不同類型認知產生的影響是不同的。

必須指出的是，影響認知的因素可能是多元複雜的。在本文中主要循着跨境流動、社會距離和認知三者之間的關係這條主線來進行，至於其他情況則不予考慮。從反事實因果的角度來看，跨境流動、社會距離對於認知的影響得到較多文獻的支持，而其反向因果途徑並不十分清晰。

三、數據、變量與方法

（一）數據來源

本研究數據來源於香港嶺南大學公共管治部通過電話民意調查獲得的香港民眾對粵港澳大灣區內地城市意見的數據。此次調查以 18 歲或以上的香港居民為訪問對象，所使用的電話號碼以隨機抽樣的方式從相應的電話號碼庫中抽取，然後將所抽取的電話號碼的最後兩位數字用隨機數字代替，接通電話後，在抽取的住戶內再隨機抽取一名符合資格的被訪者。最終完成問卷 1033 份，應答率 31.7%。

（二）變量說明

本文的核心變量主要有三個，分別是跨境流動頻率、社會距離和香港民眾對粵港澳大灣區內地城市的認知。變量情況如表 1 所示。

表 1　變量基本情況

變量	頻數	百分比
跨境流動頻率		
沒有去過	557	54.93
每季度不足 1 次	292	28.8
每季度 1～3 次	121	11.93
每月 1～4 次	28	2.76
每周至少 1 次	16	1.58
性別		
男	489	47.34
女	544	52.66
年齡		
18～29 歲	152	14.71
30～49 歲	230	22.27
50 歲及以上	651	63.02
教育程度		
小學及以下	149	14.72
中學或預科	477	47.13
專上教育	386	38.14
就業情況		
有工作	501	49.12
不（沒）工作	519	50.88
社會距離	747	100
受大灣區吸引		
休閒娛樂	394	38.78
居住條件	204	20.08
就業機會	136	13.39
家鄉情懷	133	13.09
歷史文化	123	12.11
進修機會	26	2.56

1. 香港民眾對粵港澳大灣區內地城市的認知

菲斯克和泰勒認為認知過程中，分類是最重要的。人們知覺事物的時候，為了節省認知資源，往往會根據一些簡單的原則將事物加以分類，從而形成了不同類型的認知。因此，在本文中也將認知區分為不同類型。香港民眾對粵港澳大灣區內地城市的認知這一變量，主要是用問卷中「你認為大灣區的哪些方面對你最吸引？」這一問題來進行測量。由於此題目為多選題，將各選項分別處理為二分變量，如果香港民眾認為受吸引則賦值為 1，反之賦值為 0，由此進行描述性分析和因子分析。Chaudhuri 和 Morris 從動機的角度將消費觀念類型分為實用性和享受性兩種類型，在一定程度上，香港民眾到粵港澳大灣區內地城市休閒娛樂、工作和居住也屬於消費範疇，借用上述分類方法，將提取的因子分別命名為「生存發展型認知」和「享受型認知」。

2. 跨境流動頻率

香港民眾跨境流動的頻率因為目的不同而不同，一般包括觀光（59.2%）、探親訪友（24.5%）、美食（20.5%）、工作（16.7%）、購物（9.3%）等目的，同時他們流動目的地主要集中於廣州和深圳兩個城市。往返頻率高、逗留時間短的遷移流動被認為是臨時性的遷移，遷移按不同的時間周期和空間界限可以劃分為不同的類型。關於跨境流動的頻率主要是問卷中「過去一年，你到過香港和澳門以外的大灣區地區多少次？」這一題，由於流動次數存在極值，因此根據年、季度、月、周的時間維度對流動頻率進行分類，將跨境流動分為沒有去過、每季度不足 1 次、每季度 1~3 次、每月 1~4 次和每周至少 1 次五類。[1]

---

① 　鄭婉卿：《流動與認同：以香港居民為例》，《人文地理》2019 年第 1 期。

3. 社會距離

博格達斯社會距離量表是一種典型的累積量表，它由一系列內部具有邏輯結構的陳述語句構成，並且按照社會距離從近到遠順序排列，賦予一定的分值。[①] 這裏使用問卷中的社會距離量表來進行測量，即「你會不會介意內地人做你的上司、內地人做你的同事、內地人做你的鄰居、內地人做你的朋友以及因結婚而與內地人結為姻親？」這五個問題，答案賦值 0～10 分，0 分表示非常不介意，10 分表示非常介意。據此，對其進行因子分析，KMO 值為 0.871，$p < 0.001$，提取出 1 個公因子，解釋方差達到 75.1%，命名為「社會距離因子」。

4. 控制變量

本文的控制變量包括性別、年齡、教育程度、出生地和就業情況。其中，將年齡分為 18～29 歲、30～49 歲和 60 歲及以上三個類別；將教育程度分為 3 個組別，分別為：小學或以下、中學或預科、專上教育（包括文憑證書課程、副學士、學位課程或以上）；將就業情況分為有工作和不（沒）工作兩種類別。

（三）分析方法

本文的數據分析主要分為三部分：一是使用線性回歸模型分析跨境流動對社會距離的影響；二是使用線性回歸模型分析社會距離對不同類型認知的影響；三是採用線性回歸嵌套模型分析跨境流動、社會距離對不同類型認知的影響及其社會距離的調節作用。

---

① 鍾漲寶等：《外來務工人員子女與本地學生的社會距離研究——基於雙向度社會距離測量》，《南京社會科學》2010 年第 8 期。

四、實證結果分析

在此部分，本文將報告跨境流動與社會距離、社會距離與認知以及社會距離的調節作用，從而對三者之間的關係進行綜合說明。

（一）跨境流動對社會距離產生顯著負影響，但這種影響是非線性的

表 2 中的模型 1 顯示，跨境流動能縮小社會距離，但是這種影響是非線性的，即未曾流動者的社會距離大於每季度不足 1 次或每季度 1～3 次流動者的社會距離，並且當跨境流動次數超過一定次數（每季度 1～3 次）時，這種顯著影響便不再顯現。但總體來說，香港民眾的跨境流動對社會距離產生了顯著負影響。由此假設 1 得到部分驗證。

（二）社會距離顯著影響認知，且社會距離越大，認知程度越低

表 2 中的模型 2、模型 3，表 3 中的模型 6、模型 7 以及表 4 中的模型 10、模型 11 均表明不論對於生存發展型認知還是享受型認知來說，社會距離都產生了顯著負影響，社會距離越大，認知程度越低。香港民眾的社會距離越小，越可以增加與大灣區內地城市的交往互動，進而通過互動比較越能增加對大灣區內地城市的相關認知。綜上，假設 2 得到驗證。

表 2　跨境流動與社會距離、社會距離與認知的回歸分析

變量	模型 1 社會距離	模型 2 生存發展型認知	模型 3 享受型認知
跨境流動頻率			
每季度不足 1 次	−0.218***		
	−0.0842		
每季度 1～3 次	−0.207*		
	−0.115		
每月 1～4 次	−0.331		
	−0.221		
每周至少 1 次	−0.388		
	−0.271		
社會距離		−0.122***	−0.149***
		−0.0378	−0.0386
常數	0.296*	0.145	−0.298*
	−0.177	−0.176	−0.179
觀測值	722	733	733
R2	0.038	0.022	0.032

*** p ＜ 0.01，** p ＜ 0.05，* p ＜ 0.1

註：為節省篇幅，在表 2 中將控制變量省略。

（三）跨境流動對認知的複雜影響

在此部分的分析中，採用一般線性回歸嵌套模型，將提取的「生存發展型認知」「享受型認知」作為因變量，分別放入跨境流動、社會距離以及兩者的交互項進行分析。表 3、表 4 所列數據為嵌套回歸模型分析結果。

1. 跨境流動增加了香港民眾對粵港澳大灣區內地城市的認知

無論是生存發展型認知還是享受型認知，跨境流動對香港民眾的

認知都產生了顯著正影響。在表 3 中，無論模型 5、模型 6 還是模型 7 均顯示每季度 1～3 次、每月 1～4 次或每周至少 1 次的香港民眾比不曾前往或每季度不足 1 次的香港民眾的認知程度要高。在表 4 中，模型 9、模型 10 和模型 11 均表明每季度不足 1 次或每季度 1～3 次的香港民眾比未曾前往的香港民眾的認知程度要高。香港民眾跨境流動到內地生活工作以及休閒娛樂，增加了對相關群體、事物和現象的認知。因此，總的來說，相較於不流動者來說，跨境流動者對粵港澳大灣區內地城市的認知增加。

2. 跨境流動對認知的影響呈現非線性特徵

跨境流動對生存發展型認知和享受型認知產生的顯著正向影響呈現一種非線性特徵，而且這種非線性特徵對兩種不同類型認知的作用機制是不同的。由表 3、表 4 可知，對於生存發展型認知來說，跨境流動次數只有達到每季度 1～3 次、每月 1～4 次或每周至少 1 次時，流動對於認知的顯著正向影響才會顯現，即一開始，流動並未對生存發展型認知產生影響，當流動次數達到最低閾值每季度 1～3 次時，這種影響才開始顯現。對於享受型認知來說，跨境流動次數只有達到每季度不足 1 次或每季度 1～3 次時，流動對於認知的正面影響才會顯現，即剛開始，流動便對休閒娛樂型認知產生了影響，但是達到產生這種正面影響的最大閾值每季度流動 1～3 次之後，即使流動次數增加，也不會增加認知。由此可見，這種非線性特徵在兩種不同類型認知中產生的作用機制是不同的。

綜上，假設 3 得到驗證。

表 3　跨境流動、社會距離與生存發展型認知的嵌套回歸分析

變量	模型 4 基礎模型	模型 5 生存發展型認知	模型 6 生存發展型認知	模型 7 生存發展型認知
跨境流動頻率				
每季度不足 1 次		0.03	−0.0788	−0.0763
		−0.0709	−0.0852	−0.0852
每季度 1～3 次		0.315***	0.307***	0.303***
		−0.099	−0.116	−0.116
每月 1～4 次		0.353*	0.377*	0.436*
		−0.191	−0.223	−0.227
每周至少 1 次		1.173***	0.881***	0.775***
		−0.256	−0.273	−0.279
社會距離			−0.111***	−0.0924*
			−0.0378	−0.0519
流動次數 * 社會距離				
每季度不足 1 次 * 社會距離				−0.0161
				−0.0862
每季度 1～3 次 * 社會距離				−0.0742
				−0.118
每月 1～4 次 * 社會距離				0.276
				−0.246
每周少 1 次 * 社會距離				−0.447*
				−0.242
年齡				
30～49 歲	−0.280***	−0.329***	−0.273**	−0.258**
	−0.108	0	−0.118	−0.119
50 歲及以上	−0.209**	−0.265***	−0.225**	−0.219**
	−0.0956	−0.0955	−0.106	−0.107
常數	0.277*	0.241*	0.145	0.135
	−0.142	−0.144	−0.178	−0.179
觀測值	1,008	990	722	722
R2	0.014	0.047	0.053	0.06

*** p < 0.01，** p < 0.05，* p < 0.1

註：為節省篇幅，表 3 中只保留產生影響的控制變量，性別、教育程度和就業情況未在表 3 中顯示。

表 4　跨境流動、社會距離與享受型認知的嵌套回歸分析

變量	模型 8 基礎模型	模型 9 享受型認知	模型 10 享受型認知	模型 11 享受型認知
跨境流動頻率				
每季度不足 1 次		0.439***	0.409***	0.404***
		−0.0719	−0.0866	−0.0868
每季度 1～3 次		0.502***	0.454***	0.465***
		−0.1	−0.118	−0.118
每月 1～4 次		0.288	0.211	0.177
		−0.194	−0.226	−0.231
每周至少 1 次		0.303	0.131	0.169
		−0.259	−0.278	−0.284
社會距離			−0.127***	−0.0885*
			−0.0384	−0.0529
流動次數＊社會距離				
每季度不足 1 次＊社會距離				−0.126
				−0.0877
每季度 1～3 次＊社會距離				0.0192
				−0.121
每月 1～4 次＊社會距離				−0.243
				−0.25
每周至少 1 次＊社會距離				0.0971
				−0.247
教育程度				
中學或預科	0.290***	0.280***	0.366***	0.369***
	−0.0978	−0.0966	−0.131	−0.131
專上及以上教育	0.258**	0.217**	0.337**	0.343**
	−0.109	−0.108	−0.143	−0.144
常數	−0.242*	−0.450***	−0.523***	−0.522***
	−0.145	−0.146	−0.181	−0.182
觀測值	1,008	990	722	722
R2	0.013	0.061	0.07	0.075

*** p ＜ 0.01，** p ＜ 0.05，* p ＜ 0.1

註：為節省篇幅，表 4 中只保留產生影響的控制變量，性別、年齡和就業情況未在表 4 中顯示。

（三）社會距離的調節作用

跨境流動和社會距離的交互項對生存發展型認知產生作用，但對享受型認知卻不儘然。表 3 中的模型 7 顯示，社會距離對跨境流動與生存發展型認知的調節作用得到證實，雖然只有一項達到顯著，但是四個交互項的係數均小於 0，說明產生的是一種負向調節作用，即對於每周至少流動 1 次的香港民眾來說，跨境流動對認知的正向作用因為社會距離的存在而削弱了，而在表 4 的模型 11 中，交互項產生的作用則不顯著。由此假設 4 得到部分驗證，這也說明，社會距離的調節作用對於不同類型的認知產生的作用也是不同的。

（四）控制變量的影響

表 3 中的模型 7 顯示，相對於 18～29 歲的年輕一代來說，30 歲及以上較大年齡的香港民眾對於生存發展型的認知反而較低。表 4 中的模型 11 顯示，教育程度產生了影響，相較於受教育程度為小學及以下的香港民眾來說，中學或預科和專上及以上教育程度的香港民眾對於享受型認知程度更高。

通過比較，香港民眾跨境流動對粵港澳大灣區內地城市不同類型認知產生的作用機制是不同的。此外，社會距離也只對生存發展型認知產生調節作用。結合假設 1、假設 2、假設 3 以及假設 4 得到驗證，由此推論出假設 5 得到驗證。

五、結論與討論

　　通過分析發現，香港民眾對粵港澳大灣區內地城市的認知是複雜的，既有暫時性的認識，也存在刻板印象，既有客觀、公正、理性的評價，也存在相應的認識誤區。總的來說，香港民眾對粵港澳大灣區內地城市的認知還存在一定的提升空間。本研究發現，跨境流動和社會距離是影響香港民眾對粵港澳大灣區內地城市認知的兩個重要因素。在理論層面，不同於接觸對認同產生的影響爭議，本文驗證了在認知方面，接觸對認知只產生正效應，而且具有非線性的特徵。上述發現拓展了接觸理論的適用範圍和理論內涵，即接觸產生的正負效應可以進一步區分為線性影響和非線性影響。

　　本研究還發現，跨境流動對認知的影響是複雜的，其對生存發展型認知和享受型認知產生的作用機制是不同的，社會距離在其中部分起到了調節作用。這可能與兩方面的原因有關。一是與不同類型的認知有關。認知的多層次理論認為不同類型認知的層次不同，既有深層認知也有淺層認知。生存發展型認知屬於一種深層認知，其包含居住工作等內容，只有經過頻繁的深度接觸、交往互動才能對工作和居住條件等有較深程度的了解和認知，所以只有達到一定的流動次數才會開始對生存發展型認知產生影響。而享受型認知屬於一種淺層認知，要了解體驗它們相對容易，淺度接觸即可，因而在達到一定次數之後，對這種認知達到飽和狀態，而且這種認知相對來說沒有生存發展型認知重要。對於享受型認知來說，即使先前存在一定的認知經驗，跨境流動之後也極易改變，並不會說因為社會距離的存在而變得更加固化；二是可以用「期望不一致」理論來解釋，這種不一致性使得香

港民眾在認知失衡和平衡之間進行擺動。吉爾伯特等認為，人們對某種事物的信念建立在以往的經驗認知基礎上，如果接觸的人或事物沒有達到預期，就會產生牴觸情緒，[①] 社會距離變大，民眾進行選擇性接觸，影響人們的交往互動，產生刻板印象或固化原先的認知，從而削弱了跨境流動對認知的影響，也就是說跨境流動對生存發展型認知的正向作用因為社會距離的存在而削弱了。這也進一步回應了學界關於接觸理論正負效應的爭議，說明接觸產生的影響確實是複雜的。

本文認為不能將認知籠統化，要區分不同類型的認知從而採取相應的措施增加香港民眾的認知，主要有三點：一是通過制度改革、政策創新，化解制度政策的複雜性，促進香港民眾的跨境流動；二是縮小社會距離，加強社會交往互動，多些包容。社會距離縮小，群體之間有密切的交往互動，就可能使得原來既有的歧視、偏見等弱化或消失。香港民眾交往體驗的平均分值是 5.83 分，這說明他們對大灣區內地城市的交往體驗是較好的；三是加大通過各種媒體和網絡傳遞大灣區內地城市信息的力度，爭取主導權，從而增加香港民眾對粵港澳大灣區內地城市的認知。香港民眾獲取粵港澳大灣區的資訊主要從非網上媒體中的電視（52.3%）和報紙（20.4%）獲得，對於從網上媒體獲得資訊的比例則非常少，其對於粵港澳大灣區內地城市諮詢關注的平均分值只有 3.82 分，處於較低關注水平。羅伯特等發現信息時代，青年時期更容易產生通過網絡媒體接觸到的事物的認知。[②] 總的來說，在

---

① 莫莉：《台灣大學生對大陸的社會接觸及社會距離感知研究》，《青年研究》2016 年第 4 期。
② Roberts, Brent W. & Kate E. Walton, "Patterns of Mean-level Change in Personality Traits across the Life Course: A Meta-analysis of Longitudinal Studies", *Psychological Bulletin*, 2006, 132(1).

一體化融合發展的前提下，打破制度政策藩籬，多些包容，最終將香港整合到國家發展大局中來。

囿於數據限制，本文沒能探究香港民眾對粵港澳大灣區內地城市的認知與其認同之間的關係，也未能展開不同宏觀因素對香港民眾對粵港澳大灣區內地城市認知的具體影響以及對香港民眾認知的追蹤研究，這些值得未來進一步研究。

Cross-Border Mobility, Social Distance and Hong Kong people's Cognition of the Bay area in the Mainland

——An Empirical Study Based on the Opinion Survey of Hong Kong people on the Bay area in the Mainland

Zhou Wei   Liu Mingwei

Abstract: The cognition and identity of the people of Hong Kong to the Guangdong-Hong Kong-Macao Bay area plays a key role in the process of integration. And it has unique research value. Cognition can play an important role as the prior intention of identification. The core issues of this paper are the relationship between cross-border mobility, social distance and cognition. Based on the contact hypothesis, the paper introduces social distance and comparative perspective to explore the impact of cross-border mobility and social distance on the cognition of Hong Kong people towards the mainland greater bay area. We use the telephone survey data from LingNan university of Hong Kong to analyze the relationship. It is found that the cognition of

Hong Kong people on the mainland's greater bay area is the result of the combination of cross-border mobility and social distance. Among them, cross-border mobility can reduce social distance and have a significant positive effect on cognition, but the effect is non-linear and the mechanism for different types of cognition is different. Social distance impedes cognition and plays a moderating role between cross-border mobility and survival developmental cognition. At the end of the paper, the author puts forward some countermeasures to increase Hong Kong people's cognition of the mainland greater bay area.

Key words: Cross-border Mobility; Social Distance; Cognition; Hong Kong people; The Bay area in the Mainland

粵港澳大灣區
兩大創新科技製造業發展與香港角色[*]

關紅玲　吳玉波　歐陽艷艷[**]

摘　要：本研究選取了粵港澳大灣區兩大創新科技製造業，即優勢產業——電子信息製造，潛力產業——醫藥製造，深入分析粵港澳大灣區內地九市在兩個創新科技製造業的發展現狀以及香港的作用。研究發現：粵港澳大灣區在電子信息下游——芯片應用國際國內優勢明顯，且有向中游產業突破可能；而醫療器械在國內乃至國際都有競爭力，中藥和生物醫藥也大有潛力。文章進一步梳理了兩個產業中香港與內地合作成功將技術商業化的案例。最後本報告提出了相關政策建議，如以點帶面加強基礎與產業研究、發揮香港在科技創新中的雙向平台作用、改善營商環境等。

關鍵詞：粵港澳大灣區　創新科技製造業　香港角色

---

[*]　　本報告為 2018 年度國家高端智庫課題——內地與香港創新科技產業合作研究的部分成果。

[**]　關紅玲，中山大學粵港澳發展研究院、港澳珠江三角洲研究中心，副教授。吳玉波，2017 級中山大學港澳珠三角中心研究生；歐陽艷艷，中山大學國際金融學院副教授，為本文通訊作者。

醫藥製造和電子信息產業分別是《粵港澳大灣區發展規劃綱要》指明須加快發展的先進製造業和培育壯大的戰略性新興產業。前者無論在國內還是國際都具有明顯競爭優勢。而醫藥製藥行業，雖然根據區位熵的計算並非大灣區優勢產業，但是在嶺南地區卻存在篤信中醫以及中醫養生的傳統；另外近年來在基因研究與產業化還有醫療設備製造方面也走在全國前列。

香港雖然沒有製造業，但在上述兩大行業擁有相應的高科技人才、健全的知識產權保護制度，以及良好營商環境和高度完善國際金融市場。

《粵港澳大灣區發展規劃綱要》提出粵港澳大灣區實施創新驅動戰略，構建開放型融合發展的區域協同創新共同體。因此有必要深入研究走在國際、國內前列的電子信息製造業和具備巨大發展潛力的醫藥製造，剖析其在國際、國內產業鏈中優勢與不足以及如何充分發揮香港比較優勢，合作互利共贏，合力將粵港澳大灣區打造成國際科技創新中心。

一、粵港澳大灣區電子信息產業發展

（一）中國電子信息產業與國際產業佈局

1. 中國電子信息產業的全球地位——消費電子產品生產出口大國

一條完整的電子信息產業鏈主要包括中游的芯片設計、芯片製造和封裝測試三個分支產業，還包括上游集成電路設備製造、材料生產等相關支撐產業及下游應用產業（包括消費電子、計算機和網絡通信等）。從國際產業鏈佈局看，我國電子信息產業優勢集中在下游的應用產業，而上游乃至中游產業仍以美、韓、日等明顯優勢，可以說他們

掐着全球電子通信行業先進技術的咽喉。

根據美國消費電子協會（Consumer Electronics Association）與權威消費電子市場諮詢公司 GFK 統計，2013 年中國消費電子產品銷售額佔全球 26%，中國已成為全球最主要電子產品銷售、生產和出口國；與此同時，中游的芯片設計方面銷售量在全球舉足輕重，2016 年中國芯片設計業銷售收入為 1644.3 億元，佔全球芯片設計業的比重高達27.82%，但目前仍未能造出通用芯片，處於自產自銷階段。

2. 全球芯片頂級企業中國佈局下形成的區域分工

目前國際前十大芯片製造和設計公司紛紛在中國佈局，據不完全統計，英特爾、高通、三星、SK 海力士、美光、德州儀器、恩智浦（NXP）、意法半導體（ST）、英飛度、東芝等在中國設立公司、研究機構等高達 100 家。其投資分佈特徵為在北京、上海、深圳設立研發部門，而在電子通信人才集中的西安，能源豐富的成都、重慶、貴州

圖 1　集成電路產業鏈及全球主要企業

設立芯片製造及封測企業。

當前中國電子信息產業主要集中在以上海為中心的長三角、北京為中心的環渤海、深圳為中心的泛珠三角（以大灣區內地 9 市為主）以及武漢西安成都為代表的中西部地區。長三角地區是國內晶圓製造、封測企業最為集中的區域，當前國內 55% 的集成電路製造企業、80% 的封測企業都集中在長三角地區。2016 年珠三角集成電路產能佔全國比重僅為 9.2%，遠低於長三角的 63.6%。截止 2017 年底我國 12 寸晶圓廠在建產能設計 15 個項目中，僅有兩個位於珠三角（均位於深圳），珠三角集成電路製造業與長三角及京津環渤海地區相比還有較大差距。2016 年中國半導體封裝測試十大企業中，廣東僅有恩智浦半導體上榜（東莞）。

半導體集成電路製造過程極其複雜，需要用到的設備包括硅片製造設備、晶圓製造設備、封裝設備和輔助設備等。根據中國半導體協會（CSIA）數據，2016 年大陸前十名半導體設備廠商中，大灣區的捷佳偉創（深圳）和格蘭達（深圳）入圍，分別位列第三名和第十名。

（二）粵港澳大灣區內地 9 市在中國電子信息產業鏈條上的優勢

正如上述，中國已成為世界消費電子產品生產、銷售與出口大國，廣東作為出口大省，電子信息產業強省，其產業鏈佈局主要集中在大灣區內地 9 市，在全國電子信息產業鏈條上的優勢體現為以下方面：

1. 在國內產業鏈條完整，綜合實力較強，出口導向明顯

圖 2 顯示，廣東電子信息產業具有完整的產業鏈條，在上中下游各個環節均有灣區內地 9 市企業涉及，其中不乏全國甚至國際品牌企業。

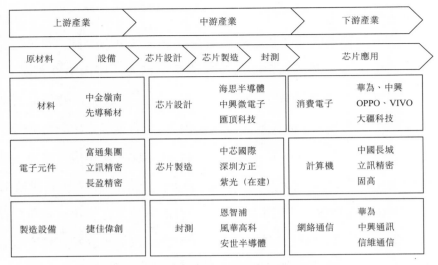

圖 2　集成電路產業鏈及大灣區 9 市相關公司

根據工信部首次發佈中國電子信息產業綜合發展指數研究報告顯示：分地區電子信息製造業綜合發展指數最高為廣東（79.16），其次為江蘇（75.59）、上海（70.95）、北京（70.95）、浙江（70.76）。

廣東省不僅綜合發展指數位列全國第一位，發展指數連續三年持續增長，另外廣東省在產業規模、企業和產品競爭力、產業效益三項一級指標值位居全國首位。

此外，廣東電子信息產業具有明顯的出口導向，根據中國工業企業數據庫 2013 年數據，廣東電子信息行業佔全國出口比重達 33%。

2. 電子信息產業鏈的下游優勢明顯

鑒於大灣區內地 9 市電子信息產業下游統計數據難以獲得，且廣東省電子信息等高技術產業主要分佈於大灣區內地 9 市，故廣東省數據可代表大灣區內地 9 市的全國地位。

廣東省在電子信息產業下游——消費電子、計算機和網絡通信方

面優勢明顯。根據廣東統計局數據，2017 年廣東省手機產值佔全國
44%，計算機整機佔全國的 18%，集成電路佔全國的 17%。

在 2017 全年中國各地區手機產量排行榜中，廣東省（8.3 億台）
位列排行榜首位，佔全國手機產量的 43.7%。其中大灣區內地 9 市形成
華為（深圳）、中興（深圳）、OPPO（東莞）、VIVO（東莞）、魅族（珠
海）、酷派（深圳）等一批國內外知名的手機品牌，大灣區內地 9 市發
展消費電子已經有了很好的產業基礎。另一方面，在智能穿戴與智能
家居方面中小企業活力明顯。

以電子計算機整機生產為例，2017 年廣東省電子計算機整機生產
5795 萬台，佔全國計算機產量的 17.8%。以廣州、深圳、珠海為核心
的大灣區內地 9 市具有強大的市場需求和銷售渠道體系優勢，目前全
國電子元器件分銷商 2/3 的企業總部在深圳，尤其是「中國電子第一
街」的華強北成為全國電子信息產業的風向標。

在網絡通信設備方面，華為和中興是全球領先的信息與通信解決
方案供應商，致力於設計、開發、生產、分銷各種先進的電信系統和
設備。2016 年華為和中興在全球通信設備商收入規模排名中分別位
居第一位和第四位，這兩家中國公司從全球通信設備發展的跟隨者逐
步發展成為引領者。科研實力方面，根據世界知識產權組織（WIPO）
2017 年數據，華為（4024 件）、中興（2965 件）分別位居全球國際專
利申請第一、二位，創新能力全球領先。

3. 在中國電子信息產業鏈的中游有望突破

2018 年 4 月，中興被美國制裁停止對中興出口芯片事件，充分反映
出我國在電子信息產業上中游的製造與設計方面與發達國家巨大差距。
但是中國電子信息產業有望突破發達國家技術遏制的就是芯片設計行業。

　　如上述，2016 年中國芯片設計業銷售收入佔全球芯片設計業的比重高達 27.82%。國內分佈方面，雖然大灣區內地 9 市銷售收入為 496 億元（在全國銷售比重 30.16%），在總量上次於長三角的 32.85%，但大灣區內地 9 市企業規模較大，技術實力相對比較領先。

　　在中國半導體行業協會（CSIA）2016 年中國集成電路設計十大企業榜單中深圳佔居 4 席，分別為深圳市海思半導體有限公司（第一位）、深圳市中興微電子技術有限公司（第三位）、深圳市匯頂科技股份有限公司（第六位）、敦泰科技（深圳）有限公司（第九位）。其中海思半導體是中國大陸 IC 設計龍頭企業，已經成長為全球第 6 大設計企業，2016 年銷售額為 303 億元，是排名第二的紫光展銳銷售額的近 2.5 倍。在 IC Insights 公佈的最新 2016 全球半導體預估排名中，海思半導體位列第 22 名。2017 年海思半導體在全球智能手機處理器的市場份額增加至 8%，位居全球第五位。

表 1　2010 ～ 2017 年華為研發投入

單位：億人民幣

	2010	2011	2012	2013	2014	2015	2016	2017
研發費用	166	237	301	307	408	596	764	899
營業收入	1852	2039	2202	2390	2882	3950	5216	6036
佔比	9.0%	11.6%	13.7%	12.8%	14.2%	15.1%	14.6%	14.9%

數據來源：https://www.huawei.com/cn/press-events/annual-report

　　華為從藉藉無名的民營企業，到全球第一大電信設備製造商（2012 年起），與其一直以來重視研究與創新密不可分。表 3 數據表明，自 2011 年起華為研發佔營收比重都在 11.6% 以上，2017 年研發經費高達 899 億人民幣。華為還積極推動旗下專家、工程師與世界各地工程師

交流。華為先後在俄羅斯、美國（硅谷、達拉斯）、加拿大、德國、瑞典、法國、印度、日本、香港設立研究院，聘請全球各區科研人員從事研究工作。2015 年華為成立歐洲研究院，協調華為分佈歐洲八國的18 個研究機構工作，華為目前在歐研發人員超過 1200 名。因此最有可能從下游向中游突破，目前華為已參與指導 5G 標準制定。

綜上所述，大灣區內地 9 市在下游的消費電子與網絡通信，在中游的集成電路設計環節都形成國內領先的地位。

（三）香港與大灣區內地 9 市在電子信息產業合作中角色

1. 香港是中國電子信息產品重要的轉口港

香港是中國內地電子產品的重要轉口港，2016 年中國內地佔香港電子業總出口的 63%，[①] 主要包括集成電路、電腦、通訊設備等。以課題組實地調研的深圳英唐智能控制股份有限公司為例，英唐智控是中國排名前四名的電子元器件經銷商，2018 年銷售額高達 120 億，其中50% 經過香港轉口，該公司在香港設立了 6 個子公司經營電子元器件的進出口業務，並在香港擁有多個公共倉庫。因為香港有着自由港，資金和貿易進出自由的優勢，電子元器件佔地不大，但對匯率波動特別敏感，而香港擁有便捷質優港口服務，以及作為亞洲第三大、全球第五大外匯交易市場，以及全球前 100 跨國銀行有 70 家進出香港的國際銀行中心等優勢。這為企業很好地管控匯率風險，節省大量外匯交易成本。

---

① 香港貿發局 www.hktdc.com

2. 香港是灣區電子信息產業企業重要資金來源地

目前香港公司控股的 A 股電子信息行業上市公司有 14 家，其中 7 家位居大灣區內地 9 市。例如芯片設計國內第六的深圳市匯頂科技股份有限公司，就是台灣聯發科（全球排名前十芯片設計及製造商）在香港子公司控股的。類似的還有排名第十左右的兆易創新，也是由香港公司出資控股。

香港也是廣東電子信息產業籌集資金的重要證券市場。截至 2018 年 9 月底，共有 85 家內地電子信息產業公司赴港上市，其中 32 家公司來自大灣區內地 9 市，知名企業包括中興通訊、比亞迪電子、金蝶國際等。

3. 香港電子信息技術重要研究基地

根據 2018 年 QS 排名，香港科技大學、香港大學、香港中文大學的計算機科學全球排名進入前 50，香港應用科技研究院的電子信息產業研究實力也很強。2001 年香港憑藉良好營商環境——知識產權保護完善、信息資金物流方便等被國家科技部列為我國七大 IC 設計產業基地之一，[1] 2016 年國內集成電路設計業增速最高的十大城市中，香港以 34.34% 的增速位居第六位。華為先於 2007 年，與香港科技大學電子及計算機工程學系所創立的無線電通信技術中心（CenWIT）成立華為－香港科技大學聯合研發中心，該中心在無線電通信方面技術國際領先，並承擔了華為委託的 5 個項目。華為並於 2012 年在香港科技園成立「香港『諾亞方舟』實驗室」，實驗室主任由香港當地大學教授出任，並聘用全球科研人員從事基礎研究。

---

[1] 科技部門戶網站 www.most.gov.cn

下游應用製造方面，香港在科技園與數碼港擁有一批小型的芯片設計公司，主要生產照明、玩具、個人醫療器械等小型消費電子行業芯片，目標是開拓國際市場。例如晶門科技（Solomon-systech）等。

二、粵港澳大灣區中醫藥、生物醫藥與醫療器械產業

（一）中國生物醫藥、中醫藥產業與國際發展趨勢

1. 國際醫藥製造發展趨勢

生物醫藥成為醫藥製藥的未來。醫藥製造行業若按原材料可劃分為化學藥、生物藥、天然藥（含中醫藥）。生物藥在 20 世紀 90 年代高速發展，到了 21 世紀異軍突起，歐美在研發和生產方面遙遙領先。根據德勤（Deloitte）[1] 研究報告，2016 年全球醫藥雖然仍以化學藥為主大約佔各種藥品總銷售額的 70%，而生物藥銷售額為 2935 億美元，約佔 25%。生物藥[2] 目前雖然比重不高，但目前在治癒遺傳性疾病、癌症、糖尿病發揮着無可替代的作用；隨着精準醫學[3] 的提出，未來生物技術將在更多領域發揮重要作用。根據德勤報告，2015 年全球銷售額前 10 大藥品中，有 7 種屬於生物技術藥品。根據美國《製藥經

---

[1]　Deloitte, 2017 Life Sciences outlook

[2]　生物醫藥，指通過基因技術或其他技術（酶工程，蛋白質工程，發酵工程，雜交瘤技術等），生產出來的具有治療或臨淋檢驗作用的產品。——《內地香港生物醫藥領域合作發展戰略研究》國家科委生命科學技術發展中心，中山大學港澳研究所，1998 廣東科技出版社。

[3]　精準醫學，將個體的遺傳學信息用於指導疾病的診斷或治療，廣義説，精準醫學是由基因檢測和其後的靶向治療藥物，靶向治療療法共同構成。——《史上最全生物醫藥行業報告》，神華研究院 http://www.sohu.com/a/107591675_460455。

理人》公佈 ① 的 2018 年度全球前 10 大製藥企業（以處方藥銷售額算）中有 4 個是生物醫藥領域的企業。

2. 中國醫藥需求市場巨大，吸引跨國藥企進入

中國是經濟迅速發展的人口大國，2016 年二孩政策，以及中國逐步步入老年齡化的階段，這三個因素意味着我國醫藥市場需求巨大。例如根據德勤研究，隨着中國生活水平提高，中國已成為糖尿病患者最多的國家，大約達到 1.1 億，同時預測全癡呆症患者未來 20 年將增長一倍。我們研究發現《製藥經理人》公佈全球前 13 大跨國企業均在國內設立研發中心或製造企業，或研發與製造都放在中國，這充分顯示了中國醫藥市場的魅力。

3. 生物藥與中藥是中國醫藥市場的新星

中國醫藥工業信息中心數據顯示，2016 年我國醫藥製藥行業按原材料劃分，化學藥佔 67%，生物藥佔 9%，而中藥佔 24%。雖然生物藥目前佔比很低，但從科技部大中型高科技企業有效發明專利看，1996～2016 生物藥的年均增長率最高達到 39%。

另一方面，隨着中藥青蒿素提煉成功，使世界看到中藥魅力。據《自然》新聞 9 月 26 日報道，世衞組織最高權力機構——世界衞生大會將於 2019 年推出該組織的第 11 版全球醫學綱要，首次納入中醫傳統醫學的相關信息。這預示着中醫藥有望進一步在國際市場上綻放光彩。

4. 醫療器械國內需求巨大

隨着生物科技和電子信息技術不斷發展，利用基因和大數據來提

---

① 最新！2018 年度全球製藥企業 50 強榜單發佈，http://www.sohu.com/a/235577255_100011348，2018-06-13

供醫療診斷的精確性成為發展趨勢，從國際市場看，全球處方藥與醫療器械規模比率為 2：1。2015 年全球醫療銷售行業規模前十名企業美國佔了 7 位。中國巨大醫療器械需求市場之下，國內醫療器械份額僅僅只佔醫藥市場總規模的 14%，與國外醫療器械佔醫藥市場總規模 42% 的份額相比，提升空間巨大，而《醫療器械監督管理條例》將加速國產化的進程。

（二）粵港澳大灣區內地 9 市在醫藥製造產業鏈條上優勢

1. 粵港澳大灣區內地 9 市醫藥製造產業鏈完整，但整體實力在國內不強

由於數據難以獲得，只能以廣東替代大灣區，通過數據分析發現：無論是根據 2018 年 9 月上市公司數據看，廣東醫藥企業總市值（5329億），還是 2013 年中國工業企業數據庫數據，看廣東醫藥製造業的生

上游產業		中游產業		下游產業	
原材料生產加工		醫藥產品生產		醫藥流通與應用	
大宗原料藥	廣藥集團 健康元 聯邦製藥	化學藥	廣藥集團 海普瑞 信立泰	批發	廣州醫藥 創美藥業 國藥集團一致藥業
特色原料藥	一品紅 麗珠醫藥	中藥	白雲山 康美藥業 華潤三九	零售	大參林 康愛多 中聯大藥房
中藥材	康美藥業 華潤廣東醫藥 香雪製藥	醫療器械	邁瑞醫療 深圳理邦 華大基因	醫療服務	華大基因 金域醫學 達安通信

圖 3　生物醫藥產業鏈及大灣區內地 9 市相關公司

產總值（1855 億），都低於江蘇省名列全國第二。主要原因在於化學藥品的原藥製造是廣東弱項。我國原料藥產品通常分為大宗原料藥、特色原料藥和專利藥原料藥三類。我國原料藥生產企業的地域及品種分佈也並不均衡。原料藥及相關中間體的生產商主要集中在傳統上化學工業發達的山東、河北、浙江等地區。2015 年廣東省化學藥品原藥產量 81572.7 噸，居全國第 9 位，與浙江等地差距明顯。

醫藥製造業產業鏈包括上游原材料生產加工、中游醫藥產品生產和下游醫藥流通及應用。大灣區內有着完整醫藥產業鏈（如上圖），灣區每一個環節都有上市公司，其中不乏國內知名企業，例如化學原材料、中西成藥都有涉及的廣藥集團；全國最大中藥材種植以及中藥飲片廠——康美集團；1999 年成立並參與「1% 人類基因組計劃」的生物研究服務公司華大基因；以及生產醫療器械替代國際進口的邁瑞醫療。

2. 粵港澳大灣區內地 9 市中醫藥有特色

通過比較中國醫藥工業信息中心與中國工業企業數據庫數據，發現兩種數據計算出來國內三類藥市場構成形似。後者化學藥佔 60% 左右，中藥佔 29%，生物藥 11% 左右。而大灣區醫藥市場構成與全國比，中藥比例明顯偏高達到 34%，而化學藥比例偏低為 52%，生物藥 14%（最新為 2013 年數據），反映出中藥是大灣區藥企的拳頭產品。例如廣藥集團的王老吉家喻戶曉。

另外在中藥類上市公司中，康美藥業市值 2018 年以總市值 1088 萬名列第一，該公司以中藥飲片為主，業務覆蓋中藥從種植到交易等產業鏈。

但大灣區中醫藥大而不強，研發佔營收比排名靠後。在中藥註冊申報藥數量及新藥數量方面，大灣區內地 9 市中醫藥企業未能進入前 5

名，^①而江蘇康緣藥業、北京中研同仁堂研發有限公司均在前五之列。

3. 粵港澳大灣區內地 9 市醫療器械有優勢

大灣區內地 9 市在醫療器械製造方面有明顯的比較優勢。正如上述目前國內醫療器械市場 42% 需國外進口，高端醫療設備 80% 被國外公司壟斷，但 2017 年中國醫療器械工業商排行榜上（以營收、淨利潤和市值計算），深圳的邁瑞名列第四，位於飛利浦醫療、羅氏診斷、美敦力之後。根據國家食品藥品監督管理總局數據，2017 年大灣區內地 9 市醫療器械產業在全國佔有約 1/6 份額，產業基礎和發展速度均位居全國前列。其中邁瑞醫療（深圳）是中國最大的醫療器械公司，2016 年營業收入超 90 億元。邁瑞不僅在國內替代進口產品，而且開始進軍國際市場，2018 年邁瑞醫療成功入選波士頓諮詢公司（BCG）的《2018 年全球挑戰者榜單》，這也是邁瑞醫療自 2013 年首次入選以來第四次登上全球挑戰者榜單。^②

另外以分子診斷技術為主導，集試劑與儀器研發為一體的達安基因也進入榜單前 30 名，而利用基因檢測手段提供診斷與研究服務的華大基因雖未列入但也受到報告關注。

4. 粵港澳大灣區內地 9 市生物醫藥有潛力

在生物藥方面，從上市公司市值以及註冊申報新藥方面，大灣區內地 9 市明顯落後於上海、江蘇。上海萊士是生物藥類市值規模最大的合資公司（2018 年 9 月市值達到 971 億）。而上海復星研發實力強。上海復星 2017 年度研發項目總計達 171 項，小分子創新藥 10

---

① 2018 中國中藥研發實力排行榜，藥智網，https://news.yaozh.com/archive/23074.html。
② 邁瑞醫療入選 2018 年全球挑戰者榜單 2018-08-09 http://www.sohu.com/a/246200897_100116740

項、生物創新藥 8 項、生物類似藥 14 項；單抗藥物的研發戰果頗豐有 3 個產品進入臨牀 III 期、1 個申報生產的藥物（利妥昔單抗注射液）被納入優先審評程序藥品註冊申請名單。重組抗 VEGFR2 全人單克隆抗體注射液、重組抗 PD-1 人源化單克隆抗體注射液等 3 款創新單抗均於美國、台灣地區獲臨牀試驗批准。跨國醫藥公司葛蘭素史克、阿斯利康、禮來公司紛紛在上海、天津、無錫、蘇州的等設立研發和製造中心。

大灣區內地 9 市雖然生物醫藥研發能力不如上海、江蘇。但在基因測試和研究方面佔儘先機，華大基因早於 1999 年就參與國際人類基因組計劃的「中國部分」，2016 年成為國家基因庫正式投入運營。與此同時，灣區內有一批從事基因相關測試研究的服務機構。因此，在研發方面有明顯數據資源優勢。

（三）香港與粵港澳大灣區 9 市醫藥製造產業合作中角色

1. 香港是灣區醫藥產業企業重要資金來源地

根據 wind 數據，目前在 A 股上市的醫藥公司其中 8 家有香港資本參與投資。例如邁瑞醫療，就有 4 家香港註冊公司，合計控股超過 60%，還有廣東凱普生物，也是由香港科技創業股份有限公司控股 32%，港大科橋有限公司控股 1.3%。這裏面既有成立於香港的風投基金，也有資金來源於境內到香港註冊的資本。

2. 香港為內地生物及中醫藥發展提供直接轉化成果

香港與內地在合作開發生物醫藥及中藥方面已有十分成功的案例。第一個成功案例是生物醫藥技術方面的粵港合作——在深圳上市

的廣東凱普生物。[①] 香港大學發明的「導流雜交」的專利技術,並授權給廣東凱普生物科技集團,雙方研發團隊共同合作,開發出一種低密度醫療基因芯片的平台 HybriMax,成為凱普目前核酸分子診斷的核心系統。經過十餘年的發展,凱普研發團隊將該專利技術轉化成一種全自動化核酸分子診斷平台,相繼在該平台上開發出多種試劑盒,包括 HPV 分型檢測產品、耳聾基因檢測產品、地中海貧血基因檢測等主要產品。上述系列試劑盒已經獲得中國國家食品藥品監督管理局和歐盟體外診斷試劑的許可,並已廣泛應用於歐洲和亞洲國家的醫療和研究實驗室,如西班牙、土耳其、中國、日本、泰國和菲律賓,累計用於超過 2 百萬次檢測並獲得很好的評價。

第二成功案例是香港中文大學和香港浸會大學與香港上市中醫診所集團—培力控股合作開發新藥。培力控股（01498）將香港中文大學、香港浸會大學的中西醫結合科研成果通過「複方湯劑」轉化為中藥新藥「仁術腸樂顆粒」,該藥是香港第一個中西醫結合的科研中藥,旨在治療腸易激綜合症（Irritable Bowel Syndrome-diarrhea type,簡稱「IBS-D」）。而這次科研成果,更是香港首個獲得國家食品藥品監督管理局（CFDA）批准於國內進行腸易激綜合症臨牀研究的科研項目。國內臨牀試驗已經展開,以確定其藥效、安全性,新藥也有望 3～5 年內推向市場。

全球估計有約 10% 至 20% 成年人為腸易激綜合症患者,當中 3% 至 6% 患者的症狀更屬嚴重,如此推算此藥若成功上市,至少為 3900

---

① 　香港大學官網 https://www.hku.hk/press/press-releases/detail/c_16912.html

萬人國內同胞及 31 萬受腸易激綜合症嚴重困擾的人帶來福音。[①]

三、香港與粵港澳大灣區內地城市科技合作的問題及建議

（一）香港與粵港澳大灣區科技創新合作的成績

通過上述分析可見，粵港澳大灣區內地 9 市有着完整的產業網絡、巨大消費市場、作為研發主體的企業投入大量研發資本並匯聚各層次科技人才、灣區 9 市政府在推動科技創新方面，無論是政策還是資金方面都十分積極主動，其中深圳政府更為突出。

灣區內的香港，具有基礎與應用研究優勢，2018 年有 3 所公立大學在 QS 大學排名中進入前 50，香港中文大學還誕生過一位諾貝爾物理獎獲得者（剛故去的高錕教授），有 33 個港籍的院士（含中科院和工程院）。香港基礎設施在 128 個經濟體中穩居第一，這裏信息自由流動。香港營商環境全球居第五位，作為著名金融中心，其證券與外匯市場分別居全球第七及第五位，為企業提供低成本高質量的金融服務，還有香港知識產權保護制度完善。

目前兩地合作出現不少成功案例，例如基礎研究及技術來自香港科技大學的大疆創新科技、做運動控制系統的固高科技（深圳）；還有廣東凱普生物科技，通過與香港大學合作獲得其生物醫藥技術專利授權，研製出系列基因檢測產品在國內及歐亞銷售。這些科技成果應用無疑推動粵港澳大灣區產業升級轉型。例如誕生於香港科技大學深圳

---

① 香港浸會大學官網 http://eyesonhkbu.hkbu.edu.hk/index.php/zh-TW/scholar-shares/1850-hkbu-joins-cuhk-and-purapharm-to-develop-new-drugs-for-treating-functional-gastrointestinal-disorders-2

研究院的深圳固高科技有限公司，專門提供運動控制軟件與服務器，目前應用在大型紡織企業，及激光、機器人（焊接，噴塗）等行業，幫助他們實現機器替代勞動力，使勞動密集型行業升級轉型。

這些案例就是兩地優勢互補的成功典範——香港應用研究、香港資金與內地完整產業鏈和巨大市場需求的有效結合。

由於地處於改革開放前沿，資訊發達，體制自由，市場化程度高，粵港澳大灣區內許多本土的民營科技企業早已懂得充分利用兩個市場優勢，例如經營進出口電子元器件的經銷商，為了減低匯率風險在香港設立多個分公司，租用多個公共倉。課題組在調查中發現，在中美貿易戰打響前，許多民營企業已提早轉型，例如零部件方面轉向以台灣和韓國產品替代，例如穿戴類電子產品轉向教育 AI 的生產而開拓國內市場。

粵港澳大灣區內孕育出一大批世界級民營企業，例如電子通信行業中華為、騰訊，尤其是作為全球第一大通信設備供應商的華為 2017 年其營業收入 6036 億人民幣，超過了同年的騰訊（2378 億）、百度（848 億）、阿里巴巴（1582 億）和中興（1088 億）營收總和。又如醫藥行業上市公司康美藥業，2018 年 9 月市值超過 1000 億人民幣在全國醫藥上市公司中位列第二。

（二）香港與粵港澳大灣區科技創新存在問題

1. 高級生產要素積澱不夠

基礎研究薄弱，未能有效凝聚高端科技人才。灣區內地 9 市雖然有 50 多所大專院校，企業聚集了 44 萬研發人員，但基礎研究薄弱，例如與國內比科技論文發表量不到北京一半，遠低於江蘇。而香港方

面雖 8 所公立大學 5 所進入全球 QS 前 100 名，3 所進入前 50 名，誕生過一位諾獎獲得者。但其優勢學科相對分散，在灣區優勢與潛力產業——電子信息與醫藥製造方面還沒有形成足夠支撐其發展的基礎研究。與舊金山灣區及紐約灣區相距甚遠；例如舊金山灣區，2014 年僅斯坦福一所大學，其教授中就有 21 位諾獎獲得者、154 位美國科學學院院士、104 位美國工程院院士和 66 位美國醫學院院士。隸屬紐約灣區的波士頓地區，也有 40 多名諾獎獲得者。[①]

缺乏高素質技術隊伍支撐。在今年年初中興通訊被罰事件，充分暴露我國在電子信息行業中短板——芯片製造與芯片設計落後於發達國家幾十年的水平，例如芯片製造需要的不但是精密儀器，還有需有一代一代積累下來精密生產的技術經驗；芯片設計方面雖然華為旗下的海思公司能夠生產出滿足自己手機需要的芯片，但是缺乏操作系統開發技術，不能生產出像高通這樣的通用芯片。美國芯片發展到今天，是依靠長期的、每年近萬名工程技術人才的投入。反觀灣區內的香港，創新所需的 STEM 人才嚴重缺乏，在香港高校中最受歡迎的學科是法律、醫學和商科。雖然灣區 9 市情況相對較好，但無論在基礎研究還是應用技術開發人才的質量與數量上和舊金山、紐約灣區有較大差距。

企業家產生的有效機制仍未形成。無論發達國家發展史還是未來科技發展走向看，高校是企業家誕生的搖籃。美國 1920 年後誕生的 4500 家大公司中，斯坦福校友創立 350 家，哈佛校友 250 家，伯克利校友創立 150 家。據不完全統計，2017 年 A 股 3500 家上市公司中，

---

① 吳軍：《硅谷之謎》，人民郵電出版社，2016 年 1 月。

灣區內中山大學校友創辦上市公司 43 家，華南理工 36 家，深圳大學 22 家。技術成果直接來源於高校的更少。

2. 香港沒有發揮雙向平台的作用

第一，香港作為基礎研究與技術支撐力量相對單薄。香港雖然在粵港澳大灣區內高級生產要素中的基礎研究相對出色，但以灣區目前產業發展水平看已不足以起支撐作用，粵港澳大灣區 9 市內許多企業放眼全球尋找技術支持。例如華為在俄羅斯、歐洲、北美、亞洲的印度和日本設立研究院。第二，內地創新科技通過香港走出的案例不多。第三，香港技術向內地轉化的成功例子有些，但有點而沒形成面，仍需深入總結，並加以推廣。第四，目前沒有看到吸引國外頂尖技術人才與研發機構駐足香港與內地產業、市場結合典型案例。

3. 要素流動不能自由流動，難以形成有效市場

第一，科研人員交流存在障礙。（1）出入境不便利。在新財務等制度下，灣區內工作人員以公務身份出訪要提前半個月至一個月辦理才能成行。（2）香港專家學者與科技企業同時存在不能享受國民待遇的問題。例如香港方面技術人員如果沒有繳納社保，就不能享受各種專才優惠政策。第二，資金流動存在障礙，合作經費境內外劃撥存在諸多障礙。第三，設備與數據等資源不能共享。第四，兩地在監管與市場准入標準不一、檢驗標準不統一、例如兩地藥物監管制度不一，兩個市場不能有效打通。

4. 國內營商環境有待改善

目前兩地合作，多為香港技術應用於開發國內市場，在企業發展中必然遇到的最大問題是營商環境的問題。通過部分電話訪談，發現現階段中美貿易戰對受訪電子通信企業影響不大，不利因素通過替

換零部件、調整市場及人民幣匯率下降得到對沖。雖然近年來稅收改革，暫停了一些不合理的稅費，但多數企業普遍的反映是利率高、稅負重的問題（根據世界銀行和普華永道報告，中國綜合稅率 67.3%，高於印度的 55.3%，也高於日本、英國、美國。[1]）尤其初創的高科企業及出現現金流不足企業，融資成本偏高。

（三）香港與粵港澳大灣區科技合作的建議

發揮香港雙向平台作用，促進國際技術交流，拆除要素流動障礙，建立統一市場，改善營商環境。

1. 以點帶面加強基礎與應用研究

高級生產要素培育並非一蹴而就，所謂十年樹木，百年樹人。為了縮短與發達國家基礎與應用研究距離，可以採取國家基金與地方政府財政聯合資助國際先進技術帶頭人及其團隊入駐灣區高校或在灣區設立研究機構。例如，對重點扶持產業如電子信息和生物醫藥，給以 3~5 年甚至更長資助，邀請相關專業的諾獎者或者院士帶團隊入駐，以項目培育高端人才。而項目既可以落戶於香港，也可以落在灣區內 9 市。

2. 發揮香港在科技創新中雙向平台作用

發揮香港與國際接軌優勢，吸引國外先進技術團隊入駐。香港作為國際化都市，資訊、經貿高度開放自由。中西文化交融下，語言、社會法律制度與國際接軌，另外背靠內地巨大市場優勢，使其對高端

---

[1]　World Bank Group & PWC, Paying Taxes 2018 report

人才有一定吸引力。這樣可以加強與擴大香港在基礎研究與應用研究的優勢。

另一方面，中美貿易戰持續之下，對灣區內創新企業影響將進一步加深，可考慮在深港交界設立創新科技工業園，鼓勵以出口導向的電子信息及生物醫藥相關行業入駐，這一方面有利於香港實現「再工業化」，促進其產業升級；另一方面，根據原產地原則，以港產品出口，減少中美貿易戰中的中國內地企業的損失。

同時這個措施也有利於形成大量創新科技方面的就業市場，解決香港 STEM 專業無人問津的局面，逐漸培養一批支撐電子信息、生物醫藥等高新技術產業的高素質技術隊伍。

3. 拆除要素流動障礙，在特定行業內先建立統一市場

以一點帶面的方法固然重要，不過更為關鍵是營造公平自由的學術氣氛，創造有利於成果轉化的商業環境，以及舒適便利城市生活環境。這一切的前提就是拆除要素流動障礙，建立統一市場。

香港缺乏 STEM 人才，這也是由於香港就業市場侷限所致。而深圳能聚集大批名校理工科學生前往就業也是因為電子信息等高科技產業迅猛發展下勞動力市場需求所致。競爭性市場需求是鍛造科技人才隊伍直接有效途徑。

具體而言，就是拆除人員交流，科研資金流動，設備與數據共享方面障礙，只有要素充分自由交流才能產生凝聚、形成有效創新生態網絡，能讓新科技公司不斷誕生湧現。這些方面已有很多政策措施在推動，希望能夠以醫藥製造以及電子信息產業為突破口。例如針對中藥開發，是否能打通香港與內地新藥上市的審批通道，例如藥品只要在一方例如內地批准上市，就可直接進入另一方例如香港市場。

4.完善鼓勵高校科研人員科技轉化制度

賦予科研人員職務內科技成果所有權。高校、科研機構可與科研人員約定科技成果權屬。完善高校、科研機構資產管理公司實施科技成果轉化機制。給予科技人員成果轉化獎勵。擴大高校、科研機構對橫向項目管理自主權。重視技術轉移服務機構的建設。（具體可參見廣東省科技廳相關政策。）

5.改善營商環境

中美貿易戰，加速區內產業升級與遷移。根據電子元器件進口商估算，中美貿易戰下，韓國、台灣芯片作為中國進口商替代品，變相提價導致下游電子產業成本至少上升 8%，雖然近期人民幣貶值的一定程度對沖了成本上升的影響。但面對出口市場萎縮，成本上升，多數民營科技企業共同面對貸款難、綜合稅收重的問題。希望在轉型關鍵期，給以稅收減免，同時降低稅收執行率，讓企業渡過艱難時期。

The Development of Two Major Innovative Technology Manufacturing Industries in Guangdong-Hong Kong-Macao Greater Bay Area and the Role of Hong Kong

Guan Hongling   Wu Yubo   OuYang Yanyan

Abstract: Based on the previous in-depth analysis of the comparative advantages of developing innovation technology between Hong Kong and 9 cities in Guangdong-Hong Kong-Macao Greater Bay Area, this study selects two innovative technology manufacturing industries in the Greater Bay Area: the dominant industry-electronic information manufacturing and the potential industry-pharmaceutical manufacturing, then analyzes the development status of the two innovative technology manufacturing industries in 9 cities of the Greater Bay Area and the role of Hong Kong. It is found that the Greater Bay Area has obvious advantages in the downstream of electronic information-chip application both at home and abroad, and it is possible to break through to the midstream industry. Medical devices are competitive both at home and abroad, and Chinese medicine and biomedicine have great potential. The article also sorts out the successful cases of the cooperation between Hong Kong and the Mainland to commercialize technology in two industries. Based on the analysis, this report puts forward relevant policy recommendations.

Key words: Guangdong-Hong Kong-Macao Greater Bay Area; Innovation and Technology Manufacturing; Role of Hong Kong

海南自貿港賽馬旅遊業發展：
模式觀照與路徑選擇

裴廣一　黃光于[*]

摘　要：《中共中央國務院關於支持海南全面深化改革開放的指導意見》（12 號文件）中明確指出「鼓勵發展沙灘運動、水上運動、賽馬運動等項目」「探索發展競猜型國家體育彩票和大型國際賽事即開彩票」。從全球視角觀察，我國應基於供給側結構性改革，充分借鑒國外賽馬旅遊業發展改革經驗、明確賽馬旅遊的休閒娛樂產業定位基礎上，探索賽馬業與旅遊業深度融合發展並逐漸形成的成熟的價值鏈結構；通過設立相對獨立的監管機構、建立專門的公益金管理機構，推動監管科技化、構建全社會協作式監管來構建完善的監管體系，使得我國賽馬運動和賽馬旅遊業健康高級化發展。

* 作者簡介：裴廣一，海南師範大學經濟與管理學院副教授，碩士生導師，特區經濟與社會發展研究中心執行主任，海南海上絲綢之路研究院、中國特色自由貿易港研究中心研究員；黃光于（通訊作者），華南理工大學工商管理學院博士研究生。
本文得到 2018 海南省哲學社會科學規劃重大課題（HNSK[ZD]18-04），2017 海南省重點研發計劃項目—軟科學（ZDYF2017150）資助。

關鍵詞：海南自貿港　賽馬旅遊業　模式觀照　發展路徑

一、引言

從全球視角觀察，特別是進入 21 世紀以來，賽馬業業態演變呈現產業多元化融合趨勢，在其發展過程中不斷與娛樂、餐飲、休閒度假、文化創意等旅遊相關產業融合發展，逐漸形成更高級形式的現代賽馬旅遊業，並在全球範圍內迅猛發展。據國際賽馬組織聯盟（International Federation of Horseracing Authorities, IFHA）發佈的數據顯示，2017 年全球純血馬養殖 24.7 萬匹，賽馬賽事 14.9 萬場，賽事總獎金 32.5 億歐元，全球馬彩投注額高達 1054.3 億歐元。[①] 實際上，現代賽馬旅遊業是為滿足市場多樣化需求，而與傳統產業融合發展而形成的一種特殊的、高級的旅遊形態；現代賽馬旅遊業作為現代服務業的有效供給，對於帶動相關產業發展、優化產業結構、培育新的經濟增長點具有強大的推動作用，是我國經濟轉型升級的有益催化劑。

海南自貿港是「一帶一路」和「走出去」戰略的新平台，是全方位、寬領域和多層次對外開放格局的新要求，是國際化、法制化、便利化營商環境的新標準，是新時代創新經濟驅動的新引擎。2018 年 4 月 11 日，國務院發佈的《中共中央國務院關於支持海南全面深化改革開放的指導意見》（以下簡稱《指導意見》）中明確指出「鼓勵發展沙灘運動、水上運動、賽馬運動等項目」「探索發展競猜型國家體育彩票和大型國際賽事即開彩票」，同時，《指導意見》將海南作為改革開放

[①]　數據來源：https://www.ifhaonline.org/resources/Annual_Report_2017

的重要窗口，將海南建設成為開放試驗區和國際旅遊消費中心。[①] 這就為海南自貿港探索開放賽馬旅遊業提供了必要的政策條件。目前，世界各國根據各自的經濟、社會、文化特徵以及自然資源環境創新出不同的現代賽馬旅遊業的發展模式，有些國家重點發展以馬匹養殖為核心的賽馬業上游產業價值鏈，如愛爾蘭；有些國家則重點發展以賽馬賽事和賽馬彩票為核心的賽馬業下游產業價值鏈，如日本；還有些國家或地區將賽馬旅遊業與慈善公益融合發展，如中國香港。因此，本文對世界現代賽馬旅遊業的典型發展模式進行總結和剖析，並基於此對海南自貿港試點賽馬旅遊業發展的路徑選擇進行了探索性研究。

二、世界賽馬業發展的典型模式觀照

賽馬旅遊業是賽馬業與旅遊業融合發展的結果，是傳統博彩業轉型升級後的高級形態。賽馬與旅遊業的融合是建立在技術進步、產業高度相關以及滿足人們多元化旅遊需要等條件基礎上的，其主要表現形成集賽馬、旅遊、娛樂、餐飲、休閒、購物等產業於一體的綜合性產業，形成了完善的產業價值鏈。然而，各國或地區發展現代賽馬業對其產業價值鏈的不同環節有所側重，且在長期發展過程中探索出適合本國或地區的發展模式，湧現出一些好的經驗和模式。對其中典型模式進行梳理，可以為海南自貿港發展現代賽馬旅遊業提供有益借鑒。

---

① 中共中央、國務院關於支持海南全面深化改革開放的指導意見，新華網，http://www.xinhuanet.com/2018-04/14/c_1122682589.htm,2018-04-11

（一）以休閒娛樂為主導的綜合模式——美國賽馬旅遊業

在美國，就影響力而言，賽馬運動僅次於第一運動棒球。美國賽馬業已經形成了成熟的產業價值鏈，包含了馬匹生產、賽馬文化、賽馬賽事、彩票投注、賽馬周邊衍生品等多個產業，為美國解決了成千上萬人的就業問題，是美國經濟的重要組成部分。美國賽馬運動逐漸形成了以休閒娛樂為主導的綜合模式，該模式有四個特點：一是以休閒娛樂為主導。不同於傳統賽馬業聚焦於彩票投注或競技賽馬，美國賽馬業已經發展成為全民參與的休閒活動，通過融合賽馬、彩票、主題旅遊等多個產業的休閒娛樂功能，共同打造出綜合性的休閒娛樂項目。二是多元化的盈利模式。美國賽馬業作為綜合性產業，已經具備了非常成熟的產業價值鏈，且產業價值鏈的每個節點都能釋放出巨大的價值，而馬彩只是其產業價值鏈中的一環，並非美國賽馬業的主要盈利來源。三是形成了獨特的賽馬文化。儘管美國有着發達的博彩業，但人們對賽馬的參與更多追求的是賽馬文化帶來的精神需求，而非傳統博彩的「以小博大」的投機目的。四是具備完善的監管體系。美國賽馬業由各州政府直接管理，通過立法和設立專門機構對賽馬業進行嚴格的監督和管理，同時制定了嚴謹的賽馬規則，從而保障賽馬業的健康發展。總的說來，美國以休閒娛樂為主導的綜合發展模式有利於發揮產業的集聚優勢，充分實現規模化經營；有利於滿足人們高層次的文化需求；有利於消除人們「以小博大」的投機心理，實現賽馬業健康可持續發展等。

（二）「賽馬賽事＋賽馬彩票」的雙核驅動模式——日本賽馬旅遊業

日本賽馬業也已形成成熟的產業價值鏈，並突出發展賽馬賽事和賽馬彩票兩個環節，形成了「賽馬賽事＋賽馬彩票」的雙核驅動模式。在賽馬賽事方面，日本形成了分別由中央賽馬會（JRA）和地方賽馬會（NAR）組織運營的雙軌模式，其中中央賽馬會（JRA）賽馬會負責舉辦世界頂級賽事，而 NAR 則通過舉辦地方賽事為當地政府增加財政收入。在賽馬彩票方面，依託發達的賽馬賽事，日本積極推動馬彩的發展，在全國建立多個彩票投注設施，不斷豐富彩票投注種類，使其成為一個龐大的產業。該模式有三個特點：一是賽馬賽事和賽馬彩票是產業發展的主要驅動。賽馬賽事和賽馬彩票是賽馬業價值鏈中高附加值的兩個環節，日本通過相關政策向這兩個環節傾斜，打造出國際頂級賽馬賽事品牌和高質量的博彩服務，為日本帶來巨大的經濟效益。二是賽馬賽事與賽馬彩票形成循環互利的關係。日本中央賽馬會從馬彩銷售額中繳獲的稅金四分之三將用於畜牧業的振興，使得賽馬賽事與賽馬彩票形成互利的關係，從而保障了賽馬業的可持續發展。三是具備國際高端的競馬賽事品牌。日本通過引入國外優秀種馬，積極參與國際賽事和舉辦國際會議等形式，幫助日本賽馬產業成功嵌入全球價值鏈體系。日本「賽馬賽事＋賽馬彩票」雙核驅動模式有利於推動資源向產業價值鏈的高附加值環節轉移，獲取最大的經濟效益；有利於推動本國產業融入全球賽馬產業價值鏈體系，提升國際知名度；有利於賽馬業的可持續發展等。

（三）以慈善公益為主導的模式——香港賽馬旅遊業

賽馬已經成為中國香港的獨特文化，2016年香港賽馬會集團收入高達12291百萬港幣，繳納賽馬博彩稅12291百萬港幣，慈善捐贈額為3500百萬港幣。[①]香港賽馬會始終以「賽馬惠慈善」為經營理念，將賽馬業發展與慈善公益融合發展，從而提高賽馬業的合法性。該模式有三個特點：一是馬彩價值定位於慈善公益事業。香港特區政府將賽馬業作為社會財富再分配的工具，通過賽馬業獲取社會資金並用於慈善事業，極大緩解了香港貧富差距帶來的諸多社會問題。二是由非營利性組織進行綜合管理。香港賽馬會集團作為非營利性組織，並不直接參與具體業務的運營，而是通過三家子公司分別對賽馬博彩、賽馬會會員服務以及香港賽馬會慈善信託基金進行管理，從而保障賽馬業的健康發展，並充分發揮其慈善功能；三是具備完善的風險防控體系。香港嚴厲打擊非法賽馬博彩，積極推動「節制博彩」，不斷改善馬會聲譽，同時對慈善捐贈的來源和用途進行全社會公佈，實現完全透明化。香港賽馬業與慈善公益事業融合發展模式有利於提升產業合法性，提高人們的參與熱情；有利於實現社會財富再分配，縮小社會貧富差距；有利於適應「一國兩制」的經濟、制度和文化環境。

（四）以馬匹養殖為主導的模式——愛爾蘭賽馬旅遊業

賽馬旅遊業主要包括以馬匹養殖為核心的上游產業鏈和以賽馬

---

① 梁樞：《香港賽馬會引領與粵港澳大灣區馬匹運動產業可持續發展研究》，《體育與科學》，2019年第3期。

賽事、賽馬彩票等為核心的下游產業價值鏈，由於賽馬賽事、賽馬彩票等產業的高附加值屬性，許多國家都側重於賽馬業的下游產業價值鏈。然而，世界第三大純血馬出產國，愛爾蘭賽馬業重點發展以馬匹養殖為核心的上游產業價值鏈。據 Deloitte 數據顯示，2016 年愛爾蘭馬匹養殖產生的 GDP 是賽馬彩票的 9.7 倍，是賽馬場的 6.8 倍，是賽馬業經濟產出的主要組成部分。該模式有三個特點：一是具備有利於馬匹的生長的自然環境。二是具備完善的純血馬銷售體系。愛爾蘭設立了專門的純血馬事務部，還定期舉辦拍賣會，這不僅增加了銷售渠道，還提升了愛爾蘭純血馬的聲譽。三是形成完善的產業價值鏈。馬匹養殖需要投入大量的成本，為此只有形成完善的產業價值鏈，才能獲取足夠的資金來支持培育純血馬。總的說來，以馬匹養殖為主導的賽馬業發展模式有利於控制賽馬業風險，相比以賽馬彩票為主導的賽馬業而言更加容易治理和防止風險，不利在於釋放的經濟價值有限。

三、海南試點發展賽馬業的路徑選擇

（一）遵循「休閒娛樂」產業定位，加強科技融合，打造世界級賽馬主題公園

在經濟日益強大的中國，人民生活水平不斷提高的今天，賽馬可以是一個集多個產業綜合發展的、具有能對城市提供巨大經濟效益的產業。賽馬場綜合體可以集商業地產、文化、旅遊、體育娛樂和消費於一體，能為地區帶來高潛力的商業價值，並能為城市提供數萬就業率。賽馬業能直接影響到包括房地產、農業、畜牧、醫藥、旅遊、公

益、體育文化、居民消費、金融、快消品和製造業等等相關的衍生產業，對城市的經濟貢獻提供極為重要的影響力。根據國際賽馬聯盟統計資料顯示，2017年全球主要馬彩國家投注額約為1054.32億歐元，其中亞洲國家和地區佔比高達60.8%[①]。根據國外賽馬業發展經驗，推動賽馬業和旅遊業融合發展，突出產業的「休閒娛樂」功能是提升產業合法性，延伸產業價值鏈，實現賽馬旅遊業經濟效益最大化的重要途經。所以，海南自貿港在探索現代賽馬旅遊業發展的道路時，要把賽馬業和旅遊業結合起來，各相關產業圍繞休閒娛樂發揮各自產業優勢，共同促進現代賽馬旅遊業的發展。

1. 以休閒娛樂為核心，打造世界級賽馬主題公園

明確賽馬旅遊休閒的產業定位，綜合海南自貿港多元化旅遊要素，將旅遊要素與賽馬運動巧妙的結合起來，建設包含主題公園、主題賽馬、主題彩票、主題酒店、主題創業園區等在內的世界級賽馬主題公園是海南自貿港試點賽馬旅遊業的重要路徑選擇。傳統主題公園的收益主要來自門票、餐飲、購物、娛樂等收入，這部分收益往往有限。通過將賽馬業融入到主題公園當中，其高附加值屬性將為主題公園帶來巨大的經濟效益。同時，賽馬帶來的經濟效益可用於旅遊相關產業的創新與發展，促進旅遊和賽馬的互利雙贏，實現「旅遊搭台，賽馬唱戲」的雙核盈利模式。與此同時，海南應充分發揮海南自貿港和國際旅遊島建設帶來的政策、生態環境等獨特優勢，積極推動海南賽馬業融入國際賽馬價值鏈體系，為產業發展贏得更廣闊的發展空間。日本、中國香港地區賽馬旅遊業的國際化發展路徑可作為參考，為此

---

① 數據來源 https://www.horseracingintfed.com/resources/Annual_Report_2017.pdf。

海南自貿港可積極引進香港資本投資海南賽馬旅遊業，積極參與國際賽事，逐步打入國際市場，待時機成熟後擴大對外資開放，進一步擴大國際化戰略。

2. 推動產業價值鏈整合，實現賽馬主題公園多元化發展

賽馬旅遊業涉及非常多的產業，各個產業之間也有着密不可分的聯繫，可以形成一條完整的價值鏈。從橫向來看，賽馬、彩票、旅遊、娛樂、文化等產業圍繞休閒娛樂的核心功能相互交叉和滲透，形成了成熟的、以娛樂休閒為核心的網狀產業價值鏈結構。從縱向來看，賽馬旅遊技術集成、產品開發與製作、產品與服務的運營以及衍生產品的推廣等關鍵環節形成了博彩旅遊產業的線性價值鏈結構。結合現代賽馬旅遊業價值鏈結構，充分挖掘賽馬業與旅遊相關產業娛樂休閒功能，拓展產業鏈條實現主題公園多元化發展是海南自貿港試點賽馬旅遊業的重要路徑選擇。具體包括：（1）打破原有各產業邊界，通過產業間經濟活動的功能互補和延伸來促進其價值鏈的整合，也可以徹底解散原有的產業價值鏈，使其處於混沌狀態，並從中摘錄出原有產業價值鏈中的核心增值環節組成新的產業價值鏈，構築成新型的融合型產業，[①] 進而創新賽馬旅遊業發展模式。（2）加強技術集成與運用，不斷創新賽馬旅遊產品。充分運用現代科技，積極吸納相關產業的積極元素，創新出趣味化、現代化的賽馬旅遊產品。比如，通過促進文化與賽馬的糅合，進而創新出具有知識性、藝術性和趣味性的賽馬服務。[②]（3）建立良性營銷體系，塑造健康賽馬旅遊消費觀念。為了

---

① 李美雲：《論旅遊景點業和動漫產業融合與互動發展》，《旅游學刊》，2008 年第 1 期。
② 王鵬：《澳門賽馬業與文化創意產業的融合互動研究》，《旅游學刊》，2010 年第 6 期。

引導社會公眾將賽馬旅遊視為高層次的休閒娛樂活動，賽馬旅遊產品及其衍生品在營銷和推廣的過程中，追求經濟效益的同時也要考慮社會整體效益，在吸引更多遊客的同時更要引導其消費行為，幫助遊客塑造健康的賽馬旅遊消費觀念。

3. 加強賽馬旅遊與科技融合，打造數字化賽馬主題公園

高新技術的發展正在改變人們生活的方方面面，賽馬旅遊的經營和監管模式也將徹底改變，從而使得賽馬旅遊可控的範圍內發展成為可能。現代科技主要從三個方面對賽馬旅遊產業發揮作用：一是通過技術集成來提升賽馬旅遊產品的研發與製作的水平，促進賽馬旅遊產品向現代化、趣味化轉型；二是現代網絡信息技術為賽馬旅遊產品營銷與推廣創造了廣闊的平台，利用這些平台不僅能幫助消費者客觀認識各類賽馬旅遊產品，也為政府與賽馬企業引導消費者行為提供了多種渠道；三是大數據等高新技術為賽馬旅遊產業的全方位監管，提供了必要的技術支持。比如大數據技術能夠對賽馬旅遊產生的海量結構化、非結構化數據進行深度挖掘並從中找出有價值的信息；而人臉識別技術可以在賽馬旅遊場所發揮重要的作用，比如及時識別出有「問題賽馬」行為的遊客，及時識別被拉入黑名單的賭客等等。推動賽馬旅遊科技化能夠改變人們對賽馬旅遊的認知，將其視作現代化、高科技的遊戲形式，而不是將其與犯罪、罪惡、賭博等負面的東西聯繫在一起。

4. 遵循「慈善公益」理念，發揮賽馬旅遊業的社會財富再分配功能

制度學派認為組織在面臨技術環境的同時也面臨着制度環境，制度環境要求組織不斷接受和採納外界公認、讚許的形式、做法或「社會事實」，當組織行為不符合這些社會事實就會產生「合法性」危

機。[1] 賽馬旅遊業合法化的關鍵就在於賽馬旅遊企業能夠在多大程度上獲得合法性，中國香港以慈善公益為主導的產業發展模式具有重要借鑒意義。將賽馬旅遊業作為社會財富再分配的重要工具，[2] 通過推動賽馬旅遊業與慈善公益事業的融合發展，將賽馬旅遊業繳納的稅收用於公益事業，做到「取之於民，用之於民」，是獲得社會公眾的認可與支持進而獲得必要的合法性的重要途經，也是海南自貿港試點賽馬旅遊業的重要路徑選擇。借鑒香港慈善賽馬發展經驗，建立完善的慈善基金管理機制，嚴格保障慈善基金的公益性、公正性和公開性。具體來説，就是要保障從現代賽馬旅遊業獲取的慈善基金要實實在在的投入改善社會整體福利的項目中去，要兼顧各部門的利益，優化資金配置，要建立完善的信息披露制度，讓全社會知道慈善基金的「來龍去脈」。

（二）搭建相對獨立的、科技化的全方位賽馬旅遊業監管體系

海南自貿港作為探索現代賽馬旅遊業的試點區域，具有多重優勢，比如相對獨立的區位條件，相對寬鬆的政策環境、自主立法權等等。但為了保障賽馬旅遊業在海南自貿港可控、良性發展，必須建立完善的賽馬旅遊業發展的制度條件和法制環境，構建系統的監管體系。本文認為海南賽馬旅遊業的監管體系可從以下幾個方面構建：一是設立相對獨立的監管機構；二是賽馬旅遊公益金的管理；三是充分

---

[1]　周雪光：《組織社會學十講》，北京：社會科學文獻出版，2003 年。

[2]　梁樞：《香港賽馬會引領與粵港澳大灣區馬匹運動產業可持續發展研究》，《體育與科學》，2019 年第 3 期。

利用大數據等現代信息技術，推動監管科技化，構建全社會協作式監管模式（見圖 1）。

1. 設立相對獨立的賽馬旅遊業管理部門

目前，世界各賽馬旅遊業開放國和地區的賽馬旅遊業監管體系存在巨大差異。比如，英國和中國香港由民間行業機構主導賽馬旅遊業的組織與管理，政府則在相關立法和稅務等方面發揮作用。然而，日本、越南等國都是政府主導的賽馬旅遊業，通過政府的嚴格監管來保證賽馬業的公正性與可控性。在當前我國的法制環境下，行業機構主導型監管模式並不適用，為嚴格控制其發展應採用政府主導型模式對賽馬旅遊業進行嚴格監管。

本文認為合理的方式是進行機制創新，設立相對獨立的「海南賽馬旅遊業監管委員會」，履行賽馬旅遊業發展和監管職能，推動海南賽馬旅遊業的健康可持續發展。從橫向權力配置來看，「海南賽馬業管理

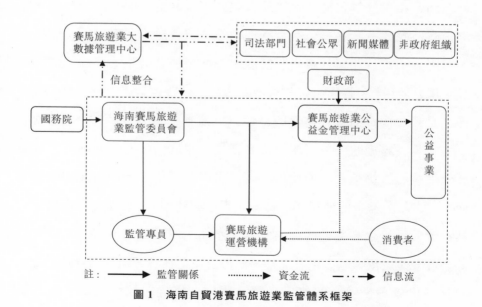

圖 1　海南自貿港賽馬旅遊業監管體系框架

委員會」是由海南省人大設立、公安廳、市場監督管理局、財政廳、民政廳、文化和旅遊廳等部門組成的「綜合管理委員會」；其中立法與行業規範由海南省人大、公安廳、市場監督管理局指導，利稅由財政廳、稅務局指導，慈善功能由民政廳指導，旅遊價值開發由文化和旅遊廳指導，充分發揮各部門專業化優勢和橫向權力制衡作用。從縱向權力配置來看，在「海南賽馬旅遊業監管委員會」下設監管專員。「海南賽馬業監管委員會」更多從宏觀層面把握海南賽馬旅遊業發展，主要包括法律和制度的構建、嚴格控制發展規模和速度、合理佈局產業發展、賽馬收入的分配等等。而監管專員對賽馬場的日常經營進行嚴格的監管，具體審查賽馬場的經營狀況、經營方式、營銷方式、稅收繳納情況是否符合要求和規定進行巡視和監管，定期向上級部門彙報。

2. 設立專門的賽馬旅遊公益金管理中心

海南省財政廳作為相對獨立的慈善收益監管部門，可與其他行政部門利益相對分離，從而保障最大限度不受其他部門利益的影響。在海南省財政廳下設賽馬公益金管理中心，將賽馬場所繳納的稅收納入管理中心，實行「專款專用」制度，全部用於公益事業，即「取之於民，用之於民」。賽馬旅遊公益金的使用，其關鍵是體現它的公共性，即滿足社會成員的公共需要的屬性（申衞平和齊志，2009）。具體如下：一是賽馬旅遊公益金的使用必須最大限度的代表公共利益，公益金管理中心對每筆資金的使用必須提出申請，待各方評估後才能批准使用；二是公益金的使用必須權衡「責任與效率」，並優先考慮責任，為社會大眾提供高質量的公共服務和產品；三是採用現代信息技術做好公益金使用預算並優化其配置，使得公益金在各部門得到合理分配；四是賽馬旅遊公益金的使用必須透明化，搭建與社會公眾溝通的橋

樑，讓人們清楚了解公益金的來源和去處；五是通過法律、法規的形式將公益金的使用規範化、流程化。海南可借鑒國外的先進經驗，並結合實際情況創新制訂適合自身制度的賽馬旅遊公益金管理制度。

3. 基於大數據構建全社會協作式監管模式

設立賽馬旅遊業大數據管理中心，搭建基於大數據技術的統一操作平台，將各監管主體獲取的原始數據通過該操作平台進行分享、儲存、分析和預測，進而從中挖掘出各監管主體所需的有價值信息，實現信息的集成化、智能化、網絡化和開放化應用，為形成全方位、多主體的立體化監管模式提供強大的技術支撐。在賽馬旅遊業大數據管理中心提供的技術支持下，各類信息得以在不同的監管主體間實時共享。公安部門以及新聞媒體、社會公眾、非政府組織等社會化監管對核心監管部門進行約束和補充，進而形成立體式的監管模式。海南賽馬旅遊業監管委員會作為監管工作的主要執行者，發揮着規則制定、實時監控、預警和獎懲等多項功能，然而其單向式的監管具有一定弊端：一是權力得不到制衡，容易受自身利益驅使而做出挪用資金、造假等不良行為；二是監管容易出現紕漏，因為單個部門能獲得的信息有限，而且對於遊客的問題博彩等行為僅依靠監管人員難以發現和制止；三是與其他部門溝通不足，容易造成賽馬旅遊公益金的分配出現偏頗，不能實現合理、精準分配。而「全社會協作式」監管模式能夠有效避免這些不足，新聞媒體可發揮其引導消費者行為的作用，公安部門可對賽馬場不法行為及時制止並給予懲罰，非政府組織能夠督促公益金落到實處。對於社會公眾來說，一方面可以監測公益金是否用於改善社會福利；另一方面當身邊有人出現問題博彩行為，可及時向賽馬運營機構申請禁止其再次參與賽馬活動。

四、結語

中國政策供給、產業供給改革空間潛力還很大，關鍵是實事求是、革新理念、解放思想。縱觀世界，賽馬旅遊業是伴隨人類社會、經濟發展到一定階段的產業融合結果。賽馬旅遊業其產業定位的核心是休閒度假娛樂。賽馬旅遊對於滿足人們深層次心理、娛樂需求，對於相關產業價值鏈拉動，發展公益事業意義獨特。

隨着人工智能、大數據、人臉識別等現代高新技術的廣泛應用，將徹底變革和顛覆傳統賽馬旅遊業的經營和監管模式，使得賽馬旅遊業在完全可控的條件下良性健康發展成為可能。新時代中國供給側結構性改革不斷推進，賦予了我國探索發展賽馬旅遊業的重大機遇和有利條件。在國外，伴隨賽馬業不斷與旅遊業深度融合發展，逐漸變革形成的成熟價值鏈結構，探索出多種現代賽馬旅遊業發展模式，這為我國探索博彩旅遊業發展路徑提供了參考借鑒和成功經驗。目前，海南自貿港建設為我國探索發展現代賽馬旅遊業提供了重要的載體，站在新的歷史起點中國深化改革、擴大開放的任務更加迫切，總結我國 30 餘年體彩、福彩發展歷程與經驗基礎上，我國應逐步基於供給側結構性改革制定合理的博彩業發展政策來有效應對「世界博彩業發展如火如荼」帶來的現實挑戰和歷史機遇。

A Study on the Development of Horseracing Tourism Industry in Hainan Free Trade Port: Model Comparison and Path Selection

Pei Guangyi   Huang Guangyu

Abstract: "Guiding Opinions of the CPC Central Committee and the State Council on Supporting Hainan's Comprehensive Deepening of Reform and Opening-up" clearly states "encourage the development of beach sports, water sports, horse racing and other projects", "explore the development of guessing national sports lottery and ready-to-play lottery for large international events." From a global perspective, China should explore the deep integration of the horse racing industry and the tourism industry based on the structural reform of the supply side, fully learn from the experience of foreign horseracing tourism development and reform, and clarify the positioning of the leisure and entertainment industry of horse racing. The horseracing tourism industry could develop healthily under the premise of safety and control through the establishment of a relatively independent regulator, the establishment of a special public welfare fund management institution, promote the technologization of the industry's regulation, and build a comprehensive social collaborative supervision.

Key words: Hainan free trade port; Horseracing tourism Industry; Model Comparison; Path Selection

香港社會研究專題

當代香港家庭戶的結構特徵與變遷趨勢

——基於香港人口普查數據的考察

楊成洲[*]

摘　要：家庭戶的變遷內嵌於社會現代化變遷的進程中，也是人口系統綜合轉變的必然結果。本文根據香港歷次人口普查和中期人口統計數據分析了香港家庭戶的結構特徵與變動趨勢，研究表明：半個多世紀以來，香港家庭戶數量持續增長，但是家庭戶均規模不斷收縮和家庭代際結構進一步簡化，家庭戶小型化特徵明顯。雖然核心家庭戶仍是香港家庭戶的主要類型，但是隨着單身戶的興起，以及夫婦和未婚子女戶比重的下降使得家庭結構的傳統格局面臨重組的可能。經濟發展、較高的女性勞動參與、代際同住意願的改變、持續的超低生育率和婚姻模式的改變是影響香港家庭戶變動的主要動力。此外，由於持續的家庭老齡化，以及單親戶、單身戶和純老家庭戶的增多，家庭戶抵禦社會風險的能力有所減弱，如何整合家庭、社區、

---

* 楊成洲，西南民族大學民族學與社會學學院、西南民族研究院講師，研究方向為人口、家庭與社會變遷。

社會組織和政府等多方資源和力量有效介入，是目前家庭政策急需面對的問題。

關鍵詞：香港　家庭戶　家庭政策　人口普查

在中國傳統社會結構中，家庭是社會生活的核心。不僅承擔着繁衍的功能，整個社會的價值系統都經由家庭的「育化」（enculturation）和「社化」（socialization）作用傳遞給個人，使家庭成為維繫社會體系的基本力量。若以帕森斯「模式變項」（patterns variables）來說，中國家庭具有「高度特殊化」和「功能普化」的特性。[①] 在技術革命的推動下，以工業化、城鎮化和全球化為標誌的現代化步伐不斷邁進，家庭形態也逐漸改變，作為「功能普化」的家庭已然遭到破壞，傳統家庭的部分功能逐漸被社會力量所取代。從 20 世紀 60 年代以來，香港在經濟上取得了巨大的成就，被冠以「亞洲四小龍」的美譽。尤其是回歸祖國以後，在中央政策的鼎力支持和內地強勁的經濟發展拉動下，香港已成為享譽全球的現代化國際大都市。另一方面，香港曾長期淪為英國的殖民地，社會制度、生活方式與價值觀念等都受到西方社會的影響，成為中西文化的交融地。在這樣的背景下，內嵌於經濟社會變遷中的香港家庭戶在規模、結構、形態與功能等方面均發生了劇變。那麼，半個多世紀以來的香港家庭到底經歷了何種變遷，變遷中呈現何種特徵與趨勢？

---

① 金耀基：《從傳統到現代》，北京：法律出版社，2017 年，第 31－66 頁。

一、概念界定、文獻回顧與研究數據

（一）概念界定

「家庭」（family）和「戶（或住戶）」（household）是兩個在內涵上具有諸多重疊和分歧的社會單位。「家庭」是一個親屬（kinship）單位，是具有血緣、婚姻、親屬或收養等關係組成的生活單位；而「戶」則更強調共同居住的特性，成員之間不需要是親屬關係。[①]「家庭」是一個複雜的概念，西方和中國文化背景下的「家庭」是完全不同的，而且隨着社會經濟變遷，「家庭」的內涵與外延也在悄然變化。而「戶」更多的是基於戶籍管理的需要而產生的，但現代社會中這一概念越來越重要，因為生活中很多劃分均是以戶為單元進行區分，戶即包含了家庭戶也包含非家庭戶。[②] 在科學研究中由於家庭的資料較難獲取，基於實用主義的邏輯，常常用家庭戶（family household）的混合概念近似替代「家庭」概念。

香港人口普查中，「戶（或住戶）」指的是「在同一『屋宇單位』內共同居住的成員，共同享用生活必需品所形成的一個社會經濟單位」。因而成為「戶」必須具備兩個條件，一是共居，二是共食。對於那些與另外一個家庭共同居住同一「屋宇單位」但食物自理、住戶開支賬項自理的人視為單人住戶。在調查中戶被分為「家庭戶」和「非家庭戶（或集體戶）」兩類。「家庭戶」是指「居住在同一個『屋宇單

---

① United Nations, *Principles and recommendations for populations and housing censures, revision 3*, 2017, p.196.

② 王躍生：《中國當代家庭、家戶和家的「分」與「合」》，《中國社會科學》2016 年第 4 期。

位』，並共同享用食物和生活開支的成員所形成的經濟社會單位」，成員之間不一定是親屬關係。「非家庭戶」包括那些居住在大型居所（如養老院、醫院和機構職工宿舍等）且不屬於香港家庭戶的流動居民。①

（二）文獻回顧

作為家庭研究領域的經典理論，帶有進化論和結構功能主義色彩的家庭現代化理論認為，家庭變遷具有趨同性。在邁向工業化和現代化的過程中，所有社會都將發生擴大家庭向夫婦式核心家庭轉變的趨向。② 眾多實證研究支持了這一理論，例如 Kumagai 的研究表明北美、東亞的日本等國的家庭變遷具有趨同性，基本符合家庭核心化的變遷輪廓。③ 中國內地在現代化、工業化和城市化進程中也具有類似的特徵與趨勢。④ 然而，以西方文化為中心建構的家庭現代化理論由於一元化和單向演進思維的侷限，半個世紀以來不斷被學者們質疑和修正。例如，Laslett 和 Wall 指出，16 世紀以來的西歐家庭戶始終維持着小家庭形態。⑤ 即便在中國傳統社會中，大家庭也並非主要的家庭形式，直系家庭和核心家庭反而居於主導地位，而多代聯合家庭大多出現在仕

---

① 香港政府統計處：《2016 中期人口統計主要結果》，香港特別行政區政府統計處，2017 年，第 65-66 頁。

② Goode, William J., *World Revolution and Family Patterns*, New York: Free Press, 1963.

③ Kumagai F., *The life cycle of the Japanese family*, Journal of Marriage and the Family, 1984: 191-204.

④ 潘允康、林南：《中國城市現代家庭模式》，《社會學研究》1987 年第 3 期。潘允康：《中國家庭網的現狀和未來》，《社會學研究》1990 年第 5 期。徐安琪：《家庭結構與代際關係研究——以上海為例的實證分析》，《江蘇社會科學》2001 年第 2 期。

⑤ Laslett P., Wall R., *Household and family in past time*, Cambridge England University Press, 1972, pp.1237-1238.

紳、宦官或地主等少數富人和精英階層。[1] 而當代中國家庭變遷與西方社會迥異，具有複雜性和中國特色，呈現出「形式核心化」與「功能網絡化」特徵，核心家庭大多數有形無實。[2] 也不能將核心家庭比例較高這一現象簡單認定為就是家庭的核心化（王躍生，2009；楊靜利、陳寬政等，2012）。[3] 不同文化背景下的家庭變遷往往具有多樣性。因而，家庭變遷過程中可能存在多種路徑和複雜模式。[4]

內地和香港具有相同的文化傳統和家庭制度，因而理解內地的家庭變遷態勢有助於解釋香港的家庭變遷。近年來，內地的研究主要聚焦於以下方向：一是當代中國家庭呈現出「核心家庭戶為主、單身戶與擴展戶為輔」的格局，[5] 家庭小型化、代際簡化，老齡化、居住模式變化等已成為不可避免的趨勢，[6] 家庭結構也呈現多樣化。[7] 二是當代中國家庭變遷在城鄉之間、不同地域和民族之間具有較大差異。[8] 三是家

[1] Lang, Olga, *Chinese family and society*, New Haven: Yale University Press, 1946. Levy Jr., Marion J., *The Family Revolution in Modern China*, New York: Octagon Books, 1971. 賴澤涵、陳寬政：《我國家庭制度的變遷——家庭形式的歷史與人口探討》，《中國社會學刊》1980 年第 5 期。

[2] 彭希哲、胡湛：《當代中國家庭變遷與家庭政策重構》，《中國社會科學》2015 年第 12 期。

[3] 王躍生：《中國當代家庭結構變動分析：立足於社會變革時代的農村》，北京：中國社會科學出版社，2009 年，第 126 頁。楊靜利、陳寬政、李大正：《台灣近二十年來的家庭結構變遷》，伊慶春、章英華編：《台灣的社會變遷 1985–2005：家庭與婚姻》，台北：「中央研究院」社會學研究所，2012 年。

[4] 徐安琪：《現代化進程中的家庭：中國和俄羅斯》，上海：上海社會科學院出版社，2016 年，第 3–8 頁。

[5] 胡湛、彭希哲：《中國當代家庭戶變動的趨勢分析——基於人口普查數據的考察》，《社會學研究》2014 年第 3 期。

[6] 彭希哲、胡湛：《當代中國家庭變遷與家庭政策重構》，《中國社會科學》2015 年第 12 期。

[7] 王躍生：《當代中國家庭結構變動分析》，《中國社會科學》2006 年第 1 期。

[8] 王躍生：《中國城鄉家庭結構變動分析——基於 2010 年人口普查數據》，《中國社會科學》2013 年第 12 期。王躍生：《五個民族自治區家庭結構分析——基於 2000 年、2010 年人口普查數據》，《廣西民族研究》2014 年第 6 期。王躍生：《當代家庭結構區域比較分析——以 2010 年人口普查數據為基礎》，《人口與經濟》2015 年第 1 期。

庭變遷內嵌於社會轉型之中，[①] 是經濟產業變革、制度變遷、人口轉變等多重宏觀因素疊加效應的結果。[②] 四是在劇烈的社會變遷中，家庭制度始終保持着內在穩定性，[③] 使家庭展現出較強的韌性，實現了傳統與現代的融合發展。[④]

　　相較於內地活躍的研究，香港家庭戶的研究則較為單薄。較早的研究有 Wong Fai-ming 從歷史功能論的視角進行分析，發現香港的家庭結構在工業化過程中經歷了三個主要階段：即殖民時期到一戰前的「暫時的、破碎的大家庭」（the temporary, broken extended family）、20 世紀上半葉的「穩定的主幹家庭」（the settled stem family）、20 世紀 50 年代後的「小型化的核心家庭」（the nuclear family）。[⑤] 在 70 年代的研究中，香港家庭結構變遷通常還與較高的生育意願和行為相關。[⑥] 就家庭戶結構而言，香港家庭戶介於核心家庭和擴大式家庭之間，可稱之為「折中的擴大式家庭」。組織形式以核心家庭為主，但核心家庭之間維持着緊密的親戚網絡關係，重視親子之間的義務承擔和相互扶持。[⑦]

---

① 吳帆：《第二次人口轉變背景下的中國家庭變遷及政策思考》，《廣東社會科學》2012 年第 2 期。楊菊華、何照華：《社會轉型過程中家庭的變遷與延續》，《人口研究》2014 年第 2 期。

② 伊慶春：《台灣地區家庭代間關係的持續與改變——資源與規範的交互作用》，《社會學研究》2014 年第 3 期。楊善華：《中國當代城市家庭變遷與家庭凝聚力》，《北京大學學報》（哲學社會科學版）2011 年第 2 期。楊勝慧、陳衛：《中國家庭規模變動：特徵及其影響因素》，《學海》2015 年第 2 期。

③ 程勝利：《家庭還是社會：誰應當承擔當代中國養老服務的責任》，《廣東社會科學》2016 年第 4 期。

④ 馬春華、石金群、李銀河、王震宇、唐燦：《中國城市家庭變遷的趨勢和最新發現》，《社會學研究》2011 年第 2 期。

⑤ Wong Fai-ming, "Industrialization and family structure in Hong Kong," *Journal of Marriage and the Family*, 1975, 37(4), p.958-1000.

⑥ Lowe V. H., *Family structure and fertility in Hong Kong*, Ann Arbor：University Microfilms International, 1983.

⑦ 李明堃：《香港家庭的組織和變遷》，喬健編：《中國家庭及其變遷》，香港：香港中文大學社會科學院香港亞太研究所，1991，第 161-170 頁。

近來的研究表明，80 年代後，香港開始邁入老齡化社會，家庭戶和家庭戶規模均出現劇變，家庭戶劇增、家庭規模持續收縮、單人戶快速上升，[①] 加上家庭成員分離化和核心化家庭成為主流，使得家庭難以獨自承擔養老重擔，家庭逐漸「空心化」和「分隔化」。[②] 另外一方面，即便家庭功能隨着工業化、城市化的發展和家庭規模和結構的變化而漸趨式微，但是以「孝道」為核心的家庭傳統觀念依然發揮着重要作用。[③] 這主要是受儒家文化影響的「家庭本位主義」觀念深深根植於香港社會。[④] 但香港社會並不盲從於傳統，而是從現實生活中去理性踐行，因而可稱為「理性的傳統主義」。[⑤] 香港傳統家庭功能的弱化，家庭小型化、特殊家庭和少子化、老齡化家庭的興起同樣呼喚家庭政策的變革。

（三）研究數據與方法

從 1961 年起，香港每 10 年進行一次「人口普查」。按照慣例，主要在尾數逢 1 的年度開展。在兩次人口普查中間，尾數逢 6 的年度進

① Tu, Edward Jow-Ching, and Jianping Wang, "Patterns and Changes in Household Structure in Hong Kong", *The Family and Social Change in Chinese Societies*, Springer, Dordrecht, 2014, p.59–77.

② 劉香蘭、張玉芳：《把家庭找回來：台灣、香港家庭之政治經濟學分析》，《社會政策與社會工作學刊》（台灣）2016 年第 1 期。

③ 陳章明、曹婷：《現代化背景下的養老：家庭將何去何從》，《紫金論壇》（香港）2013 年第 4 期。

④ Salaff J. W., "Lethbridge H. J. Hong Kong: Stability and Change", *Pacific Affairs*, 1981, 53(1), p.138.

⑤ King, Ambrose Y. C., "The transformation of Confucianism in the post-Confucian era: The emergence of rationalistic traditionalism in Hong Kong", In Wei-ming Tu(ed.), *Confucian traditions in East Asian modernity: Moral education and economic culture in Japan and the four mini-dragons*, Mass: Harvard University Press, 1996, p.265–276.

行一次覆蓋全港約 10% 的「屋宇」單位 ① 內所有家庭戶的「中期人口統計」。
1961～2016 年間，香港共進行了六次人口普查和六次中期人口統計。

需要注意的是，1961 年和 1971 年進行的人口普查，是對所有人口的信息和社會經濟特徵進行登記調查。而自 1981 年後的歷次人口普查，則只登記調查所有人口的年齡和性別信息，而其他社會經濟特徵則是通過大規模的抽樣調查來獲取。中期人口統計並不對所有人口進行登記調查，而是通過大規模的抽樣調查蒐集信息。人口普查和中期人口統計均以「戶」為基本單位。自 1981 年起的人口普查均採用兩份問卷「長問卷」和「短問卷」，大約 10%「屋宇」單位內所有人口接受詳細訪問，即「長問卷」調查；其餘約 90%「屋宇」單位內所有人口接受基本情況訪問，即「短問卷」調查。若非特別說明，本文數據全部來自人口普查和中期人口統計數據。

本文主要採取數據統計分析方法，這一方法能夠最大限度保留數據信息的真實性和完整性，避免出現類似於統計推斷方法中的模型選擇造成變量遺漏或者內生性等問題帶來的誤差，能夠有效揭示樣本的規律性，從而保證研究結論的可靠性和科學性。

二、影響家庭戶變遷的宏觀背景

影響家庭戶變遷的因素是多維的，與經濟發展、社會轉型、制度變遷和人口轉變等諸多因素交織混雜。不同因素之間可能還具有交互

---

① 屋宇單位按所屬建築物的類型分類，而建築物則按其建築材料種類、興建用途與負責建築機構分類。

重疊、交叉關聯或互為因果的複雜效應。一般認為，經濟因素是家庭變遷的根本動因。在工業化、城鎮化和技術革命的驅動下，「功能普化」的家庭必然在「社會的分化」的趨勢下，在功能上逐漸被「功能專化」的組織所取代，退居為許多社會制度之一的地位。而在其他因素中，生育水平和婚姻模式的改變是最直接的動因。具體而言：

第一，經濟持續發展是家庭變遷的根本動因。若以 2010 年不變價美元計算，1961～2016 年間香港人均 GDP 從 3381 美元增長至 36816 美元，增長了近 10 倍。[1] 經濟發展不斷重構了香港產業結構，80 年代末服務業在香港 GDP 中的比重已超過八成。市場上大量的就業機會讓經濟活動從家庭親屬關係中游離出來，家庭成員離開家庭在勞動力市場中獲得收入，增加了個人在經濟上的獨立性，從而降低對於家庭的依賴性。[2] 這就意味着家庭喪失了部分功能，更多集中在感情的滿足和社會化上。經濟功能從家庭中分離也減弱了父母的權威和對晚輩的控制，個人主義逐漸取代家庭主義。[3]

第二，女性的勞動參與讓「男主外女主內」的傳統家庭分工模式走向瓦解。一方面，經濟發展使家庭物質條件得到極大改善，包括女性在內的大量人口能夠接受良好的教育，教育的普及和人口素質的提高對於民眾的觀念和認知的轉變具有影響深遠。例如，對個人的戀愛、婚姻、生育、居住方式、代際關係等產生影響，從而再作用於家庭的方方面面。另一方面，產業發展吸引了大量勞動力，受過教育的

---

[1]　World Bank, World Development Indicators, https://data.worldbank.org/products/wdi, 2017.

[2]　王躍生：《中國當代家庭結構變動分析：立足於社會變革時代的農村》，北京：中國社會科學出版社，2009 年，第 126 頁。

[3]　加里·貝克爾：《家庭論》，北京：商務印書館，2014 年，第 421 頁。

女性進入勞動力市場。以 2006～2016 年為例，香港女性勞動人口參與率上升了 1.5%；相反，男性勞動人口參與率卻下降了 3%。[1] 女性在職場上實現個人價值的同時，在經濟上也越來越獨立。大量女性從家庭進入職場，重新尋求家庭與工作之間的平衡，傳統的家庭分工模式隨之瓦解，女性話語權不斷提升。

第三，代際間的同住意願改變了父母與子女間的居住安排。當代際間同住意願越高時，組成多代擴展家庭的可能性也越高。「老來從子」的傳統價值觀念根深蒂固，養老和同住始終是聯繫在一起的。[2] 但在子女與老人同住方面，香港民眾的意願在逐漸轉變。2006 年「香港社會指標調查」結果顯示，同意「養老最好是和子女分開住，但住附近」的比例達 69%；同意「養老最好是住在服務設施好的養老院」的比例為 51%；同意「婚後與父母同住」的比例低至 28%。此外，另一項調查也顯示，過半受訪者認為父母、配偶與一般老人最理想的居住安排是與子女分開居住。[3] 不僅子女與父母的同住意願在降低，代際間的同住行為事實上也在減少。例如，1991～2016 年 65 歲及以上老人與子女同住得比重顯著下降。

第四，總和生育率的持續性下降影響了家庭戶均規模、結構與代際居住狀況。總和生育率持續下降的直接效應是家庭戶均規模的持續縮減，小家庭戶比例會隨之升高。同時也會增加「父母可用性」，子女

---

① 香港政府統計處：《2016 中期人口統計主要結果》，香港：香港特別行政區政府統計處，2017。

② Lin Ju-Ping, and Chin-Chun Yi, "A comparative analysis of intergenerational relations in East Asia", *International Sociology*, 2013, 28(3).

③ 劉玉瓊、馬麗壯、陳膺強：《香港家庭有關老人奉養的安排：養兒防老抑或自求多福？》伊慶春、陳玉華編：《華人婦女家庭地位：台灣、天津、上海、香港之比較》，北京：社會科學文獻出版社，第 269-306 頁。

對父母產生更多的依賴，增加與父母的居住比例。[①] 但另一方面，隨着子女長大成人，可供老年人共同居住的成年子女數量也將減少，單獨或與配偶居住的數量也會降低，使得核心家庭比重降低。如果生育率持續低於更替水平，子女數量始終難以滿足與父母的同居條件，將使夫婦核心家庭尤其是老年夫婦獨居的比例上升，從而影響家庭戶的整體格局。持續的低生育率也可能對家庭穩定性產生負面作用，因為無子女夫婦的離婚率往往高於有子女的夫婦。[②] 從過去半個多世紀的情況來看，1961 年後香港的總和生育率從 5.03 持續降低至 2001 年 0.93 的最低水平。雖然近年在緩慢上升，但仍將長期處於超低生育水平（見圖 1）。此外，死亡率的下降和平均預期壽命導致了老年夫婦數量的增加，也影響家庭戶規模和構成的變化。

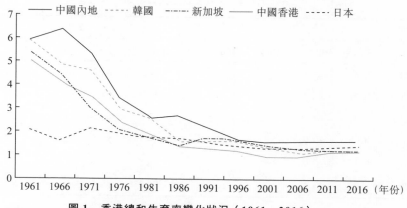

圖 1　香港總和生育率變化狀況（1961～2016）

數據來源：世界銀行數據庫。

---

① Suzuki, T., "Projection of households in Japan with a dynamic macro-simulation model", Unpublished doctoral dissertation, University of California at Berkeley, 1999.
② Alders, Maarten P. C., and Dorien Manting, "Household scenarios for the European Union, 1995-2025", *Genus*, 2001, p.17-47.

　　第五，婚姻模式的改變導致了家庭戶形態的多樣化。婚姻是家庭形成的基礎，傳統婚姻因父母包辦常常與早婚相聯繫，而現代社會婚戀和生育選擇自由，已婚夫婦其獨立生活的願望和能力也普遍提高，獨立居住的意願也較為強烈。如果說生育率更多的是影響代際間的居住可能性的話，婚姻變化則使得家庭戶的形態更加多樣化。[①] 首先，未婚人口比重增加、已婚人口比重減少。表 1 顯示，1991～2016 年間，15 歲及以上人口中從未結婚的男性比例從 25.8% 上升至 32.4%，而女性比例則由 18.3% 上升至 28.0%。與此相反，已婚男女的比重則持續下跌，且已婚女性跌幅更大。其次，離婚和分居出現變化。離婚的數量和比例均在持續上升，2016 年粗離婚率是 2.34% 人，是 1991 年的兩倍多。2016 年男性和女性的離婚和分居比重分別達到 3.7% 和 6.1%，

表 1　1991～2016 年 15 歲及以上人口的婚姻狀況（%）

年份	男性				女性			
	從未結婚	已婚	喪偶	離婚和分居	從未結婚	已婚	喪偶	離婚和分居
1991	25.8	69.0	3.9	1.3	18.3	65.2	14.9	1.6
1996	26.7	68.0	3.5	1.8	19.9	63.7	14.0	2.4
2001	28.2	66.3	3.3	2.2	22.3	60.8	13.5	3.4
2006	30.4	63.9	2.8	2.9	25.3	57.4	12.4	4.8
2011	31.3	63.0	2.5	3.2	26.8	55.7	12.0	5.6
2016	32.4	61.7	2.2	3.7	28.0	55.3	10.6	6.1

註：為了能讓不同年份的婚姻狀況的統計數據能在統一基礎上作比較，各年的數據以 2016 年的性別和年齡分佈作為標準計算而來。

數據來源：政府統計處：《1991 年至 2016 年香港的結婚及離婚趨勢》，《香港統計月刊》2018 年第 1 期。

---

① 楊靜利、陳寬政、李大正：《台灣近二十年來的家庭結構變遷》，伊慶春、章英華編：《台灣的社會變遷 1985－2005：家庭與婚姻》，台北：「中央研究院」社會學研究所，2012 年。

女性的離婚和分局比重遠高於男性，這可能與離婚男性再婚的意願或行為高於女性有關，女性在再次選擇婚姻時往往表現得更為謹慎。此外，初婚年齡的推遲、初婚與第一胎生育間隔延遲等的變化也影響着家庭戶。作為一個全球性的移民城市，人口的流動與遷移同樣會影響到香港的家庭戶模式。未來香港的家庭格局將可能由生育率、死亡率、移民和婚姻模式等因素的變化共同主導。

三、香港家庭戶特徵及其變動趨勢判定

（一）家庭戶數量持續增長，且增速明顯快於人口增長

2016 年香港總人口達 734 萬，較 1961 年的 313 萬翻了一番多，人口年均增長率為 1.6%。約 711 萬人居住於家庭戶內，佔總人口的 97%，家庭戶數量達到 250 萬戶，相較於 1961 年的 70 萬戶，增幅達 258.6%，年均增長 2.3%。顯然，家庭戶數量增長速度明顯高於總人口的增速（見圖 2）。根據預測，如果這一增長態勢得以維持，香港未來的家庭戶數量還將繼續上升，到 2036 年，家庭戶數量將超過 290 萬戶，並將於 2046 年達到峰值以後才會開始緩慢下降。雖然家庭戶增長速度將有所放緩，但仍將高於人口增長速度。[①]

---

① 　香港政府統計處：《2016 中期人口統計主要結果》，2017。

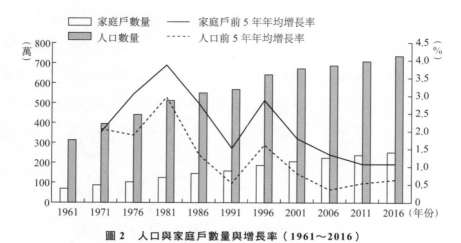

圖 2　人口與家庭戶數量與增長率（1961～2016）

註：1971 年的增長率是前 10 年年均增長率

（二）家庭戶均規模持續縮減，小家庭戶已成為主流

　　半個多世紀以來，香港的家庭戶持續縮減，小家庭形態越來越普遍。1961 年 5 人及以上戶在家庭戶總數中的比重高達 42.5%，到了 2001 年以後，5 人及以上大家庭戶已較為少見，其佔比不足兩成。尤其是 6 人及以上戶，已幾近消失。而由 1～3 人組成的小家庭戶合計比重則持續上升，三類家庭在家庭戶數中的佔比從 1961 年的 44% 上升至 2016 年的近 70%，成為當今香港家庭戶的主要類型。其中，又以 2 人戶和 3 人戶所佔比重最高、上升幅度最快。這兩類家庭戶佔家庭戶總數的比重在 2006 年以後就已經過半，而且所佔比重上升幅度最為迅速。而 1 人戶在家庭戶總數中的比重上升也較快，2016 年接近兩成（見圖 3）。

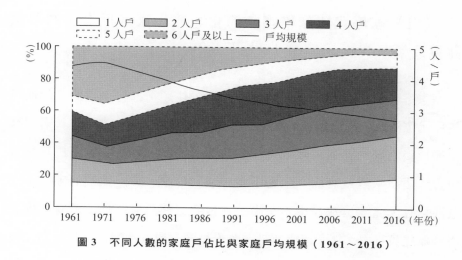

圖 3　不同人數的家庭戶佔比與家庭戶均規模（1961～2016）

　　正是由於大家庭戶持續收縮，小家庭戶快速上升，以及家庭戶增長快於家庭人口數增長，[①] 使香港家庭戶均人數不斷減小。2016 年僅為 2.8 人，比 1961 年減少 1.6 人，減幅接近四成。當然，引起家庭戶持續收縮的原因比較複雜。經濟社會的持續變遷使居民居住環境、居住條件改變，居民生產方式、生活方式和生活觀念發生變化。人口的流動和遷移行為也更加頻繁，各種因素交互重疊影響了家庭戶的收縮。不難理解，當今香港社會中，傾向於獨自居住的人越來越多，而且年輕夫婦在婚後選擇獨立生活而不與父母同住的情況也非常普遍。此外，婚後夫妻選擇少生育或者推遲生育，甚至不生育的狀況也不少見（趙永佳、丁國輝等，2014）。[②] 可以預見，小家庭小型化將是必然趨勢。

---

① 　2016 年 97% 的人口居住於家庭戶內。

② 　趙永佳、丁國輝、黃子為等：《現代香港人的傳統家庭觀念》，《當代港澳研究》2014 年第 4 期。

（三）家庭代際結構趨於簡化，核心家庭戶為主的形態難以改變

家庭戶結構是按家庭戶成員的不同居住類別進行區別的，因而可按照代際層次、親屬關係或者婚姻關係等多種方式進行劃分。[①] 若根據家庭成員之間的關係來確定，一個典型的家庭（即核心家庭戶）通常包含夫妻二人（或者與其未婚子女）或父母中一方同他們的未婚子女共同居住。當家庭成員中不止滿足「核心家庭戶」條件，還有其他親屬關係成員且與「核心家庭成員」輩份相同（或者不同）時，稱為「親屬關係家庭戶」。實際上是一種按照親屬關係擴展的「核心家庭戶」類型。香港人口普查將家庭戶結構分為核心家庭戶、親屬關係家庭戶和其他家庭戶三大類。[②]

表 2 表明，香港家庭戶代際結構正在趨簡，二代戶比重逐漸下降。例如，父母與未婚子女組成的標準核心戶的比重下降較為明顯。而一代戶的比重則有相當程度的上升，這主要源於單身戶和夫婦核心戶佔比的增加。整體而言，香港家庭戶結構形成了以「核心家庭戶為主體，單身戶和親屬關係家庭戶為補充」的格局。

具體而言，核心家庭戶在所有家庭戶中比重最大，1991～2016 年佔比均超過六成。充分體現了高度現代化的香港家庭戶的「小家庭」化的鮮明特徵。但應注意，雖然核心家庭戶是香港家庭戶的主要形態，但是比重上升的趨勢在 2011 年出現拐點，並開始逐步回落。這一現象

---

①　胡湛、彭希哲：《中國當代家庭戶變動的趨勢分析——基於人口普查數據的考察》，《社會學研究》2014 年第 3 期。

②　需要注意的是，除單人戶和非親屬關係戶外，其餘各類家庭戶均可包含其他無親屬關係的同住成員，例如家庭傭工。

主要源於夫婦與未婚子女戶比重的下降。考慮到一代單身戶增長幅度
並不明顯，可以推斷，三代及以上擴展家庭戶仍然佔據了近兩成的比
重，至少有 20% 以上的人口仍然居住於擴展家庭戶中。一定程度上說
明，三代直系家庭可能並不會因為核心家庭長期佔據主導地位而致使
其功能不斷弱化，而是具有較強的穩定性。[①] 單身戶比重較高是另一典
型特徵。2001 年單身戶比重超過 15%，至 2016 年接近兩成。與內地相
比較，香港 1961 的單身戶比重就已超過內地 2010 年 14% 的水平。未
來，香港單身戶比重可能還會繼續上升。因為香港持續的低生育率態
勢難以扭轉、婚姻模式改變、離婚或不婚人口比重上升，就業機會和
居住條件不斷改善，男女獨立生活意願將會越來越強烈。

表 2　1991 ～ 2016 年家庭戶結構及其變化趨勢（%）

家庭戶結構類型	代數	1991	1996	2001	2006	2011	2016
核心家庭戶		61.6	63.6	66.2	66.9	66.3	64.0
1. 夫婦	一代			13.2	14.1	15.0	15.5
2. 夫婦與未婚子女	二代			43.1	41.3	39.4	36.7
3. 父親（或母親）與未婚子女	二代			9.9	11.5	11.9	11.9
親屬關係家庭戶		21.6	19.3	16.5	14.3	14.5	15.3
1. 夫婦與其中至少一個父或母親	二代			1.1	1.1	1.1	1.2
2. 夫婦與父母（或父或母）及未婚子女	三代			4.6	4.0	3.7	3.6
3. 其他親屬關係組合	/			10.8	9.3	9.6	10.6
其他家庭戶		16.8	17.1	17.3	18.7	19.2	20.7
1. 單人戶	一代	14.8	14.9	15.6	16.5	17.1	18.3
2. 其他非親屬關係戶	/	2.0	2.2	1.7	2.2	2.1	2.4
總計		100	100	100	100	100	100

註：自 2001 年的人口普查開始，家庭戶結構的統計口徑發生了變化。因而 1991 年和 1996 年部分數據
　　有缺失。

---

① 黃宗智：《中國的現代家庭：來自經濟史和法律史的視角》，《開放時代》2011 年第 5 期。

（四）「年長為尊」「男性為主」的戶主模式繼續強化

在人口普查中，家庭成員中的一位會被認定為戶主，成為戶籍統計中家庭戶的名義負責人。戶主的確定並非隨意，尤其在傳統社會有較為嚴格的規定。[①] 通常來說，戶主往往是一個家庭戶中主要事務決策者。不同家庭類型中的戶主通常具有較大差異，例如在核心家庭戶中，可能絕大多數戶主是由父親（或母親）擔任，而在兩代或三代直系家庭中，可能是第一代，也可能是第二代。

戶主率是衡量家庭戶戶主狀況的重要指標，是指「按照年齡和性別劃分的家庭戶人口中戶主的比例。」表 3 所示，2016 年的香港整體戶主率為 46.5%，近 10 年來戶主率的變化不大。但在年齡中位數上卻在持續增加，2006～2016 年間，戶主年齡中位數從 49.2 歲增加至 54 歲，增長了近 5 歲。[②] 這一變化特徵深刻反映了人口老齡化的變遷背景。

從戶主率的性別和年齡結構差異來看，2016 年男性和女性的整體戶主率分別為 58.9% 和 36.3%。在所有年齡組別中，男性的戶主率普遍高於女性，這一特徵 10 年來幾乎沒有變化，「男性為主」的特徵明顯。另一方面，相較於較為穩定的男性戶主率，女性戶主率呈不斷增長的趨勢，反映出女性在家庭事務中的角色更加活躍。年齡方面，不管男性還是女性，較高的戶主率均集中在「35 歲及以上」年齡段，2016 年男性和女性最高戶主率的年齡組分別為「55～64 歲」組和「65

---

① 王躍生：《五個民族自治區家庭結構分析——基於 2000 年、2010 年人口普查數據》，《廣西民族研究》2014 年第 6 期。

② 一般來說，家庭戶中只有一位戶主。但 2006 年以後的人口普查和中期人口統計中，一個家庭戶可填報不止一位戶主，這樣就可能出現戶主數量大於家庭戶數量的情況。因而，2006 年前後的戶主率相對數據不能作橫向對比。

歲及以上」組。顯然，在家庭事務管理和決策中，「年長為尊」的傳統一直延續，民眾更傾向於選擇年富力強的中青年人或者受人尊敬且有豐富人生經驗的老人擔任。

表 3 　2006 ～ 2016 戶主率變化狀況（%）

年齡組	2006 年			2011 年			2016 年		
	男性	女性	合計	男性	女性	合計	男性	女性	合計
15～24	3.9	3.1	3.5	3.6	3.8	3.7	6.0	5.7	5.9
25～34	38.1	20.9	28.4	33.6	19.7	25.5	34.0	21.5	26.8
35～44	70.6	36.7	51.5	64.1	35.5	47.5	61.6	34.7	45.5
45～54	82.7	43.8	62.7	76.6	44.1	59.4	76.1	44.9	58.5
55～64	84.0	44.0	64.4	80.0	44.7	62.2	80.2	48.4	64.0
65+	78.3	50.2	63.5	76.3	49.7	62.3	78.7	53.1	65.2
合計	59.5	32.6	45.0	56.9	33.3	44.2	58.9	36.3	46.5
年齡中位數	49.2 歲			51.7 歲			54.0 歲		

　　戶主模式是多重因素共同影響的結果，是伴隨着人口變遷、家庭結構重組或分裂的演變形成的。既有家庭文化觀念的影響，也有社會經濟因素的影響。例如，推遲結婚已成為香港社會的普遍現象，初婚年齡在不斷增加，這使新增家庭戶中戶主率在低年齡組別中處於較低水平。此外，隨着老年人口不斷增加，獨居老人（或只與配偶同住的老人）也越來越多，加上更多年輕人婚後更傾向於獨立生活而不與父母同居，更多老年人成為戶主。但是，戶主一定程度上是名義上的「虛」銜，而與實際的家庭事務決策者和管理者可能並非一致。

（五）家庭戶少子化、老齡化與空巢化現象日趨嚴重

1. 家庭戶少子化

近年來，儘管香港育齡婦女的總和生育率有所回升，但仍然大大低於 2.1 的更替水平，始終維持在超低生育水平。致使 15 歲以下的兒童數量大為減少，1961～2016 年，15 歲以下兒童佔總人口的比重從40.8% 大幅下降至 11.3%。普查數據也顯示，1991～2016 年間，沒有15 歲以下兒童的家庭戶比重從 57.6% 增至 76.9%；擁有 1～2 個兒童的家庭戶比重已下降至 20% 左右；擁有 3 個及以上兒童的家庭幾乎消失。兒童數量的大幅下降使平均每戶家庭兒童數量從 1.7 個減少至1.4 個。

2. 家庭戶老齡化與空巢化

與家庭戶少子化相反，香港家庭戶老齡化程度則日益嚴重。65歲及以上老人在總人口中的比重從 1961 年的 2.8% 增加至 2016 年的15.9%。與此相聯繫，家庭戶中的老年人口比重和有老人的家庭戶比重也不斷增加。僅過去 10 年，擁有 65 歲及以上老人家庭戶從 2006 年的59.1 萬戶增加至 2016 年的 81.1 萬戶，在全港家庭戶的比重也相應從26.7% 增加至 32.3%，增幅達 36.5%。有老人家庭戶在 2016 年的前 5年內年平均增長率為 4.0%，而同期家庭戶的年平均增長率僅為 1.2%，有老人家庭戶的增長顯著高於家庭戶的增長速度。

不僅如此，2016 年只有 65 歲及以上老人組成的純老家庭戶數量已超過 26 萬戶，在有老家庭戶中的比重超過三成。在純老家庭戶中，58.3% 的家庭戶是 1 人獨居。還應注意，1 人獨居老人家庭戶正在快速增長。2006 年獨居老人戶不足 10 萬戶，2016 年已超過 15 萬，增幅高

達 54.3%。有 2 個老人共同居住的家庭戶在純老家庭戶中的比重也在增加，2006～2016 年間比重從 40.2% 上升至 41.0%。顯然，在越發嚴重的老齡化進程中，更多的老年人沒有選擇與子女共同居住，反而形成了更多的老人獨居家庭戶，使家庭戶的空巢化現象日趨嚴重，同時也推升了單身戶和夫婦核心家庭戶的增長。這一現象使傳統的家庭養老模式面臨巨大挑戰，如何整合家庭、社會和政府資源為老人提供更好生活條件、醫療服務、長期照料服務等，將成為今後香港社會保障制度中的重要議題（陳章明、曹婷，2014）。

四、三類特殊家庭戶的興起

（一）單身家庭戶群體龐大，老齡化、女性化特徵明顯

從規模上看，2016 年香港共有單身家庭 46 萬戶，佔家庭戶總數的 18.3%。近 20 年來，單身戶比重上升幅度已超過 40%，龐大的體量已經成為難以忽視的家庭戶類型。儘管男性單身戶數仍然在上升，但女性單身戶已逐漸超越男性成為單身戶的主要群體。因此，近年來單身家庭戶的增長主要源於女性單身家庭戶的快速增長。

從年齡結構和性別差異看，單身戶的老齡化態勢明顯，2016 年 65 歲及以上年齡組單身戶數量持續上升，在單身戶中的比重超過三成。與此同時，女性老人單身戶增速顯著高於男性，高齡獨居女性也越來越多。老人單身戶的增加主要由於人口老齡化程度的加深，而高年齡段的女性壽命普遍高於男性（見圖 4）。

此外，中青年群體是單人戶主要組成部分。2016 年 45～64 歲的中

年單身戶在所有單身戶中的比重為 40%，且增速顯著。25~44 歲組的青年單身戶的變化較為特殊，2001~2016 年間，男性青年的單身戶絕對數在逐漸下降，而女性則是有升有降。獨居男性青年人數的下降主要源於香港男性青年人口規模的減少。另一方面，25~44 歲的女性獨居人數有所上升，主要原因在於女性獨居的增加數量超過了該年齡段人口減少數量。而 25 歲及以下年齡段的單身戶比例極低，2016 年該年齡段比重不足 2%，且波動不大，因而影響較小。

（二）夫婦家庭戶「逆勢上漲」

如前所述，核心家庭戶在家庭戶總量中的比重儘管已明顯下降，但仍然是香港家庭戶中的主要類型。而同為核心家庭戶組成部分的夫婦家庭、夫婦與未婚子女家庭戶卻呈現出相反的變化趨勢。作為核心家庭戶主體的標準核心戶所佔比重快速下降，而夫婦核心戶卻「逆勢上漲」，絕對數和比重均在增加。2006 年後，由於標準核心戶下降的速度快於夫婦核心戶的增長速度，而缺損核心家庭戶較為穩定，使核心家庭戶比重呈現收縮的格局。

具體而言，過去 15 年間，夫婦核心家庭戶數量顯著增加。從 2001 年的 27 萬戶增加至 2016 年的 39 萬戶，增幅超過 40%，在家庭戶中的比重由 13.2% 上升至 15.5%。從 2001~2011 年間的年齡構成來看，老年夫婦戶（兩人均為 65 歲及以上）、夫婦二人均在 45~64 歲之間的家庭戶數量上升幅度最為顯著。與此相反，夫婦二人均在 25~44 歲之間的家庭戶數量在下降。這部分反映了人口老齡化、不同年齡結構的人口構成變化以及單身戶增加所帶來的影響（見表 4）。

表 4　2001～2011 年夫婦家庭戶的年齡構成變化

丈夫年齡	妻子年齡	夫婦家庭戶數量（萬戶）		2001～2011 年間變化	
		2001 年	2011 年	數量	百分比
65+	65+	5.5	8.5	+3.0	+55%
65+	45～64	2.3	3.5	+1.2	+52%
45～64	45～64	5.4	10.1	+4.7	+85%
45～64	25～44	1.5	2.6	+1.1	+71%
25～44	25～44	11.3	9.9	−1.4	−12%
其他年齡段		1.1	0.9	−0.2	−21%
總計		27.1	35.4	+8.3	+31%

如果進一步擴展，研究夫婦兩人年齡均在 25～44 歲之間的所有配偶的居住狀況，2011 年大約有 54% 配偶只與未婚子女共同居住。另外大約有 10% 的配偶是同時與至少其中一方的一個父母和未婚子女共同居住。相較於 2001 年，兩者總的比例顯著下降。另一方面，並沒有與其他親屬共同居住的比重從 20% 上升至 25%。表明夫婦家庭戶的增加不僅發生在高年齡段夫婦，這可能與年輕夫婦由於婚後推遲生育、「丁克家庭」的增加或者不孕不育等現代疾病的高發有緊密的關係。

（三）家庭戶中的單親女性比重高於單親男性，居住差異也較大

從數量看，家庭戶中的單親人口數量儘管在 2016 年出現小幅下滑，但整體增長態勢明顯。[①] 與此同時，單親母親的數量顯著高於單親

---

① 單親成員和單親家庭戶的概念並不相同，一個家庭戶內可以有不止一位單親成員，但由於這一類型的家庭戶數量極少，故在單親家庭戶特徵分析中主要採用單親人口數量及特徵來說明。

父親的數量，且差距還在不斷擴大。其次，從單親家庭戶的變化看，1991～2016 年單親父親所在家庭戶戶均規模明顯高於單親母親所在家庭戶（見表 5）。僅近 10 年來看，2006 年 26.4% 的單親父親和 34.3% 的單親母親居住於 2 人家庭戶中，到 2016 年其比例分別上升至 31.8% 和 38.2%。而居住於 3 人、4 人家庭戶的單親人口比例在過去 10 年都有所下降，可見單親家庭戶的規模總體上呈縮減趨勢。

表 5　家庭戶中的單親人口數（單位：人）

年份	1991	1996	2001	2006	2011	2016
男性	11479	11907	14216	15738	17665	16883
戶均人數（男）	3.9	3.7	3.5	3.2	3.2	3.2
女性	23059	30402	47215	60655	64014	56515
戶均人數（女）	3.9	3.4	3.2	3.0	2.9	3.0
合計總人數	34538	42309	61431	76393	81679	73398
戶均人數	3.9	3.5	3.3	3.1	3.0	3.1

資料來源：根據香港歷次人口普查和中期人口統計《主題性報告：單親人士》整理。

從家庭戶單親人士的居住安排看，2001～2016 年家庭戶中的大部分單親人士只與子女共同居住，其比例超過七成，在 2006 年甚至高達八成。其次，與父母和子女共同居住的比重也較高，2016 年為 16.7%，另外約 10% 的單親人士與子女以外的其他親屬同住，與 10 年前相比，兩者的比例都稍有提升。

從性別的差異看，居住於家庭戶的單親母親只與子女同住的比重明顯高於單親父親。2016 年，只與子女同住的單親父親與單親母親所佔比重分別為 61.5% 和 77.4%；相反，單親父親與父母及子女同住的比重（29.8%）明顯高於單親母親的比重（12.8%）。單親男性更傾向

於和父母共同居住，可能是為了讓父母幫助照顧子女。①

五、老人的居住模式及其變化

（一）「老來從子」的居住方式較為普遍，但所佔比重顯著下降

一方面，香港 65 歲及以上老人與子女同住（含與配偶及其子女同住、僅與子女同住）的情況較為普遍，1991～2011 年間比重均在 50% 以上。而具有相同社會文化特徵的內地，2010 年老人與子女同住的比例為 57%，顯示出家庭居住模式的高度相似性。另一方面，近年來老人家庭居住模式悄然變化，老人與子女同住比重下降明顯，2016 年首次低於五成，25 年來下滑了近 10 個百分點。80 歲及以上高齡老人與子女同住的比例總體上低於 65～79 歲的低年齡組老人，主要由於老人獨立生活的比例大幅上升所致。雖然老人與子女共同居住的比重在降低，但是 85 歲及以上高齡老人與子女居住的比重卻在上升。尤其值得注意的是，80 歲及以上老人居住於家庭戶的比重顯著低於 65～79 歲年齡組，85 歲及以上老人居住於非家庭戶的比重更是高達兩成以上。表明，隨着經濟社會的持續變遷，老人與子女共同居住的家庭傳統，以及所形成的以家庭為中心的代際支持功能出現了持續弱化，部分弱化的功能隨之被社會化力量所取代。

---

① 謝玉玲、王舒芸、鄭清霞：《不同單親家庭的生活處境：單親成因及其性別差異》，《社會發展研究學刊》（台灣）2014 年第 14 期。

（二）老人獨立居住的比重明顯上升

雖然與子女共同居住和生活仍然是香港老人的主要選擇，但是其比重的持續下降已是近 30 年來家庭變遷中無可爭議的事實。三代及以上傳統大家庭已較為少見，而夫婦核心家庭和單身家庭戶的迅速崛起，從而重構了當代老人家庭的居住模式。2001～2016 年，香港家庭戶中獨立居住的老人比重從 11.3% 上升至 13.1%，而僅與配偶共同居住的老人比例從 14.8% 上升至 25.2%，幾乎翻了一番。不僅如此，80歲及以上的高齡老人獨居或者僅與配偶共同居住的比重上升幅度更為顯著，使純老家庭戶的比重迅速上升（見表 6）。純老家庭（尤其是二代、甚至多代純老家庭）因為難以得到子女們有效的經濟、精神、心理等方面的照料，獲取固定的生活來源和照顧服務也更加不易，因而抵禦社會風險的能力也更弱，這對現行的養老服務和老年長期照護等制度提出了更大的挑戰。

表 6　1991～2016 年不同居住形式的老人數量佔比（％）

類型	1991	1996	2001	2006	2011	2016
居住於家庭戶	93.8	94.5	90.9	90.0	91.4	91.9
1. 獨居	12.7	11.5	11.3	11.6	12.7	13.1
2. 與配偶及子女同住	28.5	32.1	32.1	30.4	29.7	29.0
3. 僅與配偶同住	14.8	16.2	18.4	21.2	23.6	25.2
4. 僅與子女同住	28.8	28.2	24.7	23.1	21.4	19.5
5. 其他	9.2	6.5	4.4	3.7	4.0	5.0
居住於非家庭戶	6.2	5.5	9.1	10.0	8.6	8.1
總計	100	100	100	100	100	100

資料來源：根據香港歷次人口普查和中期人口統計《主題性報告：長者》整理。

（三）女性和男性老人居住模式差異顯著

從居住安排的性別差異來看，如表 7 所示，一方面女性老人 1 人獨居的比例顯著高於男性，而且年齡越大差距越大。另一方面，女性老人與配偶共同居住的比例低於男性老人。以 2016 年為例，女性老人與配偶共同居住的比例為 39.9%，而男性老人比例為 70.7%。造成這種差異的原因在於，女性的預期壽命普遍高於男性，所以女性老人喪偶比例高於男性造成高齡老人中女性較大的性別差異。此外，女性老人單獨與子女居住的比重遠高於男性老人。以 2016 年為例，僅與子女共同居住的女性老人比重為 49.2%，而男性老人僅為 8%，出現這樣巨大的差異可能在於大量高齡喪偶女性在生活需求上更依賴於子女提供的幫助，已婚子女也可能更需要母親為他們分擔更多的家務活動或者照看年幼的孫子女，從而形成了互惠互利的雙向代際支持模式。[①]

表 7　不同年齡、不同居住安排的老人數量佔比（%）

年份	2016			2001	2011	2016	2001	2011	2016
年齡組	65～69 歲	70～74 歲	75～79 歲	80～84 歲			85 歲及以上		
居住於家庭戶	95.3	94.6	93.5	81.5	88.9	90.2	64.9	75.1	80.3
1. 獨居	11.0	12.2	14.4	13.3	15.3	16.0	10.8	14.3	14.8
2. 與配偶及子女	40.2	34.4	26.8	15.5	18.3	18.7	8.3	8.8	9.3
3. 僅與配偶同住	27.6	29.7	28.4	13.6	20.2	23.3	7.5	11.4	12.1
4. 只與子女同住	12.4	15.3	20.5	31.9	29.1	26.1	29.9	31.6	33.5
5. 其他	4.2	2.9	3.4	7.3	6.0	6.1	8.5	9.1	10.6
居住於非家庭戶	4.7	5.4	6.5	18.5	11.1	9.8	35.1	24.9	19.7
總計	100	100	100	100	100	100	100	100	100

資料來源：根據香港歷次人口普查和中期人口統計《主題性報告：長者》整理。

[①]　黃何明雄、周厚萍、龔淑媚：《老年父母家庭照顧中的性別研究概觀——以香港的個案研究為例》，《社會學研究》2003 年第 1 期。

六、總結與反思

半個多世紀以來，香港經濟持續發展使經濟活動從家庭親屬關係中游離出來，個人對家庭的依賴性減小，對家庭產生根本性影響。大量就業機會吸引女性進入勞動力市場，「男主外女主內」的傳統家庭分工模式走向瓦解，女性在經濟上實現了獨立。養老觀念、代際間的同住意願改變了父母與子女間的居住安排。總和生育率的持續性下降和婚姻模式的改變使家庭戶形態更加多樣化。研究發現：香港家庭戶數量不斷增長，但戶均規模持續縮減。家庭代際結構趨減、家庭小型化趨勢明顯。核心家庭戶成為家庭的主要類型，但單身戶、單親戶、純老家庭等特殊家庭的興起，讓家庭戶形態更加多元化。內部結構上，夫婦和未婚子女戶比重的下降、單身戶的增加可能使家庭結構的傳統格局面臨重構。當代香港家庭戶在數量、規模、結構與居住安排等方面的變遷均是在「少子化」和「老齡化」成為常態的情形下進行的。在家庭變遷的過程中，由於資源分配的限制可能會減弱家庭成員間經濟上的聯繫，但家庭成員之間的資源交換並不會消失，而是以新的方式重現確立。整體來說，香港的家庭戶變遷路徑與趨勢與西方社會、乃至內地存在一致變遷輪廓。

與此同時，由於香港經濟持續高速增長、地域文化特性、特殊歷史經歷和鮮明的移民社會特徵所形塑的極具競爭力經濟產業結構，以及高度發達的市場化條件和競爭環境所形成良好營商環境，為家庭發展所提供的土壤是獨特的，使其變遷特徵和趨勢有自身特色之處。例如，內地的家庭變遷內嵌於城鄉二元結構之中，且與人口的大規模流動與遷移密切相關。相較於內地，香港家庭戶小型化、代際簡化，以

及特殊家庭類型的興起在時間上明顯早於內地而晚於西方社會。而變遷的過程不似內地受到計劃生育政策的影響在短期內出現劇烈變動，其變遷過程更加漫長和自然。但相比於西方發達社會，香港的發展同樣是一個高度「壓縮的現代化」過程。中西交融的背景下，香港家庭戶的變遷是介於中西之間的，但與中西之間的具體差異有待進一步考察。

但應注意，家庭戶代際簡化、小型化和大量特殊家庭的出現，可能並不意味着家庭的孤立化。傳統家庭功能的部分弱化與家庭成員之間的關係的淡化之間是否存在因果關係？家庭戶的代際簡化、規模小型化是否就一定意味着是家庭戶的核心化？核心化方式是否就是家庭從「傳統」向「現代」線性轉向的唯一路徑等等？這些疑問還值得深入探討。但同時，傳統家庭所發揮的諸多優勢和特徵在長期的社會變遷中依然得以存續，並與現代化和諧相融。因此，高度現代化社會中的香港家庭其本質和核心與傳統家庭社會中的家庭仍然體現出了諸多的一致性和連貫性。現代社會與傳統家庭並不必然對立或者不能相容的，可以在一定程度上取得平衡和融合，從而最大程度發揮家庭功能（趙永佳、丁國輝等，2014）。

但是，現代社會弱勢與高風險家庭的擴張，使個人或家庭無力獨自應對來自社會風險的挑戰。公共資源和社會政策的介入成為應有的題中之義。公共政策層面，香港可從以下方面加以重視：一是要正視家庭形態多元化的事實，建構以家庭為中心、社區為基礎、社會力量為補充的多層次家庭支持系統。通過整合各方力量為單親、隔代、純老等特殊家庭提供協助和服務，從而兼顧到不同形態的家庭實際需要。二是建構家庭經濟保障和友善的工作環境。通過稅收、就業服務、託育服務等政策引導，幫助困難家庭實現自力更生，確保各類家庭經濟

安全。制定相關政策實現民眾在工作和家庭中的有機平衡，營造和諧的家庭氛圍和良好的家庭成員關係。可考慮為年輕夫婦提供更長的帶薪育兒假期，提供更加普及和多元化的託兒服務。三是堅持以兒童為本位，保障在家庭形態多元化情形下，兒童得到應有的照顧。要摒棄過去數量思維佔主導的家庭政策，更加重視子女教育，重在人口質量的提升。可通過代際間的合作與分工，將育兒壓力部分轉移至有條件的父輩，形成隔代撫養模式，緩解父母職業生涯規劃與兒童照顧之間的衝突或壓力。

An Analysis of The Structural Features and Changing Trend of Contemporary Households in Hong Kong

——Based on Census Data

Yang Chengzhou

Abstract: The change of households is embedded in the process of social modernization and is the inevitable result of the comprehensive transformation of the population system. Based on previous census and mid-term population statistics, this paper analyzes the structural characteristics and changing trends of households in Hong Kong. The study shows that, on the one hand, the number of households in Hong Kong has been continuing to increase over the past half century, on the other hand, the household size has been continuing to shrink and Intergenerational family structures have also been on decreasing, resulting in much smaller families than before. Although the core family households are still the main form of households in Hong Kong, the rise of single households and the decline in the proportion of couples and unmarried children make the traditional structure of family structures likely to reorganize. Sustained ultra-low fertility rates, rapid population aging and changes in the marriage pattern are the main drivers of changes in Hong Kong households. In addition, due to the continuous aging of households, and the increase in single-parent households, single households, and elderly households, the ability of family households to withstand social risks has weakened. How to integrate family, community, social organization, government, and other resources and forces to effectively deal with family policies is an urgent problem at the moment.

Key words: Hong Kong; family households; family policy; census

香港愛國社團領袖號召力和引領力研究：
理論闡釋與實踐考察
——以香港潮籍社團愛國領袖為例

吳巧瑜*

摘　要：由於既往相關研究的缺乏，一方面本文通過對香港愛國社團領袖「號召力」與「引領力」概念的界定及其構成要素的理論闡釋，力圖揭示香港愛國社團領袖號召力與引領力在構建香港社會治理體系和提升社會治理能力方面的理論價值與現實意義；另一方面，以香港潮籍愛國社團領袖為例，從對其實踐層面的考察，探討香港愛國社團領袖號召力和引領力的功能表現，並進一步討論，在當下香港複雜的社會政治生態之下，香港愛國社團領袖號召力與引領力發揮面臨的困境及其成因。

關鍵詞：香港　愛國社團領袖　號召力　引領力

---

* 吳巧瑜，華南師範大學政治與公共管理學院，社會學專業博士，教授。研究方向：粵港澳區域公共管理理論與實踐，民間組織與社會治理，社會管理體制改革等。

引言

香港民間社團組織不僅數量眾多，而且發育較為成熟，林林總總的愛國社團在維護香港市場秩序乃至維持香港社會秩序中發揮着積極的、不可或缺的功能。與此同時，民間社團組織也培養出一批批愛國愛港的社團領袖，他們在近現代香港社會的繁榮穩定中起到了重要作用，扮演着號召者和引領者的重要角色。然而，回歸以來，香港進入社會政制發展和經濟社會轉型時期，出現了一些矛盾衝突和社會問題，國外各種反對勢力也趁機攪局，在複雜的社會政治生態之下，香港愛國社團領袖的在現時種種亂象之下，亟需香港愛國社團領袖充分發揮他們的號召力和引領力，團結所在社團成員以及社會上一切可以團結的愛國愛港力量。那麼，何謂香港愛國社團領袖的號召力和引領力具有什麼社會治理功能？如何審視當前香港愛國社團領袖的號召力和引領力發揮面臨的困境及其成因？對上述問題的回答構成本文的研究邏輯。

一、香港愛國社團領袖號召力和引領力的理論闡釋

（一）香港愛國社團領袖號召力和引領力的內涵

1. 香港愛國社團領袖號召力的內涵

「號召」在《現代漢語詞典》中解釋為「召喚，即召喚群眾共同去做某一件事」，[①] 在《辭海》裏解釋為「召喚、招集」，今指領導者向群

---

① 　《現代漢語詞典》（第 7 版），商務印書館，2016 年。

眾提出某種要求，希望群眾響應，共同行動。[①] 因而，號召力可以理解為領袖以個人業績、個人魅力和思想信念等來召喚和召集組織成員乃至社會大眾，使他們發出響應，並讓他們偏向於己或願意追隨於己，為實現某一目標或願景而共同努力和團結奮鬥的能力表現。現時香港社會矛盾突出，利益訴求多元，需要領袖人物召喚群眾攜手共建和諧香港。由此，從社會學視角來看，香港愛國社團領袖號召力即指香港愛國社團領袖在召喚或召集社團成員為實現共同目標而在匯集人才、凝聚人心、動員和整合社會資源以及得到成員積極響應等方面所表現出來的吸引力、凝聚力、感召力和影響力的能力總和。

2. 香港愛國社團領袖引領力的內涵

「引領」在《現代漢語新詞語詞典》中解釋為「引導；領導（潮流、做法等）」。[②] 而引領力是指引導社會潮流、帶領社會實踐的能力，一般包含「共識」引領、「信念」引領、「整合」引領、「實踐」引領等。現時香港「反對派」各種思潮充斥社會，「反國教」「佔中」「港獨」等惡劣事件和亂象嚴重誤導公民認知，破壞社會和諧，亟需正確思想觀念加以引領。基於此，香港愛國社團領袖的引領力可以理解為香港社團領袖在愛國愛港的前提下，能夠審時度勢，提出順應時代發展的思想理念和實踐方案，並引導和帶領社團成員以及社會大眾實現共同奮鬥目標的綜合能力，具有風向標以及帶頭示範榜樣作用的特點。

---

① 《辭海》，上海辭書出版社，1990 年。
② 《現代漢語新詞詞典》，商務印書館國際有限公司，2005 年，第 779 頁。

（二）香港愛國社團領袖號召力和引領力的構成要素

1. 香港愛國社團領袖號召力的構成要素

（1）執事關聯

社團領袖號召力關鍵在於其綜合能力以及個人魅力上，主要集中體現在其個人事業實力、社會服務貢獻、個人優秀品質以及受追隨的思想觀念等指向上，而這些指向往往體現在其擔任重要社團領導職務數量的多寡，以及這些社團因其交叉任職而產生密切關係的程度，亦即李亦園教授所講的「執事關聯」，是指一對或數個社團聘用同一人為董事、理事或重要職員的現象；一對社團如執事關聯數愈多，則關係愈為密切。[①] 因此，香港愛國社團領袖常常身兼數職，即在不同的社團組織裏任職，這體現了他擁有合縱連橫的「執事關聯」網，能夠游刃有餘地在不同社團之間發揮領導作用，統籌協調各方行動，號召追隨者和相關方齊心協力，共謀發展，共享繁榮，共促穩定。

（2）社會資本

社團領袖社會資本的多寡影響着號召力的大小。香港愛國社團領袖作為執事關聯者，在香港和內地的複雜關係中處於「結構洞」位置，即指兩個關係人之間的非重複關係。結構洞是一個緩衝器，相當於電線線路中的絕緣器。其結果是，彼此之間存在結構洞的兩個關係人向網絡貢獻的利益是可累加的，而非重疊的。[②] 因此，從這個角度上說，香港愛國社團領袖能同時保持與香港和內地各界的緊密聯繫，擁有豐

---

① 李亦園：《一個移植的市鎮——馬來西亞華人市鎮生活的調查研究》，「中央研究院」民族學研究所，1970 年，第 133 頁。

② 博特：《結構洞：競爭的社會結構》，格致出版社，2008 年。

厚的社會資本，可以根據經濟發展形勢和社會變化情況，充分利用社會網絡、互惠規範和契約精神，及時有效地動員和整合各類社會資源，推動成員按照符合社會整體利益的方向行動，提高社團的向心力和凝聚力，進而提高領袖號召力。此外，社會資本具有自我積累和自我強化屬性，有助於解決集體困境，提升領袖個體和社團群體的信譽。困境的解決又能為未來的互動合作提供框架體系，可以拓展社團領袖的社會資本，更有助於號召參與者專注和支持集體利益，推動社會發展。

（3）責任關懷

責任關懷將個體與社會聯繫起來，並影響個體行為及其隨後的情感體驗和社會地位。香港愛國社團領袖要在香港與大陸兩地擁有號召力和引領力，必須具備責任關懷意識，以贏得社會的支持與認可。作為香港愛國愛港社團領袖在謀求社團以及會員經濟效益等合法權益的同時，不忘追求社會效益的平衡，要積極提供社會服務以及參與和諧社會的建設，勇擔歷史使命和社會責任，並且以自己的實際行動影響和促使會員同樣融入和關心社會，為社會多做貢獻。愛國社團領袖履行社會責任，關愛社群不但沒有干擾社團及其會員的發展，反而會獲得社會廣泛讚譽並為其贏得了更多的社會認同和支持，不僅提升了社團領袖的社會地位和社會影響力，也進一步夯實了他的領袖號召力。

（4）領導魅力

具體來說，社團領導魅力是指在社團領導活動中，社團領袖因個人的非凡品質而對社團成員所具有的吸引力、凝聚力、感召力和影響力，以及形成社團成員對其的信任。可見，社團領袖的領導魅力如何，關係着號召力和引領力的表現。一個品格高尚、自信遠見、目標清晰、有膽識、敢於賦予成員能力的社團領袖更能對社團成員和社會

群眾產生吸引力、凝聚力和感召力，使他們在心理上心悅誠服，在行動上自願支持，從而發揮自身號召力和引領力的功能。香港愛國社團領袖常會運用領導魅力，引導成員為了社團發展和社會以及國家利益超越自身私利，達致同舟共濟的奮鬥目標。

2. 香港愛國社團領袖引領力的構成要素

（1）堅定的政治立場

政治立場是人們觀察、認識和處理涉及政治範疇的大政方針或方向性原則性問題時所持的正確方向及其態度，社團領袖的政治立場直接影響成員的所思所想和追隨者的認知。近年來，香港激進反對派打起「本土」和「自決」招牌，反對中央和特區政府，挑戰基本法底線和香港核心價值，形成港獨勢力，嚴重撕裂香港社會。香港愛國社團領袖要充分調動和發揮社團組織的作用與功能，不僅要凝聚社團成員，而且要團結一切可以團結的愛國愛港力量，壯大愛國愛港陣線，引領社團成員以及香港市民與黨中央保持一致，愛國愛港，支持「一國兩制」基本法在香港全面落實，堅定不移地支持香港特區政府依法施政，堅決反對任何形式的港獨思想與行為，強化港人的國家與民族意識，強化中國人身份認同，維護香港社會秩序和國家安全，保持香港長期的繁榮與穩定。

（2）正確的思想理念

思想理念是人們在社會環境和實踐經驗基礎上思維活動的結果和理性認識的積累，起着旗幟引領作用，香港愛國愛港社團領袖需要運用科學正確的思想理念武裝頭腦，要樹立和堅持正確的國家觀念和民族觀念，方能號召和引領社團成員堅持正確的政治方向，團結一致，為進一步推動香港經濟社會的順利轉型升級與良好發展而做出巨大貢

獻，共同為實現中華民族偉大復興的「中國夢」而不懈努力和奮鬥。與此同時，要認清國際形勢，要熟悉和了解國情、民情、社情以及國家和香港在各個不同歷史時期的大政方針和發展戰略。例如，現時要號召和引領社團成員以及港人愛國愛港愛鄉，倡議香港在「一國兩制」框架下，繼續發揮「超級聯絡人」、國際金融中心、物流中心等功能，引領港澳地區和海外華僑華人及其社團在「一帶一路建設」和「粵港澳大灣區發展」中發揮獨特作用。

（3）有效的實踐方案

實踐方案是落實思想理念的行動，香港愛國社團領袖發揮號召力和引領力作用還需切實可行的實踐方案。例如，2014 年由香港中國商會創會會長、香港潮屬社團總會首席會長、香港九龍潮州公會永遠名譽會長、深圳市汕頭商會會長鄭漢明先生發起並倡議成立的「僑商智庫」①是順應當今時代發展的產物，它以「僑商」為主體，集聚海內外高端人才，包括港澳人士、歸僑僑眷、華人華僑、華商、留學歸國人員以及愛僑涉僑人士，以密集的僑資僑智資源，既服務於華人華僑及僑商企業發展，也服務於整個國家經濟和社會建設，秉承「打造僑商第一智囊團」的宗旨。2015 年 7 月，「僑商智庫」率先推出了《國家戰略，民間行動——深圳市僑商智庫助推「一帶一路」建設策略研究及行動方案》，該行動方案闡述了「僑商智庫」將充分發揮「僑商界」

---

① 僑商智庫（OCTT），2014 年 9 月 4 日成立，全稱深圳市僑商智庫研究院（Overseas Chinese Think Tank），是由深圳市汕頭商會發起，聯合國際潮籍博士聯合會、香港中國商會、國際潮團總會、香港潮屬社團總會、澳洲潮州同鄉會、加拿大潮商會、歐洲華僑華人社團聯合會、泰國中華總商會、泰國華人青年商會、澳門潮州同鄉會、深圳市僑商國際聯合會等海內外知名社團組織共同創辦的具有獨立法人資格的社團組織，旨在打造成為國際僑商第一智囊團以及華人、華僑、華商的高端人才思想庫。

的獨特優勢，透過打造「六個立足點」來制定和落實國家「一帶一路」建設的策略和具體舉措。這是首次以民間方式和民間途徑響應與助推國家「一帶一路」發展戰略。近四年來，上述實踐方案先後付諸實施，並取得積極成效。

（4）積極的榜樣示範

香港愛國社團領袖應以崇高思想、模範行為和卓越成就形成榜樣示範效應，在香港和內地樹立起社會主流和積極的價值取向，指引社團成員和社會追隨者在後續一系列過程中做出恰當行為。香港潮州商會永遠名譽會長、香港潮屬社團總會創會主席陳偉南先生長期以來支持香港特區政府依法施政，以實業愛國、敦睦鄉誼、弘揚文化、服務社會的大德形象啟示後進，凝練出「事業成功在於努力，人生價值在於奉獻」的「偉南精神」，在香港和大陸兩地形成正面的、積極的榜樣示範效應，引領在港潮籍人士愛國愛港、奉獻社會。香港潮屬社團總會主席陳幼南從父親陳偉南先生身上學習和傳承了愛國主義精神和無私奉獻精神，也將大部分時間精力投入到愛國愛港愛鄉的社團工作中，為了匯集全球潮籍人才，使他們的科研成果落地生根，為家鄉、國家以至社會發展貢獻更多才智，他在一年多時間裏跑遍全世界，以香港為中心，創辦起「國際潮籍博士聯合會」①的智庫創新平台，使世界各國各地將近 3000 多個潮籍博士匯聚一起，以此凝聚鄉情、促進學術交流、推動學科融合、共謀服務國家與社會大計。

---

① 「國際潮籍博士聯合會」於 2013 年 11 月在香港正式註冊成立，是一個由眾多海內外潮籍博士團體、博士及專家學者組成的國際性、聯誼性、學術性的非牟利團體，作為海內外潮籍人士的高端智庫，其宗旨是凝聚鄉情，促進學術，共謀發展，服務社會。國際潮籍博士聯合會祕書處設立於香港，負責處理日常之各項會務工作，在「第五屆粵東僑博會」上正式揭牌並成功舉辦首次博士論壇。

三、香港愛國社團領袖號召力和引領力的功能表現

實證研究表明，愛國社團領袖強大的號召力和引領力往往能夠獲得社團成員甚至廣大市民在心理上敬佩自己，在行動上服從安排；有利於贏取人心，凝聚各方資源，以帶動成員實現目標和願景。與此同時，也有利於化解各種內部矛盾和敵我矛盾，對矛盾的轉化以及加速矛盾的解決具有積極的促進作用。具體來說，香港愛國社團領袖號召力和引領力的功能與作用主要表現在以下五個方面。

（一）用前瞻的思維影響人們，始終率領成員走在時代前列

作為社團領袖，尤其是香港愛國社團領袖必須具有前瞻的思維，深邃遠大的目光，審時度勢，才能始終代表着時代的先進分子，順應時代發展的方向，率領社團成員以及社會大眾始終走在時代的前沿。

自 2008 年金融危機以來，前文述及的香港愛國社團領袖陳經緯先生除了兼任多個社團首長外，還擔任全國工商聯副主席以及第十一屆全國政協委員，多次在國內外高層論壇上，就「有關國家『引進來』『走出去』戰略、發揮香港橋樑窗口作用、民企的健康發展、加強我國信用風險管理體系建設、應對國際金融危機、解決中小企業融資難、世博會應建民企館、房地產行業生態節能等問題，發表了重要觀點。他在充分調查研究基礎上形成的思想理念，屢屢受到國家領導人重視和社會民眾認可。例如，2011 年的提案《動用外匯儲備並藉助香港國際化平台支持有條件的民營企業到海外投資》，2012 年在人民大會堂作的《將香港打造成為加快實施「走出去」戰略的重要平台》主題發言，

被中央政府採納並成為惠港政策措施；2013 年習主席提出「一帶一路」國家戰略以來，陳經緯先生多次在重要場合上闡述香港作為「海上絲綢之路」的重要支點作用，倡議香港各界積極配合國家發展戰略，抓住機遇發揮香港獨特優勢，與內地和世界經濟深度融合、互相促進、互利共贏。

2016 年 4 月起，為了深入推動「大眾創業、萬眾創新」，配合國家「十三五」規劃，由陳經緯先生擔任主席的香港中國商會牽頭，經緯集團發起並聯合多家香港和海內外華僑華人商協會成立「紫荊谷創新創業發展中心」，致力於「支持港澳中小微企業和青年人在內地發展創業」項目，目的在於讓更多的香港中小企業和香港青年以及內地民營企業的「創二代」們，多一個學習交流的平台，讓香港青年到內地學習社會主義市場經濟的方針政策，學習相關的稅收法律等。該項目也得到香港各界和國家有關部門的大力支持，目前已經和內地 11 所頂尖高等院校的全方位合作。2016 年 8 月陳經緯先生在第九屆國際潮青聯誼年會開幕式的致辭中指出：全球廣大潮籍青年僑胞多數擁有國際化教育背景和視野，具有較強的科技創新、創業能力和參與「一帶一路」建設的獨特優勢，是一支素質高、潛力大，富有生機與活力的新生力量，因此我們更應抓住「一帶一路」和「大眾創業、萬眾創新」的機遇，乘勢而上、相向而行，共享發展的大利，將潮商企業不斷發展壯大，進而帶動華商經濟轉型升級，提升國家在全球經濟中的地位和優勢。

而對於 2017 年兩會期間李克強總理在《政府工作報告》所提出的「粵港澳大灣區城市群發展規劃」這一發展戰略，陳經緯先生在接受記者專訪時率先回應並指出：粵港澳大灣區建設是一家人的合作，是粵

港澳經濟融合的契機，必將成為國家經濟增長的新動力。[①] 與此同時，陳經緯先生迅即動員商協會資源，佈局產業，並通過「紫荊谷」創新創業平台的建設，推動港青到內地發展，其在加強港澳與內地交流互動的過程中引領粵港澳大灣區「一家人」的思想，始終率領成員走在時代的前沿。

（二）促使成員團結一致，增強愛國愛港愛鄉力量

現時，香港約有潮籍人士一百多萬，潮屬社團一百多個，為了加強潮籍社團之間更加緊密的聯繫和資源的整合，團結一切可以團結的愛國愛港愛鄉力量，時任香港潮州商會第 42 屆會長的陳偉南先生攜手在港潮籍知名人士於 2001 年 10 月成立了香港潮屬社團總會並被推舉為創會主席，匯聚香港近 40 個有代表性的潮屬社團，凝聚約十二萬多個個體會員，以「團結潮人、紮根香港、凝聚力量、攜手並進」為宗旨，吸納香港各界潮籍精英和基層市民，凝聚各階層愛國愛港力量，促進各屬會之間的聯繫，使原先「鬆散」的各個潮籍社團組織能夠「攥指成拳」。香港潮屬社團總會成立之後，香港潮人的聯絡更加密切，每年組織國慶慶祝活動和其他愛國愛港愛鄉活動，影響深遠，意義重大，使在港潮人的力量得到最大限度的凝聚。[②] 香港潮屬社團總會第六屆、第七屆、第八屆主席陳幼南先生繼承父親的「偉南精神」，加強地區及基層工作，積極參與香港社會事務，多為香港發聲，支持和配合

---

① 陳經緯，2017，《粵港澳大灣區合作將成為經濟增長新動力》，國際在線，http://www.010lm.com/roll/2017/0309/5174202.html。

② 黃慶華，2012，《懿德景行，為善最樂——我所認識的陳偉南先生》，揭陽市僑聯。

家鄉建設，推動潮汕地區轉型發展，這些在促使潮籍族群團結一致、增強愛國愛港愛鄉方面無疑發揮重要作用。

自香港回歸以來，香港潮籍愛國社團領袖始終帶領成員支持香港特區政府依法施政。近年來，「佔中」「旺角暴亂」等事件撕裂了香港社會，現時「港獨」歪風蔓延，急需彌合各派分歧、修補社會分裂。香港潮籍社團領袖紛紛出來表態，2017 年香港特首普選期間，香港潮屬社團總會主席陳幼南先生認同林鄭月娥「團結香港，與眾同行」的理念，在《大公報》上發聲，號召社團成員支持特首選舉，為建設社會安定、經濟繁榮的香港共同努力。2017 年 8 月，香港潮州商會時任會長胡劍江先生也公開支持港府「一地兩檢」的安排，認為廣深港高鐵將加速粵港兩地民眾往來，有助於推動兩地交流合作，這是合情、合法且符合廣大香港市民及來港訪者利益的。

（三）動員整合社會資源，提升執行力戰鬥力

長期以來，香港愛國社團領袖在動員和整合社會資源方面有着出色的表現。早在 20 世紀 70、80 年代，隨着香港經濟的迅猛發展，香港潮商也再度得以快速崛起，作為潮商商人團體中最具有代表性和影響力的香港潮州商會也迎來了黃金發展時期，而其社團領袖所扮演的角色也愈加重要，其參與香港和內地社會服務與社會建設的功能也日益得以發揮和凸現。1980 年 8 月，為了更好地聯絡和團結世界各地潮商和潮人團體，以應對世界經濟的全球性發展，時任香港潮州商會會長的陳有慶先生（現任全國僑聯副主席、香港亞洲金融集團董事長、香港中華總商會會長、第七屆和第八屆全國人大代表）與泰國、新加坡、

馬來西亞等東南亞其他潮團領袖共同創立了「國際潮團聯誼年會」[1]，並肩負起於 1981 年 11 月在香港主辦首屆國際潮團聯誼年會的重任。2013 年 5 月「國際潮團聯誼年會」更名為「國際潮團總會」，旨在「團結鄉親，增進鄉誼，弘揚文化，促進工商，服務社會，共謀發展以及促進世界各地潮團及潮籍人士與其他族群和睦相處，共創人類文明。」時至今日，國際潮團總會會員單位一百多個，已發展成為來自世界 50 十多個國家和地區，遍佈五大洲的國際性社團組織，為東西方文化交流融合及經濟合作架起了一道金橋，能夠快速動員和整合全球潮籍人才及各種社會資源，尤其在匯聚全球僑智僑資等「僑」資源方面具有獨天得厚的優勢，在今日貫徹落實「一帶一路」發展戰略中，凸現着高效的執行力和戰鬥力。

而前任香港潮州商會會長胡劍江作為年輕一代的香港社團領袖，緊跟時代潮流，積極利用「互聯網＋」的概念來發展會務以及推動商會自身運作模式的改革，即通過自主開發一款可用於智能手機及有關電子設備（iPad）等的應用程序「潮人潮 Apps」，將傳統會務融入最新的網絡技術平台，並把該軟件開發為全球潮屬社團聯絡中心、潮語教學研究及多媒體信息發放平台，期望通過此程序建立一個更加廣闊開放的交流互動平台，加強世界各地與大陸潮人以及其他族群之間的溝通、融合與團結。與此同時，胡劍江會長作為愛國愛港的社團領袖，積極參與「一帶一路」建設，於 2016 年年底，牽頭促成了「國際潮商

---

[1]　國際潮團聯誼年會是國際潮團總會的前身，於 1980 年由東南亞及香港潮團牽頭成立的國際性地緣組織，得到全世界各地潮人響應，每兩年舉行一次大會，首屆年會於 1981 年由香港潮州商會主辦。國際潮團聯誼年會是世界潮人大團結、大發展的標誌，其宗旨是敦睦鄉誼、弘揚文化、促進工商、服務社會。

戰略聯盟」的成立，旨在構建大聯盟、實體化的發展平台，匯集潮商資本、技術和人才等資源優勢，透過承接相關的項目建設和上下游產業的拓展，在「一帶一路」中做出應有的貢獻。

（四）加速矛盾轉化解決，營造和諧社會氛圍

香港愛國社團領袖往往不僅事業上取得巨大成功，而且還具有博大的家國情懷，勇於承擔社會責任，樂於無私奉獻社會，正因如此，他們通常在廣大會員及受眾之中具有崇高的威望和不凡的個人魅力，而這些特質有利於化解各種社會衝突與社會矛盾，對矛盾的轉化以及加速矛盾的解決具有積極的促進作用，這恰恰是其具有號召力和引領力的具體表現。

香港潮州商會近百年來首位女性會長高佩璇女士（現為香港意得集團有限公司主席、香港潮屬社團總會首席會長、香港廣東社團總會永遠名譽會長、第十三屆全國政協委員）作為愛國愛港社團領袖，一而貫之支持和促進香港愛國愛港政團力量的壯大，重視香港青少年文化及國民教育。回歸以來，資助香港各區潮人基層社團的建立以及支持其他多個愛國愛港愛鄉社團開展會務活動，以增強社會正能量，壯大愛國愛港力量。

與此同時，高佩璇女士認為「一國兩制」之下更應該加強港人的國民教育，尤其強調青少年作為香港未來的主人翁，要對其進行中國歷史與中華傳統文化的教育。長期以來，她擔任香港葵青區少年警訊名譽會長，鼎力支持培育青少年警訊成為青少年新領袖，同時設立「香港科技大學獎學金」和捐資「香港理工大學」，並於公開大學設立「學

生交流基金」，經常倡導、邀請與支持青少年、大學生團體以及新聞界、教育界等各界人士到訪祖國內地，促進港陸兩地的交流與融合，了解祖國歷史和發展現狀，增強國家和民族認同感。自 2008 年起積極支持和資助九龍地域校長聯會、新界校長會和香港新聞工作者聯會工作，以加強與教育界、新聞界的聯繫與團結，彌合社會紛爭與撕裂，促進社會和諧穩定。

除此之外，高佩璇女士長期以來響應黨和國家號召，積極投身祖國改革開放事業。20 世紀 90 年代，正是我國東北地區經濟社會發展出現較大困境的時期，大量工人下崗，社會問題和社會矛盾叢生，營商環境極其艱難，高佩璇女士率先於 1993 年以港商身份投入巨資並攻堅克難在瀋陽市興建五愛市場服裝城，並以她獨特的商道和科學管理模式，引領瀋陽五愛批發市場服裝城大放異彩。今日，五愛服裝城已成為國內建成最早、規模最大、區域影響力和輻射面最廣的東北亞服裝之都，從業人員 3 萬多人，上下游市場、物流及其他配套服務的產業人數多達 100 萬人，開業 20 年來交易額逾 2700 億元，為國家貢獻稅收累計超過 26 億元，解決當地下崗職工數萬人的再就業及致富問題，為老工業基地轉型升級起到示範作用，為緩解當地社會矛盾和衝突，促進東北地區社會和諧做出了積極貢獻。

（五）有序推進理念落實，達成願景實現目標

上世紀 90 年代，由於行政區劃改革，汕頭地區一分為三個平行地級市，即汕頭市、潮州市和揭陽市。從此，為了保障彼此的地方利益，三市發展之間開始出現了地區壁壘、重複建設、資源浪費、惡性競爭等問題，一定程度上阻礙了潮汕區域一體化發展，不利於潮汕地

區民眾的整體利益。香港中國商會主席陳經緯先生等愛國社團領袖和
僑領迫切希望破解這一歷史難題。他們認為潮汕地區的自然地理和歷
史文化條件決定了其在中國與東南亞乃至世界經貿往來中佔據重要地
位。因此，2013 年陳經緯先生首先以全國政協委員、全國工商聯副主
席的名義，並聯名其他僑領提交了《關於調整區域結構，設立廣東「潮
汕新區」或將汕頭特區擴大到潮州、揭陽為「潮汕特區」》的提案；
2014 年再次提交了《關於潮汕地區三市合併，合力打造 21 世紀「海
上絲綢之路」重要平台》的提案；2014 年初，陳經緯先生再次與謝國
民、陳有漢、陳偉南、林建岳、劉藝良等知名僑領，聯名致信習近平
總書記、李克強總理、俞正聲主席，建議國家批准在汕頭設置華僑試
驗區，冀望汕頭發揮「僑」和「特」的優勢，聯動潮州、揭陽二市，
真正破除行政區劃壁壘，合理規劃產業佈局和基建設施，打造新海上
絲綢之路，攜手推動潮汕地區乃至粵東的再次崛起與振興。在各位愛
國愛港愛鄉社團領袖合力有序推進理念和落實之下，2014 年 9 月，國
務院正式批覆同意設立「汕頭經濟特區華僑經濟文化合作試驗區」，至
此，終於達成和實現階段性的目標。如今，潮汕三市合作初顯成果，
三市政府以務實的精神推動改革創新，共謀做好產業規劃，出台相關
政策措施吸引越來越多的海內外潮商回鄉投資，既回歸了人緣相親、
文緣相通、商緣相聯的潮汕傳統，又促進了當地的團結與和諧發展。

四、總結與討論

從現狀考察來看，香港愛國社團領袖在團結一切可以團結的愛國
愛港力量，以及促進香港經濟繁榮和社會穩定方面發揮了特有的功能

與作用。但是，由於現時諸多因素的影響和制約，特別是在香港當前複雜的社會政治生態之下，香港愛國社團領袖，尤其青年社團領袖號召力和引領力的發揮面臨着種種的困境和挑戰。這些困境及其成因無疑急需進行分析和總結，並加以進一步的討論。

（一）社會政治泛化，國家歷史以及國民教育嚴重缺失

回歸前，由於特殊的歷史背景和制度環境，港英政府突出培養香港市民的「港人」意識，在學校教育中刻意避開「中國」元素，歷史教育一度偏向歐洲歷史，甚至刪除 1911 年至 1949 年之間中國歷史上發生的重大事件，美化鴉片戰爭，[①] 使港人對香港近百年的歷史缺乏應有的正確認識。長期以來，香港用「公民教育」代替「國民教育」，尤其回歸以來，香港青少年學生「通識教育」存在嚴重缺失，由於愛國認同的「國民教育」被妖魔化為「政治洗腦」，為此中國歷史教育等課程被迫取消，加之大中小學都規避政治教育，導致香港年輕一代無法客觀認識國家和民族歷史，普遍缺乏國家認同與民族情感。此前香港中文大學曾經發生的一位來自內地的女學生因抗議該校學生會傳播「港獨」思想卻遭圍攻辱罵便是一例。香港特區政府必須高度警覺並採取有效措施加以應對，而愛國社團領袖應當充分發揮號召力和引領力作用，通過社團及其活動凝聚人心，引導香港年輕一代正確認識祖國歷史與中華文化，強化國家認同和身份認同。

---

① 陳麗君等：《香港人價值觀念研究》，北京：社會科學文獻出版社，2011。

（二）中產階層特性，政治沉默或者搖擺不定

在港英政府的特殊時代，香港中產階層普遍對政治採取漠視態度。回歸後，由於金融危機影響、區域優勢減弱以及經濟結構轉型升級滯後等原因，香港經濟發展出現長期低迷，香港中產階層也陷入困境之中，他們既恪守新自由主義核心理念，又迫於生活壓力和個人發展受限，逐漸從政治冷漠的旁觀者轉向為政治敏感者或積極的政治參與者。但是，香港中產階層的異質性導致了他們政治取向的多元化、激進與保守共存的特徵。與此同時，由於政治上的冷漠與軟弱，香港中產階級缺乏政治或政團代言人，發不到聲，影響不到政府施政，被稱為「沉默的大多數」。近年來，現實的困頓，社會政治生態的變化以及社會的撕裂，使中產階層政治立場更加搖擺不定。中產階層表現出來的這種沉默或搖擺不定的政治立場非常不利於香港愛國愛港陣線的建設和壯大，無疑也給愛國香港社團領袖號召力和引領力發揮帶來新的挑戰和考驗。

（三）政治生態複雜，各種雜音讓人難辨是非

日益嚴峻的貧富差距導致「階層固化」，香港青少年及大學生對未來和社會感到失望和不滿；因經濟困境，上升流動的社會機制動力不足，中產階層政治立場搖擺不定，等等。從香港外部來看，各種國外敵對勢力想盡辦法遏制中國崛起，在中國周邊以及香港攪局，大肆利用新聞媒體進行惡意的輿論宣傳，混淆香港市民視聽，背後洗腦慫恿和資金支持「港獨」分子亂港。總之，內外部矛盾破壞了香港的政治民主共識，對抗勢力通過破壞社會正常秩序的「無序民主」代替了「有序民主」。面對當前複雜的政治生態，香港愛國社團領袖難以短時間內

影響到學生的思想觀念以及消除其政治偏見，難以使港青凝聚共識，其號召力和引領力發揮同樣受到限制。

（四）社會管理人才儲備不足，缺乏應有培養體制機制

　　長期以來，香港作為商業之都，社會發展導向使社會精英更加熱衷於或偏好於商科，尤其是經濟、金融和工商管理領域，攻讀法律專業的港人也大多成為律師等專業界人士，志願修讀社會科學例如政治學、行政學等專業的較為冷門；與此同時，由於歷史和政治、意識形態等方面的原因，不管是在港英政府統治之下的香港，還是回歸之後香港特區政府管治之下的香港，都缺乏政治人才的培養體制和機制。香港不乏商業、企業管理、金融、法律、醫學、科技教育等專業人才，但唯獨最為缺乏政治人才，也就是說，政治人才儲備不足。而作為社團領袖不僅需要自身具有強大的精神動力、執着的理想追求和無私奉獻精神做支撐，而且還需要經過長期的培養和歷練，才能具備成為社團領袖的各種素質和能力。尤其香港愛國社團領袖還必須深諳或熟悉香港與大陸兩地的制度、體制、法規以及社情民情，對追隨者才有愛國愛港的號召力和引領力。然而，至今為止，香港缺乏與大陸相關部門或教育機構共同合作培養政治人才（包括社團管理和社區管理人才）的對接體制或機制。可以說，香港愛國社團管理人才（領袖）同樣儲備不足，其選拔缺乏廣泛的社會基礎以及必要的培養和歷練機會。相反，還出現了一些在內地高校學成返港、有志於為香港政府或香港社團服務的香港青年，卻由於有大陸教育背景以及愛國愛港的政治立場而被反對派歧視或公然抵制。

　　由此可見，香港在社團領袖培養方面不僅人才缺乏，而且與內地

也缺乏有效銜接機制，社團領袖容易存在「愛國」與「愛港」的矛盾情感，香港愛國社團領袖的號召力和引領力受到一定程度的衝擊。

（五）自身能力缺陷，素質構成落後時代要求

香港愛國社團領袖理應擁有良好的政治素質、知識素質、能力素質和心理素質，但由於歷史原因和時代發展變化，社團領袖自身能力或多或少會存在某些缺陷和不足，尤其是政治素質和政治敏感性方面，致使其號召力和引領力受到削弱。回歸前，香港沒有黨團競爭，港英政府專注於培養技術官僚和政務官員，那時成長起來的社團領袖多是企業家老闆或各行各業出類拔萃的技術管理人才，擁有雄厚的經濟實力、廣泛的人脈資源或紮實的專業技能與行業影響力，但如上所述，無論是政府機構還是社團組織，都缺乏訓練有素的政治人才。特別是回歸之後，香港大中小學教育系統反對「國民教育」，甚至引發香港教協抵制教育局的國民教育計劃，無論是教師、學生，還是這些可能成為未來社團領袖的年輕人，在欠缺對中文、中國歷史和通識教程等的教育和學習前提下，就不難理解為何其國家觀念、民族情感與國家身份認同日益淡薄了。除此之外，經濟「全球化」和「一體化」時代，對社團領袖在創新能力等能力素質構成方面賦予於新的時代要求。如何彌補自身能力缺陷以提高號召力和引領力，是當下香港愛國社團領袖急需解決的問題。

（六）參政議政受限，有效發聲渠道途徑不暢

香港愛國社團領袖參政議政受限，在社會上尤其政治層面上發揮

號召力和引領力會被打折扣或難有作為。有史以來，香港就是一個社團組織相當發達的地方，現時各色各樣的社團組織遍佈香港街頭，尤其回歸以後，各種新政團或基層社團組織更是如雨後春筍般出現。但是，由於現有的政制制度安排以及複雜的政治生態環境，儘管香港社團組織數量眾多，規模龐大的也為數不少，但是，社團領袖普遍缺乏有效參政議政的渠道或途徑，尤其愛國社團領袖，大多只侷限於自己熟悉的行業領域或小圈子內或某些固定的紙媒上，發聲微弱且容易被邊緣化。與此同時，由於教育、自身能力或缺乏專家指導等因素的制約，有些社團首長所提建議或缺乏戰略思維和全局意識或缺乏政治考量或缺乏針對性和實操性等，所發聲音難以獲得政府和社會的足夠重視和採納，久而久之，發聲渠道變得愈加狹窄和有限。

面對上述種種困境和挑戰，當務之急就是要及時採取有回應性的措施與對策，例如，可以通過增強社團領袖自身能力和政治素質、加強國民教育、完善社會管理人才培養體制機制、拓寬社團領袖參政議政途徑、推動社團領袖與社會各界互動、建立適時給予榮譽表彰的社團領袖榮銜頒發制度等。一方面通過綜合能力的培養與提升，使愛國愛港社團領袖獲得更多社會成員的追隨與更廣泛的社會支持和認可；另一方面通過政府體制機制的制度安排以及社會生態環境的改造等方法，強化香港愛國社團領袖號召力和引領力及其社會治理功能的有效發揮，為香港的「人心回歸工程」做出努力和貢獻。

A Study on the Appeal and Leadership of Hong Kong Patriotic Association's Leaders: Theoretical Interpretation and Practical Investigation

——Take Hong Kong's Patriotic Leaders of Tide Societies as an Example

Wu Qiaoyu

Abstract: Due to the lack of previous relevant research, this paper, on the one hand, defines the core concepts of "appeal" and "leadership" of Hong Kong patriotic association's leaders and makes corresponding theoretical explanations of its constituent elements, trying to reveal the theoretical value and practical significance of this leader's appeal and leadership in building current Hong Kong's social governance system and enhancing its social governance capability from a sociological theoretical perspective. On the other hand, taking Hong Kong's patriotic association leaders as an example, from the perspective of its practice, this paper discusses the functional performance of the appeal and leadership of Hong Kong's patriotic association's leaders, and further discusses the difficulties and causes that Hong Kong's patriotic association leaders' appeal and leadership function are facing under the complicated social and political ecology of Hong Kong.

Key words: Hong Kong; Patriotic Association's Leaders; Appeal; Leadership

香港居民國家觀念的歷史演變及其特徵研究（1949～1997年）[*]

馮慶想^{**}

摘　要： 1949～1997年，香港與內地相互區隔，各自走上不同的發展道路。隨着香港經濟逐步騰飛以及一個現代化本土社會成形，香港居民國家觀念發生了微妙的轉向，沿着歷史拐點對自身邏輯進行解構與重構，顯現出不同於內地的嬗變軌跡。在這個歷史階段，香港居民北望神州的移民鄉情與消極逃避的難民心態矛盾交織，一個中國、兩種意象混雜，香港地方意識興起與國家意識式微形成鮮明對照，這些狀況使得香港居民國家觀念錯綜複雜。從中可見，香港居民國家觀念呈現斷裂化、混雜化、本土化與去政治化的歷史階段性特徵。

關鍵詞： 香港居民　國家觀念　歷史演變　階段性特徵

* 基金項目：2020年度國家社科基金青年項目《「一國兩制」新形勢下港澳青少年國家認同研究》（20CKS056）。

** 馮慶想（1987～），中山大學馬克思主義學院助理教授、碩士生導師，研究方向：港澳「一國兩制」理論與實踐研究。

　　1949 年，中國共產黨執掌國家政權後，開始推動社會各個層面的變革，其中較為突出的是自上而下的基層思想「紮根」工作，開創性地將國家價值觀從政治精英層下沉至社會最底層，從中央樞紐輻射至地方單位。然而，由於國內政治因素與國際戰略因素影響，香港與內地之間的流動邊界開始封閉，這在兩地間交往層面割裂了香港居民與國家的聯繫，中國的國家意識形態機器的空間彌散力量也只能就止步於深圳與香港的邊界線。從此，隨着香港經濟逐步騰飛以及其現代化本土社會成型，香港居民國家觀念發生了微妙的轉向，沿着歷史拐點開始對自身邏輯進行解構與重構，顯現出不同於內地的嬗變軌跡。

一、港英政府後期香港居民國家觀念的狀況

　　在 1949 年至 1997 年近 50 年的社會歷史變遷中，香港居民國家觀念迎來了「斷裂」與「嫁接」兩個歷史轉折點。「兩點」之間較之前最大的變化主要包括：香港與內地相互區隔，各自走上不同的發展道路；香港經濟逐步騰飛，形成了一個相對成熟的本土社會；中英兩國政府就香港前途展開外交談判，香港回歸進入倒計時。這些客觀情況變化使得香港居民國家觀念矛盾交織、錯綜複雜。

（一）北望神州的移民鄉情與消極逃避的難民心態之間矛盾交織

　　香港是一個典型的新興移民城市，也是一個具有悲情色彩的難民收容所。從圖 1、表 1 的香港人口變化趨勢可見，1945～1950 年，香

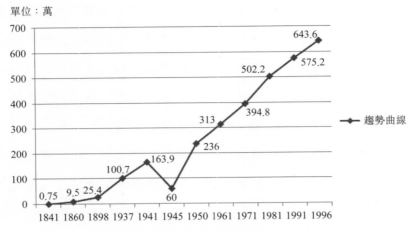

圖 1　香港人口變化趨勢（1841～1996）

資料來源：香港特區政府統計處、香港歷史博物館。

表 1　香港人口變化轉折點的歷史時期說明

1841 年	1860 年	1898 年	1937 年	1941 年	1945 年
鴉片戰爭開端	第二次鴉片戰爭後期	《展拓香港界址》簽訂	抗日戰爭初期	香港淪陷期（日本侵佔）	國共內戰初期
1950 年	1961 年	1971 年	1981 年	1991 年	1996 年
新中國成立初期	國內大饑荒時期	文化大革命時期	改革開放初期	香港回歸過渡期	香港回歸前夕

港與深圳之間邊界保持開放，大量內地居民因戰亂、饑荒、失業、政治等因素湧入香港，香港人口基數在短短 5 年間劇增 4 倍多。1950 年後，兩地邊界開始封閉，或許因緣之巧合、歷史之偶然，香港卻因此免於內地「反右派鬥爭」「大躍進」「文化大革命」等政治風波的影響，在較為平穩的社會環境下步入了經濟發展快車道。之後每隔 10 年，香港人口基本保持 100 多萬的增量，既有本地人口增長，也有大量外來人口增長。據不完全統計，1950～1980 年的 30 年間，香港有近 100

萬人移民自內地，其中大部分是通過偷渡等非法入境方式進入香港定居。[①] 特殊的人口構成、複雜的政治要素與坎坷的歷史境遇疊加交織，造成了香港居民的北望神州的移民鄉情與消極逃避的難民心態。

對於香港居民來説，北望神州即在香港向北方遙望祖國，這是一種站在香港位置觀察國家的政治視野，也是一種填充着特定的時代背景、歷史記憶與家國情懷的文化想像，還是移民自內地的港人群體的「故鄉」與「他鄉」自我辨認的社會心理印跡。他們自始至終保持着北望神州的鄉土溫情，故土情愫的縈繞與家國情懷的牽掛維繫他們對「我們是誰、從哪裏來」的身份體認，「落葉歸根」「魂歸故土」的價值歸宿點在深圳河的彼岸，而非香港此岸，香港或許只是他們謀生的落腳點。但他們又無法擺脱國內政治運動遺留下的心靈創傷，在群體意識之中帶有深刻的難民症狀，總是把國家想像與政黨階級鬥爭捆綁在一起，並與之保持一定距離，表徵為對共產黨的懼怕、排斥、不信任的消極社會心理。「恐共」「拒共」不等同於「反共」，它實質是一種具有明顯時代偏限性的歷史意識反映，也是對特定歷史時期中國共產黨的政策落實狀況存在不認同心理的一種現實映射。一般而言，執政黨的合法性不是純粹天然、一成不變的，需要後天建構、鞏固與提升。單靠帶領人民砸碎舊的國家機器、建立新國家機器並不足以支撐自身的

[①] 1950～1980 年，廣東省寶安縣（深圳市的前身）發生過 4 次大規模的「逃港潮」，時間分別是 1957 年、1962 年、1972 年、1979 年，近 60 萬人次通過非法入境方式逃往香港，且大部分為青壯年勞動力。這個時期正是香港經濟快速轉型期，急需大量年輕勞動力，港英政府順勢採取「抵壘政策」，即內地非法入境者若偷渡進香港後，成功抵達市區，便可成為香港合法居民；若非法入境者在邊境禁區被執法人員截獲，則會遭返回內地。史料與數據參見寶安縣外事辦公室《關於經寶安縣偷渡香港問題的調查報告》（1959 年 1 月 28 日）；寶安縣委《關於制止群眾流港工作的情況報告》（1962 年 7 月 12 日）寶安縣外事辦公室：《關於寶安邊境歷史和現狀的資料》（1976 年 8 月）；港英政府新聞處：《香港年報》（1980 年）。

執政地位，關鍵還是在於如何善於、長於駕馭國家機器，切實解決人民日益增長的物質文化需要同落後的社會生產之間的矛盾，提供保護社會生活與社會秩序的長效機制。從新民主主義革命時期轉向社會主義建設時期，中國共產黨不僅面臨時代任務的轉變，而且面臨從革命黨轉化為執政黨的角色變換。任何一個新生政權都是在曲折中發展成長，面臨挫折不可避免，更何況新中國當時還處於百業待興、蓄勢待發的初始階段。當國家系統內部短暫陷入難以解決的自我矛盾之時，一些對立面的分裂以危機形式對社會群體造成心理擠壓，一些香港居民由於畏懼，安全感與確定性的需求得不到滿足，政治冷漠或社會逃避成為他們的一種慣性選擇。國家的政策好不好、對不對，一些民眾最終選擇「用腳」（逃港）來投票，其背後突顯的根本問題其實並不是政治認同與意識形態偏好問題，而是經濟社會問題。20 世紀 60 年代，廣東省寶安縣農民人均年收入為 134 元，而香港農民人均年收入達 13000 元，[①] 兩者差距接近 100 倍（內陸農民人均收入與之差距更大），部分內地居民因貧窮、饑荒確實被逼逃往香港。對此，鄧小平一針見血點出了問題要害，「生產生活搞好了，還可以解決逃港問題。逃港，主要是生活不好，差距太大」。[②] 如果說逃港的行為是人們迫於生活無奈而做出的選擇，他們在香港站穩腳跟後卻從來沒有忘記故鄉的方位，從來沒有切斷與內地的聯繫。從中可見，北望神州的移民鄉情與消極逃避的難民心態矛盾交織，編寫了特定歷史階段香港居民國家觀念的軌跡圖譜。

---

① 申晨：《「逃港風潮」與建立深圳特區》，《中國檔案》2008 年第 10 期，第 64－67 頁。
② 冷溶、汪作玲主編：《鄧小平年譜：1975－1997》，中央文獻出版社，2004，第 238－239 頁。

（二）一個中國、兩種意象的紊亂

20 世紀中葉以來，香港因其地緣政治、地域經濟、國際社會影響力等因素，成為中國共產黨與國民黨的戰略必爭之地。尤其是在冷戰的國際政治環境下，中國共產黨和國民黨兩黨不管是官方勢力還是民間組織都在香港社會頻繁活動，宣傳各自政治主張與國家理念，例如共產黨主辦的《新晚報》與國民黨主辦的《香港時報》針鋒相對，都主動爭取香港對自身政權合法性的承認以及其所代表國體的認同。儘管國民黨的舊政權名存實亡，卻並沒有放棄在香港製造「反攻大陸」的政治幻想與「妖魔化中共」社會輿論。而共產黨取而代之的新政權雖然已經名副其實，但畢竟是新生的社會主義政權，內憂外患依然客觀存在，獲得國際社會普遍承認尚需時日；[①] 與此同時，香港社會聚集大量或明或暗的「反共、反中」的境外政治勢力，共產黨對此不得不居安思危，毫不懈怠於香港區域的國家安全與人心統戰工作。例如共產黨領導的「新華通訊社香港分社」在思想文化宣傳、海外華僑聯絡、愛國學校（香港俗稱「左派學校」）協建等方面做了大量卓有成效的工作，突破了國民黨過往在意識形態領域製造的「圍城」。

港英政府「以華制華」的政治策略非常明顯，對國共兩黨的社會活動路徑睜一隻眼、閉一隻眼，不公開支持也不表態反對，默認允許雙方力量在香港相互制衡（包括縱容台灣當局國民黨的特務人員、黑社會勢力、情報機構在香港對新中國進行破壞活動），從而使其統治秩序趨向均勢、平衡與穩定。按照唯物史觀的基本觀點，社會意識是對

---

① 新中國成立後，經過 20 多年的外交斡旋，終於在 1971 年 10 月 25 日，第 26 屆聯合國大會通過 2758 號決議，驅逐了蔣介石集團的代表，恢復了中華人民共和國政府在聯合國的席位和一切合法權利。

社會存在的能動反映，社會存在的變化引起社會意識的變化；香港社會意識層面的「點、線、面」變化正是對香港社會存在變化的集中反映。因而，不少港人群體的社會意識中在特定歷史時期交織着「一個中國、兩種意象」的正統性角力與政治想像，一個象徵的是中國共產黨執政的中華人民共和國，另一個象徵的是中國國民黨執政的中華民國。儘管這是以兩個指向不同政治意蘊的國家符號、名稱與象徵，對一個中國的事實基礎（同一主權、領土、疆域）和法理基礎（同一國際法主體）的歪曲反映，但「無論喜歡與否，同一時間，『兩個中國』現象在香港確實共同存在。它們之間的互動變成非常微妙的一個東西。而由此造成了，香港對中國概念的認識不是單一的概念，也不存在一個非常肯定的中國的正統」。① 與此同時，不少香港居民將對政黨的態度、立場與偏好移情至對國家認同與否的價值取向上，甚至在政黨認同與國家認同之間畫上等號。這種政治「化簡主義」在 1967 年的「反英抗暴運動」② 之後，被港英政府的「洗腦贏心」(winning the hearts and minds) ③ 工程推向了極端的「恐共主義」，親中、左派、中共一度

---

① 呂大樂：《香港社會特徵、本土認同、本土意識》，《當代港澳研究》2015 年第 1 輯，社會科學文獻出版社，2017，第 154 頁。

② 1967 年，香港發生了二戰後以來最嚴重的暴動，表面上是香港市民為了天星渡輪加價事件而搞亂社會治安，實質上是香港市民藉騷亂事件表達對港英殖民政府施政（尤其是經濟民生領域）的極度不滿。為了平息市民的憤怒，延續英國的利益與香港的管治，港英政府大刀闊斧對住房、教育、醫療、治安等方面進行改革。自此，香港轉入另一階段，包括政府殖民管治模式的改變、經濟走向金融和工商業發展、社會結構的重組和中產階層的興起。參見周永新《香港政府的管治與居民的歡笑和唏噓》，《港澳研究》2017 年第 2 期，第 75−78 頁。

③ 「洗腦贏心」這個概念是由大英帝國高級專員泰普勒將軍在鎮壓馬來亞共產黨的反殖民運動中發明，專指英國殖民地政府通過新聞宣傳手段進行意識形態管控、穩定社會秩序的統治伎倆。在鎮壓左派的反英抗議運動中，港英政府採取系統的「洗腦贏心」工程徹底改變了香港人的深層意識和心理結構，形成了港人對「左派」「共產黨」「大陸」「社會主義」的極度恐慌心理。這種恐懼心理與內地逃往香港的國民黨達官顯貴、大資本家和右派知識分子的「仇共」心理相呼應，使得「恐共」「仇共」成為香港市民的基本民情。參見強世功《中國香港——政治與文化的視野》，生活‧讀書‧新知三聯書店，2010，第 39 頁−41 頁。

成為香港居民的國家意象中備受排斥的因子。隨着「改革開放的不斷深入，在中國共產黨領導下的中國綜合國力增強社會面貌日新月異，國家意象的影響力隨之日益強化。尤其是中英兩國政府就香港前途展開外交斡旋以及打開艱辛談判的序幕，中央人民政府以中國的唯一合法政府的角色與姿態從幕後走向香港社會舞台中央，全方位進入香港大眾視野，香港居民真正意識到自身利益與中共中央對港方針政策密切相關，必須跟共產黨打交道。儘管香港居民依然存在各種滯後於現實的政治偏見，但這個歷史的轉折點不僅在之前的基本事實與法律基礎上逐步確立中華人民共和國在香港社會觀念層面的正統性，而且逐漸蓋過了國民黨曾經在香港社會渲染的中華民國國家意象。①

（三）香港地方意識興起與國家意識式微

20世紀60年代末70年代初，面對香港社會內部矛盾（包括勞資矛盾、階級矛盾、民族矛盾等）的激化升級與外部反帝反殖民的輿論壓力，港英政府開始重新檢討其殖民管治政策，逐步推行義務教育，改善居住環境，完善福利保障，推進香港廉政公署成立。經過十餘年的黃金發展期，在香港居民的努力拚搏下，香港成為國際金融、貿易、物流、旅遊中心，位居亞洲四大新興經濟體之首。同時，香港的流行音樂、新聞專欄、商業時裝、功夫電影憑藉成熟的商業運作，隨着中國改革開放迅速佔領內地市場，成為一時追捧和模仿的對象。②

---

① 鄧小平指出，「中國的形象如何還是要看大陸，中國的發展趨勢和前途也在大陸。台灣跟大陸爭正統，不自量力。大家都應該想開點。我們已經想開了，提出『一國兩制』。我們相信，最終將靠『一國兩制』把我們國家統一起來。」參見中共中央文獻研究室編：《毛澤東鄧小平江澤民論世界觀、人生觀、價值觀》，人民出版社，1997，第413頁。

② 馮慶想：《香港本土主義的內在邏輯與歷史演變》，《天府新論》2016年第5期，第116頁。

可見，20 世紀 70 年代，是香港從五六十年代「難民社會」轉變為注重本土社會建設的時代，也是承接八九十年代現代化建設突飛猛進的序幕。

在香港特定的歷史背景與社會發展條件作用下，香港居民逐漸形成了關注香港社會的地方意識。這種地域意識既有別於內地地方意識又不屬於英國地方意識，它紮根於日漸成熟的經濟社會基礎，形成於中西方政治文化的碰撞、衝突與交融之中，展現出獨特的香港特色；它既蘊含着較大的包容性，又表現出一定的排他性，同時也存在可塑的流變性。「本土意識在香港學者看來，是一個有着多層次豐富含義的概念，並沒有一個先驗的不證自明的本土和本土意識。本土意識也存在着差異和矛盾，隨着社會的發展和全球化的推進，它是一個不斷建構的過程。」① 由此可見，香港的地方意識並不是一個靜止、固化、統一的意義範疇，它的內涵存在各種不同的所指，是一個動態的歷史發展的集合。諸如香港意識、香港精神、香港夢、香港本土主義等這些指涉香港地方意識的概念，均可視為香港社會裏各種經濟、政治、文化與歷史多種力量互相角逐的成品，當中的內在規定性與社會關係互相牽扯、盤根錯節而又矛盾並存。但是不管香港地方意識的表現形態、意義指向如何混雜，它的內在結構都保持相對穩定，即從對個體存在的價值、地位與生存狀態的肯定，推演到對整個香港社會發展的肯定，形成一種以香港為標準的觀察世界的方式以及從港人利益出發的本土化思維模式。這種地方意識伴隨本土社會現代化發展與粵語通俗文化傳播而興起，推動香港居民從國家意識鏡像中離析出中國內地

---

① 和磊：《論香港文化研究的本土意識》，《中國文學研究》2014 年第 3 期，第 11 頁。

與英國兩個「他者」，以此劃分身份認同的「自我」歸屬以及規定其價值意義。在這一過程中，傳統的國家邏輯在香港地方意識重新構建的衝擊下，其中心地位在主觀上發生了偏移；過去游離的難民、移民、過客心境通過重整主體位置，找到了想像中的地方主導空間。然而，這種國家理性的消解與地方意識結構的重整，使得香港居民的本土意識與國家意識強弱反差日漸明顯。

二、香港居民國家觀念的階段性特徵

1949～1997 年，香港居民國家觀念的階段性特徵主要表現在其國家觀念的斷裂化與混雜化、本土化與去政治化。

（一）香港居民國家觀念的斷裂化與混雜化

1. 國家意識、價值觀呈現斷裂化

1949 年後，中國政府與港英政府開始互設邊境關卡，[①] 將香港與內地區隔開來。不同於內地國家政治體制環境，香港開始失去一個完整意義的國家實體的支撐，只是保持一些共同的民間習俗、方言習慣與宗教信仰等隱性的文化聯繫。自此，國家觀念、民族意識從中心區域轉移到香港日常生活邊緣，處於一種零散自生狀態。香港居民的國族自覺意識倒退回文化範疇的感性直觀層面，表徵在香港居民國族意識中的國家形象越來越模糊，支撐國家的正統性、民族的崇高性的社會

---

① 1949 年，港英政府推出「身份證」制度，開始審查、監控進入香港的內地人。1950 年 7 月，中國政府宣佈對深港邊界實施封鎖，並在寶安縣內對居民進行登記。

基礎日漸世俗化、個體化與實用化，他們不再把生活在香港的中國人擁有「中國意識」視為理所當然。尤其是出生於 1950 年以後的香港一代人，他們長期在港英政府主導的西方教育體制的規約下成長，而英國殖民教育系統對中國歷史與中國人身份避而不談，關於國族的意義世界日漸淡出生活世界視野。「人的精神被放逐後，就會陷於物慾之中，而越是陷於對外在物質的追逐，就越會失去人的精神家園。」[①] 這一代港人在香港 20 世紀中期以來的急速經濟轉型中憑藉各自的努力而發家致富，他們並不會覺得自己在香港所取得的經濟地位與中國有着應然的價值聯繫。對於他們來說，國家不是一種影響現實的力量，而是一個抽象的實體或虛無的符號，從中無法生成「獲得感」與「一體感」。另外，「大躍進」「文化大革命」以及發生在香港的「六七暴動」帶來的負面衝擊，又逐步改寫本土港人群體認同意識中的國家不證自明性。可見，香港居民觀念中的國家共同體不再是無可爭議的道德主體與價值象徵，而是一個開始撕裂的價值實體。

2. 國家對象、身份開始混雜化

對於早期移民自內地的香港一輩而言，英國只是對香港進行了殖民統治。儘管他們當中一部分認同於中華人民共和國，另一部分忠誠於避走台灣的中華民國，但是，他們的國家認同的基礎存在一致的共識，即建基於內地（大陸）、台灣與香港同源同宗、統一於作為整體的中國。不管是內地（大陸）還是港澳台地區的愛國主義話語，國家能指或有不同標的（中華人民共和國、中華民國或二者混合），但國家所

---

① 葛晨虹：《後現代主義思潮及對社會價值觀的影響》，《教學與研究》2013 年第 5 期，第 99 頁。

指只有一個，就是中國。然而，隨着英國對香港的民族主義放任自流轉向主動介入，「殖民主義者通過一種邏輯的倒錯，趨向被壓迫人民的過去，歪曲它、毀壞它、消滅它」，[①] 逐漸解構了香港居民觀念中的國家意象。「香港是誰？」隨之出現所指的焦慮，到底是「中國的香港」還是「香港的中國」，或僅僅只是「香港」？「被殖民者在尋找其身份的過程中，一個十分痛苦的經歷是主體的命名／客體的命名／殖民者賦予的命名……被殖民者的身份往往是處於一個混合的情況，一方面他擁有其出生或國籍的身份，另一方面又帶着殖民者從不同層面賦予給他／她的身份。」[②] 相對於英國人，香港居民是中國人，但相對於來自內地（大陸）或台灣地區的中國人，香港居民的國家身份中又存在英國的虛假投影。即使香港居民接受中國人的命名與身份，他們的理解也有別於內地的政治話語系統。「香港人所理解的現代『香港人』與傳統的海外華人不同，他們不會把自己稱為『唐人』；香港人是指那些即使不公開反對殖民統治，但至少與少數欣賞英國統治的人截然不同的人們，但也不等同於具有中國大陸或台灣的當代主流意識。」[③] 香港居民日益複雜的身份認同是殖民歷史發展的產物，香港處於中國與英國文化雜合的「第三空間」，邊緣性和夾縫性極易引起身份意識的層疊、文化認同的焦慮與國家歷史觀的雜碎。

---

① 〔法〕弗朗茲·法農：《全世界受苦的人》，萬冰譯，譯林出版社，2005，第142頁。
② 謝品然：《衝突的論釋》，香港建道神學院，1997，第107頁。
③ 王賡武：《結論篇：香港現代社會》，王賡武主編：《香港史新編》下冊，三聯書店（香港）有限公司，1997，第860頁。

（二）香港居民國家觀念的本土化與去政治化

1. 香港居民把國家對象納入自主言說的本土經驗中

在戰後的幾十年裏，香港是一個沒有民族皈依的城市。「很多年來，香港人都沒有強烈的歷史或民族敘事來定位自己的主體性。所以，他們對本土身份的表達的關注更甚於對國家權力的抵抗的關注。」[①]香港居民身份意識的覺醒及其所依存的生活世界無疑創造了培育本土話語的前提條件與發展空間，家族聯繫、鄉土情感與社群認同在香港本土生存方式中往往佔據着更為重要的位置。對於移民自內地的大部分香港居民而言，他們更加關注自身在香港的經濟利益需求，對敏感的政治問題基本避而遠之。「殖民地政權的經濟掛帥的政策與着重解決民生問題的措施，轉移了社會大眾的焦點，造成長期的政治冷感，但與此同時，亦強化了『放眼香港』的關注意識。」[②]可見，這個時期英國後殖民主義「去國族化」的重心轉向召喚香港主體性，提升香港居民對本土生活樣法的關注，淡化國族象徵在他們意義世界的顯現。通過培養香港本土認同替代國家認同，從而將香港經驗完全抽離於中國近現代史的書寫。這種「本土—國家」對象的置換邏輯建立在相對於中國內地清晰的地理界線、獨特的生活方式以及在社會實踐中確立的實用主義價值體系。他們試圖站在本土視角顛覆英國強勢的話語，對自身歸屬的國族結構進行祛魅，釐清本土主義與國族主義的邊界，新構主體身份。同時，以殖民現代性為核心，致力於總結香港本土發展的經驗，通過本土文化的自覺建構，逐漸形成一套以大部分香港中產

---

① 和磊：《論香港文化研究的本土意識》，《中國文學研究》，2014 年第 3 期，第 13 頁。
② 洛楓：《流動風景：香港文化的時代記認》，浙江大學出版社，2011，第 14 頁。

階層的價值觀念與文化旨趣為導向的本土論述框架。它既沒有強大的國族主義成分，也沒有對港英政府明顯的政治效忠，成為 20 世紀 70 年代以來香港地方想像與國家認同的顯著特徵。其後，香港居民進一步梳理本土生活經驗，挪用西方話語體系的概念、邏輯與範式，從「香港的中國」與「中國的香港」的交集中求解出香港與內地的差異性，繼而展示香港本土的特殊性與優越性。自此，香港居民國家觀念也就難以擺脫本土經驗的限制，形成不同於內地的家國視野。

2. 政治維度被懸置在香港居民國家觀念之外

在帝國主義與民族主義之間的對話中，政治對抗性客觀存在。港英政府的殖民本性註定其無法推行政治自由與精神啟蒙。「喚起被統治者的民族自覺，就等於讓他們認知殖民政策宰制、鎮壓、壟斷的本質」，[①] 隨時可能激活被殖民者反抗殖民者的政治衝動，甚至會引導社會走向變革之路。為了減緩意識形態張力對殖民統治秩序的衝擊，香港的政治主體性與國族主義情緒大部分被英國殖民建制系統壓抑與消解。因此，香港居民對中國的情景再現只能依靠文化主體性的共鳴與歷史記憶的拼湊，他們對國家的形象觀感、歸屬體會、價值取向與主觀評價基本停留在文化中國的臆想中。換言之，「在港人集體觀念裏，對國家的概念理解侷限於港人與國家自然領土、民族身份及其地域文化的關係，而對香港公民與國家政治體制、主權的內在關係缺乏全面客觀的認識」[②]。從深層次來看，這種國家認識隱藏着去政治化的主體自

---

① 〔美〕葉維廉：《殖民主義、文化工業與消費慾望》，張京媛主編：《後殖民理論與文化批評》，北京大學出版社，1999，第 363 頁。

② 徐海波、馮慶想：《香港群體意識形態與港人認同感研究》，《太原理工大學學報》（社會科學版）2013 年第 4 期，第 12 頁。

覺，它與香港本土話語對國家、民族與歷史的闡釋邏輯緊密相關。在完整的國家觀念建構中，文化認同與政治認同本來是相互整合於國族結構裏，但在香港社會視域下，生活世界顯現的國族現象均可從文化本身的結構中尋求解釋，中國只是文化、歷史意義上的國家，它的政治維度被選擇性遮蔽。事實上這並不可能，但也不能否認這樣的文化共同體想像確實鑲嵌於香港社會意識之中，使得香港居民國家觀念維持單向度、平面化，偏向軟性情感的訴求，表現為一種沒有政治內核的國族文化意識。「混雜的家國觀念，加上本土親共力量（左派）長期被香港主流意識形態排擠，使回歸前香港公共論述的家國觀念，多傾向民族感情的認同（例如『保釣』），而不是對國家實體的效忠。」[①] 當香港居民的國族想像被限定於文化觀念範疇，國家的政治性被拋出其客觀認識範圍之外，那麼，國家本真的存在狀態必然被還原成一種失真的結構，不再顯現國家實體（制度、政策、機構等）的現實力量，僅僅以象徵性符號依存在香港居民自主建構的文化想像共同體中。香港居民國家觀念隨之出現結構性異化，也為回歸後香港地區國家認同困境埋下了歷史根源。

1997 年，香港回歸祖國，當地居民國家觀念隨之面臨一個從斷裂到嫁接的復歸過程。然而，近半世紀的社會區隔、政治分離與歷史變遷，足以改寫二戰後香港社會嬰兒潮一代的家國記憶與身份特質。香港傳統家庭單元留存的宗族鄉土情懷與中華民族文化的基因密碼，又在劇烈的現代化進程中或多或少被西方工業文明與價值觀念體系所

---

① 陳智杰、吳俊雄、馬杰偉：《「港式」公共知識分子初探》，呂大樂、吳俊雄、馬杰偉主編：《香港‧生活‧文化》，香港：牛津大學出版社，2011，第 240 頁。

解構與重置。因而，重新搭建港人與國家之間的心靈紐帶，必然面臨思想與現實的多重阻力。在如此境況之下，如何消除香港與內地的隔閡，增強香港居民國家觀念，成為中央與香港特區政府面臨的重要挑戰與艱鉅任務。

A Study on the Historical Development and its Characteristics of Hong Kong Residents' National Idea (1949—1997)

Feng Qingxiang

Abstract: Between 1949 and 1997, Hong Kong and the mainland were separated on different development paths. With the rapid development of Hong Kong's economy and the formation of a modern local society, Hong Kong residents' concept of country has undergone a subtle turn, deconstruction and reconstruction of their own logic along the historical inflection point, showing a transmutation track different from the mainland. In this historical stage, the immigrant sentiment of Hong Kong residents looking to the divine land in the north and the refugee mentality of passive escape were intertwined, one China and two images were mixed in disorder, and the rise of Hong Kong's local consciousness and the decline of the national consciousness formed a sharp contrast, which made the Hong Kong residents' national concept complicated. It can be seen that the Hong Kong residents' concept of country is characterized by fragmentation, hybridization, localization and depoliticization.

Key words: Hong Kong Residents; National Idea; Historical Development; Periodic Characteristics

新時代香港慈善現代化的發展範式及啟示 *

劉海娟 **

摘　要：西方現代公益與中國傳統慈善在香港本土進行交融，形成了香港慈善現代化的轉型過程。這揭示了香港慈善現代化的影響因素和過程演繹。從結果看，香港慈善現代化的發展範式形成了一種良性的慈善生態體系，包括組織理念（核心文本）、合作夥伴（跨界別）、發展要素（慈善人才和慈善資本）、創新策略（形象營銷、善用科技、優化服務），治理機制（政治規制、組織自治、社會監督）。其對中國特色現代慈善事業的啟示是：形成核心理念，引導組織規範發展；促進跨界合作，形成慈善共同體；開展慈善專業教育，培育專職慈善人才；多

* 本文係 2017 年度國家社科基金青年項目「香港慈善倫理的建構範式研究」（17CZX061）、2015 年度廣東省哲學社會科學規劃青年項目「慈善立法的倫理基礎研究」（GD15YZX02）、2014 年度國家社科基金重大項目「香港社會思潮分析與有效引導的對策研究」（14ZDZ058）、2019 年深圳大學馬克思主義理論與思想政治教育研究項目「改革開放以來，國家意識形態話語體系的創新與發展——以『一國兩制』理論與實踐為視角的研究」（19MSZX02）階段性成果。

** 劉海娟（1983—），女，深圳大學馬克思主義學院講師，深圳大學港澳基本法研究中心兼職研究員，中山大學公益慈善倫理研究中心兼職研究員，主要從事慈善倫理與道德教育理論，馬克思主義慈善思想，香港慈善研究。

元渠道籌款，組織實體創收；融入「商業思維」「科技方法」「人文精神」的創新策略，構建現代慈善的可持續發展模式；加強政府扶持、自身建設與社會監督，構建慈善的社會共治模式。

關鍵詞：慈善現代化　跨界別　善用科技　慈善共同體　社會共治

「在香港，慈善不僅是一項公益活動，更是一項薪火相傳的事業。」[1] 香港學者呂大樂教授認為，香港「特有的慈善氛圍」以及「由政府以外的宗教、慈善團體推動社會福利服務，乃香港社會的傳統。」[2] 香港學者周永新教授認為，香港慈善事業實現了從「慈善救濟到福利權利」[3] 的轉化。可見，香港慈善事業已經從個體的、零散的、偶然的慈善救濟行為，逐步轉變為組織化、規模化、制度化的慈善事業，實現了傳統慈善到現代慈善的轉型。簡而言之，這就是香港的慈善現代化。「中國公益慈善正在走向現代化。…… 現代化帶來的是現代性的公益慈善，但是正如現代化在西方遭受到猛烈的批判一樣，現代化及其帶來的現代性後果也引起計劃思維和傳統思維下的人們的焦慮和不安，產生思想的分裂。」[4] 如何解決中國慈善現代化過程中的困境？一般認為，「內地傳統與英國文化在香港交融，孕育出香港社會獨特的慈

---

[1]　馮丹藜：《香港，慈善之都》，發表於《紫荊》2009 年 5 月號刊。

[2]　呂大樂：《凝聚力量——香港非政府機構發展軌跡》，三聯書店，2010，第 20 頁。

[3]　周永新：《社會福利十二講》，香港商務印書館 1993，第 15–38 頁。

[4]　朱健剛：《中國公益慈善十年的轉型與爭議》，鳳凰網公益，2018 年 7 月 2 日。https://gongyi.ifeng.com/a/20180702/45045483_0.shtml

善文化，形成諸多極具地方特色的社會服務體系與機制。」[1] 香港慈善現代化正具備了這種跨區域、傳統與現代交融、中西文化交融的發展特色。這是從宏觀的、歷史的、共生的視域揭示了香港現代慈善事業的形成歷史與發展模式。從發展水平上看，與中國內地慈善現代化相比，香港慈善現代化具有一定的先進性、專業化、科學化、國際化等優勢和特色。故此，研究香港慈善現代化的發展範式，對於深化中國慈善事業改革，實現中國特色的慈善現代化道路具有鏡鑒價值。

一、前言：慈善現代化的概念界定及問題提出

在香港，慈善的法律規定與學術界定有所不同。慈善的法律規定，如《稅務條例》第 112 章第 88 條提出，「任何機構或信託團體如要成為慈善團體，必須純粹是為法理上承認的慈善用途而設立。界定慈善團體的法律特質有四項：①救助貧困；②促進教育；③推廣宗教；④其他有益於社會而具慈善性質的宗旨。前三項的有關活動可以在世界上任何地方進行，但第四項的用途必須是有益於香港社會，才可被視為慈善性質。團體可向稅務局申請認可並成為公共性質的慈善團體或信託團體。」[2] 根據《屬公共性質的慈善機構及信託團體的稅務指南》，第一，香港慈善團體必須為公眾利益而設立，除非一項用途是旨在使社會全部或相當大部分人士獲得利益，否則該項用途不屬於慈善性質。第二，香港慈善團體不等同於志願組織或非牟利團體。並非所

---

① 　王名、李勇、黃浩明編著：《香港非營利組織》，社會科學文獻出版社，2015，第 37 頁。

② 　http://www.wisegiving.org.hk/tc/donation/wisegiving.aspx

有志願或所謂非牟利團體均為慈善團體，無論這些團體設立目的是如何有意義，事實上，《稅務條例》並沒有給予志願組織或非牟利團體豁免繳稅的條文。可見，香港慈善的法律規定是狹義的，並不涉及慈善及慈善活動的概念範疇，而是為了執行有關團體稅務豁免的事宜。在香港，慈善的學術界定是不明晰的，諸多學者僅從某一微觀層面來研究香港慈善，比如社會服務、志願服務、弱勢群體服務、社會福利（活動）；志願團體、非政府組織、非營利組織（非牟利團體）、社會福利署（組織）、社會福利政策等。實際上，香港慈善的實踐範疇是綜合的、多元的和複雜的，對香港慈善的學術界定不僅應該超越其法律規定，更應該從宏觀層面包容與其相關的慈善範疇，從這個意義上說，香港慈善是一種「大慈善」，這種「大慈善」不同於以往傳統救濟的「小慈善」概念，其蘊含了現代化進程中慈善範疇的擴大。故此，基於「大慈善」的範疇研究香港慈善現代化，就要密切關注與此相關的組織、活動、政策等。

何謂慈善現代化？就是「政府和企業之外」的現代化，[①] 其是在現代民族國家與現代企業興起之後而起步的。然而，從慈善產生的範疇與現代化的發生順序來理解慈善現代化是不全面的，因為政府與企業以外並不都是慈善的現代化。而且這種界定缺乏對現代化的本質闡釋。實際上，「『現代化』（modernization）一詞就詞意看，是『轉變成為現代』（to make modern）。現代化就是指某種社會形態轉變為『現代社會』的過程與結果。」[②] 另外，「現代化的大多數概念可以歸納為兩

①　秦暉：《政府與企業以外的現代化：中西公益事業史比較研究》，浙江人民出版社，1999，第 230 頁。

②　褚宏啟：《教育現代化的路徑：現代教育導論》（第 2 版），教育科學出版社，2013，第 26 頁。

類：一類是『關鍵因素』論，意思是把現代化等同於社會變化的一種類型，比如等同於工業化；另一類是『兩極對立』理論，把現代化概括為傳統向現代的轉化過程。」[①] 概括起來，現代化包含了過程、結果、影響因素三個層面的含義。本質上，現代化是傳統社會向現代社會的轉型，這一轉型包括轉變的過程（怎麼轉）、結果（轉向哪）和影響因素（為何轉）。故此，慈善現代化是指傳統慈善到現代慈善的轉型。香港慈善現代化就是指香港慈善事業從傳統到現代的轉型。從影響因素看，正是因為中西現代化的興起範式與傳統根基各有不同，[②] 中西慈善現代化的興起過程也就大有不同。[③] 從過程看，香港慈善現代化先是受到西方現代化進程的影響，[④] 也保留了諸多中國慈善的傳統，[⑤] 最終西方

[①] 寇鵬程：《古典、浪漫與現代：西方審美範式的演變》，上海三聯書店，2005，第 230 頁。

[②] 秦暉認為中西現代化存在興起範式與傳統社會根基的差異，即「但這一過程與西方現代公益的興起過程大有不同，這種不同除了所謂後發展國家外生型現代化與西方的內生型現代化之異外，更重要的還在於中國現代化賴以發生的傳統社會不同。西方的現代化是個從共同體（小共同體）到（個體本位）的社會的過程……但在中國，傳統的大共同體本位使個人權利和小共同體權利都受到壓抑，因而現代化過程起初便表現為『（小）共同體』與『社會』的同時覺醒，並且事實上形成了『公民與小共同體聯盟』首先擺脫大共同體桎梏的趨勢。只是在擺脫了王權的整體主義控制後，公民權利才可能進而拋開小共同體謀求自由發展。」參見秦暉《政府與企業以外的現代化：中西公益事業史比較研究》，浙江人民出版社，1999，第 234-230 頁。

[③] 秦暉認為「反映在公益事業的發展上，西方出現的是共同體公益與『父愛主義』的衰落，『國家＋市場』公益的興起，而在中國，傳統時代受到大共同體壓抑的小共同體公益卻是在近代化中大有發展，並在西方傳入的公民社會公益形式並行乃至交融式地成長，形成了奇特的公益景觀。」參見秦暉《政府與企業以外的現代化：中西公益事業史比較研究》，浙江人民出版社，1999，第 234-230 頁。

[④] 「西方式社會公益首先在香港、大陸通商口岸城市的租界乃至東北的俄羅斯人社區中發展起來，並擴展到所謂『華界』。」參見秦暉《政府與企業以外的現代化：中西公益事業史比較研究》，浙江人民出版社，1999，第 230 頁。

[⑤] 「在香港，現代公共生活與民間公益社團早期主要在西方人中流行，英國殖民當局並不提倡中國人的現代公民自治意識，而寧可維持華人的『傳統秩序』。但到抗戰以後，在現代潮流與民族覺醒的背景下中國居民的現代公共生活和社團意識也高度活躍，出現了大量全港的及區域性的社會組織。」參見秦暉《政府與企業以外的現代化：中西公益事業史比較研究》，浙江人民出版社，1999，第 231 頁。

現代公益與中國傳統慈善在香港本土進行交融，形成了香港慈善現代化的轉型。這揭示了香港慈善現代化的影響因素和過程演變。從結果看，香港慈善現代化的發展範式如何？這是文本需要解決的核心問題。

研究香港慈善現代化，一是把握香港自身的獨特性，二是用香港慈善領域專門的「慈善術語」來描述它的現代化模式；三是用新時代的資料來證實香港慈善現代化的現狀。香港慈善現代化的發展範式實質上形成一種良性的慈善生態體系，包括組織理念（核心文本）、合作夥伴（跨界別）、發展要素（慈善人才與慈善資本）、創新策略（形象營銷、善用科技、優化服務），治理機制（政治管治、組織自治、社會監督）。

二、組織理念：核心文本

人的思想、理念支配着人的行為，但人的行為又常常滯後於人的新思想、新理念。對於慈善行為或活動而言，慈善理念先行於慈善實踐。香港慈善組織的理念澄明成為其現代化的重要發展模式。慈善組織的理念通過核心文本呈現出來。「國際非政府機構的核心文本，包括願景描述（Vision）、使命宣言（Mission Statement）核心價值（Core Values），都是全球統一的；經過不同國家和地區員工共享，提煉而成，能產生極高的共鳴和感召力。」[①] 香港的慈善組織也不例外，其核心文本也包含了願景描述（宗旨或抱負）、使命宣言（使命與承擔）、核心價值（信念）三個重要組成部分。

---

① 王名、李勇、黃浩明編著：《香港非營利組織》，社會科學文獻出版社，2015，第 151 頁。

　　比如「東華三院」的願景是「定將繼續堅守和發揚東華三院的慈善精神，致力為市民大眾構建更美好的社會及服務，並堅守作為全港最具公信力的慈善機構信譽。」使命是「救病拯危、安老復康、興學育才、扶幼導青」。信念是「彰顯慈善、平等與博愛；致力提升服務質素、效率與效益；成為具積極性、公信力和關顧社會所需的機構；持守昔日傑出成就，秉承信念繼往開來。」[①] 這些核心文本都是公開的，要麼在組織機構的官網上，要麼在每一年的年度機構計劃、年報等上。核心文本之所以突出這三部分，其各有側重：願景描述是組織為之奮鬥的總目標，即對被服務者、社群、社會等所帶來的改變；使命宣言是組織者的身份及職責，即對服務者提出的要求；核心價值或信念則是組織活動得以進行的內在精神立場和理念定力。「一個清晰且能夠產生共鳴的組織願景描述和使命宣言，以及與之相對應的戰略規劃，對非營利組織而言，不僅是機構整體持續成長的首要條件，也是機構資源開發和籌款成功的前提……願景描述和使命宣言是作為一個成熟的非營利組織的核心文本，在結構的各種媒介上對公眾公開的。」[②] 可以說，核心文本的清晰化與公開化，是香港慈善現代化的重要發展模式。

三、合作夥伴：跨界別

　　「跨界別」是香港慈善事業領域使用頻率較高的一個詞彙，也呈現出香港現代慈善事業的突出特色。所謂「跨界別」，指的是慈善項目或

---

①　　東華三院網站，http://www.tungwah.org.hk/

②　　王名、李勇、黃浩明編著：《香港非營利組織》，社會科學文獻出版社，2015，第 150-151 頁。

活動的開展必須要跨越服務界（非政府組織，志願組織，慈善團體、社聯等），與社會各界別（政界、商界、教育界以及社會其他界別）協力完成，在這個過程中，社會各界別組成推動社會發展的持分者並發揮各自的優勢，通過合作尋求解決社會問題的最佳方案。以香港青年協會為例，其強調「為緊貼社會脈搏及滿足青年需要，本會與夥伴的密切合作尤其重要。透過與數百家企業、教育、政府及私營組織，以及基金會、非政府組織、協會及商會建立合作關係，本會將各種青年事項帶到更廣的社會層面。」[①] 再如香港賽馬會慈善信託基金所開展的慈善項目所創建的跨界別平台（見表 1）。

表 1　香港賽馬會慈善信託基金主導慈善項目所創建的跨界別平台

服務主體	主導計劃（TIP）	大學	非政府機構	其他參與單位
青年	賽馬會鼓掌·創你程（CLAP）	2	5	教育局，社會福利署，輔導教師協會，香港社聯
長者	賽馬會齡活城市（AFC）	4	20+	社會福利署，安老事務委員會，18區區議會及辦公室
	賽馬會喜伴同行（JCA-connect）	1	6	300+ 所學校，教育局，社會福利署
長者	賽馬會安寧頌（End-of-life）	2	6	食物衛生局，社會福利署，醫院管理局，安老事務委員會
體育	賽馬會小學生習泳計劃	1	1	海洋公園，康樂及文化事務處
青年	賽馬會運算思維教育（CoolThink）	3	N/A	32 所學校，教育局，Stanford Research Institute
長者	賽馬會 e 健樂電子健康管理	1	6	社會福利署，醫院管理局，衛生署
青年	賽馬會友趣學中文	3	2	20 所幼兒園，教育局，Dalberg

[①]　香港青年協會 2017～18 年報，服務與支援部分，https://hkfyg.org.hk/wp-content/uploads/2018/10/09-HKFYG-AR-2017-18_chi_development-and-support.pdf

（續表）

服務主體	主導計劃（TIP）	大學	非政府機構	其他參與單位
長者	賽馬會樂齡同行（JC JoyAge）	1	6	醫院管理局
	賽馬會教師社工創新力量	2	12	參與之學校，社聯，教育局，社會福利署
青年	香港賽馬會獎學金	10+HKAPA+VTC	N/A	教育局
體育	小學體育活動發展楷模	2	1	35 所小學，民政事務局，教育局，康樂及文化事務處，ITC
	基層兒童成長支援	1	2	32 所幼兒園，教育局，社會福利署，衛生署，政務司
	家庭服務信息科技提升	1	12	社會福利署，家庭議會

註：2017 年 11 月 14 日～18 日，筆者參加了由深圳國際公益學院舉辦的「香港社會服務與社會工作實踐課程」，11 月 15 日下午到達香港賽馬會，由其相關負責人介紹香港賽馬會慈善信託基金的歷史發展及運行模式，這一表格正是從主題為《從慈善家角度探討都市社會議題：香港賽馬會慈善信託基金》的 PPT 中摘選。

如所示，「跨界別」發展模式具有幾個特點：（1）社會各界別都可以參與到慈善活動或項目中來；（2）慈善項目的跨界別並不是社會每個界別都要參與，也不是固定的界別必須參與，而是根據慈善項目的具體需求來確定。香港賽馬會慈善信託基金推動青年——長者——體育——藝術、文化以及保育四大範疇的工作。這四大不同的範疇，要求參與的界別也各有不同。（3）跨界別的共同目的在於促進多方協作，共同處理社會問題。即各個界別所發揮的作用都很重要，缺一不可，最終形成了一個相互作用的社會合力圈（見圖 2）。可以説，香港現代慈善事業發起於，通過對某一社會問題開展跨界別的「多元參與」，形成「良性互動」的社會合力圈，最終解決這一社會問題。

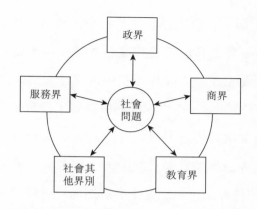

圖 1　香港慈善現代化的「跨界別」發展模式

四、發展要素：慈善人才與慈善資本

　　一般認為，現代慈善的核心是「授人以魚不如授人以漁」，「授人以魚」是傳統慈善中物質救濟的模式，而「授人以漁」則被視為從根本上解決了受助者或者社會的發展性困境。正如「傳統慈善是治標之術，即暫時地減輕苦難嚴重性，而新慈善是治本之術，以投資（能力建設投資）來解決根本問題。」[①] 這是一種方法和理念上的轉變，這種轉變需要解決兩個關鍵性要素：人和資本的可持續發展問題。

（一）專職的慈善人才：社工與義工

　　「社工」與「義工」，二者相似之處在於，第一，二者都包含事務層面和人物層面的兩層意思，「義工」即「義務工作」或「義務工

---

　　①　　鄧國勝主編：《公益慈善概論》，山東人民出版社，2015，第 208 頁。

作者」,「社工」即「社會工作」或「社會工作者」。第二,社會工作和義務工作都需要專業性的理論知識和實務技能,而實務技能更為重要。比如香港社會工作碩士課程「在學術課程與訓練之外,還要完成 900 小時的社會工作實習。」[1] 900 小時實習工作量是比較嚴苛的,其不僅是在導師的嚴格督導下完成,同時需要個人全身心的投入並秉承專業態度,才能成為專業且獨立的助人工作者。二者的不同在於:第一,「社工」是一種專業化和職業化的專門的社會服務,從業者必須申請「註冊社會工作者」專業資格,服務內容包括社會服務和社會保障;「義工」是個人出於自願,利用業餘時間從事社會服務活動,實際上就是志願服務。第二,「社工」是專職的有薪酬的,「義工」是業餘的無償的。第三,「社工」的內容和領域比「義工」更廣泛和全面。第四「社工」通過高校進行社會工作專業教育,「義工」通過機構進行義工培訓。香港目前已有社會工作專業教育的高校共有 14 所,其中有學位課程的有 8 所,[2] 有文憑課程的有 7 所,[3] 其中明愛專上學院既有學位課程,也有文憑課程。義工通過機構(非營利機構、非政府機構、志願組織、慈善團體等)來完成。比如義務工作發展局,作為非營利機構,其服務包括義工轉介、義工培訓及義工推廣,專門設有「義工培訓及拓展中心」,「為義工人士講解義工概念、服務技巧等」,[4] 推動義工隊伍的專業化,從而提高服務的質量和效率。

---

① 黃智雄主編:《香港社會工作》,中國社會出版社,2013,第 213 頁。
② 包括香港中文大學、香港城市大學、香港浸會大學、香港理工大學、香港大學、香港樹仁大學、明愛專上學院、宏恩基督教學院,參見社會工作人力需求聯合委員會《社會工作人力需求系統——2017 年報告書》,2018 年 7 月,第 69 頁。
③ 包括香港城市大學專上學院、香港專業進修學校、明愛專上學院、香港教育大學、職業訓練局香港專業教育學院、香港中文大學專業進修學院、香港理工大學香港專上學院。
④ 黃智雄主編:《香港社會工作》,中國社會出版社,2013,第 47 頁。

　　誰來培訓義工呢？由「社工」來完成。之所以是「社工」，根本原因在於香港社工的職業化。[①] 按照學歷劃分，香港社工職位包括文憑職位和學位職位。[②] 截止 2018 年 12 月 4 日，香港註冊社工學歷總人數達 23194 人，認可學士學位的有 15159 人（65.4%），認可文憑／副學士的有 7948 人（34.3%），還有其他 86 人（0.3%）。[③] 香港社工職業已有一定的規範性，[④]《社會工作者工作守則》規定了「與專業有關」的「專業責任」「職效能力」「尊重」「陳述」「獨立進行社工實務」「專業發展」「奉召當值」七個方面的內容。「社工」「擔負着對本機構義工的指導和培訓職責，而他們中很多人都有參加義務工作的經歷，這種『社工引領義工、義工協助社工』的獨特發展格局，是香港義工培訓最突出的特點和最大的優勢。」[⑤] 可以說，香港社工的專業和職業化促進了香港義工的專業化。因此，專職化的社工與專業化的義工的發展模式，不僅為香港社會服務的具體實踐提供了專業的知識儲備和技能訓練，也為香港社會服務的可持續發展提供了良好的人才接力。

[①]　按照界別劃分，僱傭社會工作人員的本地機構主要有三個類別：政府部門（包括社會福利署）；提供社工訓練課程的本地學院；以及非政府機構。按照職級劃分，各界別需要不同職級的社會工作職位包括：(a) 須具備社會工作訓練的首長級職位；(b) 首席社會工作主任；(c) 總社會工作主任；(d) 高級社會工作主任；(e) 社會工作主任；(f) 助理社會工作主任；(g) 本地學院社工訓練課程教員；(h) 總社會工作助理；(i) 高級社會工作助理；(j) 社會工作助理；(k) 其他須具備社會工作訓練的職位。參見社會工作人力需求聯合委員會《社會工作人力需求系統——2017 年報告書》，2018 年 7 月，第 38 頁。

[②]　學位職位是指須具備社會工作學位或以上學歷的職位；文憑職位是指須具備社會工作文憑／副學士或同等學歷的職位。參見社會工作人力需求聯合委員會《社會工作人力需求系統——2017 年報告書》，2018 年 7 月，第 54 頁。

[③]　參見社會工作註冊局《通訊》第 42 期，2018 年 12 月，http://www.swrb.org.hk/tc/Content.asp?Uid=162

[④]　香港社會工作註冊局批准並發布《社會工作者註冊條例》《社會工作者工作守則》《社會工作者工作守則實務指引》。

[⑤]　王名、李勇、黃浩明編著：《香港非營利組織》，社會科學文獻出版社，2015，第 51 頁。

（二）慈善資本：多元化與創收性

　　一般認為慈善資本的核心是「錢」，籌款成為慈善活動順利開展的物質性條件。現代香港慈善事業的發展促進慈善資本的範疇和來源多元化，以香港青年協會為例，其「不僅有贊助及籌款，還包括師友計劃、現金及物品捐贈、場地贊助、免費專業服務及合辦活動。」[①] 因此，慈善資本包括物質資本（資金、設備、場地、物品等）、人力資本、活動資本等。截止 2018 年 3 月，香港青年協會善資的來源（如圖 3），其中政府資助佔了一半，投資收入與活動收入成為香港青協的創收性資金。

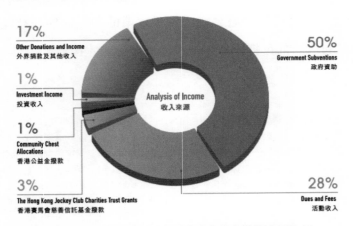

The Hong Kong Federation of Youth Groups
香港青年協會
Financial Highlights for the year ended 31 March 2018 (Consolidated)
財務摘要　截至2018年3月31日年度 (綜合)

17%
Other Donations and Income
外界捐款及其他收入

1%
Investment Income
投資收入

1%
Community Chest Allocations
香港公益金撥款

3%
The Hong Kong Jockey Club Charities Trust Grants
香港賽馬會慈善信託基金撥款

Analysis of Income
收入來源

50%
Government Subventions
政府資助

28%
Dues and Fees
活動收入

圖 2　截至 2018 年 3 月 31 日香港青年協會善資來源比例

摘自香港青年協會 2017～18 年報，附錄 1 財務摘要部分，https://hkfyg.org.hk/wp-content/uploads/2018/10/06-HKFYG-AR-2017-18_eng_appendix_1-12.pdf

---

① 香港青年協會 2017～18 年報，拓展與支持部分，https://hkfyg.org.hk/wp-content/uploads/2018/10/09-HKFYG-AR-2017-18_chi_development-and-support.pdf

　　另外,「高效成功的非營利組織是以多元的資源基礎和創業家的視角為其資源開發的目標。」[1](見圖 3)從創業家的視角來看待慈善資本的籌備,必須考慮其可持續性發展的需求,對於慈善人才以及服務而言,社工與義工的服務能力與專業水平也要考慮其中;對於慈善資金而言,除了被動接受撥款、資助之外,還可以通過機構自身實體創收來實現慈善項目的可持續發展。因此,慈善資本的創收性,是慈善機構自力更生的表現,也是慈善事業可持續發展的關鍵要素。[2]

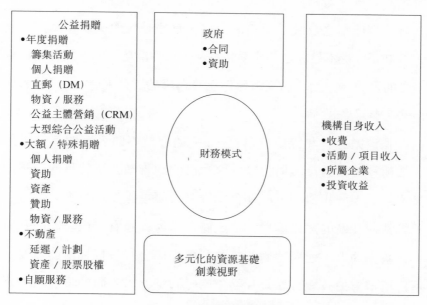

圖 3　非營利組織的資源

資料來源:參見王名、李勇、黃浩明編著:《香港非營利組織》,社會科學文獻出版社,2015 年版,第 141 頁。

---

[1]　王名、李勇、黃浩明編著:《香港非營利組織》,社會科學文獻出版社,2015,第 141 頁。
[2]　王名、李勇、黃浩明編著:《香港非營利組織》,社會科學文獻出版社,2015,第 141 頁。

五、創新策略：形象營銷、善用科技、優化服務

（一）形象營銷

慈善的形象營銷是現代慈善市場化的一種體現，最早開始於企業的慈善營銷，企業通過參與慈善、發起慈善傳播，樹立良好的社會形象，贏得社會公眾的好感，從而使消費者對企業達成正面的認知和認同。現在看來，「並非企業參與公益、發起公益傳播才叫公益營銷。採用營銷的思維、策略與方法做公益，發起公益傳播，實現每個參與方的共贏，都能稱之為公益營銷，所以，具體是哪類主體作為主要發起方並不重要，也不是界定的主要依據。」[1] 香港慈善的形象營銷採取豐富多彩的形式，包括不同團體製作慈善宣傳品（慈善產品），慈善攤位和街站，慈善廣告等。

以香港樂施會和宣明會為例，「通過邀請不同名人明星（形象正面、積極和健康的）參與拍攝宣傳片已達到告知公眾的目的。宣傳片的整體設計十分相似，一般都會安排名人明星探訪項目點，讓他們親身體驗當地社區的困難處境，甚至讓他們與社區有一段時間的共處生活，採訪受助人；通過他們的經驗和感受向公眾呈現社區的需要，以及項目所帶來的改變。在短片結束時呼籲觀眾以不同的渠道和方式向機構捐款，並具體展現不同數額的捐款能夠帶給社區特別是婦女兒童生活的改善。」[2] 這種邀請名人明星進行慈善宣傳的方式無疑對於慈善

① 諸在飛：《公益營銷不是拿公益做營銷，而是最終走向商業向善》，公益慈善學園網，2018 年 12 月 20 日，http://www.sohu.com/a/283373094_669645

② 王名、李勇、黃浩明編著：《香港非營利組織》，社會科學文獻出版社，2015，第 153 頁。

界和名人無疑是共贏的。對於慈善組織而言，名人明星的慈善宣傳更容易讓公眾相信和認同慈善項目或活動，進而擴大慈善項目或活動的影響力，形成慈善品牌（慈善組織的品牌、慈善項目的品牌）。對於名人明星而言，參與慈善宣傳和推廣，可以進一步提高其公眾形象，從而提升社會知名度和影響力。而且，香港慈善的形象營銷也是慈善傳播的長期發展機制，對於打造一個良好服務形象與傳播交流平台具有十分重要的作用，比如結合新媒體與組織文化做一些社會服務行業的文化倡導與平台設計。因此，慈善形象營銷的目的不僅在於提高慈善的參與度、捐款額、知名度與品牌效果，更多的是通過慈善理念和戰略促使公眾增強社會責任感，提升解決社會問題的能力。

（二）善用科技

善用科技是現代慈善科學化與信息化的表現。信息科技在香港現代慈善事業中發揮着重要作用。以香港長者安居協會為例，其宗旨是「致力於透過科技應用，以人為本的服務和創新的手法，提升長者的社區生活素質。」[1] 長者安居協會作為善用智能科技的典型代表，其形成了一整套的優質服務——「一線通平安鐘」服務[2]：包括「室內平安鐘」

---

[1] 香港長者安居協會官網，https://www.schsa.org.hk/tc/introduction/aim/index.html

[2] 2019 年 2 月 12 日，「一線通平安鐘 TM」服務品牌及啟用新標誌：長者安居協會（本會）成立 23 年來，除了為人所認同及熟悉的平安鐘服務和管家服務外，多年來，本會亦積極建構跨界別的小區參與活動，當中包括義工計劃及「生命．歷情」。為了加強社會各界對本會服務的認知，由今年起，協會將以「一線通平安鐘 TM」作為所有服務品牌及啟用新標誌，令形象更鮮明易記。「一線通平安鐘」長者安居協會網站，http://schsa.org.hk/sc/news/index_id_6206.html

家居服務 ①、戶外「智平安 ® APP」「平安手機 ®」及「隨身寶 ®」個人服務 ②，「到戶式」管家家居服務 ③，「生命‧歷情」體驗館 ④，「愛‧留聲」心聲輯錄服務 ⑤ 等。這種「一線通平安鐘」服務融入科技的表現為：運用網絡技術搭建 24 小時服務熱線中心；運用最新的通信技術製作服務產品，比如「一線通平安鐘」已經成為服務品牌；藉助科技定製個性化的服務模式、服務體驗與服務產品。這些對科技的利用也使得長者安居協會成為全港最大、最及時、最有效、最優質的長者緊急救援服務體系。

再以香港青年協會為例，它是香港最具規模的非牟利青年服務機構。其透過善用資訊科技，促進服務持續創新，以配合不斷變化的社會與青年的需要，是機構持續發展的重要策略。主要表現在：（1）運

---

① 「室內平安鐘」能給予使用者及其家人多一份安心，服務用戶只需按動主機按鈕（平安掣 ®）或遙控掣，即可直撥服務熱線中心，由有經驗的服務員提供緊急支持及非緊急服務。參見 https://www.schsa.org.hk/tc/services/safe_services/index.html

② 經常外出又能操作智能手機的人士可選擇使用「智平安 ®」。經常外出又習慣使用傳統功能型手機的人士可選擇使用「平安手機 ®」。主機具備基本流動電話功能，用戶可聯繫親友，或于需要時推動機背附設「平安掣 ®」，即可直撥服務熱線中心。「隨身寶 ®」專為對操作機件有困難／障礙的人士而設，特設「一掣式」操作，讓使用者使在危急的情況下只需按動機件上唯一的按鈕，即可直撥服務熱線中心。

③ 「一線通平安鐘™」管家服務為全港各區提供一站式的優質家居服務，服務範疇包括：起居照顧（保健員）、起居照顧（起居照顧員）、護送陪診、家居物理治療、保健推拿、家務清潔。

④ 「生命‧歷情」體驗館是全亞洲首個利用嶄新手法讓年輕一代從新角度學習及了解年老。利用社會創新、體驗式學習和交互式設計，配合多媒體遊戲、視覺及影音效果，帶動參加者在 60 分鐘內經歷模擬人生，於體驗過程的衝擊下，重新思索何謂「年青」、何謂「年老」。體驗結束後，將由具有社工資歷或教育工作背景的生命教育員進行活動後解說，加深參加者對珍惜時間、珍惜身邊人的領悟，從中改變看「年老」的角度，減少對長者的負面標籤。

⑤ 《愛‧留聲》心聲輯錄服務是協會於 2013 年 9 月成立的創新服務，我們希望鼓勵長者或其家人把握時間，在錄音室內將心底話說出，無論是愛惜、感謝、思念、鼓勵，甚至道歉的說話，──輯錄於特別的儲存器內，並包裝為珍貴的小禮物送給對方，以作永久珍藏。

用資訊科技創建網絡服務平台，比如 M21[①] 媒體服務已經成為協會的核心服務。M21 媒體服務是以「完全青年」（德、智、體、群、美）為理念，提供一個集學習、實踐和互動於一身的多媒體創造平台。這個服務平台以善用科技為手段，以培育青年自學與創新能力，掌握資訊、媒體與科技的技能為目的。（2）運用科技提供創新、靈活具彈性的服務，比如製作互動遊戲、教材、電子評估量表，配合移動裝置，為有需要的青年進行教育及早期辨識評估等。（3）通過自尋科技加強與青年的聯繫。服務單位通過網頁、臉書（Facebook）專頁和手機程式等與青年聯繫，依靠網絡的廣泛性及便利，轉以線上互動與地上聯結，跨越虛擬與現實的界限，接觸活躍於網絡的青年，提供更多的渠道讓青年參與進來。（4）通過科技優化機構內部電腦系統以配合服務發展，系統提供大量服務使用數據，協助量度和分析服務成效，並應用於青年需要的預測，為青年發展研究提供可靠的數據基礎。香港青年協會結合青年善用科技這一特色，將科技融入於青年服務之中，從而促進青年服務平台、服務內容、服務形式、服務測評等方面的創新。

（三）優化服務

香港慈善事業在注重服務數量和服務效率的基礎上，更加注重優化服務素質。優化服務質素的實踐標準是「以人為本」，包括以下幾方面：

---

① M21 是一個多媒體網絡（M21.hk），同時也是一所製作中心，為青年提供發揮創意的三大元素——「培育」「實踐」和「廣播」。參見香港青年協會 2017～2018 年報，核心服務部分，https://hkfyg.org.hk/wp-content/uploads/2018/10/08-HKFYG-AR-2017-18_chi_core-services-min.pdf

1. 滿足人的發展需求

以香港復康會為例，在交通服務上，「康復巴士」為行動不便的殘疾人士提供無障礙運輸服務，協助他們往返工作、學習、培訓、醫療、社交及康樂活動地點，擴大日常生活範圍；「易達轎車」是全港首間提供無障礙預約出租轎車服務的企業，共有 20 部專為輪椅使用者設計的無障礙七座位車輛，為輪椅使用者及陪同者提供了個人化及便利的接載服務。這都是以受助者的需求為導向所形成的個性化的服務。再如香港青年協會的使命就是「青協，有您需要」，表達了願意成為青年的朋友、夥伴和導師的理念，為青年提供所需服務。香港青年協會以靈活的方式回應青年的不同需求，比如回應學校及青年對「生涯規劃」的需求，退出了多個就業、創業項目，像「職場實踐」計劃、「青年職場訓練計劃」「想·創·未來」成長規劃服務等。

2. 重視人的參與體驗

以香港青年會為例，其不僅切合青年的需求，而且能提供良好的服務體驗。比如全面推行「用戶導向設計」模式的優化服務，考慮用戶不同方面的體驗，從青年需求與社會趨勢方面進行深入洞察，探討用戶與環境、服務之間的互動關係，並把專業知識、技能與資訊科技結合，應用到服務規劃當中，優化用戶體驗，提升青年的參與度，加強他們對機構的歸屬感和認同感，對凝聚青年，深化青年之間聯繫產生正面的影響。再如長者安居協會的「生命·歷情」體驗館，專門針對學生、企業機構、社團單位群體進行體驗、傳播和拓展，受眾極廣、社會影響力大。以靈活、生動、真實、有趣的活動，讓青年人懂得珍惜時間、正視衰老、善待長者、尊重生命，促進了建構長者友善與隔代共融的社區居家養老模式典範。再如香港國際十字路會的「難民體

驗營」，通過模擬戰爭中的難民，體驗戰爭與貧困所帶來的深度恐懼，從而引發參與者對世界各地難民的情感共鳴與服務關愛。

3. 提升人的自主能力

香港的慈善服務對受助群體給予足夠的尊重和肯定，基於「挖掘受助群體的優勢和強項」這一假設，即無論受助群體面臨多大的困難，他／她首先是一個有用的人，會有屬於自己的閃光點，而服務機構的作用則是幫助受助群體更好地融入生活、發揮自己的優勢。比如香港復康會的「照顧者互助支援平台計劃」由自助組織康復互助會完成，通過長期病患者照顧者組成的義工隊，提供同路人互助支援服務，增強照顧病患者的能力，從而將個人參與提升到集體參與的層次，是自助與互助的成功典範。

五、治理體系：政府規制、組織自治、社會監督

香港現代慈善事業的治理體系是以「政府管制、組織自治、社會監督」三位一體的社會各界「共治」模式。

（一）政府規制

目前，香港特區政府在慈善服務中所發揮的作用是有爭議的，有三種典型觀點：一是「政府主導」論，「特區政府不直接參與社會工作服務，但由『政府主導』能時刻把握社會工作服務的方向和質量。」[①]

---

① 黃智雄主編：《香港社會工作》，中國社會出版社，2013，第 38 頁。

這種主導作用表現為特區政府的慈善撥款以及項目的評估量化等。二是「政府不干預」論，這種觀點認為香港慈善受到市場化或新自由主義的影響，比如政府購買服務，使得慈善機構以投標方式來爭取政府的撥款，造成慈善機構之間的相互競爭，所以政府是慈善服務最大且唯一的「買家」。另外，這種觀點也受到香港經濟模式的深刻影響，認為香港的經濟模式「積極不干預」也體現在慈善的發展模式上。三是「政府支配」論，這種觀點反駁政府不干預的觀點，認為政府撥款的多少不僅限於經濟方面，更有政治方面的考量，並不是完全根據市場需求，而是「合符政府的旨趣」。「由以往政府未建立它的社會福利服務系統到後來整個系統逐步成形，政府逐漸發展出一種管理意識，把各種與提供社會服務相關事宜，納入她的行政工作範圍之內，並套用了政府的行政管理邏輯與各種事項之上。」[1] 這種觀點也可稱為「福利社會範式」，[2] 從慈善撥款到社會福利政策的制定，「政府更多從施政需要來考慮社會福利」，[3]「政府本身的內部運作邏輯把她的角色推向『支配者』的位置」，「不難發現，與其說彼此的關係是由政府資助轉變為市場運作，不如說是政府愈來愈自覺要支配社福界，如何為她向市民提供服務。」[4] 這種政府支配論認為慈善組織作為政府的夥伴關係已經轉變為政府的「夥計」。實際上，香港特區政府對慈善事業的治理介於主導和支配之間——規制。「主導」和「支配」過於突出香港特區政府在慈善服務中的「主角」地位，「不干預」則並沒有完全表達香港特區政

① 呂大樂：《凝聚力量——香港非政府機構發展軌跡》，香港三聯書店，2010，第 203 頁。
② 王名、李勇、黃浩明編著：《香港非營利組織》，社會科學文獻出版社，2015，第 19 頁。
③ 王名、李勇、黃浩明編著：《香港非營利組織》，社會科學文獻出版社，2015，第 20 頁。
④ 呂大樂：《凝聚力量——香港非政府機構發展軌跡》，香港三聯書店，2010，第 202、204 頁。

府在慈善事業上的主動性和積極性。而「規制」則強調政府的規範化與制度化的管理特色。

香港特區政府對現代慈善事業的規制表現為：（1）政府對撥款的控制。以社會福利署為代表，傳統的撥款方式包括標準成本系統、改良成本系統、酌情整筆撥款。1991年改為「津貼計劃」和「賣位計劃」，形成政府購買服務的撥款制度。「從以前的資源投入控制為主轉向輸出控制為主，明確雙方的契約關係。」[①]（2）政府頒佈組織和活動的規範化管理文件。特區政府社會福利署出台《領導你的非政府機構——機構管制——非政府機構董事會參考指引》《慈善籌款活動內部財物監管指引說明》《防貪錦囊》《受資助非政府機構的人事管理》等文件，目的在於促進機構的規範化管理。（3）政府對資助項目的監管和審查制度。社會福利署規定，凡是政府資助的項目，都應在撥款要求中載明監管與回應的條文，監管與回應的方式有定期約見，提交書面進度報告、資助管理人審查等，也鼓勵組織進行內審自查。（4）政府對資助服務的考核評估量化標準。政府制定了16項服務素質標準及基本服務規定的執行，如頒佈《服務質素標準及準則》和標準化的《津貼與服務協議》，對確定承擔服務工作和接受財政資助的機構，進行年度考核、審計、評估及日常工作的指導。（5）政府制定和修改社會福利政策。特區政府為推動服務的多元化與專業化，分別發表了《青少年個人輔導社會工作之發展綠皮書》《老人服務綠皮書》《群策群力協助弱能人士更生白皮書》等，對各個服務領域提出具體工作目標和方針等。

---

① 王名、李勇、黃浩明編著：《香港非營利組織》，社會科學文獻出版社，2015，第20頁。

（二）組織自治

香港慈善組織的自治包括行業治理與內部治理。其中行業治理主要通過慈善團體聯合會的形式進行。比如香港社會服務聯會、香港工聯會、香港義工聯盟、香港基督教播道會聯會，香港浸信會聯會、香港佛教聯合會等均對會員機構有具體的要求和規定，成為慈善組織的行業自律守則。以香港社聯為例，《香港社會服務聯會章程》規定了機構會員的義務是在其財政年度終結後提交年報和核數報告，或經核證的周年收支賬目，否則將暫時中止或終止會籍。可以説香港社會服務聯會作為社會服務的行業聯盟，具有服務發展、政策研究與倡議、業界發展、公眾參與及夥伴協作、國際和區域聯繫及交流的功能，對社會服務領域具有孵化、協調、聯動與整合的作用。

香港慈善組織的內部治理主要包括財務管理（錢）、人力資源管理及行政管理（人）、服務的內部審查（服務流）、物業管理（不動產）等方面。（1）財務管理，主要是定時將整體的財務狀況呈交理事會以及核數委員會審議，也要按照各個撥款機構，提交財務報告。年度報告要呈現出整體的收支情況與各項具體的開支數據，以此來檢視各業務、服務和組織的財政狀況，辨識可開拓的收入來源和可節省的資源，以配合組織制定未來的財政規劃。（2）人力資源管理與行政管理，主要包括人事管理（聘任、薪酬、職位、職員培訓及溝通等）、客戶關係管理（會員登記制度）、服務資源管理（服務者開放資訊管理）等。香港東華三院強調人事管理方面，包括人事管理規例（最新條例加入了企業人事管理政策與公務員良好守則），聘任制度（職業退休計劃，長期合約員工轉任為長期聘任），薪酬制度（同職級的薪酬架構及薪酬安

排，社會企業員工職系薪酬架構）等。① 香港青年協會除了強調人事管理，也強調客戶關係管理與服務資源管理，這些開放的和快捷的服務數據系統，能夠改善服務流程及提升服務體驗，提高系統的效率和穩定性。另外，香港青年協會成立了可持續發展部，以「綠色發展」為目標，包括三大發展方向，即加強機構的環保管治、改善同工的環保行為 z 教育綠色青年。STEER 管理策略，即：激勵同工積極參與（Staff）、訂立明確表現指標（Target），提供青年和社區環保教育（Education），進行可持續發展評估（Evaluation），積極研究社會可持續發展的需要（Research）②。（3）服務系統的內部審查。香港青年協會內部的監察與管理，主要檢視各項工作程序的執行情況；檢視資源運用的成本效益，讓資源得以更有效地運用；同時着力管理風險，使服務得以順利落實。這一任務通過獨立的審計部，向總幹事、核數委員會及理事會彙報，並對各項合規審查制訂檢視周期，單位實地審查以 10 年為一個周期，不同範疇之審查則視項目情況，並以 5～10 年為審查周期，而電腦系統的登入賬戶則每 5 年按服務進行兩次檢查。③（4）物業管理，以香港的東華三院為例，其設立物業科，負責為東華三院的醫療衛生、教育、社會服務單位以及出租物業進行各項發展，建築、維修、更新工程，提供專業支援，並確保東華三院項目支出符合預算，依時竣工及達至高水平。④

---

① 參見香港東華三院官網，刊物—年報—丁酉年年報 2017/2018，人力資源部分，http://www.tungwah.org.hk/wp-content/uploads/2018/03/annual_report/16_HR.pdf
② 香港青年協會：《2017-18 年度機構計劃》，行政管理與人力資源部分。
③ 香港青年協會：《2017-18 年度機構計劃》，行政管理與人力資源部分。
④ 參見香港東華三院官網，刊物—年報—丁酉年年報 2017/2018，物業發展與管理部分，http://www.tungwah.org.hk/wp-content/uploads/2018/03/annual_report/18_Property_Development_and_Management.pdf

（三）社會監督

　　香港慈善治理的社會監督建立在政府規制與組織自治公開化和透明化的基礎之上。政府規制以香港社會福利署官網為例，網絡公開的資料包括：社會福利署開支年度預算及其審核回應，社會福利署年報與各種出版物（社會工作人力需求系統報告書、社會福利服務統計數字一覽），社會保障的各項計劃以及社會服務的各項內容。除此之外，香港社會福利署還公開了非政府組織的相關資料，包括津貼、非政府機構周年財務報告及最高三層職員薪酬檢討報告，優化整筆撥款津助制度檢討小組、服務表現監察、優良管理、精算服務，監管慈善籌款活動、社會福利界的資訊科技發展等。這些信息的公開和透明，一方面是對社會福利署所提供的公共服務的檢視，社會各界人員都可以對社會福利署的計劃、撥款以及評估等有清晰的認識和合理的評價，從而更有利於倡導性社會福利政策的發展。另一方面社會福利署對非政府組織的資料公開，體現了政府對非政府機構的規制，同時調動着社會各界人員監督非政府機構的財務、職位等狀況，尤其是捐款者能夠明晰非政府組織的善款去向與職員薪酬的合理性等。

　　組織自治的公開化和透明化，主要體現在年度計劃與年刊或年報上。年報以官網或印刷資料的形式向公眾公開，其中詳細介紹了組織當年的具體服務數據、項目或計劃執行情況、獲獎情況、機構管制及管理、各項服務的具體內容、財務數據公開、人力資源管理、資訊科技等內容，「年報的作用在於使捐資人以及服務使用者等相關認識清晰了解機構的運營情況，尤其是捐資人普遍關心的捐款去向問題。」[1] 可

---

① 　閆晶：《港澳台地區慈善事業概覽》，中國社會出版社，2014，第 35 頁。

以説，正是由於政府規制與組織自治的公開化與透明化，香港社會監督的力量就顯得更為重大。社會各界人士包括香港媒體構成了社會監督的核心力量與重要平台。

六、結語　對中國特色現代慈善事業的啟示

香港現代慈善事業的發展範式，形成了良性的慈善生態體系，其不僅呈現了香港慈善現代化的發展水平，也能促進香港現代慈善事業的進一步發展。對於中國特色現代慈善事業而言，具有幾點啟示。

（一）形成核心理念，引導組織規範發展

現代慈善是組織化的慈善，慈善組織的願景、使命與信念是慈善組織的精神內核，成為催生慈善活動的內發機制，同時成為慈善活動持續發展的內在蓄力。中國慈善事業快速發展，越來越多的慈善組織成立並註冊，這就要求慈善組織規範化發展，確立組織的願景、使命與價值理念必須先行。結合中國傳統人文理念與現代社會主義核心價值觀，形成現代中國特色慈善組織的核心價值和理念。

（二）促進社會各界合作，形成慈善共同體

現代慈善是一種「大慈善」，其強調「跨界別」的合作參與，「大慈善」不僅僅是慈善內容的擴大，更指向界別的跨越。可以説，中國慈善現代化就是需要社會各界力量的參與，通過資源的聯合、共享與互助，提高慈善服務的效率與質量，最終形成慈善共同體。

（三）開展慈善專業教育，培育專職慈善人才

中國內地開展慈善專業教育可以借鑒香港慈善人才的培育模式，香港社工教育與義工培訓是以實踐為導向，其教育本身也需要跨界別的合作，高校與慈善組織合作，可以增加實習工作的機會，同時為學生提供就業機會；商界、慈善組織、政府與高校合作，有利於慈善項目的理論研究與實踐拓展。實際上，慈善的專業教育可以拓展到理論層面，以交叉學科形式或者以慈善的核心理論為專業來開展。可以說，慈善的學術研究與專業教育是相互促進的。以中國深圳國際公益學院為例，其對慈善領域的實踐者和理論者進行專業培訓，帶領慈善人才進行慈善的項目開展與學術研究。這可以成為高校慈善專業教育開展並借鑒的模式。

（四）多元渠道籌款，組織實體創收

多元化與創收性的慈善資本是慈善事業可持續發展的重要影響要素。香港特區政府對香港慈善項目的大額津貼資助，中國內地各地區政府不需要完全照搬，這是因為新時代中國特色社會主義的政治模式，決定了政府對社會問題的關注和解決的主動性較高，就如近幾年實施「精準扶貧」的政策，證實了中國政府對貧困問題解決的積極性與可靠性。另外，內地慈善組織的數量和規模也決定了中國政府很難實施如此巨大數額的社會福利津貼制度。中國內地慈善事業也有自身的優勢，即結合人口優勢，利用網絡資源，形成全民參與捐贈的模式。另外，中國慈善事業也對組織進行規範化和制度化的管理，形成可持續發展的創收資本。《中華人民共和國慈善法》《慈善組織信息公開辦

法》的頒佈代表中國慈善現代化又推進了一步。

（五）融入「商業思維」「科技方法」「人文精神」的創新策略，構建現代慈善的可持續發展模式

香港將「商業思維」「科技方法」與「人文精神」融入現代慈善之中，形成慈善的形象營銷、善用科技、優化服務的創新策略，從而提高慈善服務的質量和效率。中國特色現代慈善事業發展，需要借鑒香港慈善創新策略，促進慈善的市場化、科技化與人本化的發展趨勢。實際上，中國現代慈善事業也要促進慈善的全球化發展。比如「一帶一路」倡議也蘊含着慈善的國際化趨勢，「在共同打造區域經濟合作框架、共建利益共同體的同時，大力倡導和支持公益慈善，用公益慈善的力量帶動社會建設，共同營造『一帶一路，美好家園』的社會共同體。」[1]

（六）加強政府扶持、自身建設與社會監督，構建慈善的社會共治模式

對於中國現代慈善事業而言，加大政府扶持力度，可以從輿論環境、法制環境、服務環境三個方面，為中國慈善事業的發展營造良好的環境。加強自身建設，可以從行業自律與組織自我管理兩個方面進行，提供中國慈善組織的公信力。強化社會監督力度，可以通過政府管制與組織自治的信息公開化與透明化，加強慈善資源的整合與審查，最終形成系統的社會監督機制。

---

[1]　王名：《「一帶一路」公益同行的戰略構想》，《人民政協報》2017 年 3 月 14 日，第 22 版，http://epaper.rmzxb.com.cn/detail.aspx?id=400447

The Development Paradigm of Hong Kong Charity Modernization in the New Era and Its Enlightenment

Liu Haijuan

Abstract: Western modern philanthropy and Chinese traditional charity are blended in Hong Kong, forming a transformation process of Hong Kong charity modernization. This reveals the influencing factors and process deduction of charity modernization in Hong Kong. The development paradigm of charity modernization in Hong Kong has formed a benign charitable ecosystem as a result, including: organizational philosophy (core text), partners (cross-border), development factors (charitable talent and charitable capital), Innovation strategy (image marketing, use of technology, optimizing services), governance mechanisms (political regulation, organizational autonomy, social supervision). Its enlightenment to modern charity with Chinese characteristics are as follows: forming a core concept and guiding organization and standard development, promoting cross-border cooperation and forming a charitable community, conducting charity professional education and cultivating full-time philanthropic talents, multi-channel fundraising, organizing entities to generate income, integrating innovative strategies of "business thinking" , "technical methods" and "humanistic spirit" to build a sustainable development model for modern charity.

Key words: Charity Modernization; Cross-border; Use of Technology; Charity Community; Social Co-governance

香港本土意識演進與重構的多重敍述：
一個文獻綜述 *

劉華雲　耿旭 **

摘　要：本土意識是理解近年香港系列社會運動和港人身份認同的關鍵詞。從時間與內容上它可劃分為新、舊本土意識與極端本土意識。中國內地與香港學者因歷史、文化差異對香港本土意識有多重解讀。內地學者多基於回歸敍述，將本土意識視為港英政府培育的產物，應着重去殖民化；部分香港學者從經濟話語出發，將經濟興衰作為本土意識興起的根源；另有部分香港學者從後物質與後殖民視角解讀，認為新本土意識是對舊本土意識的批判，是全球化背景下港人基於本土文化與社群重述香港精神。上述三種解釋各有側重，尚存進一步探討的空間。香港本土意識是複雜的文化議題，面對極端本土意識引發

---

*　　本文是 2014 年國家社會科學基金重大項目「香港社會思潮分析與有效引導的對策研究」（項目號 14ZDA058）；2016 年廣東省社科規劃青年項目「香港『本土主義』社會思潮跟踪分析和有效引導對策研究」（項目號 GD16YMK01）階段性研究成果。

**　劉華雲，深圳大學社會科學學院助理教授，博士，主要研究方向為政府改革與治理；耿旭，深圳大學管理學院助理教授，博士，通訊作者，主要研究方向為政府改革治理與政策。

的負面效果，有賴於「一國兩制」命運共同體下本土意識的引導與國家認同的重構。

關鍵詞：香港本土意識　後殖民主義　自我‑他者　國家認同

香港回歸已有二十餘年，隨着「一國兩制」的踐行，中國內地與香港的合作、互融日益頻密。然而，最近十幾年香港公共與政治生活中卻頻頻出現「本土」「本土主義」「本土意識」等詞彙，並由此延伸出「本土運動」「本土派」等現象。特別是新近形成的極端本土主義，將「本土意識」與「香港獨立」「香港自決」「回歸英國」「港中區隔」等相連，其深藏的邏輯是將本土意識與國家認同置於對立與衝突的二元思維之下。對香港本土意識的理解不僅關係着如何解讀香港的系列社會運動，也關係着如何理解港人的身份認同。許多學者對此進行了分析，但由於對香港歷史、文化與政治的認知差異，形成了有關香港本土意識的多重敍述。基於此，本文從現有文獻出發，以本土意識的產生、演進和重構為主線，客觀分析和評價兩地學界不同的理論觀點。本文分為三部分，首先是香港舊本土意識演進的多重解讀，其次是香港新本土意識的多重話語，最後在新舊本土意識分析基礎上，面對極端本土意識的興起，歸納學者提出的對香港本土意識的重構認同之法。

一、香港舊本土意識演進的多重解讀

學者們普遍認為舊本土意識形成於 20 世紀 60 年代，興盛於 70 年代，80 年代初步形成香港文化或者香港人的認同。本土意識首先產生

於土生土長的第一代香港人（戰後一代），與其父輩相比，他們並無在祖國成長的經歷，缺乏父輩們對香港「借來的地方、借來的時間」的時空錯置感。但是，當時香港人的本土意識並不意味着拒絕國家認同，相反，本土意識、反殖情緒與國家認同是交織在一起的。這種複雜的情感歸結為他們在文化與血緣上對中國的認同，這既來源於父輩們的家庭教育，也來自於傳統中國的書院教育。文化上的國家認同與國家想像，激勵青年人參與到反對殖民主義的社會運動中，如七十年代的「爭取中文成為法定語文運動」和「保釣運動」，反映了香港人將中國文化、愛國主義和反殖意識融入到香港本土意識之中。[①] 然而，這種情感存在着張力，易在外界環境影響下將本土意識、反殖情緒、國家認同的關係發生轉換，如西方對社會主義中國的敵視宣傳，特別是 1967年後英國政府的柔性管治方式。隨着八十年代香港經濟騰飛與「香港文化」的普及，香港人的本土意識或「香港人」身份開始逐漸形成。然而，歷史的簡單敍述是粗略的，由於內地與香港兩地學者對殖民歷史的不同認識，導致對香港舊本土意識的產生原因與內涵界定有着多重解讀。

（一）內地學者對舊本土意識的後殖民解讀

長期以來，內地官方、民間、學界對於香港歷史一直採取的是殖民－回歸敍述。此種敍述中，香港人的本土意識與反殖情緒、國家認同有着邏輯的一致性，後期出現的邏輯衝突源於英國政府的文化殖民

---

① 羅永生：《冷戰中的解殖：香港「爭取中文成為法定語文運動」評析》，《香港：思想香港》2015 年第 6 期。

策略，篡改了香港本土意識的內涵與價值。港人受到長期的殖民教育和西方輿論引導，基於社群、關懷本土的港人本土意識逐漸成為港英政府培育出來的殖民美化產物。內地學者認為，港英政府僅從文化層面培育香港人的身份認同，迴避了極為敏感的政治認同主題，為以後的港人國家認同製造障礙。[①] 所謂的「香港人」身份，是殖民者蓄意塑造的虛擬文化主體或族群。這種文化本土意識由於其殖民屬性，以及其來源構成的混雜性（中國傳統文化、西方文化、嶺南文化和商業文化），使得「香港人」身份缺乏獨立的自我認知，呈現出無根性與游離性。從後殖民主義敍述來看，港英政府迴避政治和柔性管治培育的獨立文化主體意識所蘊含的是「自我」與「他者」的對立，是將原本香港與英國的「自我－他者」關係轉化為香港與內地的「自我－他者」。一方面是西方生活方式、價值觀念、話語體系的注入，一方面是對中國的篡改與敵視。[②] 香港的「自我」成為脫離中國傳統文化形成的主體身份，代表了西方價值觀念中的文明，「他者」則是貧窮、落後、野蠻的大陸。

內地學者的後殖民敍述認為港英政府是本土意識形成與發展的幕後推手，本土意識不僅轉換了香港人的愛國之心與民族情結，也將反殖情緒轉換為對殖民者的認同，為香港的人心回歸設置障礙。因此，理解香港本土意識的關鍵在於如何擺脫殖民影響，重建國家認同下的本土意識。但是，內地學者的後殖民主義論述存在某些不足，它將「香港人」身份與本土意識視為被動、消極的雜糅對象，而未能正視港人

---

① 黃月細：《「香港意識」的形成、流變與展望》，《深圳大學學報》（人文社會科學版）2014年第 4 期。

② 楊晗旭：《香港本土意識中的後殖民主義》，《港澳研究》2014 年第 3 期。

在本土文化與意識上的主體參與。雖然香港的文化自我與本土意識形成是港英政府助長的地方性文化和意識，但畢竟港人也參與到文化主體的建構過程當中。缺乏對港人如何參與本土意識構建的研究，就不能理解 1980 年代香港民眾對內地移民的歧視心理和行為，無法解釋港人在九七回歸前的文化與身份焦慮。

（二）香港學者對舊本土意識的文化解讀

面臨九七回歸，香港文化學者首先開始了本土文化或文化認同的研究。[①] 多數學者將香港本土意識歸結為一種文化身份認同，認為香港回歸後，不僅面臨中華人民共和國對香港主權的恢復，更是一種文化、身份、認同的轉型。港人認為香港本土文化是一種「夾縫中的文化」，既異於殖民宗主國，也異於大陸文化。周蕾認為「香港最獨特的，正是一種處於夾縫的特性，以及對不純粹或對根源本身不純粹性質的一種自覺⋯⋯這個後殖民的城市知道自己是個雜種和孤兒」。[②] 這種表達反映了港人在回歸前的身份和文化困惑，「香港人」意味着什麼？回歸後香港的本土文化是否存在消失的危機？這種焦慮突顯了香港舊本土意識的相關難題：香港本土意識由誰建構？有何內容？對此，多數香港學者認為殖民－回歸敍事過於簡單，轉從文化政治中尋找香港本土意識。

香港學者認為本土意識實質上是民眾與政府在當時政治、經濟、

---

① 　黎熙元：《全球性、民族性與本土性——香港學術界的後殖民批評與香港人文化認同的再建構》，《社會學研究》2005 年第 4 期。

② 　周蕾：《寫在家國以外》，香港牛津大學出版社，1995，第 94 頁。

文化環境下共同建構的結果。這種文化建構並不是有意識的產物，而是香港民間、政府不自覺地構建出一套本土文化，是由「普及文化催生的一種集體方式生活的自豪感和排斥他者的保守觀點」。[①] 一方面，它拒絕內地學者的看法——認為港英政府培育出反內地的香港本土意識；另一方面，它拒絕香港民眾對港英政府的美好幻想——將香港人所取得的經濟、文化成就歸結為港英政府的作為。香港學者認為港英政府絕不是本土意識與文化的根本動力；本土意識來源於香港人對建立美好家園的共同努力；是香港民間與港英政府的社會抗爭產物，不是殖民宗主國的恩賜。

但是，部分學者的分析卻將這種社會運動簡單化，並將香港本土意識理解為一種經濟上的追求，反殖運動背後的複雜訴求被簡化為單一的經濟動機。此種見解在劉兆佳的著作中得到彰顯，即將香港精神或香港本土意識歸結為一種功利家庭主義，經濟成功背後的拚搏精神是香港文化本土的根本。[②] 對於香港人的理性經濟動物解讀，「獅子山精神」是最具代表性的敘述，它反映了香港人風雨同舟建設美好香港的故事，它也成為近年香港本土主義運動的精神號召。與此不同的是，香港學者羅永生、谷淑美等人認為從經濟理性動物理解香港精神或本土意識，是一種物化與歪曲理解，是對本土意識複雜內涵的簡化解釋。

---

① 呂大樂：《自成一體的香港社會》，載吳俊雄、張志偉編：《閱讀香港普及文化：1970－2000》，香港牛津大學出版社，2002，第 663－670 頁。

② Lau Siu-kai, *Society and Politics in Hong Kong*, Hong Kong: The Chinese University Press, 1982.

（三）香港學者對舊本土意識的後殖民解讀

　　類似內地學者的解讀視角，部分香港學者亦從後殖民主義看待本土意識。但區別於內地學者將本土意識歸咎為港英政府的培育，他們接納了文化政治的觀點，認為本土意識是香港民間與政府共同建構的產物。一方面，本土意識的產生源於香港本土青年一代對建設穩定與自由本土家園的訴求；一方面，港英政府需要利用寬鬆的意識形態轉變香港社會運動對政府的抗爭。由此，香港本土青年與港英政府在「本土意象」上相連在一起，對於推廣和深化本土意識不謀而合。[①] 隨着香港經濟的騰飛與香港城市文化在亞洲的輸出，使得「香港本土意識」與「香港人」獲得認同與自信。香港本土意識或香港故事，「一方面把香港社會的歷史發展指為由漁村變成都會的簡單程式，另一方面標榜今天香港的經濟成就」。[②] 這種主流論述不僅符合香港民眾對於香港經濟發展的見解，也符合港英政府的管治策略，它既能夠突顯港英政府有效統治的成就，也能潛移默化地轉化殖民主義的權力關係。但是，這種港英政府與社會文化共生的本土意識在主體與內容結構上是殘缺與碎片式的，存在諸多內部問題。

　　後殖民敍述者意識到香港本土意識的真實內涵，它是由港英政府培育香港民眾的虛幻共同體想像或「大香港主義」。[③] 英殖民政策的轉變，柔性統治逐漸軟化了香港人的反殖情緒，特別是「非政治化」認同

---

① 葉蔭聰：《「本地人」從哪裏來？——從〈中國學生周報〉看六十年代的香港想像》，載羅永生編：《誰的城市？》，香港牛津大學出版社，1997，第 103–116 頁。

② 谷淑美：《文化、身份與政治》，載謝均才編：《我們的地方，我們的時間》，香港牛津大學出版社，2002，第 344–373 頁。

③ 羅永生：《以管理主義轉化殖民主義》，載羅永生編：《誰的城市？》，香港牛津大學出版社，1997，第 69–87 頁。

的建構，將香港人形塑為一種經濟動物，抑制了香港人的主體建構。[①]
虛幻的「大香港主義」一方面忽略了香港群體內部的差異，遮蔽了其
受到殖民統治的事實；一方面建構了虛幻的「香港主體」，因為它是建
立在香港人自我與他者的對立基礎之上。通過「香港故事」，原本殖民
統治下的被殖民者與殖民者的敘述，通過大眾文化的普及與港英政府
的倡導，轉變為殖民前的農村香港到都市香港的都市化敘述；[②] 原本殖
民統治下的自我-他者，通過虛幻自我的強化，逐漸轉化為內地與香港
的他者與自我關係。香港作為獨立的自我，標誌着開放、發達、文明
的都市人；內地人作為他者，意味着落後、野蠻、封閉的村民。自我
與他者的簡單對立，不僅無助於香港本土主體的建構，也不能解釋香
港人與內地人之間血濃於水的關係。孔誥烽在分析香港本土意識時，
認為它雖然在文化形態上塑造了「香港人」形象，但是內在地分裂與
隔離了香港人群體，「誰是香港人」是一個遠未得到明確回答的問題。[③]
值得注意的是，雖同是從後殖民視角解讀本土意識，但是區別於內地
學者的研究，香港學者更為關注自我主體的建構，無主體則無自我。
缺乏主體的本土意識，僅關注地方色彩、生活方式、生活習慣等，則
建構的本土只能是虛幻的排他性的自我認同。

　　從香港早期本土意識演進的多種闡述中，可發現香港本土意識是
一種文化本土意識：它是港英政府、香港普及文化、香港經濟奇跡共
生的產物，它蘊含的是對本土文化的自豪與認可。但是這種本土意識

---

① 羅永生：《邁向本土性的主體性》，載羅永生著：《殖民家國外》，香港牛津大學出版社，
　2014，第 20 頁。
② 任海：《看的辯證：展覽櫥中的香港》，《香港：二十一世紀》，1997 年第 41 期。
③ 孔誥烽：《論說六七：恐左意識底下的香港本土主義、中國民族主義與左翼思潮》，載羅
　永生編：《誰的城市？》，香港牛津大學出版社，1997，第 89-112 頁。

的建構存在主體的缺失，或是主體的破碎。因為本土意識的自我與他者框架，需要為香港人找到對立面，去突顯自我；它是一種自衛排他意識，它建立在對內地人與移民「他者」的恐慌基礎之上，害怕後者損害了原本的經濟成就；它是一種後殖民色彩的本土認同，是對港英政府的美好想像，是依賴殖民城市與殖民價值觀所建構的特殊身份；它是一種否定的文化認同，因為它的界定是建立在誰是外人，排斥誰的基礎之上。1998 年金融危機的平穩過渡與內地的廣闊市場，特別是香港特區政府延續的經濟與政治策略，短時期內維繫了經濟神話，也遮蓋了深層次的認同問題，使得九七回歸並未導致大規模的認同政治。但是經濟環境的改變，使早期香港本土意識的諸多特徵延續到回歸後的新本土意識當中，如自我與他者的對立，對經濟神話破滅的恐慌。特別是隨着香港青年公民意識的覺醒，原本破碎與單一的本土身份也將重構。他們不滿足於政治主體的忽略，希望能夠通過社會運動的參與改變香港的管治策略和政治思維。舊時代的香港本土意識的特徵，蘊含了新世紀香港本土意識內部的分裂，也預示了本土身份認同與國家認同的矛盾。

二、香港新本土意識的多重話語

香港回歸後的前十年，本土意識並沒有引發大眾社會層面的認同困惑，而只侷限於文化界對香港本土意識的反思與批判。這一方面歸功於「一國兩制」，「港人治港」與「高度自治」是對香港本土政治、經濟、文化的制度保障和承諾；另一方面是內地與香港交流的日益頻密，使港人對內地的了解逐漸加深，前期的抗拒、隔閡慢慢

減退。① 相關調查顯示，回歸的頭十年內，香港人對內地的印象逐漸好轉，對「中國人」的身份認同有所上升。② 然而，隨着 2008 年的金融危機和內地經濟的崛起，支撐香港文化本土意識的經濟神話開始破滅，「獅子山精神」光環開始褪去，原有的文化本土意識開始受到質疑與批判，新本土意識開始形成。2006、2007 年發生的保衛天星、皇后碼頭運動被認為是香港新本土意識的覺醒。③ 2009 年的反高鐵包圍菜園村運動，2012 年的反對德育及國民教育運動，2014 年的驅蝗運動和佔中運動，不斷將香港社會運動推向頂峰。這些社會運動看似渾然一體，共同訴諸香港人的本土意識，喚醒沉睡的香港人。然而，它們卻是香港社會運動派內部的分歧和矛盾的表現，有着不同甚至衝突的訴求。如 2010 年後香港網絡與媒體中「左膠」「本土右翼」等政治術語的廣泛使用。本土右翼指責社運界及民主派部分中間偏左的人士為「左膠」，反對他們的平等及反歧視原則；本土右翼則被稱為「右膠」，認為他們所倡導的本土利益優先是某種種族政治。④「膠」在粵語中有愚蠢、思維僵化等貶義色彩。極端右翼本土運動不僅挑起了內地與香港的緊張關係，也撕裂香港社會內部的族群網絡，特別是「港獨論」與「自決派」的興起。面對香港社會內部衝突的本土派別，民間、政府、學界亟待對香港的「本土意識」或「本土主義」有清楚的界定，引導香港市民在堅持本土利益與發展的情況下，共享

---

① 鄭宏泰，黃紹倫：《香港華人的身份認同：九七前後的轉變》，《香港：二十一世紀》2002 年第 7 期。

② 王家英，尹寶珊：《香港市民身份認同的研究》，《香港：二十一世紀》，2007 年第 101 期。

③ 羅永生：《香港本土運動的興起與轉折》，《台灣文學研究》2013 年第 4 期。

④ 葉蔭聰、易汶健：《本土右翼與經濟右翼：由一種網絡爭議說起》，載思想編委會編：《香港：本土與左右》，台北聯經出版社，2014。

回歸後祖國統一所帶來的繁榮與興盛。

（一）新本土意識的經濟成因話語

延續香港舊本土意識的經濟論視角，部分學者認為經濟環境變化帶來了港人對內地與香港經濟、文化、政治差異的恐慌，這是導致新本土意識興起的根源。香港回歸雖然已有二十餘年，但香港舊本土意識中的自我與他者框架仍然縈繞在港人心中，「香港人」身份是建立在內地與香港的自我與他者對比之上，特殊的政治（資本主義民主與法治）、經濟（資本主義市場經濟）與文化（普及的娛樂文化）產生了身份的優越。但是在兩地交流、接觸頻繁之後，香港人的經濟、文化與政治優越感非但沒有強化，反倒造成了大陸的逆轉。鄭宏泰認為兩地融合之所以出現本土意識的覺醒和本土運動的廣泛爆發源於三個逆轉：經濟發展動力、消費能力、旅客往來。香港經濟的停滯不前與內地的經濟發展刺激了港人內心的傷痛，優越身份成為往昔；自由行讓「你我有別」的身份差異消失，同時也突顯了自我與他者的分別。[1] 同樣，劉兆佳延續了他對香港人「家庭功利主義倫理」的解讀，認為香港人之所以出現新本土主義運動，一方面是源於在全球經濟格局下，香港年輕人喪失了經濟社會流動空間，不能延續獅子山精神；一方面是政治上受到西方民主政治理論的影響，試圖通過政治改變經濟上的困境。[2] 呂大樂從世代論視角將香港人劃分為四代，認為第四代香港人（1976～1990 年出生）相較上三代人而言更有一份紮根香港的感情，熱衷於政

---

① 鄭宏泰：《流動本土意識：身份認同的政治與歷史視角》，《當代港澳研究》2015 年第 1 期。

② 劉兆佳：《香港「佔中」行動的深層剖析》，《港澳研究》2015 年第 1 期。

治，積極參與網上論政、示威遊行、立法會選舉，這種感情在經濟結構改變的情況下易產生運動意識和行為，年輕人喪失了上層流動的空間而尋求某種既有結構的改變。①

經濟論視角認為香港市民對舊本土意識的建構與接受源於香港的經濟奇跡敘述，新本土意識的興起和動員力量則源於對香港經濟的不滿，試圖恢復昔日香港精神。而極端右翼派的興盛，部分説明了經濟論視角的解釋力。香港人對未來的恐慌，對前景的缺乏信心，使得他們以回歸前的香港作為參考框架。②當內地與香港經濟差距縮小，乃至超越時，面對不再是當年邊緣、落後的他者時，香港人訴諸自我保護的本土意識就此誕生，並藉助「城市自治運動」而甚囂塵上。③但經濟論解釋存在不足之處，它將新本土意識興起原因簡單化為經濟壓力，忽視了政治、社會與文化層面因素，同時也將新本土意識下的社會運動看成具有邏輯上的一致性。實質上，這種解讀僅能夠解釋部分社會運動，如香港本土運動中的「土著本土派」，而不能解釋香港新社會運動中的保育運動等。經濟論視角實際上是舊本土意識解讀的延續，希望通過經濟發展來維繫香港社會的穩定與發展，而未能預見青年香港人對本土意識與政治的新理解。

（二）新本土意識的後物質主義話語

有別於經濟論視角的解讀，部分學者注意到香港本土運動的新

---

① 呂大樂：《四代「香港人」》，香港進一步多媒體有限公司，2007。
② 呂大樂：《終於需要面對未來，香港回歸及其設計上的錯誤》，《思想》2011 年第 19 期。
③ 周思中：《本土的矩陣——後殖民時期香港的躁動與寂靜》，《香港：思想香港》2014 年第 3 期。

內涵，他們認識到新本土意識與社會運動的內部分裂，並努力做出區分。如陳允中將本土主義運動分為開放本土派與土著本土派，前者強調文化保育，後者強調土生土長的港人利益優先。[①] 蕭裕均將運動派別區分為保守本土力量與進步本土力量，前者以排外姿態設定議題，後者則以提倡在地文化和集體經驗來建構本土身份。[②] 內地學者鄭湘萍同樣將香港的本土運動派劃分為三個類型，分別是區隔派、切割派、獨立派，或劃分為本土左翼和極端右翼。左翼鼓勵包容與開放，右翼訴諸族群政治，具有明顯分離傾向。[③] 這裏對香港社會運動派的區分描述，實際上是否認了劉兆佳、鄭宏泰等人對香港新本土意識的經濟論解釋，後者的解讀可適用於保守、右翼的本土運動派，但是對於開放和保育運動派則不適用。香港新本土意識不僅繼承了舊本土意識的「自我－他者」的對立和「大香港主義」，它也蘊含了新的內容，即一種後物質主義價值觀，對純粹經濟的香港精神的否定。後物質主義是建立在發達的經濟和物質基礎之上，它追求的是一種優越的生活質量，主張一種差異的政治理念，強調言論自由、公民參與、環境保護。[④] 對於持後物質主義解讀香港新本土意識的學者而言，文化保育等社會運動是一種政治文化的發展與進步，是基於政治社群所激發的公民抗爭與公民精神。[⑤]

---

① 陳允中：《香港的土地正義運動：保衛家園與保衛國族是不相容的》，《香港：文化研究》2014 年第 18 期。
② 蕭裕均：《本土與左翼——運動連結與民間社會契約》，《香港：思想香港》2013 年第 2 期。
③ 鄭湘萍：《香港「80 後」社會運動與後物質主義價值觀》，《新視野》2016 年第 1 期。
④ 羅納德·英格爾哈特：《發達工業社會的文化轉型》，張秀琴譯，社會科學文獻出版社，2013。
⑤ 夏瑛：《實踐中的公民身份——關於香港「80 後」青年行動者的個案研究》，《公共行政評論》2012 年第 2 期。

　　對於物化的舊本土意識的反思與批判首先表現在保育界。在此之前，香港的經濟發展模式表現為政府主導或鼓勵的資本主義房地產發展，忽視對本土文化、建築的保護。但是，隨着後物質主義意識的產生，越來越多的文化保育人士認識到舊發展模式實質上是一種經濟發展論，是本土歷史與文化的消失。因此，當代表歷史遺跡與公共場所的碼頭被拆卸時，當象徵現代經濟發展高速的高鐵取代本土的社群、鄉村時，部分香港人意識到本土意識之根的消失。倘若本土意識失去構建的空間、建築、社群網絡基礎，則「香港人」則成為無根之苗。在特區政府主導的拆卸天星、皇后碼頭行動中，港人意識到必須重建本土，擺脫過往經濟發展主導的舊本土意識，並成立了「本土行動」的組織，將「本土文化」或「本土意識」提上社會運動議程。對於內地學者與香港特區政府而言，天星、皇后碼頭等建築是殖民歷史的象徵部分，拆除它們意味着去殖民化；但是對於香港人而言，天星、皇后碼頭承載着香港的記憶與歷史，在這裏有着香港青年蘇守忠對港英政府的反抗，同時它也是維繫社群與香港人聯繫的公共空間。①

　　以後物質主義為核心價值的新本土意識，實質是基於香港本土特色、社區經濟與社區網絡提出另一個版本的香港故事。它不再建基於虛幻的文化主體或族群身份，而是建立在具體的土地空間、屬地人的集體回憶、共同想像基礎之上。它是對長期支配香港治理的發展主義的否定，是對政府的文化政策、城市規劃、政策諮詢架構、地產資本支配、發展主義及行政權力的質疑，這觸動了本土價值、本土身份等

---

①　馬國民：《不是經濟奇跡的香港故事：保衛天星、皇后碼頭的歷史意義》，《香港：文化研究》2008 年第 9 期。

核心概念，是捍衞本土文化及社區的城市運動。[①] 因此，新的本土意識及其運動，一方面是對香港鄉土情懷的回歸，一方面是在全球化背景下嘗試開拓構建香港身份的另類空間。[②] 這種新本土意識沒有延續舊本土意識中物化與自我–他者對立框架，但是當「本土」旗幟樹立起來，訴諸民眾的集體記憶時，它的發展卻易被民粹宣傳的敵我情緒和話語騎劫而不可控制。

（三）極端本土意識

2011 年的反雙非、2013 年的反新移民運動，使對「舊本土意識」的反思和批判走向了另一個極端。新本土意識從原有的土地正義上升為內地與香港之間的矛盾，「香港人」與「本土」的內涵發生了置換，「香港人」從多元的香港市民（土生土長、移民等）轉變為僅指稱土生土長的、本質化的香港人，「本土」由原本的社群、文化網絡轉為區隔於中國內地的具體城市空間。新本土意識內部的分裂，特別是立足於「本土利益優先」的土著或保守本土意識，經極端主義者與港獨主義者的演化，迅速動員了大量的香港青年。通過陳雲的城邦自治論與學苑組織的民族自決論，「本土意識」與民族、國家認同上升到對立的兩極。右翼本土主義的標語、口號延續了香港舊本土意識當中的負面內涵，如「自我–他者」框架的延續。但此時的「自我與他者」已然不是彼時繁榮的香港和落後的內地的對立，而是日趨強大的內地與固步自

---

① 葉蔭聰：《香港新本土論述的自我批判意識》，載思想編委會編：《解殖與回歸》，台北聯經出版社，2011，第 103–116 頁。

② 周峻任：《都市建設、本土身份與社會運動》，《香港：文化研究》2012 年第 29 期。

封的香港的對立。在極端或右翼本土意識中，它繼承了香港舊本土意識的自大、虛偽與自衛成分。隨着衝突的渲染，新本土意識中的文化政治轉化為政治文化議題，抗爭也由保衛本土文化、經濟轉向訴諸政治民主與普選權，最終以「佔中運動」的激烈形式表現出來。無論是後物質主義，還是極端的本土運動，它們都是新本土意識的組成。但是在內地與香港的緊張關係下，特別是極端本土主義者利用煽動性語言激發港人的恐慌意識，反覆地重申和確認內地人的「他者性」與「低等性」，強調內地人對香港人經濟利益、社會福利帶來的負面影響，從而實現本土優先的倡導，騎劫了新本土意識。

由於極端本土意識產生的重大政治影響，內地學者往往將新本土意識與極端本土意識等同。內地學者認為極端本土意識是殖民時代的產物，本土意識阻礙了部分港人對中國人的身份認同和國家認同，加大港人對內地的疏離感。[1] 無論是舊本土意識當中的落後他者，還是新本土意識當中對強大他者的恐慌，內地都被描繪為「極端的他者——他者即惡」。由於虛幻主體的錯置，導致戀殖意識的增強、社會運動的非理性和暴力化，香港社群逐步自我分裂。[2] 香港新本土運動是殖民時代下舊本土意識的延續與發展，是後殖民的體現，他者與文化疏離是導致政治認同困境的根本原因，進而出現政治分離主義。但是，將極端右翼本土意識視為新本土意識的全部，又是否能足夠解釋新本土意識當中的後物質主義運動呢？從香港與內地學者對新本土意識的理解來看，舊本土意識與新本土意識有着千絲萬縷的關聯。一方面，是香

①　黃月細、徐海波：《香港「殖民地情結」的成因分析》，《特區實踐與理論》2015 年第 2 期。
②　祝捷、章小杉：《香港激進本土主義之社會心理透視》，《港澳研究》2017 年第 1 期。

港民眾對長期佔據主導的舊文化本土意識的反思與批判，是擺脫殖民時代香港經濟發展的歷史敘事；另一方面，在香港經濟發展緩慢，與內地社會、經濟全面發展的對比下，香港新本土意識重新拾起了舊本土意識中的虛幻與自傲，延續敵對的自我－他者框架。新本土意識的複雜內涵不僅阻礙了對舊本土意識的批判，也撕裂了香港內部的族群，原本的「我們和他們不同」的話語轉變為「我們比他們好」的族群政治。[①] 面對新本土意識的崛起，與其內部存在的分裂，引導和處理的關鍵在於如何看待「本土意識」或「本土」的真實內容。「本土」的不同解讀，自然隨之產生了不同的應對與引導之法。

三、香港本土意識的多元引導：重構認同

極端本土意識給香港帶來的是社會的分裂、政治的民粹化、文化的混亂，以及日益嚴峻的身份認同危機，如「港獨主義」「自治主義」「戀殖主義」。因此，學者們雖然對香港本土意識的解釋角度各有不同，但都認為極端本土意識不可取。因此，認同的重塑，成為內地與香港學者共同的任務。為化解香港本土意識帶來的政治、社會、文化困境，我們需要在意識形態和理論上引導香港民眾，使其認識到本土意識與國家認同、民族認同並不存在着必然的衝突。[②]

---

① 張健：《香港社會政治覺醒的動因：階級關係、參政需求、族群認同》，《香港：二十一世紀》2015 年第 147 期。
② 閻小駿：《徘徊與搖擺：香港人國家認同的集體困境》，《文化縱橫》2016 年第 4 期。

（一）發展經濟以重構身份認同

前文所述，劉兆佳、鄭宏泰等主張經濟發展論的學者認為香港本土意識與本土運動的興起源於經濟環境的變化。隨着內地商人、新移民、遊客湧入香港，對於香港房價抬升、物價提高、就業機會和香港市民的生活有着不同程度的影響，導致香港人心理上出現焦慮，矛盾指向更為強大的內地。經濟發展的失衡與經濟利益關係的失衡，從而造成香港人的相對剝奪感，由此衍生出身份認同危機。[①] 因此，主張經濟發展論的學者認為引導香港本土意識的做法是鼓勵更加開放的區域經濟一體化合作，將香港經濟整合到國家經濟發展的大格局中，2017年提上議程的粵港澳大灣區建設是此種做法的政策體現。利益的共享、邊界的放開、兩地市民的交流，被認為是引導香港民眾的身份認同的便捷路徑。

但是，經濟發展帶來的利益共享能否解決港人的認同問題呢？正如部分學者所言，「獅子山精神」所描繪的本土意識建立在經濟發展神話之上，它帶來的身份認知不僅建立在與內地民眾對立的基礎上，也抹殺了香港人內部的經濟差異。經濟發展並不能保障港人從經濟發展中得益，也未能根本上解決港人的身份認同問題，因為它未能從本土意識上重構港人對於內地的認知，也未能從香港自身去引導本土意識和重構認同。對於部分本土主義人士而言，保障香港經濟的發展與利益或許能夠滿足他們的訴求。但是對於持後物質主義價值觀的青年人來說，經濟發展並不是解決身份認同的根本途徑，正義與平等才是他

---

① 強世功：《認真對待香港本土意識 探索強化國家認同之道》，《中國黨政幹部論壇》2014年第 5 期。

們訴求的目標。因此，純粹強調經濟的發展和利益的共享，並不能引導香港人的本土意識，也不能與新本土意識的內容和價值相契合。相較下，後殖民視角下的認同轉化成為更多學者選擇的途徑，它包括重建自我與確定他者兩部分。

（二）本土意識與國家認同

港英政府培育的「自我–他者」框架，不僅重置了港人的國家認同，也轉化了香港內部的民眾與政府的權力關係。通過極端的他者形象，殖民者從港人的歷史文化認知、自我身份認知和對未來的期望三個維度，為港人的國家認同製造障礙。香港回歸後，身份認同的障礙源於去殖民化的不成功，主要表現為兩個方面：一是將殖民時期的香港作為社會與經濟發展的參照物，回歸後一旦感受到今不如昔，則出現「戀殖情結」；二是殖民時期的文化與價值灌輸仍存在於後殖民的城市空間當中，將宗主國的價值理念作為後殖民時代民眾的核心價值觀，排斥國家認同，從而引發身份認同危機。[①] 這兩個方面在香港的新本土政治運動當中得到了具體的展現，如殖民時期「龍獅旗」的再現，對西式「普選」的強烈訴求。淺層的政治運動層面背後蘊藏的是深層的文化和意識形態層面的本土意識，延續的「自我–他者」對立邏輯是港人身份認同困擾的根源。因而學者認為香港本土意識的引導必須包含去殖民工作，通過「他者」與「自我」的理性確認來重構身份認同。

[①] 梁燕城：《後殖民地批判與香港政治文化——關於「佔中」來龍去脈的文化分析》，《文化中國》2014 年第 4 期。

合理認知「他者」，警惕極端的「他者」邏輯，是對香港極端本土意識（港獨、城邦、自治論）和身份認同話語的回應。如何矯正以往錯誤的「他者」設定，涉及香港民眾對國家命運與香港殖民歷史的認知。內地與香港兩地學者在「他者」的確認上沒有多大爭議，認為將中國作為香港的他者是不合理的，是後殖民價值的延續。與此同時，單方面的從「他者」理解與論述本土意識，只是被動地回應港獨論者的觀點，束縛於本土意識，或香港人與國族的身份之爭。簡單的糾正後殖民主義當中的「他者」遠未能夠完成香港主體的重建工作，必須重新喚醒和引導港人思考本土意識的新內容和新主體，即重建自我，才能算完成後殖民時代工作。

重建自我身份與重構國家認同，是兩地學者共同關注的焦點。但是，在如何重建自我問題上，內地與香港學者存在着較大差異：前者強調通過認知中國歷史，以國家認同去確定港人身份；後者強調通過歷史挖掘主體以重建自我身份，從而重構認同。在去殖民化不徹底的情況下，港人視中國為極端的他者將引發嚴重的認同矛盾，將國家認同從香港自我的主體建構中排除，並通過他者之惡的極端邏輯強化本土意識。因此，將原本為他者的中國轉化為港人身份中的自我，需要從公民教育入手，強化港人與內地市民的理性協商、溝通。因此，國民教育、政治教育、以及公共輿論等意識形態領域的話語權之爭成為香港本土主義者與中央政府、內地學者爭論的焦點。①

香港學者認為香港舊本土意識與新本土意識中的極端傾向源於去殖民的不成功。舊本土意識與新本土意識當中的右翼之所以遭到批

---

① 　吳鵬：《香港推行國民教育的路徑分析》，《國家行政學院學報》2017 年第 4 期。

評，正因為它是建立在虛假的主體基礎之上，是一種「偽主體」或「虛擬自由主義的共同體想像」。[①] 無論是殖民時期的香港管治神話，還是回歸後的香港治理思維，延續的仍然是香港舊經濟發展模式，通過經濟上的成就建立香港人的身份優越感，維持一種城市共同體想像。當經濟衰退或面臨經濟上的困境時，這種自我想像的共同體就會以極端方式呈現出來。因此，香港新本土意識應該是在全球化時代的民族國家中完成對港人主體的重建。香港本土意識，「不僅指我是香港人，而且還要包括香港未來應該怎麼樣，香港與周邊地區的關係應該怎樣，然後有一種講得通的、完整的、對香港的理解」。[②] 香港學者有關本土意識與國家認同的重構工作着重於自我主體的認知，將主體放置於本土、國家、全球的三重視野之下。它包括兩個方面：一方面，自我的發現，即如何在舊本土意識的批判中形成健全的主體人格，可通過從歷史經驗中尋找，也可建立在香港文化傳統、民族歸屬與國家認同之上。[③] 一方面，從本土、國家、全球三個維度均衡地考量、確立自我，即「本土自我、國家自我、全球自我」。[④] 然而時至今日，無論左派或右翼，對香港的未來仍無明確的期待，而只能使用口號式的「香港人」，以無內容的情緒動員香港民眾。

[①] 楊晗旭、徐海波：《試析香港國家認同的困境——從被言說的「他者」到「偽主體」》，《深圳大學學報（人文社會科學版）》2015 年第 6 期。

[②] 呂大樂：《香港社會特徵、本土認同、本土意識》，《當代港澳研究》2015 年第 1 期。

[③] 羅永生：《公民社會與虛擬自由主義的解體：兼論公民共和的後殖主體性》，《思想香港》2013 年第 1 期。

[④] 馬偉杰、馮應謙：《後京港澳身份認同》，載呂大樂、吳俊雄、馬杰偉編，《香港·生活·文化》，香港牛津大學出版社，2011，第 54–72 頁。

四、結語

　　香港本土意識本身是一個文化議題，由於香港的特殊歷史與社會運動才演化為政治議題。本文認為，理解香港本土意識還需回到文化領域。因此，本文對於香港新舊本土意識演進與重構的敍述多集中於文化政治層面，而未從政治制度層面探討內地與香港學者對本土意識的見解。一方面，內地學者囿於後殖民視角，忽略香港人對本土意識話語的參與；另一方面，香港學者雖然意識到主體的重構，但是對於「一國兩制」的差異性解讀，使其往往難以與極端本土意識劃清界限，使得新本土意識遭到極端右翼的騎劫。本文認為，香港本土意識的引導與國家認同的重構，需要在香港與內地間構造命運共同體聯繫與想像：一方面，香港本土意識是香港這座城市維繫的基石，它的形成、發展與引導受到香港過去、現狀與未來敍述的影響；一方面又需在國家視角下去解讀，本土意識與國家認同不存在根本性的衝突。①

　　首先，香港人必須認識到香港與內地都隸屬於「中華人民共和國」這一政治、文化共同體，只有置於這一共同體之內，與內地之間搭建更加緊密的經濟合作關係，才能保證香港長期的發展和穩定。其次，香港人必須認識到：內地的發展並非以犧牲香港經濟為前提。香港作為一個富裕、繁榮、先進的國際大都市的地位是「一國兩制」和《基本法》所規定與保障的。②內地與香港的合作、互融是整個世界發展的大趨勢。其三，內地與香港現有的緊張關係，大部分源於雙方對「一

---

① 陳韜文、李立峰：《再國族化、國際化與本土化的角力：香港的傳媒和政治》，《香港：二十一世紀》2007 年第 101 期。

② 陳方正：《香港往何處走？一個香港中國人看「佔中」》，《香港：二十一世紀》2015 年第 147 期。

國兩制」具體內容存在的諸多不同理解，以及港人對香港未來預期的不確定。現有的極端本土意識，是在舊本土意識的負面價值延續基礎上，由一連串社會矛盾而引發的結果。極端本土派是在未能理解中國崛起和香港回歸這個事實前提下，自我主張代表港人的利益和訴求，抵禦香港與內地的互融與合作。[①] 因此，實現港人的人心回歸，不僅需要有效率和能力的特區政府去引導香港市民，更需要通過正常的制度參與、溝通協商實現疏導與整合，尋求共識社會與政治。它需要在「一國」之下共享國家之發展與穩定，也需要在情感、文化、政治上縮小「兩制」差異。

作為擁有長期殖民歷史的國際大都市，作為中國的特別行政區，香港有着獨特而複雜的政治、經濟與文化現實。這種特殊性使得香港人能夠以一種開放、多元的觀念理解本土、民族與國家，並嘗試用特殊的歷史經驗和價值與體制去繼續發揮自身的特色。因此，無論是內地還是香港，都需要正視香港本土意識的複雜內涵，同情地理解當下香港的政治、文化與社會，而不是單純地反對和否定。否則，本質化的本土意識不僅違背了香港這座城市的獨特性，也抹殺了香港城市內部的多元特質。更高版本的本土意識，應該引入全球的、民族國家的、歷史的、未來的多重視野，重新審視並釐定自我，正確識別他者，去除極端化、本質化、單一化傾向，致力於構建一個既認同「一國」也尊重「兩制」的港人身份。

---

① 鄭戈：《「一國兩制」與國家整合》，《香港：二十一世紀》2017 年第 161 期。

Multiple Interpretation of the Evolution and Reconstruction of Hong Kong's Local Consciousness: A Literature Review

Liu Huayun   Geng Xu

Abstract: Local consciousness is the key word to understand the current social movements and status identity in Hong Kong. Local consciousness can be classified into new, old and extreme local consciousness in time and content. The scholars from mainland and Hong Kong have multiple interpretations on local consciousness of Hong Kong, due to their historical and cultural differences. Based on the "Return" narration, most mainland scholars regarded the local consciousness as the product of colonial government cultivation and emphasized on decolonization. Some scholars from Hong Kong took the economic rise and fall as the root cause of local consciousness based on the economic discourse. Another part of the Hong Kong scholars understood it from the post-material and post-colonial perspective, and thought the new local consciousness is the criticism of the old local consciousness and the restatement of Hong Kong's spirit based on the local culture and community under the background of globalization. Each of the three explanations has a focus and there is space for further exploration. Hong Kong's local consciousness is a complex cultural issue. Facing the negative effects caused by extreme local consciousness, it needs to re-construct local consciousness and national identity under the community of common destiny, based on "One country, two system" principle.

Key words: Local Consciousness of Hong Kong; Post-colonialism; Self-Other; National Identity

新型智庫建設進程中的香港智庫：
演變、分類與特點

吳田[*]

摘　要：中國特色新型智庫建設進程的推進不僅在內地掀起了智庫熱潮，也對香港地區的智庫發展產生了一定程度的影響。文章結合一手的調研資料和二手的數據信息對香港智庫的演變歷程、主要類型和基本特點進行了論述。文章指出香港智庫的演變與政治社會環境變化相輔相成，類型主要有倡導型和後援型兩種，並從整體定位、軟硬件條件和內部運行機制三個方面對其特點進行了概括，並與內地智庫進行了對比分析。文章在最後提出香港智庫有條件、有能力在未來成為新型智庫體系的有機組成部分，內地加強對香港智庫的了解，互通有無，增強交流合作，對進一步推進中國特色社會主義新型智庫建設具有重要意義。

關鍵詞：香港智庫　倡導型　後援型

---

[*]　吳田，中國社會科學評價研究院，助理研究員，管理學博士，主要研究方向為公共領導力、智庫評價與研究、人才評價。

　　自首批高端智庫試點單位確立以來，中國特色新型智庫建設在內地便如火如荼地展開。受內地「智庫熱」的感染，近兩年，香港的智庫發展也逐漸有所起色。香港回歸已二十餘年，無論是在黨的十九大報告中還是兩會的政府工作報告中，全面準確貫徹「一國兩制」方針，將中央對港澳的全面管制權和保障其高度自治權的有機結合，都是港澳工作的重中之重。隨着港澳發展的日趨穩定和與內地聯繫的日益密切，「支持香港、澳門融入國家發展大局，深化內地與港澳地區交流合作」成為新時代全面貫徹「一國兩制」方針的着力方向。2018 年 10 月，港珠澳大橋的開通更是為內地和香港的溝通與聯繫帶來了前所未有的契機。在這樣的歷史時點，對香港的智庫建設現狀進行梳理，對未來的智庫發展方向進行展望，無論在助推內地新型智庫體系建立方面，還是在促進兩岸的政治經濟文化發展更好地交流和融合方面，都具有重要的理論和現實意義。

一、香港智庫的概念界定

　　無論在政界還是學界，對智庫概念的科學界定一直眾說紛紜，但基本都會涵蓋「機構性質」和「研究領域」兩個重要範疇。2015 年 1 月 20 日，中共中央辦公廳、國務院辦公廳聯合印發的《關於加強中國特色新型智庫建設的意見》（後文簡稱「兩辦《意見》」）就中國特色新型智庫給出了權威性的界定，即「以戰略問題和公共政策為主要研究對象、以服務黨和政府科學民主依法決策為宗旨的非營利性研究諮詢機構」。並提出了五大定位和八項基本標準的具體要求。對比內地的智庫熱潮而言，香港地區的智庫發展目前還沒有進入規範化和系統化

的階段，對智庫的界定是以「自我認定」為主，即機構本身認為自己是智庫，便是智庫。[①] 為保證嚴謹性，本文對於香港智庫的概念界定將主要從學理和現實兩個角度進行。

就學理角度而言，目前海內外學術界關於香港智庫的研究較少，難以從已有學術成果中獲取對智庫概念的嚴格界定。目前比較有代表性的論述有：「香港的智庫應當是在香港本地成立的研究組織與機構；其所有權及主要負責人由香港居民組成；研究範疇包括香港本地以及需要關注的內容」。[②] 並且智庫可以是由擁有不同背景的社會各界人士組建，有一些智庫創始人與政黨之間也擁有着密切的聯繫。智庫的主要功能在於進行政策研究和社會倡導。[③] 此外，還有學者將大量存在於香港政治系統內的諮詢委員會也納入智庫的範疇，認為它們是一種「半官方智庫」，[④] 本文在此不傾向於這種界定。關於「半官方智庫」的概念，丁煌曾在對美國智庫的分類中有所涉及，美國的半官方智庫是以蘭德公司為代表的受政府或執政黨資助，但卻不直接隸屬於政府或執政黨的諮詢研究機構，而總統科學諮詢委員會等直接反映政府的態度和立場的官方組織則屬於「官方智庫」的範疇。[⑤] 目前內地的智庫研究和評價達成的基本共識是將中央政策研究室、國務院參事室這類黨委

---

① 王春新：《香港智庫現狀與努力方向》，《中國評論》，2016 年 2 月，詳細可參考張志剛的發言和李浩然的發言。

② 郭偉峰：《關於香港智庫現狀及發展的思考與建議》，《中國評論》，2017 年 9 月，第 17−20 頁。

③ Kinming K. & Litao Z., "Think Tank Development in Hong Kong", *East Asian Policy*, 2012, 4(03)：97−106.

④ 余輝：《半官方教育智庫如何服務政府決策》，《現代教育管理》，2015 年 12 月：第 17−22 頁。

⑤ 丁煌：《美國的思想庫及其在政府決策中的作用》，《國際技術經濟研究學報》，1997 年 3 月：第 31−37 頁。

和政府部門的內設機構界定為黨和國家的「內腦」，而不列入「智庫」範疇。中國內地的「半官方智庫」主要是指黨校、行政學院，各級政府的發展研究中心和社會科學院、科學院、工程院系統的科研機構，這類智庫基本都具備事業單位獨立法人性質。[①] 由此可見，一般意義上的半官方智庫，在與執政黨和政府具有一定聯繫的基礎上，在研究選題和立場表達方面仍保持較大程度的獨立性；與此同時，具備獨立法人的性質是一個普遍滿足的條件。對照來看，香港數量眾多的諮詢委員會一方面大多都不是具備獨立法人資格的法定組織，組織結構鬆散，委員基本是兼職；另一方面委員會的運作模式是源於港英政府時期特有的「行政吸納政治」(administrative absorption of politics)，通過將各領域的精英代表委任到政府的行政架構中來提高政府正式權力的認可度，以達成政治共識，獨立性難以保證；[②] 因此不應被納入智庫的範疇。此外香港行政體系中「中央政策組」等內設機構與內地的「中央政策研究室」等機關一致被視為「內腦」。因此，綜合而言，香港的智庫應當是由香港本地力量建立的，在香港本土註冊登記的，具有獨立法人性質的政策研究諮詢機構。

從現實角度而言，香港本土真正認可的智庫起步於 20 世紀 90 年代，最初建立的幾家都是旨在為香港回歸工作打基礎，為成功落實基本法，實現順利過渡而努力。在回歸後的 20 年裏，香港智庫的發展一直比較平淡，活躍的智庫只有十家左右，近年受到內地智庫建設火熱

---

① 薛瀾、朱旭峰：《中國思想庫：涵義、分類與研究展望》，《科學學研究》，2006 年 3 月，第 321-327 頁。

② 郭偉峰：《香港智庫要為兩制台灣方案做貢獻》，中國評論新聞網 http://www.CRNTT.com，2019 年 4 月 11 日訊。

潮流的感染有所增加，大概在 40 家左右。[①] 2017 年 5 月 9 日，在中央人民政府駐香港特別行政區聯絡辦公室（以下簡稱「香港中聯辦」）的協助下，由 15 家香港智庫負責人組成的「香港智庫高層內地參訪團」到訪中國社會科學院，這是歷史上第一次香港以智庫為主體組成高層考察團出訪內地。很顯然，考察團涉及的便是目前香港智庫界公認的代表性智庫機構，包括香港「一國兩制」研究中心、香港中評智庫基金、團結香港基金、香港政策研究所、香港智經研究中心、香港黃金五十、利豐研究中心、香港集思會、政賢力量等，其組成與我們在學理角度分析的基本一致，且主要是以香港本地的民間力量建立的。2017 年 9 月 10 日到 13 日，中國社會科學院中國社會科學評價研究院的研究人員組成學術考察團對香港的智庫機構進行了回訪和調研，調研結果再次驗證了前文學理角度對香港智庫的範疇界定。

接下來，本文將結合經中國社會科學院與香港智庫機構的互訪經歷而獲得的一手資料，以及來自智庫官方網站等渠道的二手資料，對香港智庫的演變歷程、主要類型、基本特點以及發展前景進行分析和討論。

二、香港智庫發展與政治社會環境變化

總體而言，香港智庫的現狀與香港社會所處的發展階段以及與其國際影響力相比較並不相稱，基於現有資料，目前活躍在香港本土的，且運作比較規範的代表性智庫按照成立時間先後列舉如下（見表 1）。

---

① 黃湛利：《港澳政府諮詢委員會制度》，廣東人民出版社，2009 年版。

表 1　香港主要智庫一覽

智庫名稱	成立時間	主要研究領域和工作方向	最新代表性研究報告
「一國兩制」研究中心	1990 年	研究香港內部面對的社會和經濟等重大問題，以及香港與內地和臨近地區的經濟及合作關係	《新經濟形式下港珠澳大橋對香港的影響和機遇研究》
香港政策研究所	1995 年	研究與香港未來發展相關的重大議題，推進民間討論和與特區政府交流	香港願景系列：《香港成為國際法律樞紐——把握「一帶一路」的機遇》
利豐研究中心	2000 年	為利豐集團及其合作夥伴就進入中國市場、企業架構、稅務等政策法規方面的事宜提供專業意見及顧問服務	《中國百貨零售業發展報告》
天大研究院	2005 年	研究國際和安全戰略、經濟和金融戰略、社會問題和公共政策、資源和環境、港澳台等問題	《香港智慧城市發展：障礙與挑戰》
香港智經研究中心	2006 年	研究香港區域宏觀經濟發展、經濟與營商環境、社會環境等社會民生問題	《預算案重視長遠投資，亦應關顧民生需要》
香港集思會	2008 年	研究如何增強香港競爭力，促進香港經濟轉型及社會持續發展，提升市民生活素質等問題	《中港跨境婚姻——新趨勢及影響》
香港黃金五十	2011 年	研究香港公共財政、醫療、人口等熱點性議題，及香港面對的挑戰，並致力於社會推廣	《幸福繫萬家，活力聚香江——香港人口未來二十年的機與危》
中評智庫基金會	2012 年	進行港澳台輿情監測、大數據分析	中評智庫系列：《未來幾十年的中美關係》
團結香港基金	2014 年	研究土地、房屋、兩地經濟、老齡社會、科技、社會和藝術創新等具體議題，促進香港社會和諧、經濟繁榮和可持續發展	團結香港基金政策研究系列：老齡社會《醫療體系承載力不足——本地公營醫院醫生嚴重短缺》
政賢力量	2014 年	研究關乎香港整體利益的政治、經濟、民生等綜合性問題和公共政策，並致力於培育各類型優秀人才	《民間施政報告 2018/2019》
香港文化協進智庫	2015 年	研究香港社會廣泛關注的重要議題，並致力於出版書刊	《粵港澳大灣區與香港》
一國兩制青年論壇	2017 年	研究「一國兩制」問題，推進兩地青年學者交流	《港人內地讀書就業身份待遇問題研究》

註：數據截至 2019 年 4 月。

數據來源：作者整理。

可以看出，目前香港智庫機構的研究領域基本覆蓋了政治、經濟、文化、社會等典型智庫研究應涉及的各個方面；也基本符合了智庫「諮政建言、理論創新、輿論引導、社會服務、公共外交」的功能定位。在機構性質上，除利豐研究中心是隸屬於利豐集團之外，其他都是獨立的非盈利的實體法人機構。不同於內地，香港高等院校承擔的智庫功能很少，教師和研究人員仍以學術性研究為主，政策類研究相對邊緣。總結來看，一方面香港智庫的興辦主要以社會力量為主，缺少了高校研究力量的大力支持，其研究能力相對較弱，但組織社會活動、進行社會推廣的能力相對較強；另一方面，從成立時間來看，香港智庫建設起步較晚，大多成立於香港回歸之後。從總體發展趨勢來看，相較於回歸前的港英政府統治時期，乃至回歸後的最初幾年，目前的香港智庫已經得到了一定的發展，且所處環境的利好趨勢不斷增強，智庫建設已經開始走上正軌。這些成效的取得主要得益於以下兩方面的變化。

（一）高層執政方略的變化

香港在港英政府統治時期建立了獨特的諮詢體系，並且形成了一套比較成熟的政府諮詢制度。香港回歸後，這一制度得以保留，並在香港特別行政區《基本法》中得以體現。諮詢制度是實現「共識政治」的主要載體，也是政府為了穩定統治秩序，體現民主因素而採用的重要方式。[1] 分佈於香港各級政府的數百個諮詢委員會一方面都是由政府

---

[1] 張定淮、黃國平：《香港政府諮詢制度：雙重條件下的功能分析與「雙普選」後的趨勢推演》，《地方政府發展研究》，2007 年 2 月，第 99–106 頁。

部門牽頭成立的，委員會中的委員都是由相關政府部門委任；另一方面，諮詢委員會作用的發揮更多地是在政府既定的框架內進行論證和諫言。因此，可以說在香港，政策研究工作做的最深入、最徹底的實際是各個政府部門內部，而非智庫和大學。而由此制度延伸出的香港政府的執政思想也是更多地重視內部顧問，無論是政策諮詢還是課題委派都不會直接邀請智庫機構來做。近年來，隨着特首對提高施政科學性和擴大精英參與度需求的日漸提升，智庫也逐漸開始得到了政治高層的重視，尤其是以前特首董建華牽頭籌建的團結香港基金和以前特首梁振英擔任理事會主席的「一國兩制」研究中心等智庫為代表。與此同時，香港的智庫從業者也普遍表示在中央政府大力推動新型智庫建設的新風氣影響下，新當選的行政長官林鄭月娥及其領導下的新政府也開始重視香港的智庫建設和發展，智庫代表也逐漸開始作為一個界別參與到政策諮詢過程中，智庫也可以通過加入諮詢委員會發揮更加直接的作用。在一次關於土地供應議題的論證方面，特首專門組織了智庫會議來徵求意見，這無疑是一種突破。

（二）公民參與意識的變化

在香港回歸前的很長一段時間內，香港人多是以個人主義而非集體主義視角來定位自我，普遍缺乏對於政治的興趣。1979 年，在鄧小平對時任港督明確表示了中國將如期收回香港的決定後，港英政府開始進行一系列的自上而下的政治動員。1997 年香港回歸中國後，在「一國兩制」方針的引領下，香港人的地位發生了質的變化，本土身份和主人翁意識開始形成，公民開始主動地參與到「港人治港」的政治實

踐中，敢於表達自己對政府治理的不滿。2003 年，香港經濟持續低迷，「非典」大規模爆發，問題重重加碼之時香港政府又急於就基本法第二十三條[①]制定立法，由此產生一系列社會問題，這些問題的爆發促使一些有擔當、有志向的智庫機構崛起。公民的參與意識逐漸從回歸前的「依附型」轉向「參與型」，[②] 2003 年便成為香港智庫發展的一個重要節點。近年來，內地經濟的騰飛和趕超衝擊着香港人的認知，越來越多的香港居民尤其是年輕一代願意主動思考並身體力行地為香港未來將如何更好地發展貢獻智慧和力量。智庫恰好為這些有志之士提供了施展抱負的平台，有些年輕人放棄了體面且穩定的公務員工作或者高校的教職機會投身到智庫工作中，這為香港智庫的發展打下了良好的人才基礎。與此同時，政黨政治的發展也為智庫的成長提供了一定的空間，部分智庫會為政黨贏得選舉提供支撐，雖然需要辯證看待這種角色，但智庫近年來在香港的活躍程度的提升有目共睹。

三、香港智庫的類型劃分

智庫的類型劃分可以有多種方式和視角，比較常見的分類方式是基於智庫的機構屬性而進行，目前中國內地的智庫研究也普遍以這種分類視角為主。早期的智庫研究在分類方面採取的方式相對比較籠

---

① 香港《基本法》第 23 條內容如下：香港特別行政區應自行立法禁止任何叛國、分裂國家、煽動叛亂、顛覆中央人民政府及竊取國家機密的行為，禁止外國的政治性組織或團體在香港特別行政區進行政治活動，禁止香港特別行政區的政治性組織或團體與外國的政治性組織或團體建立聯繫。

② 夏瑛、管兵：《香港政治文化的嬗變：路徑、趨勢與啟示》，《中山大學學報（社會科學版）》，2015 年 6 月，第 159–170 頁。

統，基本是按照各智庫機構與黨和政府的親疏遠近劃分為官方智庫、半官方智庫和民間（非官方）智庫。[①]據 2015 年下發的兩辦《意見》，大致可以將內地的新型智庫劃分為中央和國家機關所屬的黨政智庫，社科院和黨校行政學院智庫，高校智庫，企業智庫，社會智庫等。這些分類方式都是依據機構的屬性。而目前公認的對首批 25 家高端智庫試點單位的分類中則依照了智庫的研究範疇，分為綜合性智庫和專業性智庫。國外學者針對西方國家的智庫特點則更多地傾向於從智庫的黨派背景或者政治功能角度進行分類，比較常見的類型有以研究為導向的智庫；以接受合同（委託）研究為主的智庫；和以政策倡導為主的智庫。[②]

　　香港的智庫數量較少，且大多以民間智庫為主。從註冊性質上來看比較單一，基本都是非盈利的公司法人，股權是封閉的，收益都用於智庫的再發展，在香港可以被歸類為慈善團體性質。因此按照機構屬性對智庫進行分類無論在研究意義上，還是在解釋力上都不強，本文傾向於借鑒西方國家智庫的分類思路按照智庫的功能進行劃分。與內地以戰略導向為主的「大」政府相比較，香港的政府是「小」政府，執政理念是一種「漏斗思維」，即以解決問題為主，很多理念都不會主動去推行。因此對於香港智庫而言，進行政策倡導是一個很重要的功能。與此同時，雖然香港的政黨政治體制還不健全，但目前的一個趨勢是向着政黨政治運行的方向在發展，無論是政治家推行政治主張，還是社會各界表達政治立場，如果能有智庫研究成果在背後提供支持

---

① 丁煌：《美國的思想庫及其在政府決策中的作用》，《國際技術經濟研究學報》，1997 年 3 月：第 31－37 頁。薛瀾、朱旭峰：《中國思想庫：涵義、分類與研究展望》，《科學學研究》，2006 年 3 月，第 321－327 頁。

② Mcgann J. G. & Weaver R. K., *Think Tanks & Civil Societies: Catalysts for Ideas and Action*, Transaction Pub, 2002.

都具有更強的說服力。基於此，香港的智庫可以被劃分為兩大類：倡導型和後援型。二者最主要的區別在於影響政策的渠道和方式，倡導型智庫多通過自下而上的方式，先在某幾個特定研究領域形成系統的、高質量的研究報告，提出代表性的政策主張，然後以此為藍本進行政策觀點宣傳和倡導；相對而言，後援型智庫通常都具有專門的通向決策層的上報渠道，且關注的議題和研究的項目也多是受其支持的領導人或者政治集團自上而下的委託。在智庫的實踐發展過程中，二者之間的界限並非絕對，在實踐過程中可以相互轉化，尤其是後援型智庫有時也會發揮政策倡導的功能。①

（一）倡導型智庫

倡導型智庫中比較有代表性的有香港政策研究所、香港黃金五十、香港集思會等機構。這些智庫主要是由來自社會各界的一些具有強烈社會責任感的精英自發牽頭組建，在逐漸探索的過程中，無論是機構本身的理念還是其選擇的研究主題都會凝練成一些旗幟鮮明的、擲地有聲的、且具有前瞻性和可操作性的政策主張。在此基礎上智庫一方面會通過各種宣傳渠道和方式向大眾進行政策倡導，在全社會引起普遍反響；另一方面也會積極地向決策者推銷自己的政策主張和建議，以獲得決策者的認可。

香港政策研究所成立於 1995 年，最初的建立主要是為香港回歸提供支持。在時代轉變的十字路口，十餘位來自工商、學術、教育、文

---

① 下文中有關香港具體智庫的部分介紹來源於筆者的調研訪談記錄，在此對支持調研的各家香港智庫一併表示感謝。

化等不同界別的，有着不同的政黨背景，但有着同樣理想信念的專家學者和社會人士共同組建了香港政策研究所。成立後的最初幾年裏，由於研究所的主席曾擔任香港特別行政區原特首董建華的特別顧問，研究所的發展得到了董建華先生的大力支持。但隨着時間的推移，研究所面臨着重新尋找發展模式的問題。在遍訪了全球知名智庫之後，研究所的幾位領導者決定開始着手建立一個「倡導型」智庫。於是，2016 年，藉助香港新特首選舉的契機，研究所推出了一項大型的「香港願景計劃」。該計劃集中於研究和討論香港特區政治發展和社會管治的主要問題，並提出一系列的有關經濟、社會、文化和教育範疇的政策主張和建議，形成並發表一系列研究報告，對外向社會廣泛公佈和倡議，對上提交給行政長官為其提供決策參考。研究所的研究報告涉及立法、司法、教育、居家養老、人口政策等多領域的熱點問題，注重新思維，強調實操性。這些研究報告的全文都可以在研究所的官網上無償獲取。「香港願景計劃」推行至今，歷經了香港新一屆特首選舉的主要階段，研究所的一系列成果對影響各位候選人的政治主張起到了一定的作用，尤其是其中一份於 2017 年 2 月發佈的《對下屆行政長官的政策建議》中列舉了「十大政綱」，直擊候選人關注的核心議題。研究所積極倡導推廣自己的政策建議，爭取行政長官參選人，乃至當選後的新任特首能夠採納其中的主張和建議。2017 年 3 月，林鄭月娥當選為香港第五任行政長官，香港政策研究所的領導者們積極主動地前去拜訪新一屆領導班子，倡導研究所的政策主張。並且，隨着「香港願景計劃」的有序推進，研究所也在進一步嘗試通過錄製影片等新方式向社會公眾進行政策倡導，讓更多的人了解研究所的理念。隨着新特首的上任，「香港願景計劃」的第一期已經完成，第二期開始啟動，

這種倡導型的智庫運作形式將繼續推行下去。

與香港政策研究所類似，香港黃金五十也是一個典型的倡導型智庫。香港黃金五十發起於 2011 年，認為香港正處在決定未來能否持續繁榮的關鍵時刻。智庫堅持兩大核心信念：一是香港最美好的 50 年是當下而非過去，二是未來把香港建得更美好的是「80 後」的年青一代。智庫的主要發起人也是一批勇於擔當的年輕人。香港黃金五十的主要目標是希望通過深入的研究和廣泛的討論，喚起社會各界關注關乎香港未來發展的重要議題，這其中首先針對的人群便是就讀於各大教育機構的年輕人。2011～2013 年，黃金五十集中出版了五份代表其主要政策觀點的研究報告，涉及到公共財政、醫療、人口等領域，報告同樣可在官方網站上開放獲取；在此之後智庫的主要工作便是進行政策倡導，而不再撰寫和發佈新的研究報告。黃金五十通過在各大校園舉辦宣講會、在主流媒體上設立專欄、號召支持其觀點的社會大眾以電郵形式向立法會和行政會議員發送請願書等方式積極宣傳智庫的理念和政策主張。香港黃金五十無論是從建立的初衷，還是從其選擇的發揮功能的方式角度來看，智庫的存在是具有一定時效性的，鑒於其選擇不再產生新的研究成果，未來隨着智庫倡導議題的逐漸實現，或者繼續倡導的必要性降低，智庫也便不會再繼續運營。

以上兩家智庫是香港倡導型智庫中比較典型的代表，還有類似於香港集思會等智庫機構也具有倡導型智庫的特徵，但規模較小，結構鬆散。總之，倡導型智庫基本都是採取短期形成代表性研究觀點和成果，長期進行政策倡導的方式。倡導型智庫的發展相對都比較獨立，觀點相對包容，可以容忍不同觀點的研究人員任職於同一家智庫，更容易被持不同政治立場的政黨或者團體接納。

（二）後援型智庫

後援型智庫中比較有代表性的有團結香港基金、「一國兩制」研究中心、香港中評智庫基金等機構。這些智庫通常具有某一政府部門、前任或者現任的政府官員等的支持，因此與決策部門之間具有一定的上傳下達渠道。這一方面使其研究議題更加貼近決策層需求；另一方面，研究成果也更容易送到決策者手中。後援型智庫的工作方式主要是通過定期或者不定期地直接向決策部門遞送研究成果，進而影響決策。

香港「一國兩制」研究中心成立於 1990 年，早期是為幫助香港實現順利過渡和就順利落實基本法等議題進行研究，提供政策建議，供各方參考。香港回歸之後，智庫的研究重點轉移到香港社會經濟發展中的重要議題。香港「一國兩制」研究中心是在香港成立相對比較早且比較有威望的智庫機構。智庫的規模較小，全職的工作人員不足 20人，架構簡單，運轉靈活。其前任理事會主席是香港特別行政區前任特首梁振英，因此香港「一國兩制」研究中心在梁特首在位期間，發揮了重要的智囊作用。研究方向基本是由特首指明和確定的，智庫只是負責執行研究任務。智庫憑藉着與特首的密切關係，佔據着高度的平台和豐富的資源，每年智庫穩定地承接來自中央政府、香港特區政府、國務院港澳事務辦公室、香港中聯辦等交辦的課題數量大致在 5到 6 個。但隨着新任行政長官林鄭月娥的上任，香港「一國兩制」研究中心的影響力勢必會降低，資金來源、課題來源等方面的問題也會逐漸突顯。未來的發展道路如何選擇，甚至是否會向「倡導型」智庫轉型都需要實踐的檢驗。

同樣具有特首支持的智庫機構是團結香港基金，這是由香港特別

行政區前任特首董建華於 2014 年成立的智庫組織，其規模大、資金充足、與決策部門關係密切，是目前香港智庫界最為活躍的智庫之一。團結香港基金的研究議題由董建華親自指定，聚焦在政府和社會最為關注的幾個方面，包括土地房屋、香港經濟發展、科技創新、社會創新、藝術創新、兩地經濟和老齡社會，目前也已經陸續完成了與這些議題相對應的七份研究報告。未來智庫的主要研究領域也將基本集中在這些領域，在已有研究的基礎上進行更加深入的拓展。相較而言，新任特首更加重視智庫的建設，團結香港基金作為智庫代表被邀請進入有關土地供應議題的諮詢委員會，這在香港智庫界具有開創性的意義，代表着智庫作為一個界別正式參與到決策制定中來。

與上述兩家由前任特首直接支持的智庫不同，中評智庫基金也具有一定的後援型智庫特徵，但其聯繫的決策部門不僅限於香港，而是依託於「中國評論」的大平台同時為兩岸四地服務。中評智庫基金藉助其大數據輿情分析和研究系統，實時抓取兩岸四地社交媒體上的信息和觀點，自動偵測並追蹤敏感信息，並對可能威脅公共安全的活動進行即時預警。智庫每天會定時向中共中央台灣工作辦公室、國務院台灣事務辦公室、香港中聯辦提供過去 24 小時的輿情信息分析報告，這對於有關決策部門掌握輿論走向，預防突發事件具有重要的意義。此外，智庫還會承接一些由中央直接交辦的論壇性任務，例如主辦每年一屆的港台影響力論壇，論壇跨越黨派，跨越政治立場，由中央直接撥款支持，邀請港台兩地的智庫負責人或者知名政治人物參與，成為生產核心輿論的主要場所。

此外在香港還有一些政黨型智庫，它們主要是為其所支持的黨派提供援助力量。但一方面鑒於香港的政黨政治並不成熟，另一方面這

種政黨智庫的政治色彩較濃，研究性弱，便不再作為典型進行分析。總之，後援型智庫通常離決策層更近，手中掌握的資源更多，研究方向也更具有針對性，更貼近決策者需求。

四、香港智庫的特點分析及其與內地的比較

通過前文的梳理可以看出，香港智庫的發展至今大致經歷了三次高潮。第一次是在香港回歸前夕，一批愛國愛港人士紛紛為實現平穩過渡，推進「一國兩制」和香港《基本法》的有效落地而建立了一批智庫機構，研究相關制度和回歸後香港將要面對的種種政治經濟社會問題，為新任特區政府以及成為主人翁的香港公民出謀劃策。香港智庫發展的第二次高潮是在 2003 年前後，內地經濟的趕超增強了香港人的緊迫感，一批有理想、責任感強的仁人志士組建智庫，為香港未來何去何從尋找科學路徑。第三次便是在林鄭月娥接任香港特區第五任行政長官以來，在中央政府大力推動新型智庫建設的影響下，香港政府也更加重視智庫在決策中扮演的角色。在這一發展進程中，與內地近年來持續升溫的智庫熱潮相比較，香港智庫的發展特點及與內地的差異性主要體現在以下方面：

一是就智庫的整體定位而言，香港的智庫在整個決策過程中距離核心圈層較遠。在香港的政策制定系統中，智庫與中心決策層之間還間隔著分佈於各個政策領域的「諮詢委員會」，諮詢委員會是官方認可的，對於政府決策具有諮政建言資格的，可以對決策產生直接影響的正式行為主體，即使後援型智庫有一些上傳通道，但其研究成果是否能對決策直接產生影響不可而知。因此香港智庫如果想影響決策，最直接的方法

便是通過加入到諮詢委員會中。誠如上文所言，目前這種突破已經開始實現。而在中國內地，很多體制內的智庫便已經天然地包圍在核心決策層周圍，例如國務院和地方政府的發展研究中心，各級社科院、黨校和行政學院等智庫機構，它們不需要再通過其他主體二次傳遞政策主張，而可以直接以智庫的身份發揮諮政建言功能，對政府決策產生影響。

二是就智庫發展的軟硬件條件而言，一方面，香港智庫的資金來源比較有限，智庫在整個香港社會中受重視程度較低，與內地政府對智庫的大力支持不同，特區政府不會為智庫建設進行專門的經費支持，香港的工商界也不願意對智庫進行捐助，香港的企業家捐錢支持智庫進行研究的熱度還不及其捐錢做慈善的熱度。另一方面，就研究條件而言，香港的高校和科研機構相對不重視智庫類研究，對科研人員的評價完全基於其學術水平，諮政建言類研究成果在職稱評定中無法得到認可。與此同時，香港政府基本不會為智庫研究提供信息公開的條件，智庫的研究數據需要自己蒐集，這卻也在一定程度上提升了香港智庫的數據抓取和分析能力。但相較而言，智庫在中國內地已經得到了相對廣泛的認可，社會各界對智庫建設和發展的支持力度不斷增強，各項保障制度和政策方案也在陸續出台；與此同時廣大高校也逐漸在職稱評定過程中對智庫類成果給予與學術成果地位相當的認可，鼓勵有能力的科研人員從事智庫工作。總結來看，香港合適智庫發展的土壤有待改善，香港的智庫為獲得決策者和社會的認可需要付出更多的努力。

三是就智庫的內部運行機制而言，典型智庫的整體架構和內地差異不大，但相較而言，香港智庫的規模普遍較小，內部運作相對更加靈活，主要精力集中在研究報告的寫作方面，開辦論壇、研討會等相關活動數量相對較少，行政性事務佔用的精力也相對較少，因此在人

員配置方面，研究人員的比重較高。研究報告的寫作多以項目組的形式推進，香港的智庫如果希望得到社會大眾的支持和決策者的認可，其研究成果必須具有足夠的說服力，這便需要其在政策的實施方案方面下功夫。因此，香港智庫的研究報告與內地大多數智庫相比，其政策方案的可行性和細緻化程度都更強，報告的精美程度也更高。

總結而言，香港的智庫發展並非主要是由特區政府自上而下推進的產物，而更多地是由有識之士自下而上爭取的結果，其影響力在社會層面的發揮甚至超出了決策層面，扮演着引導輿論、提升民智的重要角色。

五、結語

香港是中國不可分割的一部分，中國特色新型智庫建設進程中香港智庫也不應缺席。如何將香港智庫擇機納入到國家新型智庫建設的關注範圍中來值得探索和討論。中央始終堅持「一國兩制」、港人治港的方針不動搖，那麼藉助香港本土的智庫來研究香港問題的思路也應當被接受。在未來的智庫建設道路上，香港智庫應當積極主動地加強與內地代表性智庫的交流與合作，中央和內地的各級政府也可以適時地推出有利於促進兩地智庫融合的方針和政策。兩地的智庫可以加強人員的流動和研究方面的合作，通過互派訪問學者或者客座專家的方式增強人員方面的交流，通過共同承接「粵港澳大灣區」「一帶一路」等關乎兩地發展的課題、共同舉辦論壇、研討會等形式加強研究方面的合作。總而言之，展望未來，邀請香港智庫研究香港政策問題，傳播香港建設方案，促進香港與內地的交流將成為必然，而香港智庫也有條件、有能力成為新型智庫體系中有機的組成部分。

Hong Kong Think Tanks in the Process of Building a New Type Think Tank: Evolution, Classification and Characteristics

Wu Tian

Abstract: The progress of the construction of a new type of think tank with Chinese characteristics has not only caused a surge of think tanks in the mainland, but also has a certain impact on the development of think tanks in Hong Kong. This paper has reviewed development process, classification and characteristics of the Hong Kong think tank combining primary and secondary research data. The evolution of think tanks in Hong Kong is complementary to changes in the political and social environment. The types of the Hong Kong think tank divided in this paper are advocacy think tank and backup think tank, and the characteristics of the Hong Kong think tank have been analyzed from three aspects, which are the overall orientation, hardware and software conditions and internal operating mechanism, which are different from the mainland China. In the future, Hong Kong think tank could become an integral part of new type think tank system. It is of great practical significance for the mainland to strengthen its understanding of the Hong Kong think tank and enhance exchanges and cooperation.

Keywords: Hong Kong think tank, advocate type, backup type

當代港澳研究
（2019 年第 3–4 輯）

何俊志　黎熙元　主編

責任編輯　周文博
裝幀設計　譚一清
排　　版　黎　浪
印　　務　林佳年

出版　　中華書局（香港）有限公司
　　　　香港北角英皇道 499 號北角工業大廈一樓 B
　　　　電話：（852）2137 2338　傳真：（852）2713 8202
　　　　電子郵件：info@chunghwabook.com.hk
　　　　網址：http://www.chunghwabook.com.hk

發行　　香港聯合書刊物流有限公司
　　　　香港新界荃灣德士古道 220-248 號
　　　　荃灣工業中心 16 樓
　　　　電話：（852）2150 2100　傳真：（852）2407 3062
　　　　電子郵件：info@suplogistics.com.hk

印刷　　美雅印刷製本有限公司
　　　　香港觀塘榮業街 6 號 海濱工業大廈 4 樓 A 室

版次　　2022 年 12 月初版
　　　　© 2022 中華書局（香港）有限公司

規格　　16 開（238mm×165mm）

ISBN　　978-988-8809-11-0